U0136974

揭密：冷戰時期
臺灣與東南亞國家之軍事關係

陳鴻瑜　著

臺灣　學生書局　印行

序

　　韓戰結束後，東亞地區逐漸形成東、西方兩大陣營之對抗，該地區的中小國家被迫要選邊站，不想捲入該一對峙的國家在 1955 年在印尼萬隆召開亞非會議，聲言走中立不結盟路線。然而，表面上的聲明敵不過實際國際政治的走向，亞非會議主辦國印尼在蘇卡諾總統領導下逐漸左傾，與北越、中國和蘇聯愈走愈近。柬埔寨的施亞努國王亦走向北越、中國和蘇聯一邊。中國雖參加亞非會議，但表面上倡言中立不結盟，實際上結合北韓、北越和蘇聯。

　　臺灣從 1951 年開始接受美援，1954 年又與美國簽署共同防禦條約，成為美國在東亞地區圍堵共黨勢力的一環。在此冷戰結構下，臺灣與美國同盟國的日本、南韓、菲律賓、泰國和南越建立邦交及維持經貿關係。與北韓、北越等共黨國家、印尼、馬來西亞等中立不結盟國、及軍人統治的緬甸沒有邦交。

　　臺灣做為美國東亞圍堵共黨勢力之同盟國，並非無所事事，也不是憑空而來的，臺灣作了很多配合美國外交戰略的活動。第一是接受美國的意見，將臺澎地位列為「日本放棄而沒有指明放棄給誰」的地位，使 1951 年舊金山對日和約能順利簽署。第二，是在 1951-53 年支援在緬甸東部的國民黨殘軍，以牽制中國在其西南方的行動，讓中國首尾受到戰爭威脅，減弱中國對朝鮮半島的投入支援，美國即可以快速結束朝鮮半島的戰爭。第三，協助美國飛行 U2 飛機偵察中國大陸的共軍動向。第四，在美國邀請下支援印尼革命軍，對蘇卡諾政府施加壓力，迫使其外交政策右轉。第五，在美國同意及支持下，臺灣對印度支那的南越、柬埔寨和寮國提供軍援。從 1950 年代末到 1970 年代初，臺灣積極的扮演協助美國在東亞抗衡共黨勢力之角色。

在臺灣對外軍事關係中，不經美國同意的軍援活動是跟新加坡、馬來西亞和泰國的軍事關係，此完全是臺灣自主的決定，跟美國圍堵共黨政策無關。蔣中正在臺灣養兵、練兵二十多年，總想將其經驗傳授給友好國家。不過，臺灣總是在他國有需要及請求下，才會提供軍援。臺灣本身軍事科技能力有限，早期提供的軍援都屬於傳統武器，而且數量不多。提供給新加坡的彈藥，是供其演習時使用，不是用作戰爭之用。對馬國的軍援，是支持其對抗馬來亞共黨。對泰國軍援，是支持其對抗泰國共黨。

臺灣對於印尼革命軍、印度支那三邦之軍援是在蔣中正主導下進行的，是美國圍堵共黨勢力之作為。至於臺灣與新加坡之軍援，則是蔣經國主導，跟美國圍堵政策無關，單純是為了維護臺、新友好關係，臺灣給予新加坡便利的訓練場地及充足的後勤支援，即使當年促成該一合作案的蔣經國和李光耀皆已作古，該項軍事合作案仍能繼續維持。臺灣給馬國和泰國之軍援，則是由蔣中正主導。

筆者在 2004 年撰寫中華民國與東南亞各國之外交關係史（1912-2000）一書時，有關於對外軍事關係部分僅能從報章雜誌蒐集片段的資訊，因此寫得不夠深入。經過十七年後，國防部釋出解密的檔案，加上武漢肺炎疫情關係，關在房內的時間很多，乃得以閱讀國防部解密檔案，逐一按國別完成臺灣對印尼革命軍、越南、柬埔寨、寮國、新加坡、馬來西亞、泰國和菲律賓之軍援和軍事關係各章。

其中第二章「1949 年後中國國民黨軍隊撤退至東南亞的經過與結果」，係筆者以前的關注點，筆者對於中國歷來政權崩潰後政治人物流亡東南亞者相當注意，因為他們在東南亞之活動甚至駐留都成為東南亞史的一部分。在 2020 年筆者曾撰寫「明末桂王避難入緬甸之經過及結局」一文，後來收錄在筆者所撰的東南亞史論集第三冊。明國和中華民國在政權崩潰後，前者的軍隊流亡到緬甸，桂王被緬甸國王拘捕送給吳三桂處斬，其他軍人則流落緬北。後者的軍隊流亡到緬甸、越南和泰國，流亡到緬甸的部分軍隊和流亡到越南的軍隊最後遷徙到臺灣，部分則駐留泰北，結局不同。

趁著國防部釋出解密檔案之際，耙梳臺灣在冷戰時期的對外軍事活

動，見證了臺灣軍人在東南亞的歷史跡痕，瞭解當時在冷戰大格局下的所作所為。本書雖名「揭密」，但國防部和外交部解密的文件仍屬局部，有關鍵性的文件仍高臥檔案庫中，可能需等候未來三十年才能見世，因此本書只能說是揭了半密。總之，探討二戰結束後進入冷戰初期和中期，臺灣因為獨特的國際處境，其對外軍事援助行為，是極富戲劇性的國際行動，也是蔣中正及其政權的反共性質使然。如今臺灣已不需這樣做，也沒有理由這樣做。臺灣將在獨立自立自強的情況下，與友好國家共策繁榮進步。

本書除了第一章和第十一章外，其他各章均先後刊登在傳記文學，對於該刊社長成嘉玲女士和主編吳承翰先生之協助，敬致謝忱。

陳鴻瑜謹誌

2022 年 1 月 1 日

揭密：冷戰時期 臺灣與東南亞國家之軍事關係

目　次

圖目次

表目次

第一章
臺灣面臨的冷戰局勢與角色定位

一、導言

　　二戰結束後，東亞地區還沒有進入冷戰氛圍，美國和中華民國有邦交，日本在美國佔領之下，東南亞國家只有泰國是獨立國家，菲律賓在 1946 年 7 月獨立，印尼陷入對抗荷蘭的獨立熱戰中，朝鮮半島分別被美國和蘇聯佔領，1948 年才分別成立南北韓兩個國家。美國並沒有把在西歐國家施行的冷戰戰略應用到東亞國家，所以東亞地區還沒有形成美國集團和蘇聯集團的陣營對立。

　　臺灣在二戰後被中華民國政府接管，不幸地在 1947 年爆發「228 事件」，臺灣人產生了脫離中國統治的想法。1950 年 6 月 25 日，爆發韓戰，聯合國派遣軍隊進駐朝鮮半島，以維持和平，美國成為該維和部隊的首要參與國家，率領十多國維持和平部隊進入朝鮮半島協助南韓，對抗北韓、蘇聯和中國的聯軍。美國為了對付北韓的南侵，聯合日本、利用臺灣海峽中立化聲明將臺灣和中國隔離開來，聯合國朝鮮半島維和部隊中包括菲律賓和泰國的軍隊。朝鮮半島的戰爭明顯分為兩個陣營，以後在東亞逐漸形成東、西方兩大陣營之對峙，美國在東亞圍堵共黨勢力的策略也逐漸成形。

　　臺灣海峽中立化聲明阻止了臺海兩岸的跨海戰爭，美國派遣第七艦隊到臺灣海峽巡邏。中國那時忙於應付韓戰，也沒有足夠的跨海船隻攻打臺灣，所以給予蔣中正整軍經武的機會。蔣中正在臺灣站穩腳步後，獲得美國的軍事和經濟援助，開始向東南亞國家發展影響力，此大都發生在蔣中

正執政時期，跟其軍人性格有絕大關係。

二、國家定位不明的困擾

　　當國民黨政府從中國撤退到臺灣後，面臨的一個最大的危機是國家定位問題。中華人民共和國從 1950 年開始就想進入聯合國，以取代中華民國在聯合國的中國代表權席位。臺灣為了維護其在聯合國的代表權，成為其對外關係的主要影響因素之一，儘管不是唯一的因素，也是相當重要的因素。

　　1950 年初美國駐中華民國的大使館並沒有一起轉至臺灣，美國在臺灣只派有代辦。這一點使得中華民國的國家地位更為不確定。東亞國家中和中華民國（臺灣）維持邦交的只有菲律賓和泰國。

　　美國為了防患共黨勢力在東南亞之滲透，在 1949 年制訂「相互防衛援助法」（Mutual Defense Assistance Act），利用該法第 303 條軍事援助東南亞國家。美國國務院和國防部初估軍援泰國 1 千萬美元，其他印度支那國家 1 千 5 百萬美元。國務院將依據 1950 年 1 月 27 日之第 10999 號執行令（Executive Order No. 10999 [10099] of January 27, 1950）執行該項軍援政策。此外，美國國防部亦在 1950 年 2 月 15 日撥款 6,524,721 美元改善日本機場設施。國務院和國防部亦計畫在「相互防衛援助法」之下給予南韓額外的軍援 9,800,000 美元。另計畫給予緬甸 10 艘巡邏艇，用來清除伊洛瓦底江的盜匪，估計約花 350 萬美元。給印尼 5 百萬美元，以改善其警察設備。[1]

　　美國在 1950 年 2 月 7 日外交承認越南、柬埔寨和寮國，以對抗蘇聯和中國及東歐集團承認的北越。泰國亦在 1950 年 2 月 28 日外交承認越南、柬埔寨和寮國，而不願承認北京政權。且在 7 月 21 日決定派遣 4,000名軍隊參加聯合國在朝鮮半島的維和部隊。為了強化美國與反共的泰國之

---

[1]　Office of the Historian, "Memorandum by the Secretary of State (Dean Acheson) to the President, [Washington,] March 9, 1950," *Foreign relations of the United States*, 1950, East Asia and the Pacific, Vol. VI, pp.41-42. https://history.state.gov/historicaldocuments/frus1950 v06/d20　2021 年 10 月 2 日瀏覽。

關係，美國在 1950 年給予泰國 1 千萬美元軍援。[2]

　　為了解決東亞戰後的對日和平問題，美國等 51 個國家在 1951 年與日本簽署舊金山和約。北京政權和臺北政權均未獲邀請與會。1952 年 4 月 28 日，當舊金山和約正式生效的當天，臺灣和日本簽署和平條約。兩國除了重申和平友好外，最重要的是雙方建立正式外交關係。這一點對於蔣中正政權至關重要，因為獲得日本政府正式承認其係代表其目前所控制的臺澎金馬等地區的合法政府。第二年，美國派遣大使抵達臺灣，美國表態正式承認蔣中正的政權具有合法地位。

　　美國為了推動其在亞太地區的圍堵政策，分別與東亞國家簽署下述的軍事與安全條約：

　　1950 年 10 月，美國和泰國簽署軍事援助協定（Military Assistance Agreement），美國軍援泰國 1 千萬美元，美國在曼谷設立「聯合美軍顧問團」（Joint U.S. Military Advisory Group，JUSMAG）。[3]

　　1951 年 8 月，美國與菲律賓簽訂共同防禦條約。

　　1951 年 9 月，美國與澳洲和紐西蘭簽署「美、澳、紐安全條約」。

　　1951 年 9 月，美國與日本簽訂美、日安保條約。

　　1953 年 10 月，美國與南韓簽訂共同防禦條約。

　　1954 年 9 月，美國與澳洲、紐西蘭、法、巴基斯坦、英、菲、泰簽訂東南亞公約組織（Southeast Asia Treaty Organization，SEATO）。南越、柬埔寨和寮國是議定書國。

　　1954 年 12 月，美國與中華民國簽訂共同防禦條約。

　　1962 年，美國與泰國簽訂魯斯克與他納（Rusk-Thanat）協議。

　　1984 年 1 月，美國與馬來西亞簽訂軍事訓練和合作秘密協議。

　　1954 年 9 月 29 日，法國和美國在華府舉行會議，討論美國軍事和經

[2]　Office of the Historian, "Policy Statement Prepared in the Department of State, Thailand, [Washington,] October 15, 1950," *Foreign relations of the United States*, 1950, East Asia and the Pacific, Vol. VI, p.1531.

[3]　Robert J. Muscat, *Thailand and The United States Development, Security, and Foreign Aid*, Columbia University Press, New York, 1990, pp.20-21.

濟援助印度支那三邦之事，簽訂下述協議：(1)在日內瓦協議範圍內，法國在與印度支那政府協議下，其遠征軍仍可繼續駐留印度支那。(2)美國應考慮在這些條件下，除了支持印度支那三邦的軍事武力外，援助法國遠征軍的問題。(3)法國和美國經濟援助、預算支持和其他支持印度支那三邦的援助的管道，應直接給予這三個國家，而非經由法國。[4] 12 月，法國駐越軍事首長和美國駐越軍事首長簽訂協議，由美國承擔協助訓練南越軍隊的任務。1955 年 2 月，美國在越南成立美軍駐越軍事訓練顧問團，正式接掌訓練南越軍隊的工作。

美國取代法國，成為南越之主要軍事支持的力量，以對抗北越。為了在東南亞能夠形成類似北大西洋公約組織（NATO）的聯防機制，美國在 1954 年開始構思成立東南亞公約組織。美國國務卿杜勒斯（John Foster Dulles）在 4 月 20 日邀請英國、法國、澳洲、紐西蘭、菲律賓和泰國等國駐華府大使開會，決議建立一非正式工作小組，研究東南亞集體防衛問題。英國外相艾登（Anthony Eden）認為杜勒斯之片面行動未解決仍有爭議的會員國問題，而感不快。他認為此時召開這類會議時機不恰當，因為會刺激印度和緬甸，沒事先與他們諮商。因此導致他們不支持盟軍在日內瓦和談的立場，或在東南亞的立場。4 月 30 日，艾登建議美國和英國立即舉行秘密會議，商討東南亞集體防衛組織的性質、目的、會員和承諾。6 月 28 日，美國和英國在華府發表聯合公報，同意建立東南亞集體防衛組織。6 月 30 日，美、澳、紐組織（ANZUS）加以認可支持，宣布他們將按原訂計畫在東南亞進行集體防衛，不論日內瓦和談成功與否。他們也同意七項停火協議之條件，並在 6 月 29 日與法國溝通意見。

7 月 20 日，法國、英國、蘇聯、中國、越南民主共和國、柬埔寨和寮國七國簽署日內瓦和約，美國和越南國因為不想受該約有關所有外國軍隊撤出印度支那之規定的限制而拒絕簽署。美國在 9 月 6 日在馬尼拉召開籌組東南亞公約組織正式會議。9 月 8 日，美、英、法、澳、紐、菲、泰、巴基斯坦等國代表在馬尼拉正式簽署東南亞公約組織，故又稱「馬尼

---

[4] *Keesing's Contemporary Archives*, April 23-30, 1954, p.14161.

拉條約」（Manila Pact）。1955 年 2 月 23 日，在曼谷召開第一次會議。該組織之目的在共同集體防衛，對抗外來的敵人。2 月 24 日，美、英、澳三國外長舉行秘密會議，討論已使美、英關係緊張且棘手的臺灣問題。杜勒斯表示美國無疑要為臺灣而戰，艾登表示，如果因臺灣而發生戰爭，美國可期望英國的支持，但對於中國大陸沿岸的金門和馬祖島嶼，為中國政權所有，英國不欲為它們而戰。[5]

　　對於此一東南亞集體防衛組織，蔣中正感到興趣，若能加入，則有助於提升他在該一地區的影響力，他在 1958 年 3 月 14 日與杜勒斯舉行會談，除了討論援助「印尼革命軍」和中國動向外，涉及加入「東南亞聯盟（公約組織）」的問題。[6]結果未能獲得杜勒斯的正面回應，蔣中正在 3 月 15 日之日記上記載：「東南亞聯盟部長會議並無任何進步，可知西方國家仍不重視亞洲，更以怕共畏戰，對我國地位之無視為憾。」[7]

三、開始介入印尼內政

　　中國派軍參加韓戰，引發極大衝擊，不僅未能使朝鮮半島恢復和平，反而使戰事拖延三年多，犧牲數百萬人生命和財產損失。美國開始感到中國企圖在東亞建立勢力範圍，對區域和平造成重大威脅，因此進行部署恢復日本國家主權地位，協助其重建工業和經濟，作為抗衡中國之一股力量。韓戰結束後中國的注意力轉到印度支那半島，支持胡志明領導的「越盟」，進行一場驅逐法國的奠邊府戰役。中國亦支持馬來亞共產黨在馬來半島進行驅逐英國的戰爭。中國支持印尼共產黨，提供軍事和經濟援助。由於中國在東亞地區有邦交關係者只有北越和印尼，所以採取「黨對黨」之政策，企圖利用支援當地國之共黨以推翻政府。

　　對於久經戰場的蔣中正而言，困居臺灣未能加入東亞安全事務活動，

5　賴暋、李曉主編，中華民國史事紀要，民國 44 年 2 月 24 日，國史館，臺北縣，1989 年，頁 358。

6　呂芳上主編，蔣中正先生年譜長編，國史館，中正文教基金會，臺北市，2015 年，第十一冊，蔣中正日記（47 年 3 月 4 日），頁 22。

7　呂芳上主編，蔣中正先生年譜長編，第十一冊，蔣中正日記（47 年 3 月 15 日），頁 33。

有如英雄無用武之地的遺憾。加上中國在 1955 年 4 月 18-24 日派遣周恩來參加印尼萬隆舉辦的亞非會議或稱萬隆會議，並在 4 月 22 日周恩來和印尼總理簽署「關於雙重國籍問題的條約」。印尼蘇卡諾總統的左傾日趨明顯，印尼和中國關係日益增強，中國勢力進入印尼，影響當地華社的政治動向。蔣中正對於印尼政府逐漸左傾感到憂心。

此時剛好有美國中央情報局人員稍來請臺灣協助「印尼革命軍」之訊息，此對於蔣中正而言，正是他施展拳腳的機會。所以就一口答應，立即在 1958 年 2 月 23 日第一次空運支援「印尼革命軍」七個營的裝備武器給在印尼蘇門答臘島的「印尼革命軍」。以後「印尼革命軍」在蘇門答臘島失利，轉移到蘇拉威西島北部，以萬鴉老（Manado）為據點。臺灣繼續空運武器和裝備給北蘇拉威西的「印尼革命軍」。

中國外長陳毅於 1958 年 3 月告訴印尼駐北京大使蘇卡德卓（Soekardjo）說，只要印尼蘇卡諾總統有需要，中國願意無條件提供任何的援助。當年印尼就派遣代表團秘密訪問北京，蘇卡諾總統和鍾安達（Djuanda）總理分別致函毛澤東和周恩來總理，請求中國給予援助。中國對印尼提供總值 2 千萬美元軍備援助。[8]

5 月 18 日，美國人波普（Allen Lawrence Pope）駕駛 B-26 轟炸機飛越印尼摩鹿加群島的安汶島（Ambon）上空時遭到印尼政府空軍狄萬特上尉（Captain Ignatius Dewant）駕駛的野馬獵人機擊落，暴露了美國介入印尼內政之證據。此後，美國停止支援「印尼革命軍」，由於美國沒有通知臺灣計畫改變，此項支援行動已停止，以致於臺灣開始規劃「南海計畫」，準備擴大出兵及增加對「印尼革命軍」的軍援規模。

當時新聞報導傳聞中國可能派志願軍前往印尼參戰，臺灣國防部對此一信息發表公報稱：「據日前雅加達官方公布之消息，北平偽政權曾向印尼政府表示願派『志願軍』前往印尼參戰。近數日來各方報導匪方已在準備派遣此項『志願軍』。中華民國政府茲聲明：倘匪軍或所謂志願軍者，

8　Taomo Zhou, *Migration in the Time of Revolution: China, Indonesia, and the Cold War*, Cornell University Press, Ithaca and London, 2019, p.69.

出現於南中國海之任何區域，即將視其為對臺灣安全之威脅。因此，中華民國政府將對該項匪軍或『志願軍』之行動，保留採取一切必要措施予以攔擊之自由。」[9]

5 月 24 日，臺灣國防部舉行第 13 次軍事會議上，針對上述中國可能採取的行動討論援助印尼革命政府之計畫，訂出下述之原則：

(1) 海空軍攔擊共匪（中共）派遣之志願軍部隊。

(2) 以海軍陸戰隊之一部登陸西里伯斯島（即蘇拉威西島）。

(3) 最後目標為爪哇雅加達。

同時指派各有關人員組成代名為「南海研究小組」的研究小組，研究如何以軍用物資及軍事行動支援「印尼革命軍」，使能保持力量繼續作戰，以及爾後之發展。當時還決定在未獲美國協議之前，以「非美援武器裝備」援助為原則，以免引起美國的反對。

以後臺灣還數次出任務運補「印尼革命軍」及轟炸數個城市和船隻。至 8 月 6 日，臺灣進行最後一次空投。此時「印尼革命軍」已退至萬鴉老南邊的山區進行游擊戰。受到美國的壓力，臺灣軍援「印尼革命軍」也終於結束。

臺灣自身兵力有限，透過長距離以武器支援「印尼革命軍」，已超過臺灣本身軍力之能量，且「印尼革命軍」兵力薄弱，人數有限，難有成功的機會，蔣中正以其孤立的力量去支援這樣的戰役，顯得不可思議。若非是其軍人性格有以致之，就是其強烈反共的使命感使然，擔心中國勢力和蘇卡諾結盟，欲除蘇卡諾左傾政權為快意。

蔣中正這種只有反共的軍事行動考慮，而沒有考慮到政治的後果，使得蘇卡諾政府遷怒臺灣支持「印尼革命軍」，在 4 月 18 日下令印尼境內所有 18 家華文報紙，不論其政治色彩如何，全部停刊。5 月 5 日，印尼政府開始逮捕親臺灣的華人。58 個僑團、僑校、僑報、戲院、遊樂場、銀行和私人企業皆由軍部接管，禁止活動。[10]印尼政府取締中國國民黨，

9　賴暋、謝雄玄主編，中華民國史事紀要（初稿）—民國 47 年 4 至 6 月份，5 月 23 日，國史館，臺北縣，1991 年，頁 475。

10　馬樹禮，印尼的變與亂，海外出版社，臺北，民國 54 年 1 月再版，頁 84-88。

逮捕黨員，並予以驅逐出境。

　　印尼事件過後沒有多久，中國在 8 月 23 日對金門進行大規模轟炸，二者是否有關聯？從各種跡象來看，中國對金門進行的是報復性砲擊，而非登島前的砲擊。中國除了想知道美國和臺灣簽署共同防禦條約後美國對於其攻擊金門的反應之外，可能也是受到臺灣企圖阻止其與印尼蘇卡諾政權結盟而採取的報復措施。

四、開展對南越、柬埔寨和寮國的軍援

　　南越在 1955 年成立共和國，臺灣立即與之建立外交關係，初期雙方關係平淡，雙方並未發展緊密的經濟和軍事合作關係。直至 1960 年代初才開展雙方的經濟和軍事合作，無論是美國的建議或南越的要求，臺灣都顯得樂意提供協助。當時臺灣的軍事能量並非很充足，飛機和船艦是美國提供的，臺灣不能自行製造，臺灣能夠製造的是槍砲和彈藥子彈，以及其他的軍服、彈帶、鋼盔和其他軍品。也許是在「823 砲戰」後，臺灣感受到中國的威脅有增強趨勢，與南越結盟，或許能增加盟友共同對抗共黨勢力。

　　從 1960 年代到 1970 年代初，南越面臨共黨的內外圍攻和顛覆活動，在美國號召下，提供地面作戰之援助國有泰國、南韓、澳洲和菲律賓，美國不希望臺灣介入，因此改為由臺灣提供軟性軍援，例如，空運空投運補、借調飛行員、政戰訓練、心戰訓練、代訓蛙人、協助越南防空、贈送船艦及支援船艦運輸、駐越軍事醫療隊等。

　　臺灣對南越提供政戰訓練，有許多南越軍方高官都曾在越南政戰學校或訓練班接受訓練，這也是臺灣提供給柬埔寨同樣的軍事訓練項目，也是臺灣感到驕傲的軍事制度。然而，從楊文明將軍在 1963 年 11 月發動政變殺害吳廷琰總統及其弟弟吳廷儒後，接著阮慶、陳善謙、阮高琪、高文園、阮文紹等少壯派軍人奪權等來觀察，南越政戰系統無法約束這些執掌兵權的少壯派軍人。少壯派軍人之相互傾軋，造成政局不穩，無法矢志共同抗敵，導致最後亡國。

　　1970 年 3 月 18 日，柬埔寨國家元首施亞努前往法國和蘇聯訪問，總

理龍諾（Lon Nol）、國會主席鄭興（Cheng Heng）、王族馬達克（Prince Sisowath Sirik Matak）親王發動政變，推翻施亞努政權，建立高棉共和國，背後獲得美國之支持。臺灣與高棉同屬美國戰略同盟國，共同對抗越共和棉共。臺灣也屬於美國集團，所以在獲得美國之同意後，臺灣展開對高棉的軍援。在美國之主導下，高棉的陸軍由泰國協訓，高棉的空軍和砲兵由臺灣協訓。

臺灣之所以積極協助高棉，是想跟高棉建交，龍諾也有此一想法，但美國勸其務應嚴守中立，暫時不宜與臺灣建交。其實應該是臺灣在 1971 年退出了聯合國，而且美國想與中國關係正常化，所以要求高棉暫緩跟臺灣建交，而且不欲臺灣過度介入高棉事務。

除了美國能援助高棉外，其他國家能提供援助者有限。泰國面臨國內泰共的叛亂活動，左派學生發動街頭抗爭活動。南越亦陷入和越共的戰爭，沒有力量援助高棉。唯有臺灣有此意願軍援高棉。

臺灣對於高棉的軍援只限於技術訓練、空運補給品，而不是從事實際作戰。隨著龍諾政府在 1975 年 4 月 17 日亡於「紅色高棉」，臺灣也退出了高棉事務。

早期國民黨殘軍在 1954 年退出緬甸東北部後，有少數軍隊退入寮北，與中國進行游擊戰。1958 年，臺、寮建立領事關係，1959 年臺灣重又軍援寮北游擊隊。1960 年，在美軍之牽線下，臺、寮開始有軍事人員往來。在該年由設在臺灣的「民運航空隊」之飛機在寮國執行運補任務，且有臺灣駕駛員擔任運補工作。1961 年 1 月 2 日和 13 日使用 C-46 機和 C-47 機各二架次，先後運送兩批支援寮國萬人救濟物資及降落傘二百具，由中華航空公司民航機擔任運送。

基本上，美國不支持臺灣在緬、泰、寮邊區支援國民黨游擊隊，認為效果不大，且會影響美國與緬甸之關係。緬甸亦一再要求美國阻止臺灣空投武器給其境內的國民黨游擊隊。

臺、寮維持四個月不到的邦交在 1962 年 9 月斷交，但雙方仍維持密切的軍事合作關係，寮國想利用該股國民黨游擊隊阻擋中國勢力南下支持寮共。臺灣在 1962 年 9-10 月援助寮國草綠色人字布野戰軍服 1 萬套。受

到美國的阻止，臺灣停了約四年多的時間沒有空投支援該股國民黨游擊隊，到了 1966 年 6 月重新考慮在寮北建立秘密聯絡據點，於是和寮國政府達成秘密協議，由臺灣以無標誌之 C-46 機將武器從臺灣運至永珍，再由寮軍以 C-47 機兩架次轉運回賽，並由駐回賽寮軍使用機動木船負責轉運南梗，再運送軍品給泰北的國民黨游擊隊。1967 年，臺灣欲秘密和寮國合作在寮北建立前進基地，因美國反對而沒有實現。在寮北的國民黨游擊隊轉入泰北，繼續進行其反共事業。

　　無論如何，與臺灣共同對抗共黨侵略的高棉、南越和寮國之相繼亡國，對臺灣造成很大的衝擊，臺灣跟隨美國在印度支那進行的圍堵共黨政策，宣告結束。直至 1989 年冷戰趨緩，3 月臺灣恢復和越南的經貿往來，1994 年 9 月與柬埔寨和寮國恢復經貿往來。至於退入泰北的國民黨殘軍，獲得泰國政府的庇護以及臺灣政府給予的各項經建援助，使得他們能夠在泰北安身立命，亦算是流亡異鄉的一個好的歸宿。

五、與新加坡發展軍事關係是無邦交的特殊合作模式

　　臺灣與 1955 年上臺執政的勞工陣線沒有淵源，早期還以為它因為以勞工運動起家而以為它是個左傾政黨。直至 1957 年 4 月間，周瑞麒出任勞工陣線主席，英國要求新加坡掃蕩新加坡左派分子，開始大肆逮捕左派共黨分子，此一新路線與臺灣若合符節，因此在臺灣新聞局駐新加坡聯絡員趙世洵之穿針引線下，周瑞麒跟臺灣接上線，拿了臺灣的獻金 24 萬美元，讓臺灣在新加坡設立中央信託局駐新加坡辦事處，也讓中國國民黨組織和黨員在新加坡有較大的活動空間。人民行動黨的李光耀曾在立法議會中批評周瑞麒拿到美國的政治獻金，他不知道周瑞麒的獻金來自臺灣。不過，當時的國民黨認為人民行動黨是左派共黨的色彩，對李光耀沒有好感。所以自從李光耀在 1959 年出任新加坡自治領總理後，跟臺灣沒有來往。李光耀甚至在 1964 年反對臺灣在馬來西亞聯邦設立領事館。勞工陣線 1959 年的立法議會選舉中敗給人民行動黨，勢力日蹙，最後在 1960 年解散，從新加坡政壇消失。此後，臺灣在新加坡失去了聯繫的盟友。

　　新加坡小國寡民，為了因應內部軍事訓練場地不足以及印支半島之變

局，亟需在海外尋求軍事演習場地，以訓練其有限的兵力。另外新加坡也不願完全依賴以色列訓練其軍隊，乃與臺灣進行軍事合作協商。最早是在1967 年，臺灣派遣了高階官員前往新加坡，會見國防部長吳慶瑞及李光耀總理。12 月，臺灣提出了協助新加坡建立空軍的建議。當時新加坡急需訓練海空軍人員，而以色列無法提供該項設施。當臺灣向新加坡提出該項軍事合作建議案時，曾要求新加坡在外交上承認臺灣，但並未獲新加坡同意。

　　1968 年 1 月 16 日，英國首相威爾生（Harold Wilson）和國防部長希禮（Denis Healey）宣布將在 1971 年 3 月底從蘇伊士運河以東撤軍，主要是駐守在馬來西亞和新加坡基地的軍隊，此事對新加坡的衝擊很大。李光耀在 1968 年 1 月中旬到倫敦遊說，希望英國延緩撤軍，另一方面商議籌組英、澳、紐、馬、新五國聯防，惟英國對於撤軍問題不為所動，僅答應撤軍時間從 1971 年 3 月底延長到該年底。新加坡為應付英國撤軍，加速工業化計畫、強化勞工法、吸引外資、與外國加強軍事合作、增加國防經費三倍、重新思考建軍問題。英國軍隊在 1971 年 10 月從新加坡撤出，僅留下少許兵力，最後也在 1976 年 3 月撤走。[11]

　　新加坡初期向不結盟國家印度和埃及請求軍事協助，遭到婉拒。國防部長吳慶瑞請以色列協助軍事訓練，並接受以色列軍援。在 1971 年英軍撤走以前，新加坡早期的軍事訓練係獲自英國和以色列的協助。

　　新加坡並未想和臺灣發展軍事關係，而是開始強化經貿關係。1968年 11 月 14 日，臺灣與新加坡達成協議，同意在彼此首都互設商務代表團，以促進貿易、觀光及其他經濟關係。此一商務機構，將代為處理一般領事業務。1969 年 3 月 6 日，臺灣在新加坡設立「中華民國駐新加坡商務代表團」，新加坡則遲至 1979 年 6 月才在臺北設立「新加坡駐臺北商務代表辦事處」。

　　自 1970 年代初期起。新加坡派遣數百名軍官、飛行員、技術專家到

---

[11] Marsita Omar & Chan Fook Weng, "British withdrawal from Singapore," *Singaporeinfopedia*, https://eresources.nlb.gov.sg/infopedia/articles/SIP_1001_2009-02-10.html　2021 年 7 月 7 日瀏覽。

澳洲、英國、日本、美國、西德等國學習和受訓。在美國的訓練計畫包括：駕駛 F-5E 和 F-5F 戰機飛行訓練、實彈演習、陸軍的特戰訓練、軍官指管訓練。這些海外訓練都是由新加坡政府設立的「海外培訓獎」（Overseas Training Awards）所提供的獎學金贊助的。[12]

1971 年 3 月 31 日，英國從新加坡撤軍，臺灣的國安局與新加坡的國防部建立了密切的聯繫管道，臺灣提供新加坡飛行教官和技術人員，而開啟了新加坡的空軍維修部門。1973 年 5 月 14 日，李光耀從日本訪問結束後，順道應臺灣的國安局長王永樹之邀請訪臺。李光耀來臺進行 3 天的私人訪問，並會晤了行政院長蔣經國。蔣經國邀請李光耀前往南部空軍基地參觀，然後前往日月潭度假。此次訪問在李光耀要求下不對外發佈新聞，以免引起國際媒體注意。1974 年 12 月，李光耀再度來訪，參訪了海軍和海軍陸戰隊。在數月前，李光耀政府即與臺灣軍方會商在臺灣訓練軍隊的事宜。而在這次的訪問中，李光耀便向蔣經國提出在臺灣訓練新加坡軍隊的話題，獲得蔣經國的同意。

1975 年 4 月，臺灣與新國達成協議，雙方簽署「訓練協助協定」（Training Assistance Agreement），開始執行「星光計畫」（Exercise Starlight），為期 1 年。以後該項計畫持續進行。臺、新沒有建立外交關係，卻發展出建交國才會有的軍事合作關係，堪稱是國際政治上的特例，而該種軍事合作關係應是建立在李光耀和蔣經國兩人特殊的友誼關係之上。

六、泰國接納國民黨殘軍及對泰國軍售

在 1953 年和 1961 年國民黨殘軍兩次從緬東撤退返回臺灣後，部分未撤退的游擊隊轉入泰北，屯駐在從唐窩（第三軍總部）到美斯樂（第五軍總部）一帶。臺灣為了感謝泰國的善意回應，在 1962 年 1 月 10 日運交泰國政府一批裝備，以代號為「惠友一號」協助泰國邊境巡邏警察及居民裝

---

[12] "Singapore-Military Relations with Other Countries," *Country-data*, http://www.country-data.com/cgi-bin/query/r-11921.html　2021 年 7 月 7 日瀏覽。

備物資。臺灣和泰國協商將留在泰北的段希文和李文煥的反共救國軍撤回臺灣，終因段、李兩部不願離開泰國，而繼續留駐泰北。1969 年泰國政府利用他們清剿泰共，以給予居留權做為交換條件。1972 年 12 月 16日，臺灣為了協助泰國充實邊境巡邏警察及居民裝備，繼續推動代號為「惠友一號」演習，由國防部和外交部、農復會協商援助事宜。

　　臺灣和泰國從 1946 年到 1975 有正式邦交關係，且同為反共盟友，因此臺灣不僅對泰國軍售，而且也接受泰國派遣軍警到臺灣留學受訓，成為臺灣和東南亞國家軍事交流的一個特色。泰王拉瑪九世在 1963 年偕王后訪臺，為後來雙方官方和軍方將領互訪頻繁開啟先機。

　　泰國跟其他東南亞國家一樣，在冷戰時期面臨共黨顛覆的威脅，泰國除了獲得美國的軍援外，其對泰共的戰爭，需仰賴友邦的支持和奧援，基於反共的立場相同，臺灣對泰國也提供軍援，用以對抗泰共，臺灣對泰國的軍援僅限於對抗泰共，而非針對其他國家。臺灣提供的軍援規模只是彈藥和小型武器，都是臺灣自己生產的軍品。臺灣對泰國的軍援也跟美國無關，美國則非常關切臺灣在泰北和緬東是否使用美式武器。

　　隨著越戰的結束，北越併吞南越成為定局，受此影響，泰國在 1975年 7 月跟北京政權、1976 年 8 月跟越南共黨政權相繼建交，泰國的外交路線愈來愈走向中立傾向。泰國跟臺灣之間的軍事合作交流中斷，唯有經貿關係仍持續發展。

七、對馬來西亞軍售

　　馬來亞在 1957 年獨立，臺灣沒有與之建交，唯有經貿關係。馬來亞在 1963 年聯合新加坡、砂拉越和沙巴組成馬來西亞聯邦，臺灣唯有在吉隆坡設立領事館，並未建交。馬國為了沙巴問題而與菲律賓交惡，意圖與臺灣建立軍事合作關係，利用臺灣軍援強化其在沙巴的防禦能力，臺灣有所顧慮，未給予軍援，因為臺灣與菲國有邦交，不願因此而得罪菲國。

　　臺灣在 1965 年贈給馬國武器用以對抗印尼蘇卡諾政權，這是臺灣自1958 年軍援「印尼革命軍」後，再度以支援馬國之方式，遂行其反共的國策，支援反共的盟友。

　　臺灣自 1975 年開始對馬國軍售，擔心馬國利用該軍品對付新加坡，而此時臺灣和新加坡正在發展軍事合作關係，所以派員詢問李光耀的意見，得到不反對的意見後，臺灣才對馬國軍售。

　　馬國購買臺灣軍品主要目的是用於對付在境內叛亂的馬共，此正好符合臺灣的國策，所以兩國儘管沒有邦交，而能發展出特別的軍售關係。臺灣提供給馬國的軍品主要是小型的槍砲彈藥和手榴彈，而非大型槍砲本身。且以自行生產者為限，不會涉及美援武器。故臺灣與馬國發展軍事關係，沒有美國介入。這一點跟臺灣與越南、柬埔寨和寮國的軍事關係不同，可能跟馬國被美國認為屬於英國勢力範圍有關。直至馬共在 1989 年解散後，臺灣對馬國的軍援關係也趨於結束。

八、對菲律賓軍售

　　菲律賓是臺灣近鄰，二戰後兩國一直維持友好關係，菲國因為與美國有特別的關係，是反共的同盟國家，因此與臺灣的意識形態一樣，成為美國在西太平洋地區的反共盟友。菲國在 1956 年派駐大使到臺灣之前，兩國的軍事關係已互動頻繁。菲國總統賈西亞（Carlos P. Garcia）和馬嘉柏皋（Diosdado Macapaqal）先後訪臺，臺灣亦派遣陳誠副總統訪菲，其他高層軍官亦互訪不斷。其中有些軍官係獲駐菲美軍之邀訪或前往菲國美軍基地參訪，美國從中扮演特別的角色。

　　臺、菲關係中最為特別的是牽涉南沙群島問題，菲國在 1970 年代初先後侵佔南沙群島約 7 個島礁，臺灣無力阻止，卻在 1973 年起為了維護兩國外交關係而對菲國軍售。最後兩國還是在 1975 年斷交，也停止對菲國軍售和軍事關係。孰料 1995 年 3 月南沙群島情勢緊張，臺灣欲派遣保七總隊船艦前往太平島，卻遭到菲國三軍參謀總長恩里烈（Juan Ponce Enrile）恐嚇將對抗進入菲國聲稱擁有主權地區的任何臺灣船隻，最後中途折返。臺灣卻又在同年 12 月贈予菲國 F-5B 戰機。外交方針和作為到了走板之地步，令人扼腕。

九、大格局下的小國角色

　　韓戰結束後，東亞地區形成美國和中國兩強對峙的局面，夾在中間的中小型國家，唯有選邊站，不然就是宣布走中立不結盟路線，儘管如此，還是要與強權國家維持密切的政治和軍事關係。例如，東協國家的菲律賓和美國維持軍事和安全關係，新加坡和馬來西亞和英國、澳洲和紐西蘭維持軍事安全關係。泰國先與美國維持緊密的軍事合作關係，1980 年代中葉以後，跟中國發展軍事關係。緬甸則因為受到西方國家制裁，而一直與中國維持緊密的政治、經濟和軍事關係。這些東亞小國，包括臺灣，要避開這樣的國際局勢大格局，是很困難的。

　　從 1960 年代到 1970 年代的臺灣是由軍事強人蔣中正執政，他還有以前大中國的想法和作法，退居臺灣後，臺灣小島，資源和軍事實力有限，卻想支持「印尼革命軍」推翻蘇卡諾政權，以軍事援助在緬東、寮北和泰北的國民黨殘軍、以及以軍事援助越南和柬埔寨。固然其中有些軍援是受美國之託，有些卻是他堅持進行的，例如對印尼進行「南海計畫」，對緬東和泰北國民黨殘軍進行遠程軍援。總之，這些軍事行動與當時臺灣的軍事實力顯得相當不相稱，但臺灣軍人的足跡遍布印尼、越南、柬埔寨、寮國和緬甸等國，其積極活躍的景象為歷史上少見，隨著越戰的結束和蔣中正的去世，臺灣回到一個固守本島的保守戰略之地位。

　　冷戰在 1989 年結束，跟冷戰初期相較，東亞局勢之變化出現東北亞和東南亞不同的情勢，中國深陷 1989 年「六四天安門事件」之亂局中，東北亞依然是南北韓對峙，漫長的越戰隨著南越在 1975 年亡國而告結束，嗣後越南、柬埔寨和寮國試圖擺脫社會主義制度之桎梏正在努力往改革開放之路向前邁進，東協國家的經濟緩步發展，泰國仍在軍人政權和民主化之間掙扎，印尼蘇哈托（Suharto）的威權統治沒有放鬆跡象，菲律賓女總統艾奎諾夫人（Corazon Aquino）遭逢數次軍事政變，仍堅持其民主路線。臺灣在 1988 年換了李登輝出任總統，他沒有軍事強人蔣中正和政治強人蔣經國的條件，民主化成為其治國方針，臺灣沒有以前介入他國事務的條件和能量，發展自身的經濟和民主化，成為李登輝建設臺灣的首

要目標———一種天賦的小國就是美的角色。

第二章　1949年後中國國民黨軍隊撤退至東南亞的經過與結果

中國歷任朝代更迭，因為戰爭殺伐，爭奪正統，對於敵對者通常會採取趕盡殺絕之手段，為了逃避戰禍及報復，落敗者都會遷徙遠處，或避入叢山峻林，亦有遠遁異國他鄉。最著名的有宋國末年宰相陳宜中率領其眷屬和部屬逃至越南中部的占城，後因元國軍隊攻打占城，又再度流亡至暹國。明國末年的桂王率一群部屬一千多人輾轉逃至緬甸的瓦城以及緬北的果敢一帶，桂王竟被緬甸擒送給吳三桂處死。清國亡國時，有些王公貴族逃回滿州。因為革命勢力起自廣東和東南亞，所以少有流亡者逃至東南亞。

中國共產黨勢力是由北往南發展，1949年席捲佔領中國大部分地區，國民黨軍隊節節敗退，大軍一百多萬人渡過臺灣海峽到臺灣。有少數殘軍逃至廣東、廣西和雲南南部，分別進入越北、寮北和緬甸東部。因為面對的國際局勢不同，當時統治越南和寮國的法國、已經獨立的緬甸和泰國對於這些流亡的國民黨殘軍態度和政策不同，國民黨殘軍的命運就相對不同。本文擬針對已解密的臺灣外交部和國防部檔案，探討他們流亡的路線和結局。

第一節　與法國交涉

1949年12月11日，由黃杰率領的第一兵團到達桂越邊境的愛店，僅剩戰鬥員兵四個團，百色失守，鎮南關附近地區均為胡志明所領導的「越南獨立同盟」（簡稱越盟）之軍隊控制。此時雲南省主席盧漢投共，

黃杰率領的軍隊西進有困難。由於地方民眾為中共控制，若在邊境進行游擊戰，未能獲得民眾之支援，亦極為困難。後面又有中共追兵，黃杰經與高級將領研商，乃決定假道越南轉赴臺灣。

12 月 12 日，黃杰司令官派遣參謀長何竹本、外交處長毛起鵰與法方在峙馬（Chima）談判達成協議，由諒山區邊防副總司令查東（Charton）將軍會同諒山司令康司塔諾（Constano）上校前往峙馬，指定參謀長歐里多（Aurido）上校代表法方簽字。該協定有七點：

1. 同意參謀長所派本外交處長毛起鵰為我方代表，諒山司令康司塔諾、參謀長歐里多為法方代表。
2. 同意假道海防至臺灣，由法方派船送至臺灣。
3. 同意入境後，將武器交法方封存；至離境時再交還攜至臺灣。
4. 同意在入境停留期間一切安全及給養，概由法方負責。
5. 同意我國銀幣使用，俟法方願交我方後，再折付越幣歸墊。
6. 同意入境後之一切部隊及省防軍等概由黃司令官負責統轄指揮。
7. 中共如有入境追擊情事，同意仍請重行武裝，抗禦公敵。[1]

13 日，黃杰部隊開始入越，惟法方懾於中共之恫嚇，不敢執行協定，將國民黨軍隊集中軟禁。

1949 年 12 月 22 日，華中剿匪總司令白崇禧電蔣中正、閻錫山等，謂華中軍政長官公署第一兵團及第十兵團自邕、欽向西轉進後，遭到中共軍隊跟蹤壓迫，在桂西不易生存。當令第一兵團和第十兵團應越南國民黨首領武鴻卿請求改為志願軍，由其統率入越。並指示第一兵團由左江以北、兵團由左江以南間道分途入越，佔據越共胡志明控制地區，切勿與法軍接觸。現武鴻卿部兩個軍已進抵越南之七溪，情形良好。而第一兵團因中共軍隊自百色南竄左江以北，受其側擊，即取捷徑由鎮南關隘店（愛店）地區入越或已受法軍阻撓，該兵團自亥塞（時間暗語）起即與本署失去聯絡。據外交部袁子健司長面稱，第一兵團已遭法軍繳械並准其入境越

---

[1] 國史館藏，「一般外交（三）」，蔣中正總統文物，1950/01/31。毛起鵰呈外交部次長唐報告，民國 39 年 2 月 4 日。數位典藏號：002-080106-00076-008。

南。白崇禧建議與法方交涉准其將第一兵團的人員和武器轉運海南島，以增強海南島之防衛力量。[2] 蔣中正同意其第一兵團及四十六軍與桂保安團隊之入越員兵武器轉運海南島。[3]

　　從而可知，第一兵團可能因為失去聯絡，而與法軍接觸，最後遭到法軍解除武裝拘禁。武鴻卿率 6 千人入越，此部係由桂軍零星逃來及由各保安團隊師區等收容者，[4] 最後亦遭法軍繳械。

　　此外，第 126 軍下轄 304、305、306 三師，由張湘澤任軍長，1949年 5 月中旬，重新整編，取消 306 師，至於 304 和 305 師先後歸第十一、第十、第三等兵團，至 12 月，304 師避入黔桂邊區打游擊，305 師則進入廣西十萬大山潛伏。張湘澤率直屬部隊一部與 46 軍一起轉入龍州。12 月12 日，在龍州奉華中軍政長官白崇禧電令，將所有在龍州之國軍和地方部隊合編為越南建國軍，官兵約 7 千人，加上難民和學生共約 7 千多人。12 月 18 日，從龍州出發，經羅迴鄉水口關，到東溪。東溪為法人據點，經交涉，獲法方同意，以五百人為一隊，通過東溪市區，至七溪。沿途遭土共和「越盟」軍隊騷擾攻擊，部隊到達同登。繞過諒山，向東走到明堂，遭法軍包圍，乃與法軍談判，決議如下：(1)所有武器交法方暫行保管，俟與保大國王見面後再決定處理。(2)自交武器時起，由法方補給糧食。(3)凡軍官可保留自衛手槍一支。(4)高級負責人員備專機送往西貢，並得帶電臺一部。(5)士兵即送海防，集中待命繳械。後法方除即運送糧食補給外，將高級官員 7 員用飛機送至河內，旋即扣留入獄，又經交涉，在獄內居留 10 日始轉送越北宮門，與第一兵團會合。

　　至 1951 年 2 月，黃杰司令官召集師長以上開整編會議，以張湘澤為

---

[2]　國史館藏，「對英法德義關係（五）」，蔣中正總統文物，白崇禧電蔣中正、閻錫山等懇請與法方交涉准其將入越之第一兵團人員和武器轉運海南島，1949/12/22。數位典藏號：002-090103-00015-339。

[3]　國史館藏，「對英法德義關係（五）」，蔣中正總統文物，數位典藏號：002-090103-00015-351，1949/12/26。

[4]　國防部藏，案名：留越國軍經過情形及宣慰，參謀總長周志柔簽呈總統，事由：茲抄附李為之君所報越南國軍情形一件希核辦，民國 39 年 10 月 9 日。檔號：39_1780_7760-2_1_3-00052134。

主任委員，何竹本參謀長為副主任委員，將各部合編為兩個管訓處，轄六個總隊。後第 26 軍各部繼續入越，增編為第三管訓處。入越國軍分駐富國島、金蘭灣和白馬（位在柬埔寨靠近暹羅灣邊港口）等地。[5]

1950 年 1 月 13 日，黃杰請求駐海防領事電蔣中正、參謀總長顧祝同等，稱在愛店經與法方駐諒山參謀長簽訂協定，同時將武器交法方封存，由政府交涉發還，允國軍假道越境轉臺灣。但入境後為周恩來抗議所懾服不敢履行協定，現將全體官兵集中於宮門附近之蒙良。既無營房，又值連日雨，僅主食一磅，不得一飽，官兵情緒悲憤激昂，懇即與法方交涉早日轉回臺灣。[6]

1 月 16 日，白崇禧電蔣中正稱我軍 17 兵團在鎮邊靖西之桂越邊境平孟隘附近活動並準備入越。第十八兵團除一部仍在十萬大山迄桂越邊境展開游擊外，其餘已入越部隊自子魚（時間暗語）到達同登、安州以西地區後，因受越共空室清野，及法方敵對行為，補給不繼，活動困難，已失聯絡，現正飭龍州邊防督辦查報。第三軍團各部仍分散在玉林、梧州、桂平一帶山區，配合桂南軍政區地方團隊游擊。已飭劉嘉樹注意與李（彌）、余（程萬）兩部聯絡並請將該兩部行動情形見告。[7]

1 月 30 日，26 軍軍長彭佐熙請河內領事館電蔣中正、顧祝同，稱我軍在蒙自及紅河西北與敵激戰後刻已到達越南萊州，乞速與法方交涉後設法回國俾得繼續為國效勞。[8]隨後彭佐熙率軍隊從萊州進入越北，遭法軍

---

[5] 張湘澤，「入越國軍概況及越南現勢報告書」，國防部藏，案名：留越國軍經過情形及宣慰，張湘澤謹呈參軍長劉轉呈總統蔣，民國 50 年 5 月 31 日。檔號：39_1780_7760-2_1_7-00052134。

[6] 國史館藏，「對英法德義關係（五）」，蔣中正總統文物，黃杰電蔣中正顧祝同等經與法方駐諒山參謀長簽訂協定允國軍假道越境轉臺但入境後為周恩來抗議所懾服不敢履行協定懇即與法方交涉早日轉回臺灣，1950/01/13。數位典藏號：002-090103-00015-340。

[7] 國史館藏，「武裝叛國（一七八）」，蔣中正總統文物，白崇禧電蔣中正稱我軍第十八兵團入越到達同登、安州以西地區受越共空室清野又補給不繼活動困難已失聯絡現正飭龍州邊防督辦查報，1950/01/16。數位典藏號：002-090300-00201-125。

[8] 國史館藏，「武裝叛國（一七八）」，蔣中正總統文物，彭佐熙電蔣中正顧祝同稱我軍在蒙自及紅河西北與敵激戰後刻已到達越南萊州乞速與法方交涉後設法回國俾得繼續為國效勞，1950/01/30。數位典藏號：002-090300-00201-136。

繳械拘留在金蘭灣集中營。

1 月 31 日，黃杰司令官之外交處長毛起鷂起草呈部長之文說，我方向法國交涉遣送部隊返臺一案，在中共未承認「越盟」（1 月 18 日）及法國國會未通過承認保大（1 月 28 日）以前，法方深恐開罪中共，及中共入侵越南，始守中立，暫緩遣送。[9]

至 1951 年，還有雲南省主席李彌的部隊從中國撤退進入越北，蔣經國在 7 月 20 日電李彌，據報本月初貴部千餘人自滇邊退入越南被法軍繳械軟禁等情確否祈復。[10]但國防部檔案中沒有見到李彌的覆電，所以不知該項情報是否可靠。

當國民黨軍隊入境越南後，中共向法國提出抗議，將法國收容國民黨軍隊視同敵對行為，法國恐懼，乃藉辭保持中立，及遵守國際公法辦理，拘押國民黨軍隊於蒙陽集中營。中共在 1950 年 1 月 18 日、蘇聯在 1 月 31 日承認「越盟」的越南民主共和國政府。中共且在 1 月 26 日公開要求法國退出越南。1 月 28 日，法國國會通過承認保大的越南國政府，英國和美國繼之給予承認。在此政治情勢下，法國更不敢採取行動將入越的國民黨軍隊遣送至臺灣，只有將他們羈留在越南，等候情況許可後再行處理。

第二節　退入越南之國民黨軍隊狀況

1950 年，國防部一份沒有署名的「赴越工作意見」，提及國民黨軍隊進入越南後在越部隊及目下情形如下：

一、第一兵團司令官黃杰、第四十六軍長譚何易，第十一兵團司令官魯道源等部共約二萬七千餘人，法方解除武裝後集結富國島，由法方給予

9　國史館藏，「一般外交（三）」，蔣中正總統文物，毛起鷂呈總裁報告，「毛起鷂呈向法方交涉國軍入越送返臺灣事宜在軍事上與法國合作加強對法與東南亞關係及請求事項」，民國 39 年 1 月 31 日。數位典藏號：002-080106-00076-008，1950/01/31。

10　國史館藏，「一般資料—蔣經國致各界文電資料（十四）」，蔣中正總統文物，數位典藏號：002-080200-00642-002。1951/07/20。

糧食。

二、二十六軍一部約五千人入越，解除武裝後送至金蘭島（應是灣）集中，待遇頗劣。

三、姚槐部原有約萬餘人和槍，現仍留桂越邊境十萬大山一帶活動。

四、桂省內西江上游及左右江地區尚有各股游擊隊分布活動，總數約5萬人，與越南方面頗有呼應作用。[11]

退至中國西南中、越邊境的軍隊有些進入越北，有些留在廣西邊境從事游擊戰，最後可能都投降了。

入越國軍番號兵力：第一兵團各部隊人數有 14,073 人，其他華中長官公署、國防部突擊總隊桂西師管區第十一兵團、第一百軍、第四六軍、第一二六軍、第二六軍、第一七六師、第三三〇師、第二七二師（該師係1951 年 5 月 28 日入越，7 月 16 日到達富國島）、粵桂滇游擊部隊等單位有 18,402 人，合計有 32,457 人。[12]

退入越北的國民黨軍隊先後被法國當局安排留住在蒙陽（今廣寧省景普鎮（Cam Pha）的 Mong Duong）[13]集中營、來母法郎集中營、金蘭灣集中營和富國島集中營。分述如下：

一、蒙陽集中營

法國將入越國軍集中在越北之蒙陽、來母法郎兩地（位在河內東南一百公里）。為便於管理，在 1950 年 2 月重新整編留越軍隊為兩個管訓處，一管訓處轄四個總隊，駐蒙陽；二管訓處轄三個總隊，駐來母法郎。編餘官佐與國防部突擊三、五兩總隊隊員共達 5 千餘人。法國經營之鴻基煤礦公司和橡膠園招募國軍工作，有做工大隊和義民大隊 3,881 人志願前往做工。

[11] 國史館藏，「金馬及邊區作戰（五）」，蔣中正總統文物，赴越工作意見，1950/00/00。數位典藏號：002-080102-00104-004。

[12] 國史館藏，「金馬及邊區作戰（五）」，蔣中正總統文物，黃杰呈蔣中正中華民國留越國軍管訓總處報告書，1952/09/00。數位典藏號：002-080102-00104-006。

[13] Judylai，「足跡之一：越南蒙陽」，Judy Lai 的網誌，https://judylai99.blogspot.com/2014/01/blog-post.html　2021 年 3 月 31 日瀏覽。

表 2-1：留越國民黨軍隊在橡膠煤礦區做工人數統計表

中華民國留越國軍橡膠園煤礦區作工人數統計表　四十一年九月　日

區分／人數	膠工	礦工	合計	附記	備考
官	689	972	1661	本部由蒙陽南遷後尚有一部份入越軍民約600人被迫參加礦工未列入本表數內	原住作工人數
兵	662	735	1397		法方送回人數
春訓	499	324	823		現尚在作工人數
	1850	2031	3881		
官	98	282	380		
兵	77	179	256		
春訓	48	52	100		
	223	513	736		
官	591	690	1281		
兵	685	556	1141		
春訓	451	272	723		
	1623	1518	3145		

資料來源：國史館藏，「金馬及邊區作戰（五）」，蔣中正總統文物，黃杰呈蔣中正中華民國留越國軍管訓總處報告書，1952/09/00。數位典藏號：002-080102-00104-006。

二、金蘭灣集中營

　　第二十六軍部隊由彭佐熙軍長率領 3,879 人於 1950 年 1 月 29 日由萊州入越，2 月下旬到達河內，經海防運送金蘭灣集中營，至 3 月中旬全數到達。該地原為一軍港，有一部分營房，飲水補給均甚方便，留住之國軍有 26 軍之一部、第八軍少數官佐、及 5 月 20 日由蒙陽運來之預幹班兩個大隊與登記前往臺灣人員一個大隊。

資料來源：「金蘭灣」，*Expedia*，https://www.expedia.com.tw/Cam-Ranh-
　　　　　Bay-Vietnam.d553248634966471888.Place-To-Visit?pwaLob=wiz
　　　　　ard-package-pwa　2021 年 6 月 30 日瀏覽。

圖 2-1：金蘭灣形勢圖

三、富國島集中營

　　由於蒙陽地區狹小、物資欠缺，再加上越北戰局趨緊，胡志明領導的
「越盟」軍隊和法軍戰爭不已，法方難以照顧周全，乃在 1950 年 3 月 16
日將蒙陽、來母法郎集中營國軍遷移至越南南部暹羅灣中的富國島，至 8
月底始完成全部運送。1952 年 3 月中旬，開始將金蘭灣國軍運送至富國
島，至 5 月 9 日全部運送完畢。部隊住在島西南部，建有陽東和介多兩個
營區。

　　1950 年 11 月初，臺灣國防部派遣林蔚文顧問首度抵達富國島慰問。
致送臺灣的服裝和醫藥品，同時從 9 月份起發給津貼，官兵每人月發 30
元，眷屬 20 元。12 月，奉國防部令改編留越國軍，以黃杰為留越國軍管
訓總處司令官，所有留越國軍統歸其節制指揮。另外應法方要求，在西貢
設置聯絡處，由黃杰駐西貢，與法方和臺灣政府保持聯繫，處理一切留越
國軍問題、大部時間在富國島與金蘭灣督訓部隊，及巡迴視察留在越北、
越中各煤礦公司、各橡膠園國民黨軍隊之做工人員。

　　由於法方遲未處理留越國軍問題，引發富國島和金蘭灣駐留國軍不滿，他們在 1951 年 12 月 25 日聖誕節絕食抗議，繳還法方食米，破壞所有爐灶，官兵婦孺環坐於馬路，經三晝夜始告結束。經此抗議集中營之環境始有改善。

　　法方所發主副食質量原屬不夠，屢經交涉改善，至 1952 年 1 月已獲增加，主副食與茶葉、煙絲、食糖、肥皂等日需品，每人日領定量，均夠食用，營區建設亦甚具規模，官兵生活獲得很大的改善。惟因營養不良，患肺病者日增。

　　1952 年 3 月中旬，林蔚文顧問第二度抵達富國島慰問，駐留兩週，曾校閱各部隊。

表 2-2：入越國軍各單位主官姓名及官兵眷屬人數統計表

部隊番號	主官級職	姓名	入越年月日	駐地	官兵	眷屬	小計	備考
第一兵團	中將司令官	黃杰		蒙陽				
第一○四軍	少將師長	衛兼青						
華中長官公署	上校高參	魯道源						
第五綏靖區	少將總隊長	謝智						
國防部第二署		譚何易						
第十一兵團	中將司令官	張湘澤						
第四十六軍	少將軍長	鄧善宏						
第一二六軍	中將軍長	黃義光						
一七六師	上校團長							
第四八師	少將師長							
師九八團								
桂西師管區	少將司令	李繼武						
國防部第三署	少將總隊長	王毅						
第二十六軍	中將軍長	彭佐熙						
第二十七師	新代師長	張亞龍						
其他								
合計								

資料來源：國史館藏，「金馬及邊區作戰（五）」，蔣中正總統文物，黃杰呈蔣中正中華民國留越國軍管訓總處報告書，1952/09/00。數位典藏號：002-080102-00104-006。

表 2-3：留越國軍管訓總處所屬各單位現有人數統計表

標題：中華民國留越國軍官訓總處所屬各單位現有人數統計表　四十一年九月　日

區分　人數　單位	官佐	學員	士兵	傷殘	軍眷	學生	義民	總計	備致
司令部及直屬部隊	五八八		一七三三	五六九	五八一	一五二	二六八	三八九一	
第一管訓處	七三一		五一九八	一○四				六○三三	
第二管訓處	七六八		四四八一	二九六				五五六五	
第三管訓處	六八○		三九八一	一三				四八四四	七
軍官團	七二五		一○四三	一三○					
合計	三五二一		一六四三六	一一一二				二七二一四	榮員好家兵四七名

附記：一、參加法方爆礦懷膠做工人員約三四五員名未列入本表統計數內

資料來源：國史館藏，「金馬及邊區作戰（五）」，蔣中正總統文物，黃杰呈蔣中正中華民國留越國軍管訓總處報告書，1952/09/00。數位典藏號：002-080102-00104-006。

最有趣者，由於有眷屬隨軍撤退到富國島，因此在富國島出生的新生嬰兒有 536 人。另有 771 人失蹤，可能逃亡越南其他城市或地區，不知下落。在留越期間（包括在蒙陽、金蘭灣和富國島）死亡人數有 744 人。[14]

入越部隊計有第一、第十、第十一、第十七及李彌、余程萬等兵團單位，前後可達六、七萬人。[15]

---

[14] 國史館藏，「金馬及邊區作戰（五）」，蔣中正總統文物，黃杰呈蔣中正中華民國留越國軍管訓總處報告書，1952/09/00。數位典藏號：002-080102-00104-006。

[15] 國史館藏，「一般外交（三）」，蔣中正總統文物，毛起鷳呈外交部次長唐報告，民國 39 年 2 月 4 日。數位典藏號：002-080106-00076-008，1950/01/31。

表 2-4：1950 年留越國軍總管理處所屬單位駐地官兵及眷屬人數

留越國軍總管理處所屬單位駐地官兵眷屬人數表

單位	駐地	官佐	士兵	眷屬	合計
總處	富國陽東	291	762	124	1177
第一管訓處	富國陽東	1331	6561	255	8147
第二管訓處	富國介多	748	4816	198	5762
第三管訓處	金蘭灣	904	2997	95	3996
預幹班	富國介多	1992	344	577	2913
預幹班之一部	金蘭灣	967	191	341	1499
將官集訓處	白馬	48	55	6	109
總計		6281	15726	1596	23603

另	鴻基煤礦工人				2231
	南圻種植園工人				1888
	金蘭有豫衡中學員生				151
總計					27873

資料來源：國史館藏，「金馬及邊區作戰（五）」，蔣中正總統文物，黃杰呈蔣中正留越國軍總管理處第一第二第三管訓處及預備幹部訓練班主管姓名表及留越國軍將級軍官姓名駐地表與該處所屬單位駐地官兵眷屬人數表，1950/00/00。數位典藏號：002-080102-00104-001。

1950 年 9 月，駐留越南國軍將級人員總共有 49 人，分別來自第一兵團、第二兵團、第十一兵團、衡陽警備司令、第四十六軍、第二十六軍、第一二五軍、第十四軍、廣西左右別動軍、第九十七軍、第一百軍十九師、第七十一軍、廣西省警備旅、第一九三師等。[16]

---

[16] 國史館藏，「金馬及邊區作戰（五）」，蔣中正總統文物，蔣經國函周宏濤為宣慰駐越國軍茲檢奉留越高級將領名冊一份及蔣中正肖像四十九張呈轉總統簽題，1950 年 9 月 20 日。數位典藏號：002-080102-00104-002。

資料來源：「富國島」，*Trip.com*，https://hk.trip.com/travel-guide/destinati
on/phu-quoc-island-24779/　2021 年 6 月 30 日瀏覽。

圖 2-2：今日觀光業興盛的富國島

四、國立豫衡聯合中學

退入越南的除了軍隊外，還有國立豫衡聯合中學的師生。

湖南零陵衡陽國立豫衡聯合中學代理校長張子靜撤退往遵義（校長胡
毓璃因公務至四川，以致於與該校失聯），在 1949 年 10 月奉令率領師生
遷至四川，11 月初旬步行到金城江，戰事已趨惡化，12 月初隨國軍 97 軍
蔣軍長撤退至桂滇邊境百色、西林一帶，因雲南盧漢叛變投共，無法西
行，乃向東折回田東，並於 12 月 13 日向南退入中、越邊境之愛店地區。
初與法方交涉，擬假道越南去臺灣。孰料法方要求國軍繳械才允入境，國
軍被迫繳械即被拘禁在蒙陽。該校全體師生亦跟隨軍隊一樣集中蒙陽一
地。張代校長在 1950 年 3 月 8 日請求教育部長朱家驊儘快將去年 10 月份以
後經費匯下，並電駐河內總領事劉家駒向法方交涉，儘速放行去臺灣。[17]

3 月，該校師生又被轉送至金蘭灣港，等候交通工具接運至臺灣。當
時居留金蘭灣的還有國軍第二十六軍。該校師生曾獲得芽莊華僑理事會主

---

[17] 國史館藏，「豫衡中學員生入越及來臺」，外交部檔案。數位典藏號：020-011007-
0204，1950/03/08。

席陳錦全贊助教本、教具、墨水、運動器具，師生共 139 人開始復校，勉強能上課。張代校長在 7 月 4 日致函外交部長葉公超早日派船接運至臺灣。[18]張代校長於 9 月 3 日函外長葉公超說，芽莊僑民曾請求該校師生移至芽莊，以發展僑教，並請中華民國駐西貢總領事代該校向法方交涉，並轉飭芽莊僑胞理事會代該校覓一適當校址。芽莊僑領建議遷址到大叻。但教育部向外交部表示：「因限於行動，未能照允，請向法方交涉並轉飭芽莊僑團代覓適當校址。」[19]該校師生與軍隊混居，一起關在集中營，行動受到限制，頗思另行遷址到越南其他城市。但駐西貢總領事館於 1951 年 11 月 17 日電外交部稱，「前經與黃司令官商洽，黃司令官認為目前該校員生與國軍聚居金蘭港，其主副食均由法方依照國軍待遇供給，倘一旦脫離國軍自行遷址，法方自不負供給之責，故交涉遷址，原則上法方可予同意，惟該校員生目前尚無自給能力，而僑胞亦難予負擔，故遷址事擬暫緩議。業經函覆該校知照，並遵經於 39 年 11 月 27 日以貢發(39)字第 629 號代電呈覆在案。」[20]

　　1952 年 4 月 6 日，該校隨軍隊被撤至南越的富國島。總共師生 129 人。該校員生來臺後由教育部悉數安置在澎湖防衛司令部子弟學校。

　　1953 年 6 月 12 日，黃杰電蔣中正在越國軍第一批運輸回臺。第五批亦已開始運送。至 7 月 9 日全部運送完畢。

第三節　退入緬境之國民黨軍隊

　　1949 年 12 月，雲南省主席盧漢投共，導致原國軍第八軍軍長李彌和第二十六軍軍長余程萬率領其殘餘部隊退至滇南中、越邊境，李彌和余程萬於 1950 年 1 月 17 日返臺述職。1950 年 1 月，中共追擊國民黨軍隊，

18　同上註。

19　同上註。

20　國史館藏，「豫衡中學員生入越及來臺」，外交部檔案，駐西貢總領事館代電外交部，事由：呈覆辦理豫衡聯中遷移校址經過情形敬請鑑核由，貢發(40)字第 833 號，民國 40 年 11 月 17 日。數位典藏號：020-011007-0204，1950/03/08。

與緬甸軍隊發生衝突。1 月 18 日，雲南國軍將領李彌和余程萬將軍在與蔣中正委員長舉行若干次會議後，決定在 2 月初由參謀總長顧祝同與李彌和余程萬搭機返回滇南。當飛機抵達海南島海口市時，余程萬藉詞為即將抵達之空運部隊安排事宜而留下來。參謀總長顧祝同與李彌則繼續乘機前往雲南蒙自。[21] 3 月，李彌率 1,500 人越過邊境進入雲南，與中共軍進行戰鬥。

　　1950 年 2 月，國軍第八軍李國輝團和第二十六軍譚忠國團約有 1,700 名國民黨軍隊越過邊境進入緬甸撣邦的景棟（Kengtung）（景東），他們認為該地是在中、緬未定界內，[22]拒絕離開緬甸所謂的「領土」和放下武器。他們活動的區域在大其力、猛蓬（位在泰、寮、景棟的三角洲地帶，靠近湄公河三角洲的西岸，屬於景棟）。

　　3 月 18 日，流亡至泰、緬邊境的葉植楠師長從曼谷發電給國防部稱，「寅灰、寅銑午兩電諒察，乞速匯款接濟，否則無法生存，聞第八軍一個團至車里，丁作韶擬帶領至越南，情形如何，查明再報。」[23]

　　3 月 19 日，蒙自失守。第二十六軍在彭佐熙軍長的指揮下進入越南，而遭法軍解除武裝。[24]第八軍的殘部則轉入滇、緬邊區，進行反共游擊戰。

　　3 月 19 日，國防部第三廳電葉植楠指部，限一小時到曼谷大使館陳（振熙）武官，密轉葉兼師長寅銑、寅篠（時間暗語）兩電均悉，（一）

---

[21] 余程萬後前往香港，並遭流氓槍殺死亡。（參見張傑民，烽火西南話戡亂，武陵出版公司，臺北市，1993 年，頁 82-83、144。）另據李玉、袁蘊華、費祥鎬編的西南義舉——盧漢劉文輝起義紀實一書，李彌和余程萬返臺的時間是 1 月 5 日。1 月 14 日，顧祝同和李彌、湯堯飛到蒙自機場。（參見李玉、袁蘊華、費祥鎬編，西南義舉——盧漢劉文輝起義紀實，四川人民出版社，成都，1987 年，頁 113-114。）

[22] 胡慶蓉，滇邊游擊史話，中國世紀雜誌社，臺北市，民國 56 年 10 月印行，頁 68-70。而滇緬邊區風雲錄——柳元麟將軍八十八回憶一書，則說當時退入緬境的大其力，國軍約有 2 千人。參見傅應川、陳存恭、溫池京訪問，滇緬邊區風雲錄——柳元麟將軍八十八回憶，國防部史政編譯局，臺北市，民國 85 年，頁 87。

[23] 國防部藏，案名：留緬國軍處理案，曼谷葉植楠電國防部，民國 39 年 3 月 18 日。檔號：39_0640_7421-2_1_16-00045165。

[24] 另據張傑民的著作，退入越南的軍隊是由田樂天團長率領的第 26 軍 161 師 482 團和李國輝率領的第 8 軍 237 師 709 團。參見張傑民，前引書，頁 120。

該部已收容之官兵應在滇、緬、泰、越邊區堅持游擊，並設法與 8A（按指第八軍）聯絡，協同克復南嶠機場，以便空運補給。（二）希速轉飭丁作韶及 8A 官兵切勿進入越南，嚴禁向法方繳械，仍將辦理情形隨時查報。[25]

3 月 20 日，國防部第三廳電羅庚，「限兩小時到榆林交區臺李區臺長，密轉羅指揮官 93D（第九十三師）蒙主任核報 8A 及 26A 各一部，準備入越南向法軍繳械，希設法轉飭該部切勿入越繳械，速與緬甸打洛羅指揮官庚聯絡繼續游擊，並相機克復南嶠，接受補給。」[26]

3 月 20 日，國防部第三廳電河內劉總領事，密極機密，據報八軍及二十六軍各一部準備入越向法軍繳械，希設法轉飭該部切勿入越繳械，速與緬甸打洛羅指揮官庚聯絡繼續游擊。[27]

4 月，雲南省主席李彌呈請擬在滇泰、滇越邊區設立反共基地，行政院秘書處請外交部商請泰、越政府允許。外交部於 4 月 22 日回覆稱：「就目前中、泰及中、法、越關係以及各該國現實環境而言，如由我政府與泰、越兩國當局正式磋商，殊難獲致同意。惟臺灣駐泰大使館原有武官處之設置，駐西貢總領事館亦有國防部派駐人員專任通訊及聯絡工作，如滇省府認為有在泰、越兩國辦理通訊事務之必要，似可指定各該原有人員兼辦此項任務。」[28]

6 月 29 日，國防部參謀總長周至柔代電外交部，稱「現駐緬國軍共約 2 千人，前由雲南撤退入緬後，即駐大其力附近休整，以戰後疲憊，兼之糧彈俱缺，迄今尚未整補完成北進滇境，目前力有未逮，如南下泰國或東進越南，勢必被迫繳械，該部不得已仍在滇緬越泰邊區堅持射（游）

[25] 國防部藏，案名：留緬國軍處理案，國防部第三廳電葉指部，民國 39 年 3 月 19 日。檔號：39_0640_7421-2_1_18-00045165。

[26] 國防部藏，案名：留緬國軍處理案，國防部第三廳電羅庚，民國 39 年 3 月 20 日。檔號：39_0640_7421-2_1_23-00045165。

[27] 國防部藏，案名：留緬國軍處理案，國防部第三廳電河內劉總領事，民國 39 年 3 月 20 日。檔號：39_0640_7421-2_1_22-00045165。

[28] 國史館藏，檔名：中法聯合越境追剿，外交部檔案，外交部函行政院秘書處，民國 39 年 4 月 22 日，外(39)歐二字第 2370 號。目錄號：172-1，案卷號：0591。

擊，活動生存，不得向緬、越、泰任何一方繳械，射擊補充完成後，再伺機入滇。又該部領導人為雲南綏署中將副主任兼第 26 軍軍長呂國銓。請將上述情形轉知賴大使面轉交涉情形，隨時賜知。」[29]

　　然而，留在緬境的國民黨軍隊面臨缺乏糧彈之困境，無法繼續駐留生存。因此，李彌於 7 月 23 日函請行政院長裁奪三事，一是由外交部密商越、泰當局，請准臺灣聯絡人員進出泰、越邊境，以便運輸補給策動滇境反共大鬥爭。二是商得美、泰同意補充滇緬邊區第八軍李國輝之裝備。三是商得美、越當局同意裝備黃杰部（按當時黃杰部隊被法國拘留在越南南部外海的富國島），並調入滇西南地區，鞏固東南亞反共外圍。行政院將此案交外交部商辦。[30]

　　7 月 23 日，參謀總長周至柔上大簽給蔣中正總統，稱「國防部接外交部 7 月 17 日代電，略以關於在緬國軍入越事，我駐泰代辦孫碧奇經與法方商談，法方允我軍進入越南，惟軍械必須繳存等情，似可接受法方意見，入越待機。如何之處，請即核辦見復。」又接雲南綏署副主任呂國銓 7 月 21 日來電稱：「關於在緬部隊進入越南，惟軍械由法繳存等情，似可接受。法方意見入越待機，如何之處，請即核辦。頃接雲南副主任呂國詮七月二十一日來電略稱，關於在緬部進入越南，經與法方商洽，法方要求我軍繳械，當予拒絕，現法方復派員來稱，可不繳械，請再商談。現正磋商中等情。除已電外交部俟呂國銓與法方交涉情形明瞭後，再行核辦。」[31]

　　外交部於 9 月 4 日函覆行政院秘書處稱：「一、關於秘密外交方式徵求法、越、泰當局同意給我聯絡人員進出邊境及運輸補給之諸種便利一

---

[29] 國防部藏，案名：留緬國軍處理案，國防部長參謀總長周代電外交部，民國 39 年 6 月 29 日。檔號：39_0640_7421-2_1_85-00045165。

[30] 國史館藏，檔名：中法聯合越境追剿，外交部檔案，行政院於民國 39 年 8 月 8 日函外交部葉部長，臺(39)字第 8214 號。目錄號：172-1，案卷號：0591。

[31] 國防部藏，案名：留緬國軍處理案，參謀總長周大簽呈蔣總統，事由：一、頃接外交部七月十七日代電略以關於在緬國軍入越事，我駐泰代辦孫碧奇經與法方商談，法方允我軍進入越南，惟軍械必須繳存等情，似可接受法方意見，入越待機。如何之處，請即核辦見復。二、頃接雲南綏署副主任呂國銓 7 月 21 日來電稱：「關於在緬部隊進入越南」，民國 39 年 7 月 23 日。檔號：39_0640_7421-2_1_107-00045165。

節，如聯絡人員為數不多，似不妨分令有關各館試向各該國政府密洽辦理。至商請給予運輸補給便利一層，在目前情勢下，似難獲致結果。二、關於商請美、泰兩國補給第 8 軍彈械事，查該部國軍現已奉令撤離緬境，轉入雲南，目前情況為何，尚不知悉。且美方前曾向我表示希望著令該軍向緬方繳械，以免引起國際糾紛，其態度甚為明顯。泰國方面亦屢次聲言，如該部國軍進入泰境，當依國際法原則處理，似此情形，我政府似不宜於此時再向美、泰提出洽商。三、關於商請美、法、越裝備黃杰部調入滇境事，似可俟時機成熟，國際局勢轉趨於我有利時，再行洽辦。」[32]

從上述的官方檔案可知，美國不支持國民黨殘軍進入緬境，若要進入緬境，應先解除武裝。美國這樣的主張是為了維持其與緬甸的外交關係。

但隨後據聞緬甸將在聯合國控告國民黨軍隊在緬甸活動，臺灣外交部乃訓令駐泰大使協助撤軍。「查國軍李彌部一千餘人，被迫進入緬境與緬軍發生衝突，緬政府極感焦急，擬提控於聯合國安理會，本部除商請美方出面斡旋外，並電令駐泰大使館就近協助該軍撤離，該館經商請泰方給予醫治傷患及糧食過境各種便利後，遂使該軍得於本年 8 月 23 日離開緬境。」[33]

9 月 15 日，軍校十七期畢業生李豫泰與其他 78 人從緬甸密鐵拉（Meitila）（緬甸中部的一個城市，位於曼德勒省密鐵拉湖畔，蒲甘至東枝、仰光至曼德勒以及密鐵拉至敏建高速公路的交匯處。）天然百貨商店寫信給（蔣中正）校長，自稱是 26 軍 193 師 578 團第 3 營營長，在 1950 年 1 月奉命到滇南作戰，後該軍奉命向越南轉進，因他是掩護部隊，沒有跟軍部走，經突圍抵緬，被繳械集中於緬中之密鐵拉，至今已有半年。美國、泰國、印度和巴基斯坦等國大使曾到密鐵拉訪查，李豫泰曾請求美國大使向緬政府交涉將他們遣送至臺灣。至今沒有消息。最近中共大使來

---

[32] 國史館藏，檔名：中法聯合越境追剿，外交部檔案，外交部於民國 39 年 9 月 4 日函行政院秘書處，外(39)歐二字第 5530 號。目錄號：172-1，案卷號：0591。

[33] 「外交部三十九年七月份施政進度報告表」，載於周琇環編，戰後外交部工作報告（民國三十九年至四十二年），國史館出版，臺北市，民國 90 年，頁 34。

此，日久恐對他們不利。又說緬政府對他們待遇甚佳。[34]

　　11 月 6 日，國防部參謀總長周至柔代電外交部稱，據 26 軍 193 師 578 團第 3 營營長李豫泰等 78 人在 9 月 15 日函稱：「元月間，本軍向越南轉進時，本營因作掩護未能與軍部同時入越，經突圍抵緬，被繳械集中於緬中密鐵拉，現共黨大使已抵此，日久恐與職等不利，懇營救回臺」等情，請設法透過美方向緬政府交涉釋回或遣送該等人員歸臺（該軍一部正由緬返滇中）。[35]國防部電請駐泰陳振熙武官就近聯絡，並將辦理情形報告。[36]

　　1950 年底，緬甸軍隊驅逐該國民黨軍隊，國民黨軍隊退至泰、緬邊境的孟撒（Mong Hsat, Monghsat）、景棟，建立軍事總部，從事游擊活動。

　　1951 年 1 月，國民黨游擊隊改編為「雲南人民反共救國軍」，由李彌中將兼任總指揮。[37]此時反共救國軍力量日增，在緬甸境內有基地和訓練營，並在景棟西南方 50 英里的猛撒建有機場，[38]可讓四引擎飛機起降。反共游擊隊之軍需裝備，部分購自泰國，部分從臺灣運來。[39]該年 3 月，該反共游擊隊開始接受臺灣起飛的飛機空投供應的美方武器補給。從 1950 年 9 月起至 1951 年底，美國按月援助該反共救國軍 7 萬 5 千美元。[40]

　　1951 年 10 月，李彌率 700 人從猛撒撤回臺灣，留下劉國全（Liu Kuo-chwan）擔任國民黨軍隊指揮官。[41]緬甸政府在 1953 年 3 月 3 日的一

[34]　國防部藏，案名：留緬國軍處理案，李豫泰函蔣中正校長，事由：密，民國 39 年 9 月 15 日。檔號：39_0640_7421-2_2_90_00045166。

[35]　國防部藏，案名：留緬國軍處理案，國防部參謀總長周代電外交部，事由：密，民國 39 年 11 月 6 日。檔號：39_0640_7421-2_2_91_00045166。

[36]　國防部藏，案名：留緬國軍處理案，國防部電曼谷陳（振熙）武官，事由：密，民國 39 年 11 月 6 日。檔號：39_0640_7421-2_2_91_00045166。

[37]　傅應川、陳存恭、溫池京訪問，前引書，頁 88。

[38]　F. S. V. Donnison, *Burma*, Praeger Publishers, New York, 1970, p.146.

[39]　John F. Cady, *A History of Modern Burma*, Cornell University Press, Ithaca, New York, 1958, p.621.

[40]　傅應川、陳存恭、溫池京訪問，前引書，頁 89。

[41]　*Keesing's Contemporary Archives*, Keesing's Publications Limited of London, March 28-April 4, 1953, p.12837.

項聲明中說，在 1952 年 2 月，國民黨政府繼續空投武器裝備和醫藥品到猛撒，並從臺灣運入 700 名軍人到猛撒。[42]

國民黨軍隊繼續從泰、緬邊境招募人員，至 1953 年初達到 12,000 人。原先他們在薩爾溫江以東地區活動，1952 年，擴展至以西地區，並與反緬甸政府的克倫族（Karen）軍隊合作。[43]緬甸政府若要調動軍隊對付國民黨軍隊，將減弱其對付叛軍的軍力。緬甸共黨武裝叛軍有意與緬甸政府合作打擊國民黨軍隊，但為緬甸政府拒絕。緬甸國會的反對黨則以國民黨軍隊事件批評其政府，緬甸工農黨（Burma Workers and Peasants Party）也提議招募私人軍隊對抗國民黨軍隊所帶來的威脅。[44]

聯合國大會第 428 次全體會議討論緬甸提出的「緬甸聯邦關於中華民國政府侵犯緬甸之控訴」（Complaint by the Union of Burma regarding an aggression against it by the Government of the Republic of China），結果在 1953 年 4 月 23 日以 59 票對 0 票通過該案（編號 707(VII)），只有臺灣棄權。1953 年 5 月 20 日，由美國出面促成「臺、美、泰、緬四國軍事聯合會議」，在曼谷舉行，協商解決緬邊反共軍撤退的技術問題。

6 月 22 日，四國會議在曼谷達成協議，簽訂臺、美、泰、緬四國聯合軍事委員會緬境外軍撤離計畫初步協定，決議在緬甸的外國軍隊應在聯合軍事委員會之監督下經由泰國撤往臺灣。該初步協議略述該批外軍的來由，它說，1950 年初若干外軍及其眷屬自中國雲南撤入緬境，其總部設在緬甸猛撒。緬甸政府對此外軍曾向聯合國提出申訴，聯合國大會在 1953 年 4 月 23 日通過關於緬境外軍之決議案，美國提議由美、泰、緬、臺四國代表設立一聯合軍事委員會從事協商，將外軍及其眷屬自緬甸撤往臺灣。其次，該初步協議也記載了外軍駐守的地區和人數，其情形如下：密支那－八莫區（400 人）、臘戍（臘戍以東地區除外）（600 人）、臘戍以東地區（2,000 人）、猛朽區（1,000 人）、邦央區（500 人）、猛羊

---

[42] *Ibid.*

[43] Russell H. Fifield, *The Diplomacy of Southeast Asia: 1945-1958*, Harper & Brothers, Publishers, New York, 1958, p.202.

[44] Russell H. Fifield, *op.cit.*, p.203.

區（800 人）、猛普委區（2,500 人）、猛勇區（1,000 人）、猛撒區（3000 人）、羅衣考區（400 人）、茅芝、巴奔、高加來克區（1,000 人），以上合計 13,200 人。其中眷屬有 1,200 人，因此實際部隊人數約12,000 人。[45]

7 月 15 日，李彌表示他無法下令要求其軍隊撤出緬甸，他派了一名代表到臺北，也派另一名代表前往會見四國聯合軍事委員會的委員，沒有獲致結果。臺灣外長葉公超於 7 月 18 日發表一份從緬境撤軍之聲明。

雖然四國簽署了協議，但在緬甸的李彌游擊隊並不願撤退，想繼續留在緬甸。緬甸駐泰大使烏柏金（U Pe Khin）在 1953 年 8 月 1 日說，該反共游擊隊要求留在緬甸，並劃定一個中立區，由美國負擔他們的生活，並保證他們和緬甸軍隊間的停火協議。烏柏金認為「該項建議等於在緬甸境內畫出一塊土地，組成一個由中國游擊隊將領所控制的新國，此項計畫顯然為緬甸政府所不能接受。」[46]

臺灣政府為誠意促使李彌部隊撤出，由蔣中正總統特派前駐韓大使邵毓麟博士為傳達撤退命令的專使。他於 8 月 8 日前往曼谷，轉往緬邊反共軍駐地，勸服反共軍撤出緬甸。

9 月 18 日，緬甸代表在四國會議上提議限定撤退時間和人數，即臺灣國民黨軍隊在協定上簽字後 21 天以內須撤出 5 千人，26 天後又撤出 5 千人，直至撤完為止。臺灣代表予以斷然拒絕，緬代表遂宣告暫時退出會議，返回仰光請示。隨後緬甸政府對外宣稱會議破裂。9 月 20 日，緬甸陸空軍大規模向李彌反共軍集結區的猛撒、猛董、米真、猛漢等地濫施轟炸。反共軍被炸死者 335 人，受傷者 481 人，騾馬牲畜 83 頭受害，該區域平民被炸死者 219 人，316 人受傷。[47]緬方雖退出四國會議，但該項會

[45] 國防部史政編譯局藏，國軍檔案，檔名：雲南反共救國軍由緬回國案，「中美泰緬四國聯合軍事委員會緬境外軍撤離計畫初步協定」全文。檔號：542.5/1073，民國 42 年 7月至 10 月。

[46] Tillman Durdin, "Formosa May Act on Burma Units; Some Also Reported in Thailand; Li, Field Chief of Nationalist Refugee Force, Off to Taipei to Confer on Evacuation," *The New York Times*, August 1, 1953, p.2.

[47] 吳林衛，緬邊三年苦戰錄，亞洲出版社，香港，民國 43 年，頁 226-227。

議持續進行。

　　臺灣談判代表衣復得乃在四國聯合軍事委員會上建議從 11 月 5 日起，由緬境撤出反共軍游擊隊 2 千人，使用飛機由泰北直接空運至臺灣，每天空運 200 人，約 10 天完成撤出工作。同時泰國政府亦撥出 300 萬銖協助撤運工作。

　　10 月 16 日，臺、美、泰國在曼谷簽署「撤退緬邊反共軍計畫」，並送交緬方考慮。17 日，曼谷方面宣布，緬甸已表示同意該項計畫，將對反共軍游擊隊暫停進攻，直至 11 月 15 日為止。

　　10 月 29 日，由美國遞交一份由四國聯合軍事委員會通過的聲明給聯大主席，該聲明說中華民國政府向泰國和美國保證約有 2 千名軍隊及其眷屬將從緬甸撤出，所有不願撤出的外國軍隊，中華民國政府不會給予任何協助。[48] 10 月 29 日，滇緬邊境志願反共游擊隊在猛撒遭到緬甸飛機轟炸三枚炸彈，結果死傷游擊隊員 16 人。反共游擊隊代表李文彬向聯合委員會提出照會，促阻止緬方此種不守信用的行為。

　　11 月 7 日，第一批撤離緬邊的反共游擊隊進入四國軍事委員會事先劃定的大其力中立區，在渡過湄公河進入泰境的夜柿，再由南邦機場載運回臺灣。至 12 月 8 日止，總共撤退 2,258 人，回到臺灣。但緬甸政府認為尚有 1 萬名國民黨軍隊留在緬甸，只有少數武裝人員投降。[49]

　　1954 年 2 月 6 日，設在曼谷的聯合國軍事委員會宣布，滇緬區中國志願反共游擊隊及軍眷的撤離工作，定 2 月 14 日恢復。自 14 日起，每天將有 150 人撤至緬境大其力附近的第一個接待站，然後由民航隊飛機自泰北之南邦或清萊空運臺北。[50]在 3 月 24 日，緬甸軍隊密集攻擊國民黨軍隊，控制猛撒機場。撤軍工作繼續進行，於 5 月 30 日宣布解除李彌將軍的司令職。至 9 月 1 日，結束撤軍工作，共撤出 5,742 名軍隊，881 名眷

---

48 *Yearbook of the United Nations 1953*, Department of Public Information, United Nations, New York, 1954, p.170.

49 Russell H. Fifield, *op.cit.*, p.207.

50 賴暋、任念祖編，中華民國史事紀要（初稿）—民國 43 年 1 至 6 月份，2 月 6 日，國史館，臺北縣，1988 年，頁 312-313。

屬，177 名戰犯，186 名難民，都接運至臺灣。可能還有 3 千多名軍隊留在緬甸，他們拒絕前往臺灣，臺灣政府拒絕對他們負責。1955 年，在緬甸軍的壓力下，他們有些人逃至泰國境內。[51]

聯合軍事委員會議提出報告，它詳述了撤軍三階段：第一階段（1953年 11 月 7 日至 12 月 8 日）撤出軍隊 2,260 人，武器 200 枝；第二階段（1954 年 2 月 14 日至 3 月 21 日）撤出軍隊 3,475 人，武器 836 枝；第三階段（5 月 1 日至 9 日）撤出軍隊 820 人，武器 265 枝。此外，在 4 月，有 17 人撤出；8 月 24 日，由泰國警方監禁的 51 名軍人及其眷屬從泰國撤出，繳出 22 枝武器。4 月 18 日，由緬甸警方監禁的 177 人撤出。4 月21 日，在泰國的 177 名難民亦撤出。總撤出軍隊人數有 6,986 人，武器1,323 枝，其中武器有 822 枝槍枝運至臺灣。繳出的武器總數有：49,252件小型武器、157 件 HE 迫擊砲、40 顆手榴彈。[52]

沒有撤退到臺灣的游擊隊，於 1953 年 9 月轉至乃郎，由唐華（為柳元麟將軍在滇緬帶軍時期的化名）[53]代理李彌擔任總指揮。1955 年 1 月29 日，緬甸和泰軍聯合攻擊反共游擊隊第五軍長段希文和第三軍軍長李文煥，緬甸派空軍飛機轟炸乃郎，游擊隊移轉遷至丹窩，再轉至江拉。江拉位在湄公河西岸，猛蓬上方，對面是寮國，再往上是中國大陸。[54]

柳元麟將軍從 1957 年 12 月到 1958 年 10 月，在緬北實施「安西計畫」，即訓練游擊隊突擊中國大陸西南邊區。[55]游擊隊活動的地區包括從薩爾溫江以東至湄公河以西的滇緬邊境地區。為對付該一游擊隊，中共以結好緬甸為手段，1959 年 10 月，中共邀請緬甸文化友好代表團訪問北京。1960 年 1 月，中共又邀請緬甸總理尼溫（Ne Win）訪問北京。1 月28 日，中共與緬甸簽訂「邊界問題協定」。中共同時聲明放棄 1941 年 6月 18 日由中、英兩國明文規定的中國參加經營爐房礦產企業的權利。同

[51] Russell H. Fifield, *op.cit.*, p.209.

[52] *Yearbook of the United Nations 1954*, Department of Public Information, United Nations, New York, 1955, p.53.

[53] 傅應川、陳存恭、溫池京訪問，前引書，頁 97。

[54] 胡慶蓉，前引書，頁 188；傅應川、陳存恭、溫池京訪問，前引書，頁 98-99。

[55] 傅應川、陳存恭、溫池京訪問，前引書，頁 106。

年 9 月 28 日，緬甸總理吳努率團訪北京。[56]

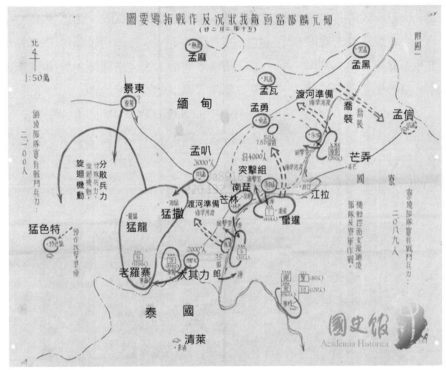

資料來源：國史館藏，「軍事—建立陸上第一反攻基地計畫大綱等」，蔣經國總統文
　　　　　物。數位典藏號：005-010202-00038-002，1961/02/02。

說明：原圖地名字跡不清楚，筆者重新標注地名。

圖 2-3：柳元麟部當面敵我狀況及作戰指導要圖

　　1960 年 10 月，中國與緬甸簽訂邊界條約，以後中國在緬甸的默許
下，開始在思茅、車里、佛海、瀾滄等地集結軍隊。11 月 21 日拂曉，中
國與緬甸政府合作出兵進擊反共游擊隊所在的孟羊、孟卡、三島、孟麻、
孟右、孟瓦、孟黑等地，並將其前進指揮所設在孟麻，並在孟黑架設無線
電通訊站。中國軍 39 師 117 團、115 團、公安部隊共 3 千人從雲南車里

---

[56] 史事紀要編輯委員編，中華民國史事紀要（初稿）—民國 50 年 1 至 6 月份，4 月 5
　　日，國史館，臺北縣，1980 年，頁 832。

出發，經達孟籠，分三路向反共游擊隊基地進攻，緬軍 2 千人亦參加包圍，結果未能迫使游擊隊屈服。隨後不久，共軍和緬軍又進行第二次進攻，仍未奏效。1961 年 1 月 24 日，中國派出 2 萬名軍隊、緬軍 5 千人，第三次攻擊反共游擊隊基地江拉，終於在 1 月 26 日迫使游擊隊第三軍、第五軍撤離，轉移到泰、緬、寮三國邊境地帶。進入泰國境內的反共游擊隊，獲得泰國政府的允許，暫時安置在清邁以北的邊境地區。

2 月 20 日下午 4 點 20 分，臺灣空軍 3831 部隊 P-4Y 機抵達江拉上空運補，遭到緬甸空軍三架英製暴風雨戰機攔截，其中緬甸空軍 466 號機遭擊中墜毀，465 號機則與國軍 P-4Y 一同迫降泰國境內，引起泰、緬雙方互控侵入領土。[57]

資料來源：國軍軍事顧問團，Republic of China Military Advisory Group，ROCMAG，
March 19, 2021，https://www.facebook.com/permalink.php?story_fbid=284469
466286817&id=110539283679837　2021 年 6 月 28 日瀏覽。

圖 2-4：緬甸軍事博物館陳列的 466 號暴風雨戰機殘骸

---

[57] 國軍軍事顧問團，Republic of China Military Advisory Group，ROCMAG，March 19, 2021, https://www.facebook.com/permalink.php?story_fbid=284469466286817&id=1105392 83679837　2021 年 6 月 28 日瀏覽。

資料來源：國軍軍事顧問團，Republic of China Military Advisory Group，ROCMAG，
March 19, 2021，https://www.facebook.com/permalink.php?story_fbid=284469
466286817&id=110539283679837　2021 年 6 月 28 日瀏覽。

圖 2-5：迫降泰國的緬甸 465 號飛機

由於臺灣空投的械彈包裝有美國標誌，美方對此極為不滿，而泰國為
了不與緬甸為敵，亦不再支持臺灣空投反共軍，臺灣只得再次執行對緬東
孤軍的後撤任務，臺灣政府與泰國政府就這些人員的去留問題進行協商，
最後由臺灣接運來臺。3 月 23 日，首批游擊隊員由臺灣空軍軍機運回臺
灣。此為第二次自緬甸撤退游擊隊回臺。

5 月 10 日，泰國外長他納（Thanat Khoman）照會臺灣駐泰大使杭立
武，感謝臺灣迅速從泰境撤軍，該照會說：

「大使閣下：

　　泰緬邊境中國義民搬運工作，業已圓滿結束。今次搬運全
部，用時僅三週。在此短促之時間中，及若干裝備不足之情況
下，搬運人數高達 4,349 人。凡此成就，實應歸功於貴國賴明湯
將軍所率搬運小組之密切合作，及不眠不休之精神。用特函請
貴大使向貴國政府與附表所列人員，轉達敝國政府及本人之感佩
之意。而此項卓越合作成就，已再度表現中、泰友誼之深篤。順
向貴大使致本人最高之敬意。

泰國外交部長他納

1961 年 5 月 10 日」[58]

第四節　退入泰國的國民黨軍隊

　　由於雲南省主席盧漢在 1949 年 12 月 9 日宣布投降共產黨，並軟禁第二十六軍軍長余程萬和第八軍軍長李彌。該兩軍部隊得知軍長被俘虜後，進兵昆明。盧漢才釋放李彌和余程萬。余程萬得知共軍陳賡主力已進入雲南，乃撤離昆明，轉往中、越邊境。李彌則率第八軍從昆明向滇西撤軍，6 萬多軍隊歷經十幾個晝夜急行軍後，撤到中、緬邊境的元江。由於隊伍中夾雜老弱婦孺，在元江鐵橋被共軍部隊追擊下，第八軍已是傷亡殆盡。余程萬軍長率領的第二十六軍在進入越南境內遭法軍繳械。其中 278 團譚忠國和主力部隊分道揚鑣，自行向滇緬邊境撤退，和第八軍 237 師的 709 團（團長是李國輝）會合，合計一千多人退入緬甸邊境的小孟棒、三島一帶，後來與臺灣及李彌將軍取得聯繫，此即為泰北孤軍最早的起源。[59]

　　1950 年 2 月，李彌將軍從臺北回到緬北後立刻改編 709 團為 193 師，擢升李國輝將軍當師長。改編 278 團為 93 師，委派留在香港的彭程當師長，以反共救國軍名義數度反攻雲南。[60]

　　3 月 5 日，93 師部 376 團電臺總臺長李健昌電總長顧祝同，稱：「(1)空軍易副司令及國防部程大千並所屬隨員已於丑皓（時間暗語）自緬甸景棟入泰國飛返臺北。(2)該臺隨部隊居緬屬猛養附近，準備游擊。(3)盼空軍接濟彈藥薪餉。(4)繼續保持聯絡。」[61]

　　3 月 24 日，93 師部 376 團電臺總臺長李健昌電總長顧祝同，稱：「709 團部及本師部隊迭受緬甸軍隊強迫繳械，但官兵堅決不願繳械，在

---

[58] 轉引自傅應川、陳存恭、溫池京訪問，前引書，頁 275。

[59] 清境社區，「泰北孤軍—他們的故事」，https://community.cja.org.tw/index.php/2011-05-20-12-07-21/history/2-story-01.html　2021 年 4 月 8 日瀏覽。

[60] 同上註。

[61] 國防部藏，案名：留緬國軍處理案，93 師部 376 團電臺總臺長李健昌電總長顧祝同，民國 39 年 3 月 5 日。檔號：39_0640_7421-2_1_6_00045165。

大其力北湄河緬、泰、越山區進行游擊，避免與各方衝突。士兵生活困苦，請速匯款接濟。部隊俟整頓後再向滇境匪區反攻。除程主任大千、易副司令、杜科長、祝科長、孫科長已至曼谷外，其餘均在大其力。」[62]

5月22日，國防部給李主任的指示如下：「密轉李彌主任，貴署（雲南綏署）今後行動方針指示如下：(1)貴署現在滇緬越泰邊區部隊應即整頓積極向滇展開游擊努力，爭取地方武力，組訓民眾，招收在鄉軍人，控制現在匪後之游擊部隊，以建立大陸反攻基地。(2)與越、法、緬、泰各方應盡量避免衝突，以免處境困難及引起國際間不良後果。(3)緬甸已承認共匪政權，尤須注意。」[63]

5月26日，國防部匯給李主任5、6月兩個月的薪餉泰幣20萬元。[64]

1950年8月16日，國防部通信署無線電總臺東南區臺榆林電國防部，「據越南電臺報告：(1)空軍易國瑞司令、鄔隊長、程副主任大千偕空軍參謀及葉植南副軍長同隨員等已入泰國。(2)但入泰國後，迄未聯絡，懇速呈國防部顧總長，向泰國使館交涉。(3) 28 台機器已全部遺失，人員隨程副主任大千入泰。(4)懇將上項消息轉呈總長顧。」[65]駐泰武官陳振熙亦電國防部稱，「程大千、易國瑞、葉植南、石補天、羅伯剛等員已安抵暹羅邊境景東附近，刻正辦理入泰手續，並派員聯絡中。26 軍葉師長師先頭千餘人抵滇南車里、佛海、南橋一帶，餘部（人數不詳）陸續至中。程大千等員及部隊亟需救濟及補給。」[66]

雲南綏靖公署主任李彌因為彈藥不足，而於1950年12月23日呈請准撥購彈款80萬銖向泰國購買彈藥，准照撥，在中央越南款項下折付越

---

[62] 國防部藏，案名：留緬國軍處理案，93 師部 376 團電臺總臺長李健昌電總長顧祝同，民國 39 年 3 月 24 日。檔號：39_0640_7421-2_1_24_00045165。

[63] 國防部藏，案名：留緬國軍處理案，國防部電曼谷陳（振熙）武官，民國 39 年 5 月 22 日。檔號：39_0640_7421-2_1_68_00045165。

[64] 國防部藏，案名：留緬國軍處理案，國防部電曼谷陳（振熙）武官，民國 39 年 5 月 26 日。檔號：39_0640_7421-2_1_71_00045165。

[65] 國防部藏，案名：留緬國軍處理案，國防部通信署無線電總臺東南區臺榆林李尚寅電國防部，民國 39 年 12 月 29 日。檔號：39_0640_7421-2_1_8_00045165。

[66] 國防部藏，案名：留緬國軍處理案，駐暹羅武官陳振熙電國防部，沒有日期。檔號：39_0640_7421-2_1_8_00045165。

幣。[67] 29 日，李彌呈請將該款逕撥駐越南領事館名下。[68]至副主任呂國銓為籌補兵員所需經費，應在核定經費內適宜辦理，不另增撥。該部原有經費不敷，已由國防部轉報行政院，自十月份起每月追加泰幣十萬元，亦並發李主任知照。[69]

至 1961 年 2 月 22 日，緬甸第二次向聯合國控訴國民黨軍隊仍駐留在緬北，所以臺灣從 3 月 17 日開始撤軍至 4 月 30 日結束，花了一個多月的時間。臺灣軍方派遣 24 架 C-46s 運輸機與 20 架 C-119s 運輸機運送撤臺的官兵，回國的總人數共有 4,349 人（沈克勤的著作使泰二十年紀錄為 4,406 人），為「雲南反共救國軍」的第一軍、第二軍和第四軍。而李文煥將軍率領的第三軍和段希文將軍率領的第五軍卻留了下來，分散在緬、寮、泰三國邊界的山區裡。滯留在泰國邊境的大約有 4,000 人，包括軍人 2,600 人，他們的家屬 1,400 人，滯留在寮國邊境的約有 1,700 人。[70]臺灣對外宣稱，第三和第五兩軍是自願脫離國軍，留下獨自謀生，今後不再支持補助他們。實際是在撤軍之前，蔣中正總統派鄭介民與葉翔之前往傳達命令，不要他們完全撤臺，留一部分兵力在滇邊伺機待命。他們為了確認該項命令，派人回臺，向總統侍衛長俞濟時查證，確有此項命令，他們才肯留下。後來有不名內情的人，誣指他們是不聽命令的叛軍，這使他們最感痛心。[71]

奉命不退的第三軍及第五軍，在得不到來自臺灣的援助後，為了求生

---

[67] 國防部藏，案名：游擊部隊經費案，雲南綏靖公署請撥泰銖捌拾萬元向泰方治購彈藥撥款案，臺案發字第 3231 號，民國 39 年 12 月 23 日。檔號：39_0252.3_3814-1_10_0003 5449。

[68] 國防部藏，案名：游擊部隊經費，行政院代電國防部，事由：據李彌呈請將准撥購彈款 80 萬銖逕撥駐越南領事館名下一案電仰迅即遵照辦理由，(39)歲字第 2152 號，民國 39 年 12 月 29 日。檔號：39_0252.3_3814_1_12_00035449。

[69] 國防部藏，案名：游擊部隊經費，李彌購款准在中央存越幣款項內折付越幣，國防部收文 13503 號，民國 39 年 11 月 28 日。檔號：39_0252.3_3814_1_8_00035449。該公文寫在國防部便箋上，蓋章署名的為預算局副局長王未之和林建祥，後者職銜不清楚。

[70] Kanjana Prakatwutthisan, *The Left-behind Kuomintang Soldiers in Northern Thailand*, Siamratana LP, Bangkok, 2003, p.78.

[71] 沈克勤，使泰二十年，臺灣學生書局，臺北市，2002 年，頁 319。

存，他們依賴運送鴉片、抽稅和擔任保鏢的工作。反共軍滯留撣邦時，還設立了工廠生產鴉片。泰國從拉瑪第四皇（1851 年至 1868 年）以後有法律規定每個城市要收鴉片稅，到了 1959 年才取消鴉片稅並且禁止買賣鴉片，鴉片從此在泰國是非法的產品。[72]反共軍在販賣毒品方面的勢力繼續往緬甸撣邦其他地區擴大，還訓練緬甸克倫族，供給武器，使他們力足以對抗緬甸政府。

　　李文煥和段希文兩人為了控制鴉片運送路線，不致發生衝突，他們協議以怒江（緬甸境內稱為薩爾溫江（Salween River））為界，來劃分各自控制的範圍，段希文控制河以東地區，包括緬甸撣邦的景棟，李文煥控制河以西地區，包括剩下的撣邦一直北上到克欽邦（Kachin State）之間的區域。他們彼此之間透過電臺來聯絡，段希文之控制區設立了十一個廣播電臺，李文煥之控制區則有七個廣播電臺。每一個電臺派有 80-100 人防衛，當每年 10 月到隔年 2 月買賣鴉片季節時，防衛人數會增加一倍。他們向泰國政府宣稱，設立這類電臺之目的是為了對抗共產黨，卻暗中經營鴉片貿易。[73]自 1969 年後，由於緬甸共產黨的勢力開始在撣邦擴展，導致反共軍無法從事鴉片的運送，所以他們改變方式，大量購買鴉片後再轉賣給走私商人，[74]他們成為鴉片的大盤商。

　　臺灣為了感謝泰國的善意回應，在 1962 年 1 月 10 日運交泰國政府一批裝備，協助泰國邊境巡邏警察及居民裝備物資，代號為「惠友一號」。[75]總金額為新臺幣 729 萬 8,940 元，裝備項目包括刺槍護具、彈藥、陸軍航空維護費、艦艇肇事賠償費、醫藥器材、衛生補給品等。[76]

---

[72] The Revenue Department, "Taxation during the reign of King Rama IV (1851 - 1868)," http://www.rd.go.th/publish/3457.0.html　2021 年 4 月 21 日瀏覽。

[73] Kanjana Prakatwutthisan, *"Doi Mae Salong" Koumintang Yunnan Chinese Settlement*, Siamratana LP, Bangkok, 1995, p.25.

[74] Kajudphai Burutphat, *Ethnic Minority in Thailand and National Security,* Praepittaya, Bangkok, 1983, p.279.

[75] 國防部藏，案名：支援泰國物資案（惠友演習），外交部代電駐泰馬大使親密啟，事由：密，民國 62 年 1 月 10 日，外(62)亞太三，第 00447 號。檔號：61_0175.23_4040_1 _17_00034441。

[76] 國防部藏，案名：支援泰國物資案（惠友演習），國防部令主計局、軍醫局、後勤參謀

　　1969 年，泰國首相他儂元帥（Thanom Kittikachorn）為了防衛邊境泰共之活動，派最高統帥部副參謀長克里安薩（Kriangsak Chamanan）與段希文和李文煥兩位將軍商談。克里安薩對他們說：「你們現在既然不能回中國，何不暫停留在泰國邊境，替泰國戍守邊防。每名士兵發給薪餉泰幣每月三百六十銖，名額定為一千五百名，編為鄉村自衛隊。」[77] 段希文和李文換兩位將軍特別表明說：「我軍還與中華民國政府保持聯絡中，必須請示政府，若批准，三、五兩軍義不容辭樂意協助。」泰國政府立派他威（Dawee Chullasapya）上將與克里安薩中將同赴臺灣，與國防部長協商，得到滿意答覆，將散居在泰緬邊區的第三和第五兩軍，歸由泰國政府統帥部掌管，[78] 於是反共軍由緬境轉移至泰國與緬、寮交界的山區，經泰國軍方安排，第三軍以唐窩為基地，第五軍以美斯樂為基地，合組統一指揮部，直屬泰國最高統帥部，授命協助泰軍剿共。[79]

　　1970 年 12 月 22 日，反共軍授命攻擊泰共（苗共）基地。第五軍由張鵬高擔任指揮官，率八個支隊八百餘人，進攻西面萊弄山泰共陣地。第三軍由沈家恩擔任指揮官，率八個支隊七百餘人，分為兩路，掃蕩來腰山和帕蒙山泰共。經過十一天的激戰，加上泰國空軍和砲兵的支援，第五軍攻下萊弄山，第三軍攻下帕蒙山，佔領了泰共外圍地區，其中帕蒙山的帕當為泰共總部所在地。12 月底，泰國和反共軍聯合成立了「零四指揮部」，由泰國格信少將（Kerksin Kanlayanakun）為指揮官，反共軍改組成為「泰國志願自衛隊」，第三軍在帕當、第五軍在萊弄山的密額長期駐守，前後一共歷時三年，將山區的泰共餘黨完全清除。[80]

　　反共軍和泰國政府軍第一次聯合剿共成功，反共軍傷亡五百多人，但

次長室，主旨：惠友一號演習（支援泰國物資案）本部墊款應即照核定項目預算內列支歸墊希照辦，民國 63 年 3 月 21 日，(63)衡得字 548 號。檔號：61_0175.23_4040_1_38_00034441。

[77] 沈克勤，前引書，頁 320。

[78] 陳茂修自述，田景燦整理，九一話人生，陳茂修自傳，頁 82。電子版，https://github.com/lepture/book-chenmaoxiu　2021 年 3 月 20 日瀏覽。

[79] 沈克勤，前引書，頁 321。

[80] 沈克勤，前引書，頁 322。

贏得泰國軍民的讚揚，1973 年 10 月，泰國國防部長兼武裝部隊最高統帥他威上將親往前線慰問官兵，並在泰緬、泰寮邊境山區建立難民村，供反共軍及其家屬居住，並發給他們難民證，使其可以合法的居住在泰國，但是不能逾越難民村所在的範圍。[81] 1981 年 3 月 8 日，反共軍和泰國政府軍第二次聯合剿共又獲得成功，攻下泰共的根據地考柯考牙，泰國政府准許參戰的反共軍官兵和眷屬歸化為泰籍，長期居住在泰北邊區的難胞和在泰國出生的子女，也可獲得居留證，從此生活安定下來。[82]他們主要分佈在美斯樂和唐窩一帶。

　　泰國政府為了掌控孤軍的人口數量，做了一次人口調查，調查後發給類似身分證的證明文件。從 1971 年至 1974 年，反共軍及其家屬總共有 11,748 人，其中男性 6,020 人，女性 2,472 人，12 歲以下的小孩有 3,256 人；第三軍 7,503 人，第五軍 4,245 人。泰國政府只允許他們住在十三個地區，湄宏頌府有班那帕帕克（Ban Napapaek）和班華郎（Ban Hua Lang）兩個地區；清萊府有杜馬沙郎（Doi Mae Salong）、班馬阿普（Ban Mae Aep）、班帕唐（Ban Pha Tang）三個地區；清邁有班懷克拉爾（Ban Huai Khrai）、班皮安蠻（Ban Piang Luang）、班克克諾伊（Ban Kae Noi）、班蒙那泰（Ban Muang Na Tai）、唐格布（Tham Ngob）、班山馬克萬（Ban San Makok Wan）、班蠻（Ban Luang）、班蒙甘（Ban Muang Ngam）八個地區。任何人要離開該地區出外旅行，一定要先跟「零四指揮部」報備，得到指揮部的允許和通行證明書才能外出，每一次外出不能超過 12 天，（但住在班馬阿普的人不能超過 20 天，住在班帕唐的人不能超過 30 天，因為這兩個地方特別偏僻遙遠，交通甚為不便。）如果要去曼谷，必須 30 天之前提出申請，得到指揮部首長的許可才能成行。[83]後來最高統帥取消湄宏頌府的班那帕帕克與班華郎兩區，有 74 個家庭被轉移到清邁的班蒙那泰，只剩下 11 個地區給予反共軍及其家屬居

---

[81]　沈克勤，前引書，頁 322。

[82]　沈克勤，前引書，頁 325。

[83]　Kanjana Prakatwutthisan, *The Left-behind Kuomintang Soldiers in Northern Thailand*, pp.283-286.

住。另外有 3,225 名反共軍沒有住在這 11 個地區，他們是跟普通老百姓一起住。[84]從此以後，留在泰北的反共軍成為泰國籍民或居民，有些人後來到臺灣留學或定居臺灣。

1984 年 6 月 12 日，泰國政府為了加強控制泰北國民黨殘部居住區，頒佈新條例，規定泰北十三個國民黨殘部自治區（人數約有 13,000 多人）的行政權歸由泰國政府接管、解除武裝、沒有取得特別准證不得任意離開居住的村落、由泰文學校取代華文學校、如有違反泰國國安者（例如走私毒品、軍火交易等）將被取消泰籍身分。[85]泰國警方在 6 月 17 日逮捕涉嫌毒品加工和販售的 7 名國民黨殘軍，他們也被控告擁有武器。[86]緬甸毒品大王昆沙的軍隊在 7 月 11 日攻擊國民黨殘部在清邁的據點，造成不明人數的傷亡。據信他們之間的衝突起因於爭奪毒品的利益。因此傳聞有些國民黨殘軍想聯合緬甸共黨對抗昆沙的軍隊。[87]但該項傳聞並不可靠，國民黨殘軍和緬甸共黨意識形態理念不同，怎可能合作？他們與昆沙軍隊為了爭奪鴉片利益，的確一再發生衝突。筆者在 1986 年 8 月 23-24 日曾訪問泰北的國民黨殘軍居住的唐窩、新寨、大谷地、滿星疊、熱水塘和帕亮等村落，他們告訴我在我抵達前兩天，第三軍總部的木柵大門遭到敵對的毒販馬幫（可能為昆沙幫夥）以手榴彈攻擊，門上留有毀損殘跡。在數月前，大谷地亦遭到敵對者砲擊，有數人死傷。所以我在泰北的兩天時間一路上都有泰國軍隊隨隊保護。讓我感到振奮的是晚上住宿在唐窩第三軍總部，他們給我一把 M16 步槍，以備有情況時使用。大陸災胞救濟總會駐泰北服務團龔承業團長問我會不會使用，我說沒有問題，當年我服兵役時是排長，使用過卡賓槍和 M16 步槍。

---

[84] Suraset Ramsompob, *Kuomintang Refugees in Northern Thailand,* National Defence College of Thailand, Bangkok, 1976, pp.37-38.

[85] 「泰政府嚴厲管制前中國國民黨殘餘分子」，南洋星洲聯合早報（新加坡），1984 年 6 月 14 日，版 29。

[86] 「泰警取締毒販 7 名前國民黨軍人被捕」，南洋星洲聯合早報（新加坡），1984 年 6 月 18 日，版 2。

[87] 「金三角毒區湧現波浪國民黨殘部投緬共」，明報（香港），1984 年 8 月 14 日，版 4。

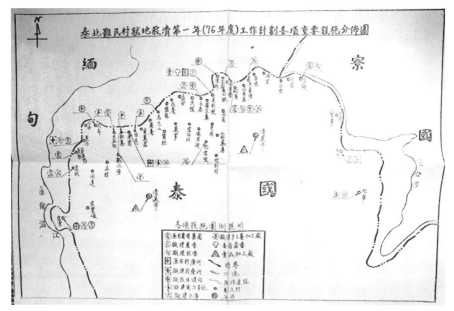

資料來源：筆者於 1986 年 8 月 23 日訪問泰北唐窩時大陸災胞救濟總會龔承業團長所給予。

圖 2-6：泰北難民村就地救濟第一年（76 年度）
工作計畫各項重要設施分布圖

第五節　結　論

自宋國以來，當中國政權更迭，就會出現人口大移動，除了元國和清國外，其他朝代的政治難民和一般難民都是往南逃亡。當蒙古控制中國，宋國末年的政治難民和一般難民逃至越北和越中的占城，當元國繼續出兵越北和占城時，這些流亡者再度被迫奔逃至更遠的泰國。明末清初流亡到緬甸的政治難民，亦受到清國的壓迫，而遷移到緬甸北部。

國民黨政府在 1949 年垮臺後，一如以前的朝代的下場一樣，大量難民流出中國大陸，其中軍人外流者佔大部分，逃至臺灣者有一百多萬人，逃至越南、緬甸和泰國者有四萬至六萬多人。幸運地，從越南、緬東和泰北輾轉遷移到臺灣的大部分軍隊，都獲得安身立命之所。總計從越南撤往

臺灣者有 30,080 人，從緬甸撤往臺灣者有 11,210 人。[88]另有一部分人則留在泰緬邊境。後來泰國政府為了防衛其邊境安全，特別允許這批國民黨軍隊居留並協助泰國政府軍清剿泰國共產黨。泰國政府對於第一代國民黨軍隊只給予居住的權利，卻限制其活動範圍在指定的村落。國民黨軍隊的第二代因係在當地出生，根據泰國法律可獲得公民權，得自由活動。相對而言，宋末元初逃亡到泰國南部的政治難民和 1950 年代初逃亡到泰北的政治難民一樣，幸運地得以駐留當地，生存下來。

　　國民黨軍隊進入越南和寮國，當時這兩國還是法國統治，法國堅持以國際法處理這批國民黨軍隊，以致於他們無法像清國末年洪秀全殘餘的軍隊一樣，例如劉永福的黑旗軍，避居越北邊境。法國將他們集中軟禁，經過兩年多才將他們遣送至臺灣。退入緬甸的國民黨軍隊，遭到緬甸強烈的武力驅逐，且告到聯合國，最後他們有一部分人被遣送到臺灣，另有一部分人則獲得泰國收容，至今還駐留在泰北。

　　總之，國民黨殘軍因為戰敗或者沒有戰爭就退入印度支那半島，因駐留國家國情不同，他們的命運也不同。綜觀中國歷史朝代興替，軍人和難民因戰亂而離鄉背井，流落異鄉，實乃人間悲劇。此時距 1950 年不遠，檔案史料猶新，因以記之，以惕來者。

---

[88] 黃翔瑜編，富國島留越國軍，史料彙編（一）入越交涉，國史館，臺北市，2006 年，頁 VIII。

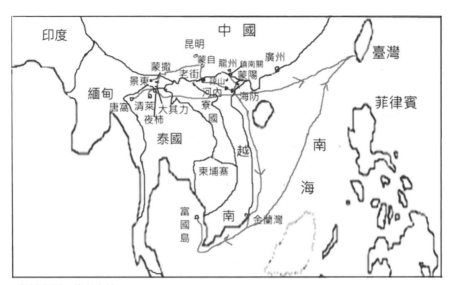

資料來源：筆者自繪。

圖 2-7：國民黨軍隊撤退至越南、緬甸和泰國及至臺灣路線圖

資料來源：「美斯樂 Mae Salong：泰國孤軍異域血淚傳奇 3858」，隨意窩日
　　　　　誌，https://m.xuite.net/blog/maomi/Food01/588030565　2021 年 6 月
　　　　　28 日瀏覽。

圖 2-8：泰北義民文史館

資料來源：翻拍自【邊城啟示錄】｜泰北孤軍等待 50 年，一直未能反攻大陸；他
們生長在異域的後代該何去何從｜李立劭 https://www.youtube.com/watc
h?v=2Kzrm0AkxY8　2021 年 8 月 23 日瀏覽。

圖 2-9：第三軍唐窩軍部

資料來源：筆者於 1986 年 8 月 23 日訪問唐窩時所攝。
說明：右一為筆者、右二為大陸救災總會駐泰北龔承業團長、左二
　　　為農業專家林先生。

圖 2-10：唐窩：第三軍總部

資料來源：筆者在 1986 年 8 月 23 日訪問大谷地時所攝。
說明：右一為農業專家林先生、中間戴帽子的為龔承業團長、左二為筆者。右
二和左一為當地接待人員。該蓄水池由臺灣出資興建。

圖 2-11：站在大谷地新建蓄水池邊

資料來源：筆者於 1986 年 8 月 23 日訪問唐窩時所攝。
說明：右起陳先生、泰國駐軍副師長、龔承業團長、筆者、農業專家林先生。

圖 2-12：唐窩醫務所

資料來源：筆者於 1986 年 8 月 23 日訪問大谷地時所攝。

說明：泰國邊防監視哨之對面隔一個山頭為緬甸監視哨。

圖 2-13：大谷地泰國邊防軍監視哨

第三章
1958 年臺灣軍援印尼革命軍始末

摘　要

　　蔣中正退守臺灣後，仍不忘其反共大業，除了對抗中共外，亦對於中共滲透東亞國家備感警覺。1949 年退守緬甸北部的國民黨殘軍，在 1953 年遭緬甸告到聯合國，不得不退至泰北及臺灣。臺灣在 1957 年又重新派軍到緬北。1955 年法軍退出南越，美國替補法軍，協助南越抗擊北越。蔣中正想派軍參加越戰，遭美國拒絕。1954 年美國成立東南亞公約組織，蔣中正想參加東南亞集體防禦組織，又遭英國拒絕。印尼在 1958 年爆發蘇門答臘島和蘇拉威西島反共革命軍組織革命政府，在美國中情局之暗中聯繫下，給了臺灣一次好機會，臺灣秘密軍援印尼革命軍，蔣中正甚至欲罷不能想支持印尼成立反共政府。此與美國的東南亞戰略佈局不符，最後不得不退出印尼，終止了他的「南海計畫」的反共宏圖。

　　二戰結束後，東亞地區進入冷戰，出現以美國為首的資本主義國家集團和以蘇聯和中國為首的社會主義國家集團，他們彼此競爭和對立。各自為了鞏固自家陣營之生存和擴張，美國對於同一陣營的國家給予軍事和經濟援助。同樣地，蘇聯和中國也是這樣做。這種對抗明顯地表現在朝鮮半島、臺海兩岸和印度支那半島。

　　臺灣在 1954 年與美國簽署共同防禦條約，臺灣正式被納入美國在西太平洋的同盟國。臺灣做為美國在西太平洋的同盟國地位，不是憑空而來的，而是臺灣作了很多配合美國外交戰略的活動。第一是接受美國的意見，將臺澎地位列為「日本放棄而沒有指明放棄給誰」的地位，使 1951年對日舊金山和約能順利簽署。第二，是在 1951-53 年支援在緬甸東部的國民黨殘軍，以牽制中國在中國西南方的行動，讓中國首尾受到戰爭威脅，減弱中國對朝鮮半島的投入支援，美國即可以快速結束朝鮮半島的戰爭。雖然緬甸在 1953 年控告中華民國入侵其領土案於同年 4 月 23 日在聯合國大會通過「關於緬境外軍撤出之決議案」，而迫使在緬東的國民黨殘軍撤退到臺灣和泰國北部。朝鮮半島的戰爭也在該年 7 月 27 日簽署停戰協議。

　　在冷戰時期，臺灣成為美國在東亞推動其圍堵共產中國的重要盟友。從 1961 年到 1974 年間臺灣協助美國執行 U2 高空偵察機監控中國大陸敵情之任務，此一「黑貓中隊」的故事，已成為公開的秘密。臺灣以武器支援緬東國民黨殘軍的故事，是否獲得美國暗中支援，則諱莫如深，相關政府檔案均未見公開。同樣地，臺灣在 1958 年軍援印尼革命軍，臺灣國防部已將部分檔案公開，美國僅解密部分國務院檔案，美國中央情報局（CIA）的檔案則未解密。儘管如此，對於目前已可看到的官方檔案資料而言，已足以瞭解該案的來龍去脈。本文係就目前掌握的檔案資料，作一評析。

　　美國國會在 1991 年通過一項法律，要求中央情報局和其他情報機關需與國務院的歷史學家合作，提供給國會完整的有關對外政策的資訊。1994 年 10 月，洛杉磯時報（*Los Angeles Times*）刊登了一則消息，稱美國國務院出版「1950 年代中央情報局在印尼之秘密行動」（CIA's Covert

Indonesia Operation in the 1950s），由國務院歷史學者斯拉尼（William Z. Slany）寫序言，總共六百頁的官方檔案。[1]有關印尼這本書就是該項法律下第一本由國務院公開對印尼外交決策上中情局所扮演之角色之資訊。然而，筆者搜遍美國國會圖書館、美國國務院網頁、美國國務院歷史家辦公室（Office of the Historian）及其他大學圖書館網頁，均找不到該書，該書可能因為敏感而沒有公開發行。

　　討論美國中情局在 1957-1958 年介入印尼內政所扮演的角色的書籍，是 1999 年由康伯伊（Kenneth Conboy）和摩里生（James Morrison）所寫的赴湯蹈火：1957-1958 年美國中情局在印尼的秘密行動（*Feet to the Fire: CIA Covert Operations in Indonesia, 1957-1958*）。該書不是洛杉磯時報講的那本書，該書有些部分是透過訪問所得，對於臺灣部分，有些觀點還有待澄清。瓦達耶（Baskara T Wardaya）在 2008 年用印尼文寫作的印尼反對美國：1953-1963 年冷戰衝突（*Indonesia Melawan Amerika: Konflik Perang Dingin, 1953-1963*），也是以美國中情局為討論重點的著作。無論如何，筆者透過各項資料，將該一歷史懸案理出一個頭緒，至少了一個較為完整的輪廓，讓我們回顧在冷戰時期臺灣在東南亞動亂局勢中所扮演的角色。

第一節　1956-57 年印尼之局勢

　　二戰結束後，印尼宣佈成立共和國，但荷蘭重回印尼，無意退出印尼，雙方乃爆發戰爭，經過一場浴血戰爭，蘇卡諾領導的共和國軍隊才迫使荷蘭退出印尼。印尼在 1949 年 12 月取得獨立地位，但仍陷入荷蘭所設計的荷印聯邦的憲政困局中，直至 1950 年 8 月才拋棄聯邦制，成立單一制的印尼共和國。由於從 1945 年 8 月起抗荷運動期間，印尼各黨派領導

---

[1]　Jim Mann, "CIA's Covert Indonesia Operation in the 1950s Acknowledged by U.S.: Cold War: State Department publishes unprecedented 600-page history documenting anti-Communist program," *Los Angeles Times*, OCT. 29, 1994, https://www.latimes.com/archives/la-xpm-1994-10-29-mn-56121-story.html　2020 年 5 月 6 日瀏覽。

菁英流血流汗，為報答這些建國菁英分子，所以國會遲未正式改選，仍由這些菁英行使準立法權。直至 1955 年才舉行首次國會議舉，採取議會內閣制。選舉結果造成多黨林立，印尼共黨在國會中擁有席次，其勢力日益增強。由於聯合政府脆弱不穩，經常更迭內閣總理和部長，引起蘇卡諾不滿，極思更改政府體制。

在另一方面，也是因為各地軍區司令在抗荷運動中，累積地方實力，成為地方的軍閥。在東部群島和蘇門答臘，軍區司令建立他們自己的轄地，經常從走私椰乾和橡膠等產品中獲利。納蘇遜（Abdul Haris Nasution）重被任命為陸軍參謀長，且與蘇卡諾合作，他在 1955 年下令這些地方軍區司令將地方軍權交給中央，意圖削弱地方軍區司令的力量，結果引發反抗，各地反雅加達聲浪此起彼落。

1956 年 8 月 13 日，主管西爪哇省和大雅加達市的第三軍區掌權者卡維拉朗以貪污罪名下令逮捕當天預定搭機前往倫敦參加蘇伊士運河國際會議的外長拉斯蘭・阿布杜加尼（Raslan Abdulgani）。阿布杜加尼逃脫，阿里・薩斯特羅米卓卓（Ali Sastroamidjojo）總理亦拒絕逮捕阿布杜加尼。副參謀長盧比斯（Col. Zulkifli Lubis）批評阿里・薩斯特羅米卓卓包庇外長。一些軍方將領也起而批評阿里・薩斯特羅米卓卓。阿里・薩斯特羅米卓卓遂將盧比斯、卡維拉朗等人解除職務。10-11 月，盧比斯兩次策動其親信發動軍事政變，結果失敗。11 月，卡里曼丹第六軍區司令阿比孟尤（Abimenju）下令南卡里曼丹駐軍團長哈山・巴斯里逮捕雅加達派出的中央官員和國會議員，哈山拒絕執行該命令，而使盧比斯的陰謀難以得逞。盧比斯背後的支持來源是美國，美國曾給予大筆活動經費。11 月 20 日，中蘇門答臘駐軍第四步兵團團長胡笙上校（Col. Ahmad Husein）在巴東（Padang）召開「雄牛師團重聚大會」，要求改組政府和軍中高層領導人以及由本地人出任中蘇門答臘政府官員。隨後萬隆陸軍參謀與指揮學校、軍事院校等機構紛紛響應。12 月 1 日，哈達（Mohammad Hatta）因為不滿蘇卡諾集中權力而辭去副總統職位，一般認為哈達是蘇門答臘人、受西方教育、伊斯蘭教徒，此一特性可以和爪哇人、親蘇聯和多元宗教信仰的蘇卡諾互補。結果，兩人還是分道揚鑣。此一事件引起爪哇外的其他

島嶼的瑪斯友美黨（Masyumi）之支持者和區域主義者對雅加達的批評。

12 月 16 日，蘇門答臘 48 名陸軍軍官簽署宣言，反對雅加達中央政府。20 日，胡笙上校控制蘇門答臘的巴東，成立「中蘇門答臘臨時政府」。12 月 22 日，辛波倫上校（Col. Maludin Simbolon）控制棉蘭（Medan）政府，後經政府軍鎮壓，退至山區。1957 年 1 月中，巴利安中校（Lt. Col. Barlian）在南蘇門答臘稱兵作亂。

1957 年 3 月 2 日，位在烏戎潘丹（Ujungpandang）（即望加錫）的東印尼軍區指揮官蘇穆爾中校（Lt. Col. Herman Nicolas "Ventje" Sumual）和來自民那哈沙（Minahasa）、武吉斯（Bugis）、望加錫（Makassar）和安汶（Ambon）的領袖在武吉斯貴族、蘇拉威西省長拉尼（Andi Pangerang Petta Rani）的住家宣布「全面鬥爭」理念。發佈一項「全面鬥爭憲章」（Universal Struggle Charter, Permesta, Overall Struggle），呼籲「完成印尼革命」，主張給蘇卡諾更多的權力，減少國會和內閣的權力。他表示對阿里·薩斯特羅米卓卓總理的不滿，主要訴求是地方性的，即他們主張應注重地方的政治和經濟需要，他們並非以全國為訴求，所以難以激起全印尼各地的迴響。此外，源起於西爪哇的「伊斯蘭國」（Darul Islam）運動已擴散到亞齊和南蘇拉威西。印尼共和國瀕臨瓦解，蘇卡諾和納蘇遜認為議會制政府已不可行。

3 月 14 日，阿里·薩斯特羅米卓卓總理辭職，蘇卡諾宣佈戒嚴令，加強總統蘇卡諾和軍人的權力。蘇卡諾並前往棉蘭演講。4 月 9 日，蘇卡諾任命「工作內閣」（working cabinet, Kabinet Karya），由鍾安達（Djuanda）組閣。此時亞齊的叛軍同意停火。亞齊從北蘇門答臘省分開，另單獨成立一個省。4 月 22 日，鍾安達前往巴東，與胡笙談判，胡笙堅持主張恢復蘇卡諾－哈達兩位一體政權、中央正式承認「雄牛委員會」為中蘇門答臘合法軍政機構以及地方擁有 80% 地方稅收的權利，結果談判未有結論。

5 月，蘇卡諾任命「功能團體」的 41 名領袖擔任「全國委員會」的顧問。6 月，在萬鴉老（Manado）的軍官宣布成立「北蘇拉威西自治邦」。8 月，蘇穆爾派遣倫度蘭比少校（Maj. Dolf Runturambi）到香港，

會見椰乾貿易商的美國人貝林（Alexander Baylin），希望他能運送武器給「全面鬥爭」的革命軍。貝林向美國駐香港官員報告此事。[2]

9月2-8日，胡笙、蘇穆爾、巴利安等革命軍領袖在巨港舉行秘密會議，簽署「巨港憲章」（Palembang Charter），要求宣布印尼共黨為非法組織、哈達返回領導崗位、立即改組陸軍領導班子、建立地方分權機構、給予地方廣泛自治權、成立參議院等。9月20日，來自北蘇拉威西和蘇門答臘的革命軍領袖胡笙、巴利安、辛波倫及盧比斯等人在巴東集會，商討聯合行動事宜，決定由蘇門答臘中部、蘇門答臘南部和北蘇拉威西共同建立「全國國民陣線」，以「巨港憲章」為其政治綱領。

美國駐印尼中情局主任史密斯（James A. Smith Jr.）在9月前往武吉丁宜（Bukittingi）山區革命軍秘密據點，會見辛波倫上校、胡笙上校，革命軍要求美國提供金援和電報系統，而沒有提及武器援助。隨後美國就決定運送他們所需要的物資，中情局透過其駐棉蘭官員阿爾米（Dean Almy）負責運送任務，他運送總值5萬美元的印尼盾給革命軍，專款用於購米。阿爾米在給中情局的報告中建議對印尼外島提供秘密援助。[3]開啟了美國中情局介入印尼內政的序幕。

第二節　美國對印尼之政策

1954年7月10日，美國和印尼政府簽署「第480號公共法律」（Public Law 480）協議，又稱為「農業貿易發展與援助法案」（Agricultural Trade Development and Assistance Act），將米賣給印尼，以解除中爪哇旱災缺糧之苦。該協議允許印尼以印尼盾支付購米價款，而不是以美元計價。

美國對於蘇卡諾在1955年召開萬隆會議（或亞非會議）特別感到敵視，因為蘇卡諾有意走第三條中立主義路線，擺脫西方和東方之對峙局

---

[2]　Kenneth Conboy and James Morrison, *Feet to the Fire: CIA Covert Operations in Indonesia, 1957-1958,* Naval Institute Press, Annapolis, Maryland, 1999, p.19.

[3]　Kenneth Conboy and James Morrison, *op.cit.*, pp.24-27.

面。美國中情局在該年進行了一項暱稱為「健康選擇委員會」（Health Alteration Committee）計畫，擬暗殺蘇卡諾。中情局副局長比瑟爾（Richard Bissel）後來曾承認有此一計畫。以後蘇卡諾愈來愈傾向東方集團，訪問莫斯科和北京，從東歐國家購買武器。印尼共黨在蘇卡諾的聯合政府內勢力愈強。[4]此一情勢之發展都為後來美國企圖扭轉蘇卡諾的左傾路線而開始介入印尼內政鋪路。

　　1957年4月到8月，面對印尼外島的變局，美國中情局的人員加緊在印尼外島與異議分子的聯繫，並將各外島情勢匯報給華府。

　　美國國家安全委員會在1957年8月1召開會議，聽取中情局長艾倫・杜勒斯（Allen Dulles）有關印尼情勢之報告，會議通過第1758號行動（NSC Action NO.1758），決議成立「關於印尼跨部會特別小組」（Ad Hoc Committee on Interdepartmental on Indonesia），成員包括國務卿（擔任特別小組主席）、國防部長、聯合參謀首長、中央情報局局長和國際經濟援助事務合作署（International Cooperation Administration for Economic Aid Matters）署長。9月1日，該特別小組向國安會提出報告，建議：(1)將秘密支持爪哇島以外的蘇門答臘島和蘇拉威西島的反共勢力，以有效影響爪哇的情勢，若爪哇情勢惡化，將採取進一步措施。(2)利用和發展這兩個島的政治和經濟資源，在爪哇的軍隊和準軍隊中利用和支持非共和反共的勢力。(3)立即中斷對印尼政府的經濟援助和情報資訊是沒有必要的，但要加以掌控，毋使他們認為美國的技術援助計畫和經濟發展計畫將改移到外島。(4)國防部的立場是，假如共黨控制爪哇、或者擴大控制外島（按指爪哇島以外的其他島嶼），則美國將採取行動。但國務院則不主張採取躁進政策。目前尚未有所共識，若有所決定，則不會以紙面文件通報各級政府。(5)目前美國仍要繼續和印尼政府維持密切關係，儘可能親近。[5]根據此項對印尼的新政策，中央情報局採取秘密支持

4　Oliver Stone and Peter Kuznick, *The Untold History of the United States*, Gallery Books, New York, 2012, p.348.

5　"262. Report prepared by the Ad Hoc Committee on Interdepartmental on Indonesia for the National Security Council, Special report on Indonesia, Washington, September 3, 1957,"

蘇門答臘島和蘇拉威西島革命軍的策略，由中情局主導跟該兩島革命軍接觸、聯繫和軍援等所有活動。

10 月，美國金援就送到外島，開始展開「駭客」（HAIK）行動。3 日或 4 日，美國中情局開始給辛波倫上校金援 5 萬美元，首次交款是在武吉丁宜，以後辛波倫上校到新加坡會見美國駐棉蘭中情局官員。辛波倫告訴中情局官員說，他們在巴東的伙伴將起來反對雅加達政府，他們需要金錢和武器。美國中情局派駐新加坡官員立即將該訊息通報華府，馬上獲得回應，同意給予金錢和武器。辛波倫的隨行人員有數人留在新加坡接受收發電報訓練。以後五個月，美國提供給蘇門答臘革命軍的武器足夠裝備 8 千名軍隊。有少數武器據信是由英國供應，亦有革命軍向其他國家購買。[6]

11 月 7 日，印尼舉行地方議會選舉，印共在日惹贏得 30% 得票率，比 1955 年國會選舉的得票率 13% 還高出 17%，印共在爪哇島獲得重大勝利，引起美國之擔憂。印尼陸軍參謀長納蘇遜在此時曾要求美國提供武器援助，但遭美國拒絕，因為美國已決定對外島革命軍提供軍援。11 月底，印尼沒收荷蘭在印尼的產業，2 天後，蘇卡諾遭暗殺，僥倖平安。國務卿杜勒斯（John Foster Dulles）在 11 月底致電報給美國駐印尼大使阿里生（John M. Allison），表示鑑於印尼情勢不明，故不同意軍援印尼雅加達政府，[7]因為美國正在計畫暗中支持印尼革命軍以及擔心印尼利用此批武器對付荷蘭，荷蘭仍堅持不放棄西伊里安（紐幾內亞島西半部），結果納蘇遜向東歐集團請求軍援。

11-12 月，美國使用潛水艇將武器運至巴東以南 20 英里的小港口派南（Painan）。美國亦利用潛水艇將約 50 名革命軍送至琉球、關島和塞

John P. Glennon, ed., *Foreign Relations of the United States, 1955-57*, Vol.XXII, Southeast Asia, United States Government Printing Office, Washington, 1989, pp.436-440.

[6]　Audrey R. Kahin and George McT. Kahin, *Subversion as Foreign Policy The Secret Eisenhower and Dulles Debacle in Indonesia,* New Press, New York, 1995, p.120.

[7]　"298.Telegram from the Department of State to the Embassy in Indonesia, Washington, November 25, 1957," John P. Glennon, ed., *Foreign Relations of the United States*, 1955-1957, South East Asia, Vol.XXII, United States Government Printing Office, Washington, 1989, pp.515-516.

班島（Saipan）接受電報和武器訓練。12 月，一艘臺灣貨輪運送武器到巴
東附近的海岸，然後由盧比斯（Col. Zulkifli Lubis）上校的前助理伊布拉
欣（Saleh Ibrahim）使用快艇將武器駁運到巴東。[8]

第三節　1958 年 2 月印尼軍事政變

1958 年 1 月，反對蘇卡諾的瑪斯友美黨和社會主義黨（Socialist
Party）的領袖在蘇門答臘中部集會，準備成立革命政府。美國派遣中情
局遠東與空中行動組組長馬生（John Mason）前往外島，聯繫當地領袖協
助美國推動此一秘密行動。他獲允利用菲律賓的蘇比克灣（Subic Bay）
海軍基地，美國海軍「湯馬士通號」（USS Thomaston）登陸艦於 1958
年 1 月 18 日從蘇比克灣基地出發，2 月 11 日至蘇門答臘巴東南方三公里
的小港口直落巴耶（Telukbayur），將 900 枝手槍、1440 挺衝鋒槍和 130
萬發 9 毫米直徑的子彈運交革命軍，並由美國潛水艇「布魯吉爾號
（Bluegill）」護送。[9]

2 月 10 日，趁蘇卡諾出國訪問日本之際，在巴東的反政府軍向雅加
達致送 5 天的最後通牒「鬥爭憲章：拯救國家」（Struggle Charter: To
Save the State），指責蘇卡諾和印尼共黨使印尼走向毀滅，除非蘇卡諾恢
復虛位元首之地位以及鍾安達內閣在 5 天內辭職，另由哈達或日惹蘇丹哈
門庫布烏諾九世（Sultan Hamengkubuwono IX）取代；要求內閣解散改
組，哈達和哈蒙庫布烏諾九世蘇丹必須組成新政府，直至舉行選舉為止，
蘇卡諾必須回到憲法所規定的虛位元首的角色。此一要求遭到蘇卡諾拒
絕。15 日，反抗軍領袖胡笙上校在蘇門答臘的武吉丁宜透過電臺宣佈脫
離中央政府，另組印尼共和國革命政府（Revolutionary Government of the
Republic of Indonesia, Pemerintah Revolusioner Republik Indonesia，

---

[8]　Audrey R. Kahin and George McT. Kahin, *op.cit*., p.121.

[9]　Baskara T Wardaya, SJ, *Indonesia Melawan Amerika: Konflik Perang Dingin, 1953-1963,*
　　*Galangpress Publisher, Yogyakarta, 2008, pp.182-183; Kenneth Conboy and James Morrison,
　　op.cit, pp.32,34.

PRRI），由瑪斯友美黨領袖、巽他人、曾任中央銀行總裁、財政部長、在 1948 年曾擔任「印尼緊急政府」主席的普拉偉拉尼加拉（Sjafruddin Prawiranegara）擔任主席。[10]胡笙於 2 月 15 日在巴東以東的小城鎮達里河（Dareh River）組織印尼共和國革命政府。2 月 17 日，此一革命活動獲得蘇門答臘中部和北蘇拉威西島軍區司令及地方領袖的支持，爪哇之外的其他島嶼則採取靜觀其變態度。

2 月 10 日，美國聯合參謀首長會議國家安全事務特別助理特瑞貝勒（C. O. Triebel）給美國總統國家安全事務特別助理卡特勒（Robert Cutler）一份對印尼政策之報告，提出三點建議：

第一，利用可行的秘密辦法支持強化爪哇島以外的蘇門答臘、蘇拉威西島的反共勢力的決心、意志和團結力，透過他們以有效影響爪哇的情勢，若共黨控制爪哇，可作為集結力量之地點。

第二，假如爪哇情勢繼續惡化，則將採取如上所述之下一步行動。

第三，利用外島建立反共勢力作為槓桿，如果可行，可繼續採取行動團結爪哇島上個別的或集體的非共或反共勢力。

最後該報告稱以第三點最能達成美國的目標。[11]

美國和印尼曾在 1950 年 8 月簽署「警察協議」（Constabulary Agreement），由美國提供武器給印尼。1951 年美國駐印尼大使科契蘭（Merle Cochran）和印尼外長蘇班德里歐（Subandrio, Achmad Subardjo）討論簽署相互安全法案（Mutual Security Act），結果沒有談成。從 1950-1952 年，約有 400 名印尼軍官到美國軍校受訓。1952 年，人數還增加。此外，美國也依據中情局警察訓練計畫（ICA Police Training Program）提

---

[10] Bruce Grant, *Indonesia*, Melbourne University Press, Australia; Cambridge University Press, New York, 1966, p.34.

[11] Office of the Historian, "15. Memorandum from the Special Assistant to the Joint Chiefs of Staff for National Security Council Affairs (Triebel) to the President's Special Assistant for National Security Affairs (Cutler), Washington, February 10, 1958, SUBJECT: U.S. Policy on Indonesia (NSC 5518)," *Foreign Relations of the United States, 1958-1960*, Indonesia, Vol. XVII. https://history.state.gov/historicaldocuments/frus1958-60v17/d15　2020 年 5 月 11 日瀏覽。

供印尼警察裝備。印尼政府提出從 1952-57 年的購買美國武器清單，美國國務卿杜勒斯說，這些武器涉及敏感，需經過評估，何況印尼現在情勢不穩，軍隊分裂，美國提供武器可能會破壞和平解決爭端的機會，所以美國暫緩決定出售武器。[12]

相對地，此時印尼接受大量的蘇聯和中國的軍經援助。在 1956 年底，蘇聯貸款給印尼 1 億美元經援，購買十艘小型商船。東歐共黨國家貸款給印尼 9 百萬美元，用以購買製糖廠、農具製造廠及其他小型工廠。中國對印尼提供信貸 2 千萬美元，用以購買米和紡織品及設立紡織廠。中國亦給予印尼 2 億 5 千萬美元貸款，用以購買武器。捷克賣給印尼 30 架米格 17 戰機，可能包括技術協助和飛行員訓練。印尼亦向南斯拉夫購買船隻，據消息稱可能購買驅逐艦、潛水艇、掃雷艇等。[13]

美國艾森豪（Dwight Eisenhower）總統曾在 1954 年透過美國中央情報局成功的推翻瓜地馬拉的阿奔茲（Jacobo Arbenz）左派政府，因此也想用同樣的手法在印尼，美國以空中武力秘密支持蘇門答臘島的革命軍和北蘇拉威西的「全面鬥爭」的革命軍。

據蘇穆爾中校的說法，「當我們（包括前財政部長、印尼社會主義黨領導人蘇明度（Dr. Sumitro Djojohadikusumo, Soemitro Djojohadikusumo）和胡笙）在新加坡的一家餐館吃飯時，有若干穿便服的西方人來跟我們打招呼，他們知道我們正在與蘇卡諾對抗，他們說他們可以提供我們武器。而那時我們正在設法購買武器。」[14]

---

[12] Office of the Historian, "19. Telegram From the Department of State to the Embassy in Indonesia, Washington, February 19, 1958," *Foreign Relations of the United States, 1958-1960*, Indonesia, Vol. XVII. https://history.state.gov/historicaldocuments/frus1958-60v17/d19 2020 年 5 月 11 日瀏覽。

[13] Office of the Historian, "49. Memorandum of Information, Washington, March 28, 1958," *Foreign Relations of the United States, 1958-1960*, Indonesia, Vol. XVII. https://history.state.gov/historicaldocuments/frus1958-60v17/d49 2020 年 5 月 11 日瀏覽。

[14] Petrik Matanasi, "The CIA's Role Behind the Sumatra and Sulawesi Rebellions," March 20, 2017, https://tirto.id/peran-cia-di-balik-pemberontakan-sumatera-dan-sulawesi-ck6Z 2020 年 5 月 5 日瀏覽。

Baca Selengkapnya di Artikel, "The CIA's Role Behind the Sumatra and Sulawesi

另據哈維（Barbara Harvey）的說法，民那哈沙（北蘇拉威西）的「全面鬥爭」領袖致力於發展東印尼的發展計畫，將椰乾、橡膠走私賣到新加坡和馬尼拉，用賺來的錢建設道路、橋樑、教堂和大學。但中央政府卻獨佔椰乾貿易，關閉北蘇拉威西的比通港（Bitung Port）。雅加達中央政府在 1957 年 9 月將蘇拉威西分割，另外成立北蘇拉威西省，引起民怨。北蘇拉威西人剛開始時對經濟問題不滿，後來演變成參加武裝反抗雅加達。[15]

蘇穆爾在新加坡所遇見的西方人是美國駐新加坡中情局主任柯林斯（Foster Collins）。他應允協助給予「全面鬥爭」的革命軍武器。蘇穆爾隨後前往馬尼拉，會見菲律賓武裝部隊官員，獲得他們的同情。

根據前美國空軍官員普勞替上校（Colonel Fletcher Prouty）之說法，武器和裝備都集中在琉球，印尼、菲律賓、臺灣、美國等地，雇用的軍人都已在琉球和菲律賓做好準備援助印尼革命軍。美國提供的武器包括現代的 12.7 厘米口徑輕型步槍，火箭筒，半自動手榴彈，步兵突擊步槍和防空武器。美國使用飛機空投該批武器。此外，美國陸軍對印尼革命軍提供軍事訓練、海軍提供潛艇訓練、空軍提供航空運輸及對 B-26 轟炸機維修訓練。[16]

根據塔呵（Yoseph Tugio Taher）的說法，美國情報人員曾假冒卡爾特克斯（Caltex）石油公司的工作人員在蘇門答臘革命軍地點活動，美軍亦從菲律賓滲透進入北蘇拉威西活動。[17]

1950 年初，有來自爪哇的印尼人就從北蘇拉威西的海岸被接送到馬里亞納群島最大的塞班島（Saipan），接受美軍的訓練。亦有說印尼革命軍人到臺灣接受軍事訓練。[18]此一說法並不可靠。印尼的萬鴉老論壇報（*Tribun Manado*）的報導較為可靠，該報說臺灣派遣若干中階軍官到萬

Rebellions," https://tirto.id/ck6Z　2020 年 5 月 6 日瀏覽。

[15] Petrik Matanasi, *op.cit.*

[16] Petrik Matanasi, *op.cit.*

[17] Petrik Matanasi, *op.cit.*

[18] Taomo Zhou, *Migration in the Time of Revolution: China, Indonesia, and the Cold War*, Cornell University Press, Ithaca and London, 2019, p.68.

鴉老協助訓練革命軍，提供武器和兩中隊的飛機。[19]

根據波爾（Julius Pour）在 1993 年所寫的戰士政治家簡介（*Profiles of Warrior Statesmen*），莫哥特（Daan E. Mogot）軍官承認：「我們不缺從義大利來的武器，我們甚至獲得戰船，但因為技術原因而未予使用。同樣地，我們很容易地從臺灣、日本、南韓和菲律賓獲得金錢援助和供應。」[20]該種說法也充滿誇張和不可靠，革命軍並未從義大利獲取武器，日本和南韓亦未提供金援。這些論點都缺乏資料佐證。

另一方面，中國亦加強軍援印尼蘇卡諾政府。中國外長陳毅於 1958 年 3 月告訴印尼駐北京大使蘇卡德卓（Soekardjo）說，只要印尼蘇卡諾總統有需要，中國願意無條件提供任何的援助。當年印尼就派遣代表團秘密訪問北京，蘇卡諾總統和鍾安達總理分別致函毛澤東和周恩來總理。中國對印尼提供總值 2 千萬美元軍備援助。[21]

第四節　臺灣軍援蘇門答臘「革命政府」的革命軍

印尼革命軍之勢力分別位在蘇門答臘島和蘇拉威西島，故臺灣對於印尼革命軍之援助，就分兩部分來敘述。

美國艾森豪政府秘密成立代號為「駭客」的行動組織，意圖扭轉蘇卡諾總統的親共政策，使之倒向反共和親美的外交路線。美國中情局秘密與革命政府的人員接觸，美國駐棉蘭領事館中情局代表阿爾米在武吉丁宜會見了辛波倫上校。並交給他 5 萬美元的財務援助。兩個月後，在新加坡舉行了一次後續會議。在第二次會議上，阿爾米同意援助 8 千名革命軍武器，阿爾米還與印尼社會主義黨領導人蘇明度博士達成了許多協議。以後美國就利用屬於菲律賓空軍的水上飛機空投武器、美國潛水艇及卡爾特克

---

[19] Aswin_Lumintang, ed., "Taiwan helps train Permesta troops," *Tribun Manado*, September 13 2013, https://manado.tribunnews.com/2013/09/13/taiwan-bantu-latih-pasukan-permesta　2020 年 5 月 6 日瀏覽。

[20] Petrik Matanasi, "The CIA's Role Behind the Sumatra and Sulawesi Rebellions," *op.cit*.

[21] Taomo Zhou, *op.cit*., p.69.

斯石油公司的貨船運送武器裝備給革命軍。[22]這些援助都是在印尼革命政府成立前提供的，足見革命政府成立之背後獲得美國之支持。

　　2 月 21 日，印尼政府軍空襲巴東附近的派南（Painan）市，顯示政府不願容忍革命軍。隔天又轟炸巴東和武吉丁宜。2 月 22 日，從琉球（該項報導可能有誤，因為「民航空運隊」(Civil Air Transport Corp，CAT)是美國中央情報局購買的公司，用作秘密空中支援行動之機構，其據點是在臺灣，故應是從臺灣起飛）起飛的兩架「民航空運隊」的 C-46 飛機先到菲律賓克拉克空軍基地（Clark Air Base）加油，再飛往西貢，繼續飛往泰國南部的宋卡加油，其中一架飛機以引擎故障之理由緊急迫降宋卡機場，以免其行蹤事先被泰國政府知悉。兩架飛機飛抵巴東，然後在其北方 8 公里的塔賓（Tabing）機場將武器進行空投。[23]

　　根據臺灣國防部的檔案資料，臺灣早在 2 月 23 日第一次支援印尼革命軍七個營的裝備，包括 75 無後座力砲 14 門、81 迫擊砲 28 門、60 迫擊砲 63 門、79 重機槍 20 挺、88 式 75 高砲 2 門、25 機砲 12 門、30 重機槍 56 挺、30 輕機槍 260 挺、45 衝鋒槍 1204 支、卡柄槍 2480 支、英造 303 步槍 500 支、手槍 61 支、手榴彈 10100 枚、炸彈 100 枚、照明彈 10 枚。至 4 月 21 日運輸完畢，計空運 15 架次、海運 1 船次（興中輪）。[24]

　　2 月 26 日晚上，「民航空運隊」的一架 C-46 飛機就在中蘇門答臘的北干巴魯（Pekanbaru）機場空投武器給革命軍。空投的武器包括 50 口徑機槍、火箭筒、75 公釐無後座力砲、各種小型武器和彈藥。另一架 C-46 飛機則在巴東機場空投武器。這次空投的武器裝備可能就是前述臺灣國防

---

[22]　Hasan Kurniawan, "The failure of the CIA Operation in the PRRI / Permesta Rebellion," FOREIGN RELATIONS OF THE UNITED STATES, 1958-1960, INDONESIA, VOLUME XVII *International People's Tribunal*, 17 September 2016, https://www.tribunal1965.org/gagalnya-operasi-cia-dalam-pemberontakan-prripermesta/　2020 年 5 月 6 日瀏覽。

[23]　Kenneth Conboy and James Morrison, *op.cit.*, pp.56-57.

[24]　國防部史政編譯局藏，總統府檔案，檔名：「研究支援印尼革命軍作戰有關事項」，檔號：47_0420_4040_1_2_00041382，民國 47 年 6 月 7 日，「參謀總長王叔銘呈總統」；國防部史政編譯局藏，總統府檔案，檔名：「研究支援印尼革命軍作戰有關事項」，檔號：47_0420_4040_1_3_00041382，民國 47 年 7 月 26 日，「參謀總長王叔銘呈總統」。

部所準備的武器清單。至於臺灣在何情況下跟誰接觸、受誰之託準備這些武器等的來龍去脈，國防部檔案未見公布。

2 月 27 日，美國舉行國安會議後，杜勒斯與其弟弟艾倫・杜勒斯討論如何援助印尼革命軍的辦法，雙方決定加強秘密援助，將援助戰機，使革命軍擁有一支空軍。3 月 6 日，美國總統艾森豪在國安會上同意上述計畫。美國為了執行該「駭客」行動計畫，更換駐印尼大使，由鍾斯（Howard P. Jones）取代阿里生。

然而在 3 月 12 日，印尼政府軍派遣海軍陸戰隊和傘兵協同攻擊蘇門答臘革命軍據點，抓到革命軍領袖胡笙中校。由於政府軍掌握空中優勢，革命軍很難施展。因此美國不想在蘇門答臘島上建立革命軍的空軍基地。惟蘇拉威西距離爪哇較遠，故決定在該島上建立革命軍空軍基地。

美國為了避免印尼政府軍和革命軍開戰而使得美國人受害，曾向蘇卡諾建議派遣一支海軍陸戰隊到蘇門答臘的美國卡爾特克斯石油公司所屬的油田，以保護美國的公民，但遭印尼政府拒絕。雅加達政府在 3 月 8 日通知美國撤出卡爾特克斯油田；3 月 12 日控制卡爾特克斯油田，以防止美國採取片面行動。[25]

美國對於印尼採取兩面手法，曾與英國協商討論該項政策。3 月 13 日，東南亞公約組織（SEATO）舉行會議，美國國務卿杜勒斯在馬尼拉與澳洲外長凱西（Richard G. Casey）和英國外相勞埃（J. Selwyn, Lloyd）會談後，14 日他到臺灣從臺北發給國務院一份電報，說明了他昨天在馬尼拉對記者所說的，假如印尼革命軍沒有立即垮臺，而且可能持續下去，美國也許可對蘇卡諾說，由於軍事解決無法儘快完成，可尋求政治解決，若無可能這樣做，則美國可能給予革命軍「交戰團體」地位。[26] 4 月 12 日，美國國務卿杜勒斯和英國大使館部長（Minister of British Embassy）

---

[25] M. C., Ricklefs, *A History of Modern Indonesia, C1300 to the Present*, Stanford University Press, Stanford, California, second edition, 1993, pp.262-264.

[26] Office of the Historian, "38. Telegram From Secretary of State Dulles to the Department of State, Taipei, March 14, 1958," *Foreign Relations of the United States, 1958-1960*, Indonesia, Vol. XVII. https://history.state.gov/historicaldocuments/frus1958-60v17/d38　2020 年 5 月 11 日瀏覽。

胡德勳爵（Lord Hood）、英國駐美大使卡西亞（Sir Harold Caccia）在華府舉行會談，有關印尼之情勢，討論三項問題：(1)承認印尼革命軍為交戰團體。(2)蘇門答臘脫離印尼共和國成為獨立國家，而美國加以承認。(3)若損害及美國人財產，美國將派軍進入印尼。會後的結論是：(1)就目前情況來看，採取秘密行動並不適當，沒有政治解決是可能的，除非美國有計畫及決心走下一步。卡西亞提出兩項建議，一是協助印尼的反對派，二是打開政府的窗口，也就是採取兩面手法並進。卡西亞又說英倫懷疑承認印尼革命軍具有交戰權之可行性。[27]美國想以增援印尼革命軍，使之壯大並具有「交戰團體」之地位，但英國不贊同此一作法；再加上革命軍力量不足，無法抗拒政府軍之攻擊，難以具有形成與政府軍抗衡的「交戰團體」之地位，美國對印尼革命軍之援助就限定在足以對雅加達政府形成壓力的規模。

　　3 月 15 日，新到任的美國駐印尼大使鍾斯和印尼外長蘇班德里歐舉行會談，討論外軍在北干巴魯進行轟炸一事，印尼外長說在 2 月 26 日北干巴魯機場遭轟炸。3 月 12 日，有一架四引擎飛機，國籍不明，使用降落傘投放四箱武器，包括 50 口徑機槍、斯登衝鋒槍（Sten），火箭筒和 75 公釐步槍，有些武器還貼有密西根州普利茅斯（Kekeyhayes）製造標誌。鍾斯說美製武器在國際武器市場均可買到，印尼空軍用來轟炸革命軍的飛機也是美國製造。蘇班德里歐說，他沒有暗示美國介入。不過今早印尼總理鍾安達向雅加達記者作此同樣的聲明，顯示他有此同樣的看法。蘇班德里歐說，每名革命軍有三件武器，而政府軍每三人才有一件武器，顯然有外國介入，他說印尼政府已掌握臺灣介入革命軍活動。鍾斯對此沒有評論。[28]

---

[27] Office of the Historian, "57. Memorandum of Conversation, Washington, April 13, 1958," *Foreign Relations of the United States, 1958-1960*, Indonesia, Vol. XVII, https://history.state.gov/historicaldocuments/frus1958-60v17/d57　2020 年 5 月 11 日瀏覽。

[28] Office of the Historian, "40. Telegram From the Embassy in Indonesia to the Department of State, Djakarta, March 15, 1958," *Foreign Relations of the United States, 1958-1960*, Indonesia, Vol. XVII., https://history.state.gov/historicaldocuments/frus1958-60v17/d40 2020 年 5 月 11 日瀏覽。

　　美國政府同情革命政府，國務卿杜勒斯暗中支持革命軍，並給予武器援助，惟並未給予正式承認。此外，親美國路線的菲律賓、臺灣、馬來亞、南韓亦同情該革命政府。

　　3 月初，印尼政府軍登陸蘇門答臘東海岸；3 月 12 日，政府軍佔領北干巴魯，革命軍退至山區。3 月 17 日，印尼政府軍控制棉蘭。

　　3 月 21 日，印尼情報局長蘇根德羅中校（Lieutenant Colonel Sukendro）宣稱在蘇門答臘島中部北干巴魯截獲 2 月 26 日和 3 月 12 日由臺灣 DC-4 飛機運交給印尼革命軍的空投武器，並將之運至雅加達，進行反臺灣宣傳。這些空投的武器是頗現代化的美製武器，包括無後座力砲和火箭筒，美國中情局的人還提供使用這些新武器的訓練。[29]

　　稍早前在 3 月 6 日，有臺灣的民航運輸機 C-46 飛抵新加坡樟宜機場進行三週試飛，而由馬來亞航空公司負責該批臺灣飛機的引擎維修。英國駐新加坡皇家空軍否認新加坡作為空投武器給印尼蘇門答臘島革命軍之基地。4 月，印尼情報首長蘇根德羅對外稱，空投武器給蘇門答臘革命軍的是臺灣的飛機。印尼在新加坡的情報人員向雅加達報告稱，在 3 月底有不明飛機夜晚在樟宜機場起降加油，這些飛機空投武器給蘇門答臘島革命軍。革命軍的蘇明度說，北干巴魯被俘獲的美製武器的確是由「民航空運隊」的飛機空投的。該公司是設在臺灣。[30]從以上的報導可知，由設在臺灣的「民航空運隊」的飛機飛到新加坡，然後從新加坡樟宜機場起飛到蘇門答臘島空投武器給革命軍。若此一報導屬實，則此項行動必然暗中獲得英國和馬來亞聯邦之支持。

　　4 月 17 日，蘇門答臘島革命政府軍事失利，革命軍大多數是高中學生，沒有抵抗就投降了，[31]巴東為政府軍隊控制，戰爭主力移至蘇拉威西島。有 5 名中情局人員逃離中蘇門答臘，他們逃至東岸海邊，通報在新加

[29] Audrey R. Kahin and George McT. Kahin, *Subversion as Foreign Policy The Secret Eisenhower and Dulles Debacle in Indonesia,* New Press, New York, 1995, p.158.

[30] Daniel F. Doeppers, "An incident in the PRRI/PERMESTA rebellion of 1958," p.191. https://ecommons.cornell.edu/bitstream/handle/1813/53547/INDO_14_0_1107127730_183_1 95.pdf?sequence=1&isAllowed=y 2020 年 5 月 6 日瀏覽。

[31] Audrey R. Kahin and George McT. Kahin, *op.cit.*, p.165.

坡的中情局人員，美國派潛水艇唐恩號（Tang）將他們救出。4 月 25
日，艾倫・杜勒斯向艾森豪總統報告，稱印尼革命軍似乎沒有戰鬥意志，
革命軍領袖不能給其軍人任何他們為何而戰的觀念，這是一場很奇怪的戰
爭。[32]

　　革命政府租用一架外國飛機把一艘印尼海軍旗艦炸毀，貨船及油輪數
艘，雅加達政府指責該飛機係臺灣軍機。5 月 5 日，蘇卡諾軍隊控制革命
政府首都武吉丁宜。革命政府將首都遷移到北蘇拉威西的萬鴉老，華魯上
校（Colonel Warouw）被任命為副總理，領導該一政府。[33]

　　由於印尼政府軍在蘇門答臘逐漸佔上風，革命軍節節失敗，美國的外
交政策開始有所調整，美國想改變為支持政府軍的陸軍參謀長納蘇遜，美
國參謀首長聯席會議主席泰勒（Maxwell D. Taylor）在 4 月 18 日給美國
國防部長麥可羅伊（Neil Hosler McElroy）一份備忘錄，談到「應使納蘇
遜成為反共的力量。在此之前，納蘇遜就被認為是印尼最反共的人物。美
國可透過適當管道支持納蘇遜或其他具影響力的印尼軍方領袖，可以影響
他們採取行動阻止共黨控制爪哇。這樣做，並非要放棄對反對分子（指革
命軍）之支持。我們都明瞭，給納蘇遜或印尼中央政府財政或金融援助，
可達成將共黨驅逐出中央政府的目標。最後泰勒建議應立即重新評估接近
（approach）納蘇遜的途徑。」[34] 4 月 23 日，國務卿杜勒斯和中情局長艾
倫・杜勒斯通電話，告訴他說，美國已轉變政策，要支持印尼政府。[35]從
此一訊息可知，美國看到印尼革命軍沒有作戰能力和意志，很快就被政府
軍擊敗，所以就想改變政策，試探支持納蘇遜的可行性，納蘇遜成為美國

[32] Tim Weiner, *Legacy of Ashes: The History of the CIA*, Doubleday, New York, 2007, p.174.

[33] Audrey R. Kahin and George McT. Kahin, *op.cit.*, p.166.

[34] Office of the Historian, "68. Memorandum From the Joint Chiefs of Staff to Secretary of Defense McElroy, Washington, April 18, 1958," *Foreign Relations of the United States, 1958-1960*, Indonesia, Vol. XVII. https://history.state.gov/historicaldocuments/frus1958-60v17/d68 2020 年 5 月 11 日瀏覽。

[35] Office of the Historian, "69. Memorandum of Telephone Conversation Between Secretary of State Dulles and Director of Central Intelligence Dulles, Washington, April 23, 1958," *Foreign Relations of the United States, 1958-1960*, Indonesia, Vol. XVII. https://history.state.gov/historicaldocuments/frus1958-60v17/d69 2020 年 5 月 11 日瀏覽。

爭取的印尼軍方領袖。

　　4 月 30 日，印尼外長蘇班德里歐召喚美國駐印尼大使鍾斯，要求美國從中間協調中華民國政府不要以武器支援印尼叛軍。同時告知他，今早鍾安達總理演講，指控外國干預印尼內政，並呼籲美國協助阻止他國以武器支援叛軍。

第五節　臺灣軍援蘇拉威西島「全面鬥爭」的革命軍

　　1958 年初，香港椰乾商人貝林運了一船的紡織品到萬鴉老，並說將來會運送「全面鬥爭」革命軍所需要的武器，由於「全面鬥爭」革命軍亟需武器，所以沒有將椰乾賣給貝林，雙方以後就中斷關係。潘道少校（Major Jan Maximillian Johan (Nun) Pantouw）和蘇皮特少校（Maj. Arie Supit）為了獲取武器，大傷腦筋，後來獲得一位在新加坡的石油商人辛莫曼（Zimmerman）介紹一位義大利武器掮客，他們兩人遂前往羅馬，他外出晚餐返回旅館發現他的護照失竊。他又不敢通報印尼大使館，以免透露其行蹤。當晚有美國駐義大利大使館來電告知已尋獲他的護照。顯然美國已經跟蹤他的行程。隨後他與一位軍火掮客會面，討論購買武器型式、價格和運送方式，但沒有簽約。接著又到蘇黎世和倫敦和軍火掮客會面。後來這三處都沒有正面回應運送武器到萬鴉老。因此，蘇穆爾想到反共的臺灣，或許有機會取得武器。

　　潘道在 1957 年底前往香港，聯絡到中華民國在香港的空軍情報官，然後前往臺北，停留兩週。但未獲中華民國政府同意給予武器援助。潘道第二度嘗試獲取臺灣之援助，他前往新加坡會見中華民國駐新代表，他被告知找錯門路，中華民國最有權力者是陸軍不是空軍。後經人介紹到曼谷會見一位趙夫人，據稱她與一位在中爪哇長大會說印尼話的中華民國將軍黃德美少將（Maj. General Teh-Mei Huan）熟識。潘道與趙夫人會面兩次，並付了 5 萬美元顧問費。但到該年底，臺灣均無任何武器運到北蘇拉

威西。[36]

1958 年 2 月 17 日，北蘇拉威西的「全面鬥爭」領袖宋巴上校（Colonel Somba），在萬鴉老宣布加入巴東的革命政府，中斷與雅加達政府的關係。

2 月 22 日，印尼政府軍空襲萬鴉老，以回應在萬鴉老的「全面鬥爭」加入巴東的革命政府。在此情況下，「全面鬥爭」唯有積極尋求外來支援。當天「全面鬥爭」革命軍派遣其代表蘇穆爾和潘道少校前往馬尼拉會見菲國國家情報協調局局長克魯茲（Brig. General Pelagio Cruz）以及美國駐菲中情局官員卡特賴特（Cecil Cartwright）。美國中情局安排蘇穆爾搭乘專機 C-47 從馬尼拉返回萬鴉老，在其機上裝載了卡特賴特給予「全面鬥爭」革命軍 6 挺 0.50 公釐口徑機關槍，表示他支持印尼革命軍之象徵（卡特賴特在 4 月底被派至蘇拉威西的萬鴉老工作）。[37]

蘇穆爾回到萬鴉老後，立即派遣東比拉卡少校（Maj. Lendy Tumbelaka）和摩蒙甘（Lt. Jorgen Momongan）兩位軍官前往馬尼拉，會見菲國情報官員丁尼歐（Joe Tinio）尋求軍援。丁尼歐是菲國派遣與印尼革命軍聯絡之人員。東比拉卡與卡特賴特舉行會談，商訂武器由海運之計畫。

印尼革命軍領袖之一潘道少校原擬由馬尼拉前往日本，卻在 1958 年 2 月 21 日飛抵臺北。[38]蘇穆爾派遣潘道少校到臺北，會見國安局長鄭介民和副局長黃德美、情報局局長葉翔之和中華民國國防會議副秘書長蔣經國。潘道除了獲得蔣經國之支持外，亦獲得天主教樞機主教于斌之支持，因為于斌同情北蘇拉威西的天主教徒遭到回教徒和左傾蘇卡諾政府的迫害。[39]

臺灣前駐南韓武官楊學房曾與潘道會面，他在 2 月 25 日向國防部提

---

[36] Kenneth Conboy and James Morrison, *op.cit.*, p.21.

[37] Kenneth Conboy and James Morrison, *op.cit.*, p.41.

[38] 「印尼革命領袖之一 潘道少校 由菲抵臺」，中央日報（臺北），1958 年 2 月 24 日，版 1。

[39] Kenneth Conboy and James Morrison, *op.cit.*, p.41.

出「對日前印尼政變我國應持政策之建議」報告稱，印尼蘇拉威西島反共革命政府領袖潘道少校從菲律賓轉來臺灣訪問，與我國洽談協助軍援印尼革命政府之辦法。楊學房提出軍援印尼革命政府之要領如下：

第一，基本目的：增強革命政府之反共武力，使能堅強屹立，不使為親共政權所摧毀，並使反共軍力日益加強，逐次拖垮印尼中央政府，另組成反共統一政權，與我重建邦交，使二百萬印尼僑胞重返自由祖國。

第二，軍援方案（秘密進行）：(1)積極方案：派遣一個加強營兵力，改裝密運蘇島（應是指蘇拉威西島），先構成戰鬥核心力量，爾後再逐次發動僑胞，擴大軍力。此加強營應附以青年軍官及政工幹部約二百人並附高射砲八門或戰車十餘輛，以千人左右為度。初期經費可自供一部，到達後由當地全部供給。(2)消極方案：動員臺灣軍需生產品，代印尼革命軍製運軍品，均收價款，並洽請派員駐蘇島，俾便密察軍事形勢，研究發展反共力量及組訓僑胞之方法。

第三，目前應先派員密赴蘇島與革命政府接觸，調查實情，以備決策之參考，同時在臺亦應作軍援之計畫及準備。

該項報告認為，美、英、澳洲對蘇卡諾之看法均不佳，我國如給印尼軍援，對美、英均無妨礙，彼等亦不致坐視印尼反共力量全部消滅。此外，我軍援收效後，則越南和泰國對我必全面改觀，國際上將有新地位。[40]從該項報告可知，臺灣擬以自行製造的武器援助蘇拉威西島印尼革命軍，而且並無事先與美國商量的打算。最重要者，臺灣想支持印尼成立反共政府。

臺灣同意提供飛機和各種武器，總值 4 百萬美元。潘道說此事還需向蘇穆爾上校報告及獲其同意。康伯伊和摩里生的書記載：「第二天潘道少校搭乘由陳文寬（Moon Chin）駕駛的復興航空的水上飛機離開臺灣，機

---

[40] 國防部史政編譯局藏，總統府檔案，檔名：「研究支援印尼革命軍作戰有關事項」，民國 47 年 2 月 26 日，「國防部聯戰計畫委員（前駐韓武官）楊學房報告呈參軍長」。檔號：47_0420/4040_1_1_00041382，總檔案號：00041382。

上同時裝載了臺灣同意軍援的證物 100 支槍（二戰後日軍留下的槍枝）和
3 樽 75 公釐無後座力砲。飛機低飛越過菲律賓空域，以避開美軍雷達之偵
測。最後飛機降落在馬攀給特（Mapanget）機場。蘇穆爾檢視這批武器，
同意付款給臺北。到 2 月底，革命軍將其銷售椰乾所得款項從倫敦和蘇黎
世轉匯到香港的臺灣指定戶頭，臺灣就將武器運送到北蘇拉威西。」[41]

　　潘道少校成功的從臺灣買到軍火武器。南韓朴正熙總統和菲律賓總統
賈西亞（Carlos Garcia）都支持印尼革命軍，他們擔心印尼赤化。賈西亞
總統還指派艾奎諾（Benigno Aquino）（1983 年遭菲國槍手在機場暗殺，
其夫人在 1986 年成為菲國總統）與美國中情局合作，在後勤上支援印尼
革命軍。[42]艾奎諾在總統賈西亞之要求下開放其在丹轆（Tarlac）省的家
族的路易西達莊園（Hacienda Luisita），作為訓練印尼革命軍之營地。艾
奎諾並以美國中情局提供之金錢向臺灣購買軍火，然後運交印尼革命軍，
還曾數度到萬鴉老訪問。在 1958 年 2 月初，賈西亞總統派他和兩名無線
電專家到萬鴉老裝設無線電報機。由於美國中情局需要菲律賓提供協助，
所以菲律賓援助印尼革命軍所需之金援是由中情局匯至賈西亞總統辦公
室，參議員狄歐克諾（Jose Diokno）等人則擔任收款人。[43]

　　臺灣還派遣軍事顧問，穿著平民服裝，在馬攀給特機場協助訓練「全
面鬥爭」的軍隊。臺灣軍事顧問領導人是盧祖善（Loh Tsu-sin）上校，英
文名字為 Bill Johnson。[44]

　　3 月 6 日，艾森豪總統同意給印尼革命軍飛機，以對付雅加達的空軍
轟炸。3 月 12 日，印尼陸軍情報首長蘇根德羅向記者展示由 DC-4 飛機空
投給印尼「全面鬥爭」革命軍的武器。另一架革命軍飛機則降落萬鴉老，
他說印尼方面知道駕駛員的姓名和飛機數量，在情報部還展示飛機空投武
器的照片。他指控叛軍購買 DC-4 飛機，但他不知道中央情報局是設在臺

[41] Kenneth Conboy and James Morrison, *op.cit.*, pp.42-44.

[42] Baskara T Wardaya, SJ, *Indonesia Melawan Amerika: Konflik Perang Dingin, 1953-1963,*
Galangpress Publisher, Yogyakarta, 2008., pp.187-188.

[43] Audrey R. Kahin and George McT. Kahin, *op.cit.*, pp.188-189.

[44] Kenneth Conboy and James Morrison, *op.cit.*, p.61.

灣的「民航空運隊」的所有權人，以極低的價格將飛機賣給叛軍。[45]這次美國提供 2 架 P-51s 和 1 架馬丁（Martin）B-26 掠奪者（Marauder）飛機到萬鴉老機場。中情局甄選了兩名菲律賓籍飛行員，另一名波蘭籍飛行員來駕駛 B-26。萬鴉老的機場老舊，是二戰後留下來的，年久失修，波蘭籍飛行員第一次在該機場起飛就墜毀而去世。[46]

中情局除了對印尼「全面鬥爭」的革命軍提供飛機外，也提供軍艦「湯馬士通號」。派駐在菲律賓克拉克空軍基地的美國中情局主任哥特克（Paul Gottke）及其他官員執行一項代號為「漢斯行動」（Operation Hance）的特殊任務，即將武器空投給在北蘇拉威西的印尼「全面鬥爭」的革命軍。空投任務由「民航空運隊」的飛機負責，飛行員的薪水由中情局支付。[47]

「全面鬥爭」革命軍軍官東比拉卡少校被派至菲律賓的克拉克空軍基地，他的任務是照顧飛機，將轟炸機外皮漆黑，然後送至北蘇拉威西，但數量不多。「民航空運隊」捐助 20 架飛機給「全面鬥爭」革命軍，包括一架 PBY 卡塔利娜（Catalina）水陸兩用飛機、十五架道格拉斯（Douglas）A-26 侵略者（Invaders）B-26 轟炸機、和四架 P-51 野馬戰機，還有飛行員和機械師，大量彈藥、航空汽油、工裝、鑽機和零件等裝備都是從臺灣用船隻運抵北蘇拉威西。[48] 1958 年 3 月，一群飛行員和機械師從克拉克空軍基地飛抵北蘇拉威西的民那哈沙半島的馬攀給特機場，3 月 18 日，成立革命軍空軍（Revolutionary Air Force，AUREV）。初期有兩架由臺灣捐助的 C-45 運輸機，另外美國中情局提供了許多飛行員和

[45] Hendri F. Isnaeni, "CIA aircraft in PRRI / Permesta," *Historia*, https://historia.id/militer/articles/pesawat-cia-dalam-prri-permesta-P3Ndn　2020 年 5 月 6 日瀏覽。

[46] Douglas Blake Kennedy, *Operation HAIK: The Eisenhower Administration and The Central Intelligence Agency in Indonesia, 1957-1958*, A thesis of the Graduate Faculty of the University of Georgia, 1996, p.72.

[47] Hendri F. Isnaeni, *op.cit.*

[48] Hans Wiesman, "CIA's Rent-A-Rebel Flying Circus of a PBY Catalina, A-24 Invaders and P-51 Mustangs, Attacking Indonesia, 1958," *War History Online*, https://www.warhistoryonline.com/military-vehicle-news/pby-catalina.html　2020 年 5 月 5 日瀏覽。

15 架 B-26 轟炸機，[49]革命軍空軍經常出勤轟炸望加錫、巴里巴板（Balikpapan）和安汶島等地點。

3 月 18 日，蘇拉威西的革命軍自稱擁有兩架臺灣援助的 C-45 運輸機。隨後革命軍又增購一架 C-45 運輸機、一架西斯納 180（Cessna 180）、三架水陸兩用飛機。革命軍和中情局的人則從菲律賓招募空軍退伍飛行員，有狄達爾（Dedal）和雷耶士（Reynaldo Reyes）兩位菲國飛行員參加。[50]

4 月 13 日，一架漆有臺灣標記的 B-26 飛機轟炸望加錫機場。[51]該支革命軍空軍曾受中情局的指示，除了攻擊印尼政府軍的據點外，也攻擊外國設施和船隻，以恐嚇外國企業離開印尼海域，減弱印尼的經濟力量，所以兩架 B-26 在 4 月 16 日攻擊了在東卡里曼丹的巴里巴板的荷蘭皇家殼牌石油公司的油田、擊落一架政府軍的水上飛機。4 月 21 日，阻止政府軍登陸賈洛洛島（Jailolo）和摩羅泰島（Morotai）的海灘。繼之在 4 月 27 日攻擊安汶島港口，損壞一艘希臘貨船。28 日，在巴里巴板外海擊沈一艘英國油輪「福拉偉亞諾號」（MV San Flaviano）、一艘印尼護衛艦「杭吐亞號」（Hang Tuah）和許多運兵船。轟炸蘇拉威西島東南部的肯達里（Kendari）。5 月 1 和 2 日，擊沈安汶島外的義大利和巴拿馬的商船。[52]

革命軍的飛行員有來自印尼、菲律賓、臺灣、新加坡和美國。來自臺灣的軍人名字是陳輝（Chen Hui），也稱為 Tan Hoey。[53]一位美國前空軍轟炸機飛行員畢勒（William Beale），曾在臺灣的「民航空運隊」任職。[54]他在 1958 年 4 月 19 日從克拉克空軍基地飛到北蘇拉威西的馬攀給特空

---

[49] Baskara T Wardaya, SJ, *op.cit.*, p.189.

[50] Kenneth Conboy and James Morrison, *op.cit.*, pp.85, 87.

[51] Audrey R. Kahin and George McT. Kahin, *op.cit.*, p.172.

[52] Audrey R. Kahin and George McT. Kahin, *op.cit.*, p.173.

[53] Petrik Matanasi, "Foreign Legion in Permesta's Body," March 20, 2017, https://tirto.id/legiun-asing-di-tubuh-permesta-ck64　2020 年 5 月 5 日瀏覽。

[54] 畢勒娶臺灣女子，故定居在臺灣。1962 年參加美軍在寮國的作戰去逝。參見 "William Beale (aviator)," *Military Wikia.org*, https://military.wikia.org/wiki/William_Beale_(aviator) 2020 年 5 月 6 日瀏覽。

軍基地。[55]另一位美國韓戰退伍飛行員波普（Allen Lawrence Pope），在 1954 年從美國空軍退伍，然後加入美國中央情報局，成為「民航空運隊」的飛行員。1958 年 4 月加入印尼革命軍空軍，在北蘇拉威西的馬攀給特空軍基地負責駕駛 B-26 轟炸機。革命軍空軍司令是穆哈托（Petit Muharto），轄下總共有 40 名飛行員。

印尼總理鍾安達立即對美國提出抗議，稱這些轟炸的飛機飛行員是美國人和臺灣人。5 月 2 日，鍾安達發表聲明，第七點說：「這些美國和臺灣冒險分子之行為的結果，已使本地武裝部隊和印尼人民出現強烈的反美和反臺灣的情緒，若任其發展，則將對印尼和美國關係造成災難性影響。」[56]

5 月 3 日，印尼外長蘇班德里歐召喚美國駐印尼大使鍾斯，討論美國冒險分子和臺灣捲入轟炸印尼事件，強烈要求美國和臺灣停止轟炸印尼。他說他和總理鍾安達不贊同和美國斷交。他說鍾安達認為美國支持叛軍是為了反共，但美國此舉效果剛好相反，反而助長共黨勢力。他說昨天他與蘇卡諾總統和鍾安達總理會談，蘇卡諾說共黨的力量可以存在，但不能擴大。蘇卡諾相信四腳概念的「指導民主」是不健全的，因為印尼共黨代表外國勢力，而「指導民主」代表本土民主，不參雜共產主義在裡面。外國支援叛軍的證據很明顯，如此事無法解決，印尼將訴請聯合國處理。印尼外長出示一份位在美國舊金山馬克阿里司特街（McAllister Street）684 號的美國銷售公司（American Sales Company）的賀茲克（R. S. Hirsch）發了一份電報給武吉丁宜的江貝克上校（Colonel Djambek），內容說：「我能供應 7.35 厘米半自動步槍 5 萬枝、及該型槍枝之子彈 1 千 5 百萬發，下訂後可立即船運。」他又說：「他們已截獲與臺灣國安局長鄭介民

---

[55] Tom Cooper and Marc Koelich, "Clandestine US Operations: Indonesia 1958, Operation 'Haik'," p.12. https://www.indopacificimages.com/wp-content/uploads/2010/12/Operation-Haik.pdf　2020 年 5 月 6 日瀏覽。

[56] Office of the Historian, "77. Telegram From the Embassy in Indonesia to the Department of State, Djakarta, May 2, 1958," United States Department of State, *FRUS*, 1958-1960, Indonesia, Vol. XVII, https://history.state.gov/historicaldocuments/frus1958-60v17/d77 2020 年 5 月 10 日瀏覽。

將供應飛機的文件，它揭示臺灣已轉交數架 C-47 飛機給革命軍，由美國人和臺灣人駕駛。鄭介民是依照美國駐新加坡海軍之指示辦理的，而且派遣李重錫將軍（General Li Chung Sie）擔任革命軍的軍事顧問。該人又稱為李志春（Lie Chi-chun），印尼情報圈稱他為 C.C. Li，曾長期擔任中華民國政府派駐在印尼的情報員，其人員代號為 2621-1504-6108。」美國駐印尼大使鍾斯回應說，一家美國公司是為了车取私人利益，所以要將武器賣給印尼叛軍，這並非美國官方之行為。[57]

　　5 月 5 日，政府軍收復蘇門答臘島重要城市武吉丁宜，革命政府首都遷到蘇拉威西島的萬鴉老。印尼政府接到情報稱，在蘇拉威西的革命軍除擁有火箭筒、火砲和飛機外，還有 10,000 支小武器。他們獲自萬鴉老的情報消息稱，最近革命軍獲得 3 千枝小型武器。萬鴉老革命軍擁有三架轟炸機、兩架野馬（Mustangs）戰機以及高價的空襲炸彈，每次空襲約要花掉 75,000 美元，這必然是有外國支援才有可能。蘇班德里歐沒有指控美國介入，但他說叛軍的飛機是從臺灣來的，飛行員有美國人和臺灣人。他強烈請求美國採取若干行動，勸阻臺灣支援印尼叛軍，以防止印尼人對親國民黨政府的華人採取激烈行動。在印尼已出現反臺灣的暗流，若證實臺灣介入支持印尼叛軍，將引燃爆炸。他說大家都知道美國對中華民國政府具有影響力，而印尼和中華民國沒有邦交，所以無法直接對她提出正式抗議。故請美國代表印尼政府向中華民國政府提出交涉。鍾斯說會轉達他的意見給美國國務院。[58]

　　5 月 6 日，印尼總理鍾安達召見美國大使鍾斯，告訴他印尼駐馬尼拉大使稱，克拉克空軍基地正在進行新的準備，將以飛機和魚雷快艇援助印

---

[57] Office of the Historian, "78.*Telegram From the Embassy in Indonesia to the Department of State*, Djakarta, May 3, 1958," United States Department of State, *FRUS*, 1958-1960, Indonesia, Vol. XVII, https://history.state.gov/historicaldocuments/frus1958-60v17/d78 2020 年 5 月 10 日瀏覽。

[58] Office of the Historian, "74. Telegram From the Embassy in Indonesia to the Department of State, Djakarta, April 30, 1958," *Foreign Relations of the United States, 1958-1960*, Indonesia, Vol. XVII. https://history.state.gov/historicaldocuments/frus1958-60v17/d74 2020 年 5 月 11 日瀏覽。

尼叛軍。坐在旁邊的蘇班德里歐插進話說：「菲國外長瑟拉諾（Felixberto M., Serrano）說他計畫向美國駐菲大使波連（Ambassador Charles E. Bohlen）抗議，美國利用克拉克空軍基地將武器支援印尼叛軍。我不知道他是否已提出抗議。」鍾斯對此一消息感到震驚，問他是否有明確證據？鍾安達說消息來自印尼駐馬尼拉大使。鍾斯說會將此訊息轉達美國政府。鍾安達強烈要求美國停止轟炸印尼。[59]

　　鍾斯在 5 月 6 日早上 1 點將此一訊息呈報給美國國務院，國務院在當天下午 1 點 57 分就回覆美國駐印尼大使館，請其轉告印尼總理和外長下列各點：

1. 歡迎印尼很坦率的與你（按指鍾斯）交換意見，可消除誤解。

2. 美國期望印尼是一個經濟有活力、政治穩定、統一和自由的獨立國家，而非分裂的或共黨控制的國家。

3. 轉達中華民國外長葉公超給美國駐臺北大使的一份聲明，以答覆蘇班德里歐的問題。該信內容稱中華民國政府沒有派飛機到印尼及軍事裝備船隻到外國。葉公超說美國可將該訊息通報蘇班德里歐。

4. 美國對於叛軍或叛軍雇用的冒險者之轟炸行為沒有控制權，因此對於這些轟炸行為無法制止。

5. 關於蘇班德里歐所指稱美國介入的證據，你應答覆他們如下：

   (1)假如稱 C-47 是在新加坡由美國轉交給印尼叛軍，美國對此一無所知，美國海軍也沒下指示在新加坡作此交易。假如印尼人拿到此一文件，你可告訴他們鐵定是假文件。

   (2)美國沒有一家公司申請出口任何型式的武器。

   (3) 7.35 厘米的半自動武器，美國不製造，亦非美國制式武器。

6. 向他們保證克拉克機場並未被利用為援助印尼叛軍之基地。

7. 告訴他們美國正準備賣給印尼 3 萬 5 千噸白米。

---

[59] Office of the Historian, "80. Telegram From the Embassy in Indonesia to the Department of State, Djakarta, May 6, 1958," United States Department of State, *FRUS*, 1958-1960, Indonesia, Vol. XVII, https://history.state.gov/historicaldocuments/frus1958-60v17/d80 2020 年 5 月 10 日瀏覽。

8. 你可邀請印尼武裝部隊派觀察員參加東南亞公約組織（SEATO）在 5 月 1-14 日舉行的海軍演習（Oceanlink）及由太平洋總司令（Commander in Chief of the Pacific，CINCPAC）主辦的武器展覽，以強化兩軍的密切關係。

9. 歡迎鍾安達所提出的將逐步削減共黨之力量的保證。若能進一步就此問題進行討論，則美國政府給你的任務和決定將更易達成。[60]

　　鍾安達在 5 月 7 日召見鍾斯大使，感謝美國政府這麼快給他答覆，他說他正在採取步驟遏阻印共勢力。他說作為國防部長（鍾安達兼國防部長），必須注意爪哇共黨的活動，因為軍隊都被派至外島作戰，所以他一直很注意可能的軍事政變以及印共的坐大。他也感謝美國轉來葉公超的信函內容。[61]

　　5 月初，印尼外長蘇班德里歐指稱，至少有 3 架舊式美國 B-25 式轟炸機及 2 架戰鬥機已自臺灣飛抵西里伯斯（即蘇拉威西島），並要求美國駐印尼大使鍾斯經由美國國務院就印尼指稱之臺灣以飛機及其他軍事裝備供給蘇門答臘革命軍一事，向臺灣提出抗議。臺灣外交部發言人於 5 月 10 日發表聲明說：「中國（臺灣）政府並未准許將任何武器、彈藥或飛機輸出至任何國家，包括印度尼西亞在內。中國（臺灣）政府對僑居國外人士之個人行止及活動，自無法加以管制。吾人確知並無中國（臺灣）空軍之駕駛員參與任何國外之軍事行動。」[62]

　　美國政府對於傳遞此一信息給臺灣的立場，美國國務院發言人懷特於 5 月 10 日在答覆記者詢問的聲明說：「美國傳遞一項信息將印尼政府的

[60] Office of the Historian, "81. Telegram From the Department of State to the Embassy in Indonesia, Washington, May 6, 1958," United States Department of State, *FRUS*, 1958-1960, Indonesia, Vol. XVII, https://history.state.gov/historicaldocuments/frus1958-60v17/d81 2020 年 5 月 10 日瀏覽。

[61] Office of the Historian, "84. Telegram From the Embassy in Indonesia to the Department of State, Djakarta, May 7, 1958," United States Department of State, *FRUS*, 1958-1960, Indonesia, Vol. XVII, https://history.state.gov/historicaldocuments/frus1958-60v17/d84 2020 年 5 月 10 日瀏覽。

[62] 賴暋、謝雄玄編，中華民國史事紀要（初稿）—民國 47 年 4 至 6 月份，5 月 10 日，國史館，臺北縣，1991 年，頁 366。

意見達知中華民國政府。中華民國政府將其答覆送給我們，而且我們將其轉知印尼政府。換言之，作為雙方之友邦的美國，係以一個郵局的資格行動的。」[63]

印尼外長蘇班德里歐在 5 月 17 日早上召喚美國大使鍾斯，告知有中國（臺灣）人軍隊登陸蘇拉威西支援叛軍。鍾斯說此一消息不可靠，問他到底是從何處獲得？蘇班德里歐說這些中國（臺灣）人是搭乘護衛艦抵達，但詳情不明。他是很認真看待此事，指出印尼政府很難抗衡外國志願者之壓力。[64]

美國國務卿杜勒斯在 5 月 17 日下午兩點給美國駐印尼大使鍾斯一份電報，請鍾斯知會鍾安達說美國將和菲律賓和中華民國政府探索印尼政府指控他們的國民正協助印尼叛軍一事，他們的領土正被利用作為支援叛軍，而這些政府加以否認。該電報說：「你應指出，就如同美國一樣，菲律賓和中華民國政府都難以控制他們的國民在海外的行為。你也應該強調印尼的情勢受到自由世界的人所關心，他們就住在印尼附近，他們出於善意，並不期待印尼會倒向中、蘇集團，鄰居們也不會默認因此一問題所帶來的危險。印尼政府因此需很務實的承認一項事實，即對此事做出最低的反應，印尼人和鄰居看到了共黨的影響力增強，印尼可能會被外國控制，最佳方法是印尼若要避免周邊地區少數人協助叛軍，印尼政府就應採取行動消滅內部共黨的威脅。」[65]

5 月 18 日，美國人波普駕駛 B-26 轟炸機飛越安汶島上空時遭到印尼政府空軍狄萬特上尉（Captain Ignatius Dewant）駕駛的野馬獵人機擊落，

---

[63] 賴暋、謝雄玄編，中華民國史事紀要（初稿）—民國 47 年 4 至 6 月份，5 月 10 日，頁 366。

[64] Office of the Historian, "101. Telegram From the Embassy in Indonesia to the Department of State, Djakarta, May 17, 1958," United States Department of State, *FRUS*, 1958-1960, Indonesia, Vol. XVII, https://history.state.gov/historicaldocuments/frus1958-60v17/d101 2020 年 5 月 11 日瀏覽。

[65] Office of the Historian, "102. Telegram From the Department of State to the Embassy in Indonesia, Washington, May 17, 1958," United States Department of State, *FRUS*, 1958-1960, Indonesia, Vol. XVII, https://history.state.gov/historicaldocuments/frus1958-60v17/d102 2020 年 5 月 11 日瀏覽。

波普及另一位電報員前印尼空軍中士藍東（Sergeant Jan Harry Rantung）在安汶島附近的哈塔拉島（Hatala Island）被俘。由於波普攜帶了 30 張有關飛行日誌、日記、「民航空運隊」身分證、克拉克空軍基地軍官俱樂部會員證等文件，暴露了他的身分，此事令美國政府感到難堪，因為波普參與中情局的工作。

5 月 18 日晚上，艾倫‧杜勒斯就下令中情局的人員從蘇拉威西撤出。19 日晚上，艾倫‧杜勒斯下令在印尼、菲律賓、臺灣和新加坡的中情局官員撤退、切斷金援、關閉武器供應和燒毀證據，並獲得中情局人員將遵守命令之答覆。[66] 20 日，美國國務院決定改變對印尼的外交政策，將支持印尼陸軍和政府內反共和親美的人員，[67]不再支持使用秘密支援印尼革命軍的作法。同日，印尼政府軍佔領摩羅泰島。5 月 21 日，美國中情局人員卡特賴特等撤離萬鴉老和菲律賓的克拉克空軍基地。[68]以後在菲律賓的中途站改在菲律賓南部塔威塔威島（Tawi-tawi）。

5 月 22 日，國務卿杜勒斯在華府召集了澳洲駐華府大使比爾（Howard Beale）、澳洲駐美大使館參贊及美國國務院遠東事務局西南太平洋事務辦公室（Office of Southwest Pacific Affairs, Bureau of Far Eastern Affairs, Department of State）主任葛東（Mein, John Gordon）討論印尼局勢，杜勒斯說：「我們遇到的情況是異議者遭到失敗，我們過去所採取的秘密行動並沒有發生效果，此時我們不能繼續採用此種辦法。基此原因，我們決定採取政治方法。因此，在最近幾天我們採取必要的步驟，撤出了對西里伯斯（就是蘇拉威西）的集團的支援。」[69]從該段話可知，美國秘密支援印尼革命軍事先已知會澳洲，而在爆發波普事件後，美國就停止支

---

[66] Tim Weiner, *op.cit.*, p.176.

[67] Office of the Historian, "138. Memorandum From the Assistant Secretary for Far Eastern Affairs (Robertson) to Secretary of State Dulles, Washington, July 30, 1958," United States Department of State, *FRUS*, 1958-1960, Indonesia, Vol. XVII, https://history.state.gov/historicaldocuments/frus1958-60v17/d138 2020 年 5 月 11 日瀏覽。

[68] Douglas Blake Kennedy, *op.cit.*, p.92.

[69] Office of the Historian, "107. Memorandum of Conversation, Washington, May 22, 1958," United States Department of State, *FRUS*, 1958-1960, Indonesia, Vol. XVII, https://history.state.gov/historicaldocuments/frus1958-60v17/d107 2020 年 5 月 11 日瀏覽。

援印尼革命軍。惟美國並未就此一訊息通知與該事件有關的臺灣之對口單位（臺灣情報局之檔案未公開）。臺灣出錢出力協助印尼革命軍，是受到美國的鼓動，最後美國改變對印尼的政策，竟然沒有通知臺灣。同樣地，美國也沒有通知菲律賓，菲國外長瑟拉諾到該年 7 月底抱怨美國沒有將其 5 月中旬改變對印尼之外交政策一事通報菲國。[70]

此後美國遂立即停止介入印尼革命軍的活動，中情局局長艾倫・杜勒斯下令從馬攀給特機場撤出美國的飛機。菲律賓將援助印尼革命軍的中途站移轉到菲律賓南部塔威塔威島的基地。蘇穆爾的「全面鬥爭」運動也轉至北蘇拉威西叢林內打游擊戰。

美國為了安撫印尼，在 5 月 22 日由鍾斯和印尼外長蘇班德里歐在雅加達簽署協議，將依據第 480 號公共法律（Public Law 480）援助印尼食米 3 萬 5 千公噸，總值 550 萬美元。[71]

由於美國沒有通知蔣中正美國已經改變對印尼的外交政策，所以蔣中正還在積極準備他的支援印尼革命軍的部署計畫。5 月 22 日，蔣中正召喚美國駐臺大使莊萊德（Everett F. Drumright），外長葉公超在場。蔣提及印尼局勢，「他說：『印尼革命軍的地位惡化，預計一週內將瓦解，除非獲得重大的援助。』他說：『從中國和仰光已運送俄製戰機給雅加達政府，如印尼赤化，則自由世界危險。臺灣和菲律賓的南部邊疆將暴露在共黨威脅之下，一直到澳洲為止。美國的地位和聲望將大受影響，整個世界將轉向共黨。……』他又說，假如中共利用臺灣海峽區域派軍隊或補給進入印尼，則他將立即命令軍隊加以攻擊。他準備公開作此聲明。假如中共介入的話，他也準備軍事介入。他已接到來自印尼革命軍的請求，派人和軍備以協助其恢復摩羅泰島。他提議要派一支海軍陸戰隊和一個中隊的飛機協助革命軍。前次提供的軍備已丟失。他希望美國提供援助，不要阻止他的計畫。」莊萊德跟蔣中正說，美國已盡全力給予必要的援助，但印尼

---

[70] Audrey R. Kahin and George McT. Kahin, *op.cit.*, p.189.

[71] Office of the Historian, "106. Editorial Note," United States Department of State, *FRUS*, 1958-1960, Indonesia, Vol. XVII, pp.190-191. https://history.state.gov/historicaldocuments/frus1958-60v17/d106　2020 年 5 月 21 日瀏覽。

革命軍不能打戰，都是打敗戰，局外人為他們打戰，那是有很高的風險。莊萊德勸蔣中正要派兵一事務必慎重考慮。葉公超同情蔣中正的出兵建議，在會談後，葉公超花了一小時勸蔣中正打消此一出兵念頭。[72]

5 月 23 日，蔣中正收到杜勒斯回覆，謂援助印尼革命軍不符合當前的美國政策，希望蔣中正在美國當前計劃收效前暫緩行動。[73]

蘇卡諾對於逮捕波普一事保持低調，沒有將他在媒體前公開或者遊街示眾，而是密而不宣，直至 5 月 27 日才由皮特斯（Herman Pieters）中校對新聞界公佈。

儘管美國勸蔣中正不要出兵印尼，但 5 月 23 日印尼共黨第二副總書記約多、印共中央宣傳鼓動部負責人沙瑪從雅加達前往北京，與中共總書記鄧小平等秘密會談。新聞報導北京政權可能派志願軍前往印尼參戰，此使得臺灣無法放棄派兵到印尼作戰的想法。臺灣國防部對此一信息發表公報稱：「據日前雅加達官方公布之消息，北平偽政權曾向印尼政府表示願派『志願軍』前往印尼參戰。近數日來各方報導匪方已在準備派遣此項『志願軍』。中華民國政府茲聲明：倘匪軍或所謂志願軍者，出現於南中國海之任何區域，即將視其為對臺灣安全之威脅。因此，中華民國政府將對該項匪軍或『志願軍』之行動，保留採取一切必要措施予以攔擊之自由。」[74]

5 月 24 日，臺灣國防部舉行第 13 次軍事會議上，針對上述北京政權

---

[72] Office of the Historian, "108. Telegram From the Embassy in the Republic of China to the Department of State, Taipei, May 22, 1958," United States Department of State, *FRUS*, 1958-1960, Indonesia, Vol. XVII, https://history.state.gov/historicaldocuments/frus1958-60v17/d108 2020 年 5 月 11 日瀏覽。合眾社（東京），「革命軍建議和談 印尼政府已拒絕 將發動最後之進攻」，中央日報（臺北），1958 年 5 月 23 日，版 2。
國史館藏，蔣經國總統文物，檔名：蔣中正接見美方代表談話紀錄（二十二），「蔣中正以茶會招待美國海軍上將費立德夫婦並於茶會畢後與美國駐華大使莊萊德就援助印尼革命軍事進行談話」（1958 年 5 月 22 日）。數位典藏號：005-010205-00084-008。

[73] 國史館藏，蔣經國總統文物，檔名：蔣中正接見美方代表談話紀錄（二十一），「蔣中正與美國國務卿杜勒斯就對中共策略談話紀錄中英文稿」（1958 年 3 月 14 日）。數位典藏號：005-010205-00083-001。

[74] 賴暋、謝雄玄編，中華民國史事紀要（初稿）─民國 47 年 4 至 6 月份，5 月 23 日，頁475。

可能採取的行動討論援助印尼革命政府之計畫，訂出下述之原則：

(1)海空軍攔擊共匪（中共）派遣之志願軍部隊。

(2)以海軍陸戰隊之一部登陸西里伯斯島。

(3)最後目標為爪哇雅加達。

(4)同時指派各有關人員組成代名為「南海研究小組」的研究小組，研究如何以軍用物資及軍事行動支援印尼革命軍，使能保持力量繼續作戰，以及爾後之發展。當時還決定在未獲美國協議之前，以「非美援武器裝備」援助為原則。[75]顯見當時決定將以臺灣之力量軍援印尼革命軍。

5 月 26 日，美軍防衛臺灣司令奧斯丁・道爾（Vice Admiral Austin K. Doyle）會見美國駐臺大使莊萊德，向他表示當他拜訪美軍太平洋艦隊總司令斯坦普（Admiral Felix B. Stump）結束後返回臺北空軍機場，立即被告知臺灣國防部長俞大維召見。奧斯丁・道爾立即前往俞部長的官邸，俞部長告訴他蔣中正將派軍援助印尼革命軍。奧斯丁・道爾說他反對該項行動，要求給他兩天寬限期來處理此事。奧斯丁・道爾立即致電斯坦普和海軍作戰官勃克（Admiral Arleigh A. Burke），促請美國給蔣中正保證，印尼將不會落入共黨之手。當晚，蔣中正宴請美國空軍部長道格拉斯（James H. Douglas）、美國駐臺大使莊萊德和奧斯丁・道爾。晚宴後，奧斯丁・道爾留下與蔣中正會談。蔣中正告訴他準備派軍隊協助印尼革命軍，奧斯丁・道爾勸他不要這樣做。說美國已與雅加達友好分子協商解決此事。蔣中正說此並非解決問題的可行方式。奧斯丁・道爾說他已請俞部長給他兩天寬限期，蔣最後同意了。

在奧斯丁・道爾離開莊萊德的官邸後，莊萊德會見了外長葉公超，葉說他未獲悉蔣總統打算立即採取軍事行動的任何意圖，又補充說，蔣中正會遵守諾言，當美國沒有表示意見前他不會採取行動。此外，根據臺、美共同防禦條約，沒有諮商美國之前他不會採取行動。葉說他不曉得蔣總統和俞部長與奧斯丁・道爾的談話內容，但他昨天與俞部長和副參謀總長余

---

[75] 國防部史政編譯局藏，總統府檔案，檔名：「研究支援印尼革命軍作戰有關事項」，民國 47 年 7 月 26 日，「參謀總長王叔銘呈總統」。檔號：47_0420_4040_1_3_00041382。

伯泉談話時知道，蔣總統在昨天早上下令俞部長擬定準備派軍到印尼之計畫，俞部長下令副參謀總長余伯泉草擬計畫。昨晚余伯泉詢問葉公超的意見，作為草擬計畫之用。葉說，他不能提供給余伯泉有幫助的資訊，但他認為草擬該項計畫耗時又艱難執行。執行該項計畫並非中華民國一己之力可達成。莊萊德和葉部長同意明早一起再討論此事。莊萊德建議葉部長向蔣中正提醒他的保證以及臺、美共同防禦條約之規定。假如葉部長認為有需要，莊萊德將再度會見蔣中正。莊萊德最後在給國務院的報告中說：「我實在很難相信蔣中正會真的出兵印尼，如他威脅要這麼做，他顯然深感不安，他擔心美國不會有效阻止共黨掌控印尼，也許他會採取奮不顧身的行動。我和奧斯丁‧道爾都同意他的下屬不會支持這種行為，但沒人敢站起來反對他。」[76]

　　美國軍方此時正在與印尼反共軍官接觸，企圖建立更密切的合作關係。斯坦普與印尼的蘇伯羅托（B. Gen Subroto）、蘇根德羅中校和翻譯官蘇那里歐少校（Maj Sunario）建立了關係，斯坦普在東京遇見了這三位印尼軍官，向他們表示美國願意給予印尼軍方協助，這些印尼軍官則表示願意執行交給他們的工作。他們返回雅加達時將儘快促成印尼軍方與美國合作。美方告訴他們首先的工作是將印尼共黨排除在政府之外。其次，基於人情之考慮，他們必須瞭解在針對蘇卡諾時，要避免在這個微妙的時期讓他感到困擾。第三，雖然我們沒有指名誰是異議分子或誰擁有既得利益，但我們指出他們若是願意顯示慷慨，他們若愈有誠意，將愈能有效影響國際輿論。他們似乎接受這種哲學觀點。斯坦普相信與這些印尼軍官合作，將能使我們的關係走上正確的道路上。這些印尼軍官將在 5 月 28 日離開東京，將與菲律賓武裝部隊參謀長阿里拉諾中將（Lieutenant General Alfonso Arellano）一道前往馬尼拉，然後經由新加坡返回印尼。這些印尼軍官不想說他們到東京是參觀武器展覽，而想在雅加達說他們是去東京參

---

[76] Office of the Historian, "113. Telegram From the Embassy in the Republic of China to the Department of State, Taipei, May 26, 1958," United States Department of State, *FRUS*, 1958-1960, Indonesia, Vol. XVII, https://history.state.gov/historicaldocuments/frus1958-60v17/d113 2020 年 5 月 11 日瀏覽。

觀亞洲運動會。[77]

　　由於荷蘭擔心美國不支持其對西伊里安的領土主張，覺得美國對於印尼政策沒有與荷蘭諮商而有所批評，因此杜勒斯在 5 月 27 日邀請荷蘭駐美大使羅伊仁（Dr. J. H. van Roijen）、荷蘭大使館主任秘書武斯特（Baron van Voorst）、第一秘書基特爾（D. Ketel）等舉行座談會，杜勒斯一開始就解釋目前美國對印尼之政策，是鼓舞和影響印尼軍事和民事領袖採取步驟扭轉印尼傾向共黨之趨勢，美國首先嘗試鼓舞在蘇門答臘的反雅加達之運動，其次為蘇拉威西的反雅加達之運動。他說不幸地反雅加達之運動沒有成功。提供給革命軍的武器落入政府軍手裡，喪失不少人的生命，印尼政府扣捕了一名美國人（以下一段詞句未解密）。美國是否強化對印尼的關係，將視印尼政府在最近幾週內閣改組是否出現排除共黨分子來決定。若印尼未能成功排除共黨勢力，則美國可重新恢復以前的作法，美國會考慮採取更公開的行動，可能由菲律賓和臺灣給予（印尼叛軍）援助。鑑於這種行動的極端嚴重性，美國首先決定採用此方法之目的是嘗試影響雅加達（對它施加壓力）。杜勒斯要求與會者對此一高度情報保密，若洩漏，則不僅將對美國造成災難，而且對亞洲自由世界也是一個災難。[78]

　　受到美國對印尼政策改變之影響，印尼政府開始對美國提出援助之要求。6 月 3 日，美國駐印尼大使鍾斯會見印尼外長蘇班德里歐，蘇班德里歐請求美國提供非戰鬥的機械、造橋設備給陸軍，用來恢復蘇門答臘之道路交通。此跟早先印尼提出的援助項目相同。鍾斯要求國務院能授權給他，在納蘇遜列出請求援助項目後，將立即同意對方會儘快提供援助。這樣做將有助於美國和印尼陸軍之關係長期穩固。[79]

[77] Office of the Historian, "114. Telegram From the Commander in Chief, Pacific (Stump) to the Chief of Naval Operations (Burke), Honolulu, May 26, 1958," United States Department of State, *FRUS*, 1958-1960, Indonesia, Vol. XVII, https://history.state.gov/historicaldocuments/frus1958-60v17/d114　2020 年 5 月 13 日瀏覽。

[78] Office of the Historian, "116. Memorandum of Conversation, subject: Dutch protest lack of consultation concerning Indonesian developments, Washington, May 27, 1958," United States Department of State, *FRUS*, 1958-1960, Indonesia, Vol. XVII, https://history.state.gov/historicaldocuments/frus1958-60v17/d116　2020 年 5 月 13 日瀏覽。

[79] Office of the Historian, "117. Telegram From the Embassy in Indonesia to the Department of

印尼情報局長蘇根德羅中校在 6 月 6 日向美國大使鍾斯說，內部團體包括蘇卡諾、鍾安達、納蘇遜和蘇班德里歐對於美國擬定的出售印尼 7 百萬美元軍備感到讚賞，這項軍售包括武器、船運、航空運輸、服務學校。納蘇遜也組織一個小組研究軍購的項目，他本人準備訪問美國，討論軍援問題。[80]

基於蔣中正軍援反共之印尼革命軍之政策，臺灣於 6 月 3 日開始運交印尼革命軍三個營的武器裝備，包括 60 迫擊砲 27 門、81 迫擊砲 12 門、57 戰防砲 4 門、2 公分機關砲 1 門、國造 40 式 75 無後座力砲 9 門、25 機關砲 5 門、79 步槍 1272 支、45 手槍 24 支、79 重機槍 12 挺、30 輕機槍 111 挺、90 衝鋒槍 513 挺、大圓鍬 5000 把。[81]

臺灣在此時並未派遣軍事指揮人員及幹部，印尼革命軍僅提出要求臺灣派出軍事技術（如雷達通信）人員協助。臺灣選派志願人員及退役軍人身分個別參加，由印尼革命軍支薪。此一人員派遣案正由軍情局與印尼革命軍協商之中。[82]

臺灣軍援印尼革命軍之運輸船於 6 月 8 日進入蘇拉威西島附近海域時，印尼政府軍已登陸該島萬鴉老港，運輸船無法靠港，遂折返臺灣。臺灣擬運交印尼革命軍的兩艘砲艇，亦因局勢轉變而未撥交。為繼續支援在蘇拉威西島上的印尼革命軍，臺灣空軍於 6 月 15 日至 7 月 13 日派遣 B-26 戰機協助印尼革命軍作戰五次；6 月 20 日至 7 月 14 日在該島的卡拉威蘭機場進行空投四次，主要為各類輕型武器彈藥 12 萬發。由於印尼革命軍作戰失敗，印尼革命軍代表皮息、財經部長蘇明度及三軍總司令威拉郎

State, Djakarta, June 3, 1958," United States Department of State, *FRUS*, 1958-1960, Indonesia, Vol. XVII, https://history.state.gov/historicaldocuments/frus1958-60v17/d117 2020 年 5 月 13 日瀏覽。

[80] Office of the Historian, "118. Telegram From the Embassy in Indonesia to the Department of State, Djakarta, June 6, 1958," United States Department of State, *FRUS*, 1958-1960, Indonesia, Vol. XVII, https://history.state.gov/historicaldocuments/frus1958-60v17/d118 2020 年 5 月 13 日瀏覽。

[81] 國防部史政編譯局藏，總統府檔案，檔名：「研究支援印尼革命軍作戰有關事項」，民國 47 年 6 月 7 日，「參謀總長王叔銘呈總統」。檔號：47_0420_4040_1_2_00041382。

[82] 同前註。

於 6 月 26 日搭機來臺。[83]

根據衣復恩所寫的文章，他說在波普被捕後，有一位印尼華僑陶瑞安（Jan Walandouw, Dao Swee-ann）[84]及革命軍空軍司令空軍少校穆哈托（Petit Muharto）（按應是前述的皮息）、前農業部長（按應是財經部長）等十多人前往臺北，委請復興航空公司出面購買 C-54 和 B-26 各一架，用以支援萬鴉老的革命軍。衣復恩奉國防會議副秘書長蔣經國之命。和空軍第 34 中隊的張聞驛駕駛 B-26 從臺灣南部飛到菲律賓塔威塔威島的機場。另一架 C-54 則由復興航空公司總經理陳文寬駕駛，同行的有復興航空公司董事長戴安國和二等兵黃安黎，以及前述十幾名印尼革命軍的人員。機上裝有汽油和炸彈。衣復恩的 B-26 在抵達塔威塔威島後，立即加油就執行轟炸任務。他說由於對於印尼情況不熟，無法掌握，所以戰果「自然不會太理想」。他說他在抵達塔威塔威島時，剛好有一架革命軍向復興航空公司租用的 PBY 水陸兩用機從萬鴉老飛來，該機是運送補給品給萬鴉老革命軍後返回臺灣。[85]

衣復恩所寫的印尼革命軍向臺灣購買的軍備跟國防部的檔案有出入，根據 6 月 7 日參謀總長王叔銘呈總統的「研究支援印尼革命軍作戰有關事項」附件三「現正研擬援助印尼革命軍裝備數量統計表」，包括砲艇二艘（日式江秀艇 280 噸、海澄艇 350 噸。已由海軍總部令飭集中左營待命。由印尼革命軍派人接收）、B-26 一架（正改裝中，駕駛人員由我方協助）、P4Y 二架（由印尼革命軍向我方購買）、T-6（撥助少數）、日式

---

[83] 國防部史政編譯局藏，總統府檔案，檔名：「研究支援印尼革命軍作戰有關事項」，民國 47 年 7 月 26 日，「參謀總長王叔銘呈總統」。檔號：47_0420_4040_1_3_00041382。

[84] 陶瑞安曾在 1973 年 4 月 18 日致函行政院長蔣經國，除了問候外，亦希望臺灣前往北蘇拉威西島投資水泥廠及銅礦開採。國史館藏，「陶瑞安（Walandouw, Jan）往來函件」，蔣經國總統文物，「陶瑞安函蔣經國為其在印尼之森林開發事業現獲悉國軍退除役官兵輔導會宜蘭木器廠需圓木供作業之用擬派市場調查員赴臺進行瞭解等」。數位典藏號：005-010502-00699-001，1973/04/18。史考特（Peter Dale Scott）的文章說陶瑞安曾是美國中情局的上校。參見 Peter Dale, Scott, "The United States and the Overthrow of Sukarno, 1965-1967," *Pacific Affairs, Vol.* 58, No. 2, Summer 1985, pp.239-264.

[85] 衣復恩，我的回憶，「附錄三：一件鮮為人知的印尼革命故事」，立青文教基金會，臺北市，2000 年，頁 364-367。

雷達一具（正待運中，使用人員及待遇，由情報局協調空軍總部辦理中）。以上裝備之運送及交接等事項，在目前美方政策未明確以前，仍繼續由情報局執行。[86]因為印尼情勢轉變，砲艇二艘未撥交印尼革命軍。

　　臺灣軍機從臺灣飛往蘇拉威西島中間須經過菲國領空，而菲島航空空域為美軍掌控，臺灣軍機若未事先獲得菲國政府之許可，是難以飛越菲國領空的，由於菲國也支持印尼革命軍，所以臺灣的「民航空運隊」的飛機可以飛越菲國領空。至於臺灣飛機如何遠飛北蘇拉威西島？中間一定要有加油站。新聞記者斯蒂文森（William Stevenson）曾報導，從臺灣起飛的飛機約在晚上抵達沙巴外海的納閩島（Labuan），迅速加油後便起飛到北蘇拉威西，大部分是空投物資給革命軍，有時會轟炸印尼的港口。這些飛機都漆成黑色，看不見標誌。駕駛員是臺灣和美國的年輕人，薪水很高，據稱波普月薪是 1 萬美元。[87]斯蒂文森稱臺灣飛機到北蘇拉威西的中途站是在納閩，應是錯誤的，迄今並無相關文獻證實此事。

　　做為臺灣飛機的中途加油站，有報導稱是在菲律賓南部蘇祿群島的塔威塔威島的山嘎山嘎（Sanga Sanga）機場。庫柏（Tom Cooper）的著作說，在 5 月 17 日，一架臺灣的 C-54 飛機，沒有標誌，裝載了軍備要送到北蘇門答臘革命軍，中間停靠在山嘎山嘎機場加油。[88]

　　臺灣運送武器給印尼革命軍的飛機，早期是由遠東航空公司和復興航空公司的飛機負責。後來的「民航空運隊」的民用 B-26 和 C-54 飛機是向美國購買，然後由臺灣空軍予以改為軍用。C-54 飛機是由臺灣人駕駛在 5 月 15 日和 16 日從臺灣飛往北蘇拉威西，中間在山嘎山嘎機場加油。B-26 飛機也是由臺灣空軍駕駛，於 5 月 15 日和 17 日飛到山嘎山嘎機場。5 月 19 日，攻擊巴里巴板機場。其後在 6 月 15 日和 28 日、7 月 9 日、13 日和 19 日攻擊其他地點。

---

[86] 國防部史政編譯局藏，總統府檔案，檔名：「研究支援印尼革命軍作戰有關事項」，民國 47 年 6 月 7 日，「參謀總長王叔銘呈總統」。檔號：47_0420_4040_1_2_00041382。

[87] Daniel F. Doeppers, "An incident in the PRRI/PERMESTA rebellion of 1958," pp.192-193.

[88] Tom Cooper and Marc Koelich, op.cit., p.20.

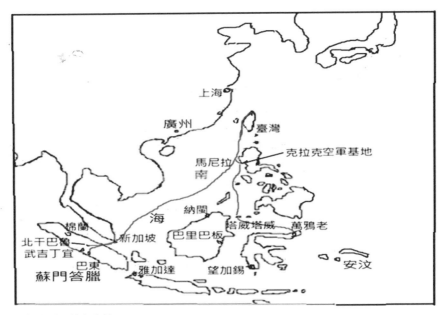

資料來源：筆者自繪。

圖 3-1：臺灣軍援印尼革命軍飛行路線

6 月 11 日，杜勒斯在華府舉行英、美有關防衛東南亞問題之會議上表示，菲律賓人、南韓人和臺灣人很想協助印尼叛軍（以下兩行沒有解密）。[89]

6 月 15 日，「全面鬥爭」革命軍 B-26 飛機轟炸蘇拉威西島北邊的哥隆塔洛（Gorontalo）。

6 月 17 日，印尼外長蘇班德里歐請求美國政府代表印尼政府向菲國政府交涉不要援助印尼叛軍。他說印尼政府知道在 5 月中旬華魯上校（Colonel Warouw）曾到臺灣和南韓請求支援 B-26 和 B-17 戰機，但沒有獲得成功。他又說已要求印尼駐菲國大使向菲國政府交涉不要讓印尼叛軍使用山嘎山嘎機場。他又說政府軍在萬鴉老的行動相當成功，已從三方面

---

[89] Office of the Historian, "121. Memorandum of Conversation, Washington, June 11, 1958," United States Department of State, *FRUS*, 1958-1960, Indonesia, Vol. XVII, https://history.state.gov/historicaldocuments/frus1958-60v17/d121　2020 年 5 月 13 日瀏覽。

包圍萬鴉老，推進至距離該城市 40 公里。[90]

　　印尼政府為了贏得美國之信任和支持，印尼外長蘇班德里歐在 6 月 24 日早上通知美國大使鍾斯，蘇卡諾將在今天宣布政府改組。蘇班德里歐告訴鍾斯改組的部門包括：卓哥加卡達（Sultan of Djogjakarta）將取代蘇那德卓（Sunardjo）出任貿易部長，哈那飛（Petra Hanafi）和托賓（Tobing）兩位部長將被換下，出任不管部部長，「伊斯蘭教師聯合會」（Nahdatul Ulama）將獲得兩席部長職位。鍾斯說這樣的改革，無法說服美國人印尼已朝向排除印尼共黨於內閣之外的行動。將哈那飛撤換，乃是印尼政府決心反共的象徵。只要哈那飛還在內閣，美國人就不會認為印尼政府在有效反共。印尼外長解釋說，蘇卡諾的壓力很大，但陸軍已決心撤除哈那飛，在未來二至三個月還會有後續行動。蘇班德里歐說，印共勢力很大，它在蘇門答臘和蘇拉威西還有軍隊，蘇卡諾現在決定公開挑戰印共，是很危險的。他說現在的內閣改組雖不能令美國滿意，但它確實是朝正面發展，可以相信蘇卡諾在數週前所做的保證。[91]印尼政府之所以將內閣改組事先通報美國，除了顯示蘇卡諾信守承諾要削弱印共在內閣中的勢力外，就是希望美國能出面制止臺灣和菲律賓轟炸印尼。

　　印尼政府軍繼續對革命軍進攻，6 月 26 日，收復萬鴉老。臺灣派在萬鴉老的 1 名聯絡員彭延昭和 1 名通訊員吳振東在該天由臺灣派飛機接回臺灣。印尼革命軍代表皮息、財經部長蘇明度、革命軍三軍總司令卡威拉郎、地勤人員 7 人亦隨機來臺。[92] 7 月，政府軍亦收復北蘇拉威西的城市

---

[90] Office of the Historian, "122. Telegram From the Embassy in Indonesia to the Department of State, Djakarta, June 17, 1958," United States Department of State, *FRUS*, 1958-1960, Indonesia, Vol. XVII, https://history.state.gov/historicaldocuments/frus1958-60v17/d122 2020 年 5 月 13 日瀏覽。

[91] Office of the Historian, "124. Telegram From the Embassy in Indonesia to the Department of State, Djakarta, June 24, 1958," United States Department of State, *FRUS*, 1958-1960, Indonesia, Vol. XVII, https://history.state.gov/historicaldocuments/frus1958-60v17/d124 2020 年 5 月 13 日瀏覽。

[92] 國防部史政編譯局藏，總統府檔案，檔名：「研究支援印尼革命軍作戰有關事項」，民國 47 年 7 月 26 日，「參謀總長王叔銘呈總統」。檔號：47_0420_4040_1_3_00041382。

地帶。[93]革命軍逃入叢林山區，從事游擊戰。

　　美國駐臺大使莊萊德在 7 月 4 日會見葉外長，葉外長在四、五天前在臺北會見印尼革命軍領袖華魯上校，華魯上校請求臺灣給予軍援。葉部長向莊萊德說，最近臺灣已將數量不詳的臺灣製造的小型武器運交給印尼革命軍。[94]臺灣將自製武器運補印尼革命軍，顯示臺灣不想受美國影響，而想介入印尼事務，因為若以美製武器運補革命軍將引起美國不滿，違反雙邊的武器買賣協議。

　　臺灣立即在 7 月 6 日派一架海上巡邏機（PB4Y Privateer）空投武器給「全面鬥爭」革命軍。7 月 7 日早上九點，印尼外交部秘書長蘇威托（Suwito）召喚美國大使鍾斯，告訴他昨天中午 12:55 有一架四引擎轟炸機飛越中蘇拉威西的東加拉（Donggala），從西往東飛，在小村子上空投放汽油桶，很可能是給躲藏在該處的山巴少校（Major Samba），供其飛機使用。此時外國飛機還能進入印尼，蘇威托認為此一外國飛機可能來自臺灣。蘇威托說該四引擎飛機可能是 B-29，但鍾斯說四引擎飛機並無此型號，因此最大可能是 DC-4 飛機。為了改善印尼和美國之關係，蘇威托懇求美國盡一切可能對臺灣和菲律賓政府施壓，阻止其支援印尼革命軍。鍾斯在給國務卿電報的後頭寫上自己的意見說：「臺北派飛機到蘇拉威西空投，顯示臺灣認為有限的支援印尼革命軍可獲得利益。我認為持續援助革命軍，不能起槓桿作用，無法促使印尼政府走上反共之路。相反地，該種行為只會加劇局勢，使得印尼軍隊留駐在蘇拉威西，而不能返回其原駐地爪哇，我們相信將繼續利用印尼軍隊對共黨施壓。因此我建議國務院授權莊萊德大使，向中華民國葉部長說明我們的觀點，要求其撤出對印尼革

[93] Herbert Feith, "Indonesia," in George McTurnan Kahin, *Governments and Politics of Southeast Asia*, Cornell University Press, Ithaca, New York, Second Edition, 1964, pp.183-280.

[94] Office of the Historian, "132. Telegram From the Embassy in Indonesia to the Department of State, Djakarta, July 7, 1958," United States Department of State, *FRUS*, 1958-1960, Indonesia, Vol. XVII, note 1, https://history.state.gov/historicaldocuments/frus1958-60v17/d132　2020 年 5 月 14 日瀏覽。

命軍之支持。」[95]

　　7 月 8 日，美國國務院給駐臺大使莊萊德一封電報，要求其向葉外長轉達鍾斯大使的觀點，要求臺灣停止轟炸蘇拉威西的印尼軍隊。[96]

　　7 月 14 日晚上，蘇拉威西的瓦里（Wori）、基馬（Kema）和皮東（Pitung）三個地點遭到 B-26 的轟炸，外長蘇班德里歐向美國大使鍾斯表示，準備向聯合國控告外國入侵。他沒有指美國介入此事，但提出波普的日記和其他文件將對美國不利。此外，他又提出以前沒有提及的裝武器的箱子上的標籤顯示是從臺灣經由克拉克機場運到蘇拉威西，可作為美國介入此事的證據。蘇班德里歐說印尼總統、總理、副總理、參謀長和他將在明天討論此一問題。鍾斯對於此次空襲感到遺憾，他說美國政府已盡力敦促外國不要支援革命軍。蘇班德里歐要求美國國務卿對此發表聲明，後來杜勒斯發表了聲明。[97]

　　由於萬鴉老機場被政府軍佔領而不能使用，臺灣飛機改在卡拉威蘭機場進行空投，總計從 6 月 20 日至 7 月 14 日止，共空投 4 次，包括各類輕武器彈藥 12 萬發，B-26 協助作戰 5 次，時間分別在 6 月 15 日、6 月 25 日、6 月 27 日、7 月 9 日、7 月 13 日。[98]

　　在印尼革命軍趨於失敗的情勢下，最後一批臺灣飛機在 7 月中旬離開北蘇拉威西，同時關閉了在菲律賓山嘎山嘎機場的基地。8 月 6 日，臺灣

[95] Office of the Historian, "132. Telegram From the Embassy in Indonesia to the Department of State, Djakarta, July 7, 1958," United States Department of State, *FRUS*, 1958-1960, Indonesia, Vol. XVII, https://history.state.gov/historicaldocuments/frus1958-60v17/d132 2020 年 5 月 14 日瀏覽。

[96] Office of the Historian, "132. Telegram From the Embassy in Indonesia to the Department of State, Djakarta, July 7, 1958," United States Department of State, *FRUS*, 1958-1960, Indonesia, Vol. XVII, note 2, https://history.state.gov/historicaldocuments/frus1958-60v17/d132　2020 年 5 月 14 日瀏覽。

[97] Office of the Historian, "134. Telegram From the Embassy in Indonesia to the Department of State, Djakarta, July 15, 1958," United States Department of State, *FRUS*, 1958-1960, Indonesia, Vol. XVII, https://history.state.gov/historicaldocuments/frus1958-60v17/d134 2020 年 5 月 14 日瀏覽。

[98] 國防部史政編譯局藏，總統府檔案，檔名：「研究支援印尼革命軍作戰有關事項」，民國 47 年 7 月 26 日，「參謀總長王叔銘呈總統」。檔號：47_0420_4040_1_3_00041382。

又進行最後一次空投。臺灣對印尼革命軍之支援做到了仁至義盡的地步，最後不得不抽腿退出。此時革命軍已退至萬鴉老南邊的山區進行游擊戰，至 1961 年投降。殘餘的革命軍尚在北摩鹿加群島的哈爾馬黑拉島（Halmahera）頑抗，至 1962 年 1 月投降。[99]

7 月 21 日，蘇卡諾召見美國大使鍾斯，對於美國批評其內閣偏向共黨，以致於他對於解除哈那飛的部長職務作出解釋，他說：「當年我被荷蘭關在南蘇門答臘的明古魯（Benkoelen）時，認識了年輕的哈那飛，告訴他印尼必須進行革命，他遂成為我的追隨者，後來他參加革命軍，我任命他為中校，多年來他與我建立密切關係。他的弟弟哈迪（Hadi）在棉蘭擔任新聞記者，娶了我的養女。哈那飛不是共黨黨員，是左派的革命分子，他效忠於我。他對於全印尼的工會很熟悉。」[100]

美國遠東事務助理國務卿羅勃生（Walter S., Robertson）於 7 月 30 日向杜勒斯建議，此時(1)應立即對印尼提供 7 百萬美元軍援，特別是對印尼陸軍。美軍太平洋總司令（Commander in Chief of the Pacific，CINCPAC）更是如此建議。後者建議應派遣一名高級官員到印尼與印尼陸軍協調該項軍援計畫。(2)是建議增加名額給印尼軍官到美國軍校讀書。(3)同意使用配套資金為印尼軍隊建造軍營。[101]

國務卿杜勒斯在 8 月 1 日召開有關軍援印尼的會議，與會者有副國務卿、羅勃生、國務院情報研究局（Director of the Bureau of Intelligence and Research, Department of State）局長康明（Cumming, Hugh S., Jr.）、中情局局長艾倫·杜勒斯等，會中討論羅勃生提出的軍援印尼建議案，會中通過該項軍援案。最後羅勃生提議該項軍援案應通知英國、澳洲和菲律賓。

---

[99] Tom Cooper and Marc Koelich, *op.cit.*, pp.22-23.

[100] Office of the Historian, "136. Telegram From the Embassy in Indonesia to the Department of State, Djakarta, July 21, 1958," United States Department of State, *FRUS*, 1958-1960, Indonesia, Vol. XVII, https://history.state.gov/historicaldocuments/frus1958-60v17/d136 2020 年 5 月 14 日瀏覽。

[101] Office of the Historian, "138. Memorandum From the Assistant Secretary for Far Eastern Affairs (Robertson) to Secretary of State Dulles, Washington, July 30, 1958," United States Department of State, *FRUS*, 1958-1960, Indonesia, Vol. XVII, https://history.state.gov/historicaldocuments/frus1958-60v17/d138 2020 年 5 月 11 日瀏覽。

等該案執行時，要通知荷蘭政府。杜勒斯同意其意見。[102]美國沒有將軍援印尼政府一事通知臺灣，應是怕惹惱蔣中正，引起其反彈。

8 月 13 日，美國和印尼簽署象徵性（token）軍援協議，主要內容包括：(1)美國將分階段提供印尼陸軍總值 700 萬美元軍援；(2)提供額外名額給印尼軍官到美國軍校就讀；(3)同意利用配套資金為印尼陸軍建造軍營。[103]

8 月 15 日，美國象徵性軍援印尼武器首批運抵雅加達（包括三架陸軍使用的 L-20 聯絡飛機和空軍使用的三架直昇機）。[104]美國國防部認為對印尼軍援存在著風險，因為印尼也接收大量東歐集團的軍經援助，再加上荷蘭對於美國軍援印尼有意見（因為荷蘭擔心印尼利用美援武器出兵佔領西紐幾內亞），故國防部建議在印尼設立援助印尼軍事顧問團、由國防部會同國務院共同提撥基金及授權儘快執行該計畫、儘早決定一個援助印尼的長期軍援計畫及縮小損害美國跟荷蘭之間的關係。[105]

印尼政府在獲得美國軍援後，採取了一些措施回應美國的要求，在 9 月 8 日，鍾斯給國務院的一分電報稱，印尼政府採取了若干反共措施，例如，限制印共的宣傳和示威活動、由陸軍控制退伍軍人組織、延遲選舉以防止共黨贏得選舉。在對美國示好方面，解除對時代（*Time*）雜誌的限

---

[102] Office of the Historian, "139. Memorandum of Conversation, Washington, August 1, 1958," United States Department of State, *FRUS*, 1958-1960, Indonesia, Vol. XVII, https://history.state.gov/historicaldocuments/frus1958-60v17/d139　2020 年 5 月 14 日瀏覽。

[103] Audrey R. Kahin and George McT. Kahin, *op.cit.*, p.193.

[104] 軍援總額為 780 萬美援，陸軍分到 240 萬美元，造 12 座橋；海軍分到 290 萬美元，購一艘登陸艇、2 艘掃雷艦、一個海軍陸戰隊步槍連的裝備、一個 60 厘米迫擊砲；空軍分到 250 萬美元，從事飛行員訓練、指揮參謀學校訓練。Office of the Historian, "163. Telegram From the Department of State to the Embassy in Indonesia, Washington, November 7, 1958," United States Department of State, *FRUS*, 1958-1960, Indonesia, Vol. XVII, https://history.state.gov/historicaldocuments/frus1958-60v17/d163　2020 年 5 月 14 日瀏覽。

[105] Office of the Historian, "158. Letter From the Assistant Secretary of Defense for International Security Affairs (Irwin) to the Under Secretary of State for Economic Affairs (Dillon), Washington, October 7, 1958," United States Department of State, *FRUS*, 1958-1960, Indonesia, Vol. XVII, https://history.state.gov/historicaldocuments/frus1958-60v17/d158 2020 年 5 月 14 日瀏覽。

制、無限期延期對波普的審判、禁止石油公司工人的罷工和停工、由陸軍控制「國民陣線」等。[106]

在這場 1958-1961 年的軍事政變期間，大約有 2 萬到 3 萬人被殺害，大部分是民那哈沙的平民。當 1966 年蘇哈托掌握軍權後不久，蘇穆爾就被釋放，後來經商。

第六節　臺灣介入印尼事務之後遺症：印尼政府推出排華措施

臺灣基於反共的國策之考慮，毅然投入支援印尼革命軍之行動，沒有想到這樣做卻激起印尼政府拿印尼華人開刀，開始推出一系列針對親臺華人之排斥措施。

蘇卡諾政府遷怒臺灣支持反抗軍，在 4 月 18 日下令印尼境內所有 18 家中文報紙，不論其政治色彩如何，全部停刊。5 月 5 日，印尼政府開始逮捕親臺灣的華人。58 個僑團、僑校、僑報、戲院、遊樂場、銀行和私人企業皆由軍部接管，禁止活動。[107] 5 月 24 日，印尼陸軍宣稱減緩其對華文報紙出版的禁令，可以請求復刊，但將受到嚴密檢查。[108]

印尼首都雅加達衛戍司令達姆亞爾於 8 月 25 日宣布一項法令，規定所有現屬中國國民黨黨員及過去曾經為該黨黨員之人士，一律向首都衛戍司令部登記，並於 9 月 18 日對於 52 個中國僑團實行取締，理由是這些團體傾向中國國民黨。達姆亞爾認為中國國民黨黨員及與國民黨有相同傾向的分子之活動，是威脅印尼的安全和秩序。中國國民黨中央委員會秘書長

---

[106] Office of the Historian, "152. Telegram From the Embassy in Indonesia to the Department of State, Djakarta, September 8, 1958," United States Department of State, *FRUS*, 1958-1960, Indonesia, Vol. XVII, https://history.state.gov/historicaldocuments/frus1958-60v17/d152 2020 年 5 月 14 日瀏覽。

[107] 馬樹禮，印尼的變與亂，海外出版社，臺北，民國 54 年 1 月再版，頁 84-88。

[108] 賴暋、謝雄玄編，中華民國史事紀要（初稿）─民國 47 年 4 至 6 月份，5 月 24 日，頁 487。

張厲生認為這是一種嚴重的誤解，希望印尼慎重處理。[109]僑委會委員長陳清文也於 9 月 21 日發表聲明說：「中華民國政府曾一再聲明，絕對無意干預印尼內政，旅居印尼之善良華僑，亦從未參與當地政府活動，目前我國與印尼雖無邦交，但同為聯合國會員國，聯合國憲章精神及人權宣言，均有遵守的義務，特鄭重再度促請印尼政府基於國際義務與人權自由的立場，迅速採取合理措施，改變目前情勢，予我善良守法的華僑，以切實合法的保障。」[110]

10 月 16 日，印尼陸軍參謀長納蘇遜頒佈一項法令，禁止所有與印尼沒有外交關係的外國（指臺灣）團體以及它們經營的華校存在。11 月初，軍部接收約 1,100 間反共僑校，改為籍民學校，取消中文課程。[111]惟印尼仍讓親北京的華校存在，直至 1965 年 9 月 30 日印尼共黨陰謀政變失敗後，印尼才全面禁止所有華校及華人社團。

臺灣僑委會鑑於印尼政府迫害華僑，不依法保障華僑權益，決定四項原則，會同外交部為印尼華僑爭取合法之地位。這四項原則是：(1)向聯合國控訴印尼政府之非法行為；(2)向國際法庭申告印尼政府；(3)呼籲海內外各華僑團體致電聯合國採取行動;(4)籲請海外華僑報紙，多多刊載印尼政府迫害華僑的種種罪行，造成全球各地輿論對印尼政府的一致譴責。[112] 12 月 4 日，亞洲人民反共聯盟中國總會等 34 個全國性民間團體致書聯合國，請制止印尼政府迫害華僑。12 月 26 日，僑委會委員長陳清文第二次發表嚴正聲明，指斥印尼政府逮捕華僑既未公布罪名，更未依正常法律途徑，即判決囚禁荒島，此種不顧人道之措施，實非文明國家所應有。希望印尼政府能遵守聯合國憲章精神與人權宣言，立即停止對華僑之

---

[109] 蕭良章、謝雄玄編，中華民國史事紀要（初稿）—民國 47 年 7 至 9 月份，9 月 19 日，國史館，臺北縣，1993 年，頁 884-885。

[110] 蕭良章、謝雄玄編，中華民國史事紀要（初稿）—民國 47 年 7 至 9 月份，9 月 21 日，頁 920-921。

[111] 廖建裕，現階段的印尼華族研究，教育出版社出版，新加坡，1978 年 11 月，頁 63。

[112] 蕭良章、謝雄玄編，中華民國史事紀要（初稿）—民國 47 年 10 至 12 月份，11 月 24 日，國史館，臺北縣，1993 年，頁 682。

迫害舉動。[113]

<h1 style="text-align:center">第七節　結　論</h1>

　　美國為了遂行冷戰圍堵共黨的政策，開始支持南越、菲律賓、南韓、臺灣和日本，提供軍經援助，以鞏固防共防線。然而，美國雖與印尼有邦交，但蘇卡諾的外交路線表面上倡議中立不結盟，實質上卻傾向蘇聯和中國集團，艾森豪總統認為印尼是圍堵政策的危險漏洞。要如何防堵該一漏洞，成為艾森豪總統的外交重點。因此擬定對印尼的「駭客」計畫，利用秘密行動支援印尼外島的革命軍。中情局成為執行該項秘密行動和任務的機構，它透過其系統與臺灣、菲律賓、新加坡、英國和澳洲建立秘密援助印尼革命軍的網絡。杜勒斯開始時還有將印尼革命軍地位提昇為交戰團體之構想，企圖使蘇門答臘脫離印尼共和國而成為獨立國家，因為英國沒有支持該項提議，所以杜勒斯打消此一想法。

　　美國艾森豪總統將美國對印尼之政策交給杜勒斯兩兄弟負責，一個負責公開的政策，一個負責秘密行動，主要工作是將印尼從親共導向反共，以免印尼赤化。當時美國和印尼有正式外交關係，美國如何干涉印尼內政，迫使印尼政府撤換親共部長及調整對外政策，美國採取暗中支援革命軍，另一方面誘之以給予軍事援助之兩手策略。在此一過程中，做為美國冷戰同盟的臺灣、菲律賓和南韓成為美國的旗手，助美國完成其圍堵共黨的政策，企圖將印尼導向民主集團一方。

　　援助印尼革命軍的飛機是由美國中情局所屬的設在臺灣的「民航空運隊」的飛機，船隻開始時是由美國的軍艦擔綱，後來則是由臺灣的船隻負責。支援的武器彈藥，則是臺灣自製的而非美援武器，否則會受到美國之限制。從臺灣起飛的飛機支援印尼革命軍有兩條路線，一條是前往新加坡，負責空投武器彈藥給在中蘇門答臘島的革命軍。第二條是從臺灣到北

---

[113] 蕭良章、謝雄玄編，中華民國史事紀要（初稿）—民國 47 年 10 至 12 月份，12 月 26 日，頁 1054。

蘇拉威西島萬鴉老。在 1958 年 5 月 18 日以前，從臺灣到北蘇拉威西的中途加油站是在菲律賓的克拉克空軍基地及蘇祿群島的塔威塔威島的山嘎山嘎機場。波普事件曝光後，因為美國從北蘇拉威西撤退，不能再利用克拉克空軍基地，中途加油站改在偏僻的山嘎山嘎機場。飛行員則是由中情局招募來的，有美國人、臺灣人、波蘭人和菲律賓人等。

　　從 2 月到 5 月 18 日，執行秘密運補印尼革命軍之任務是由中情局指揮，美國駐印尼大使阿里生可能對該項計畫有不同意見而被更換，另替以鍾斯大使，不過他對中情局實際介入印尼內政多深也可能不甚清楚。5 月 18 日波普事件曝光後，美國決定停止秘密行動，中情局的人員也撤出萬鴉老和克拉克空軍基地。由於美國沒有通知臺灣計畫改變，此項「駭客」行動已停止，以致於臺灣開始規劃「南海計畫」，準備擴大出兵及增加對印尼革命軍的軍援規模。以後臺灣還數次出任務運補革命軍及轟炸數個城市和船隻。至 8 月 6 日，臺灣進行最後一次空投。此時革命軍已退至萬鴉老南邊的山區進行游擊戰。受到美國的壓力，臺灣軍援印尼革命軍也終於結束。

　　臺灣軍援印尼革命軍，初期是為了配合美國的冷戰圍堵政策，當美國決定停止該項秘密行動時，臺灣卻欲罷不能，蔣中正想利用軍援印尼革命軍出兵印尼，其說詞是為了對抗中國出兵協助蘇卡諾。事實上，中國並沒有這樣做，再加上美國的勸阻，所以最後「南海計畫」歸於結束。如今回顧該段歷史，臺灣得到了什麼利益嗎？臺灣作為一個美國圍堵政策的旗手，強化了美、臺關係，成為美國在東亞最重要的盟邦之一，然而臺灣卻付出了當時沒有想到的代價，蘇卡諾政府對親臺灣的印尼華人進行報復，沒收和關閉華文報刊和學校，逮捕親臺華人領袖。1959 年更公布總統第十號令，禁止未入籍的華僑在縣以下居住及經營零售業，許多華僑被迫離開鄉下，遷移到城市地區。但雅加達軍政當局於 1960 年 11 月 28 日宣布，基於安全理由禁止華僑遷入雅加達及萬隆兩地區居住，只許他們在雅加達近郊指定地區居住。印尼政府這些行動成為以後排華運動的序曲。

　　北蘇拉威西一帶人民主要信仰天主教和基督教，參加「全面鬥爭」革命運動者大都為天主教徒和基督教徒，他們反對雅加達回教徒政治領導人

對他們的壓迫。康伯伊和摩里生的著作曾指出當時在美國的于斌樞機主教同情和支持該項運動。但沒有指出如何支持。衣復恩的著作提出了答案，他說他出任駐美空軍武官（1952年5月至1955年11月）時，前往拜訪于斌樞機主教，巧遇後來在臺北見過面的印尼華僑陶瑞安，陶姓華僑與于斌樞機主教很熟，覺得他好像是從事天主教的事奉工作，因此衣復恩認為于斌樞機主教是萬鴉老革命軍的背後支持者之一。[114]以于斌對反共事業之熱心來看，他出錢資助印尼革命軍是很有可能的。

至1965年，印尼爆發「930」事件，蘇卡諾的左傾路線走向絕路，新上臺的蘇哈托平息印尼共黨的政變，扭轉印尼朝右傾路線發展，開始鎮壓左派分子。蘇哈托將軍與1958年反蘇卡諾的右派軍人恢復關係，將被捕者從獄中釋放。參加1958年的革命軍分子不再被視為叛亂分子，而是維護國家安全的英雄人物。基於此一歷史事件，蘇哈托將軍在1966年6月後跟臺灣開展了新關係。當年曾流亡臺灣的革命政府財政部長蘇明度，後流亡到馬來西亞、泰國、香港、法國和瑞士，在1967年返回印尼，1968年6月出任貿易部長。

在半個世紀以前，東亞地區籠罩在冷戰氛圍，做為美國的盟邦，臺灣積極的支援印尼反共的革命軍，同樣地，臺灣亦支援緬東的國民黨殘軍和意圖要派軍參加越戰，臺灣展現了一股積極的軍事介入東南亞事務的姿態。1953年緬甸向聯合國控告臺灣入侵案成立；1958年印尼表示要向聯合國控告臺灣，再加上受到美國的勸阻，以及印尼革命軍已瀕臨瓦解，臺灣才停止支援印尼革命軍。該段塵封超過半個世紀的歷史，只打開了一小扇窗口，還有些問題待解，例如，美國中情局如何接觸臺灣軍情單位？臺灣如何決定在1958年2月運送第一批武器給蘇門答臘革命軍？臺灣總數派出多少軍事顧問和志願軍？派出多少架次的飛機執行任務？這些都有待相關檔案公開，才能繼續寫完該篇故事。

---

[114] 衣復恩，前引書，頁366-367。

資料來源：Petrik Matanasi, "Foreign Legion in Permesta's Body," March 20, 2017, https://tirto.id/legiun-asing-di-tubuh-permesta-ck64　2020 年 5 月 5 日瀏覽。

圖 3-2：「全面鬥爭」革命軍中的外國軍人

資料來源："Allen Lawrence Pope," Wikipedia, https://en.wikipedia.org/wiki/Allen_Lawrence_Pope　2020 年 5 月 5 日瀏覽。

說明：波普在 1960 年被印尼法庭判處死刑，沒有執行，一直軟禁。1962 年 2 月美國總檢察長羅伯‧甘迺迪（Robert Kennedy）訪問蘇卡諾總統，請其釋放波普，波普的妻子、母親和妹妹亦到雅加達請求蘇卡諾釋放他，7 月 2 日他被秘密遣返美國。

圖 3-3：波普在 1959 年 12 月在雅加達法庭受審

資料來源：Iswara N Raditya, "Permesta, Rebellion Or Not?" *Tirto.id*, https://tirto.id/permesta-pemberontakan-atau-bukan-cjZz　2020 年 5 月 20 日瀏覽。

圖 3-4：「全面鬥爭」的軍隊

資料來源："CIA's rent-a-rebel flying circus of a PBY Catalina, A-24 Invaders, P-51 Mustangs, attacking Indonesia,1958.," *The Dakota Hunter*, https://www.dc3dako tahunter.com/blog/pby-catalina-26-invaders-p-51-mustangs-cia-rebel-air-force-atta cking-indonesia-1958/　2020 年 5 月 21 日瀏覽。

說明：飛機是 B-25 轟炸機，左二是美國飛行員波普。

圖 3-5：「全面鬥爭」革命軍空軍飛機

資料來源：Kenneth Conboy and James Morrison, *op.cit.*, p.99.

圖 3-6：胡笙上校

資料來源：Kenneth Conboy and James
Morrison, *op.cit.*, p.100.

圖 3-7：蘇穆爾上校

資料來源：Kenneth Conboy and James
Morrison, *op.cit.*, p.100.

圖 3-8：潘道少校

第四章　1960-70 年代臺灣軍援越南

摘　要

　　臺灣自 1950 年代末就積極軍事介入東南亞事務，最為著名的是 1958年軍援印尼革命軍，目的在支持一個右派反共的印尼政府。接著在 1957-59 年以金錢援助新加坡的反共的執政黨勞工陣線，沒想到勞工陣線在1959 年的議會選舉中敗北。隨後臺灣又在南越開闢軍事援助的活動，支持反共的南越政府。臺灣對南越提供各種軍事和經濟援助，以期獲得南越政府在聯合國繼續支持中華民國在聯合國之代表權。蓋蔣中正性格使然，為了反共，全力支持盟友。不過，對南越的軍援還是在美國的圍堵共黨政策之下運作，並未能採取主動行動。

第一節　前　言

　　依據 1954 年 7 月日內瓦和約之規定，越南以北緯 17 度線劃分為南北兩地區。北越為胡志明領導的越南民主共和國統治，南越為保大領導的越南國統治。保大作為越南國的國家元首，卻一直住在法國。1955 年保大任命吳廷琰為首相，由於保大人在法國，以致於大權旁落，吳廷琰在西貢掌握政府實權。吳廷琰計畫更改政府體制，廢除君主政體，改行共和。保大在法國知悉吳廷琰的計畫，對吳廷琰發出免職令，吳廷琰根本不予理會，他獲得軍方和有力黨派人士之支持，在 10 月 23 日舉行公民投票。年滿 18 歲者即有投票權，合格選民數有 5,335,688 人，投票結果有 95% 的選民支持吳廷琰。[1]

　　1955 年 10 月 26 日，吳廷琰就任越南共和國總統。蔣中正總統和外交部代理部長沈昌煥均致電祝賀。12 月 9 日，臺灣駐聯合國代表蔣廷黻向安理會推薦 13 個國家入會，其中包括越南共和國。12 月 17 日，西貢政府同意與臺北建立外交關係，臺灣在西貢設公使館，派蔣恩鎧為臨時代辦。同時撤銷臺灣駐西貢總領事館。

　　為因應越南局勢，美國作了相應的應變措施，首先美國和越南國拒絕在日內瓦和約上簽字，以取得迴旋的空間，不受條約之約束，因為美國計畫在南越駐軍及給予南越軍援。其次，美國對南越開始提供大量軍經援助。第三，美國在 1954 年 9 月 8 日組織東南亞公約組織（Southeast Asia Treaty Organization，SEATO），美國、英國、法國、菲律賓、巴基斯坦、泰國、澳洲和紐西蘭等國外長在馬尼拉簽字，該條約第 4 條規定，柬埔寨。柬埔寨的獨立和政治完整應獲得「越盟」政府的承認，「越盟」應從柬埔寨撤出所有武力。以後南越、柬埔寨和寮國成為該組織的「加盟

---

[1]　「越投票秩序良好，吳廷琰佔優勢，獲票達百分之九十五」，中華日報（臺灣），民國 44 年 10 月 24 日，版 2。Henry R. Lieberman, "Dien wins poll in South Vietnam ousting Bao Dai, premier's victory confronts big 4 at Geneva with task of implementing truce," *New York Times*, October 24, 1955, pp.1,7. 另一說吳廷琰的支持票有 5828907 張，佔 98.2%，而保大獲 60017 張票。見賴暋、李曉編，中華民國史事紀要（初稿）─民國 44 年 7 至 12 月份，10 月 26 日，國史館，臺北縣，1990 年，頁 764。

國」。該一共同防禦組織之目的在嚇阻北越共黨在印度支那的擴張。第四，美國從法國手中取得組訓越南軍隊的權力。美軍駐南越的軍事代表柯林斯將軍（General Joseph Lawton Collins）和法軍駐印度支那司令艾利（General Paul Ely）將軍在 1954 年 12 月 13 日簽訂諒解備忘錄（Minute of Understanding），內容要點如下：

(1) 裁汰冗員，將越南兵力維持在 9 萬人。

(2) 法國將在 1955 年 7 月 1 日前給予越南國武裝部隊充分自主權。

(3) 協助越南國武裝部隊組訓之責任將自 1955 年 1 月 1 日起由美國軍事援助顧問團（Military Assistance Advisory group，MAAG）團長承擔，並將在法軍駐印度支那司令艾利將軍之授權之下。

(4) 美軍和法軍人員將擔任越南軍隊之顧問和訓練官。當越南軍隊之效力提高時，美軍和法軍之顧問人數將減少。[2]

1954 年 12 月，法國駐越軍事首長和美國駐越軍事首長簽訂協議，由美國承擔協助訓練南越軍隊的任務，以後美國即據此協議將其駐越軍力逐漸增加。1955 年 2 月，美國在越南成立軍事訓練顧問團，正式接掌訓練南越軍隊的工作。在法國退出越南後，美軍成為協助越南軍隊的主力靠山。

吳廷琰是在美國之支持下取得政權，所以其外交路線是親美。越南成為美國在東南亞執行圍堵共黨勢力的一環，臺灣也是屬於美國同盟之一，而且與南越的政治意識形態一樣，因此吳廷琰政府受到蔣中正的歡迎，基於這層關係，臺灣和南越發展出特別緊密的軍事合作關係。

在冷戰時期，臺灣和南越都屬於西方陣營的同盟國，同樣遭到共黨的侵略，因此有同舟共患難的精神，臺灣給予南越的軍事和經濟援助，從 1972 年 4 月初，北越以 4 師正規軍入侵南越，臺灣外交部發言人柳鶴圖發表聲明可看出雙方基於聯合抗共的情誼：「在各方正以全力設法使南越戰事結束之際，中華民國政府對河內派遣四個師以上之正規軍衝破非軍事地

---

[2] "Indochina War Timeline: 1954," *VietnamGear. com*, http://www.vietnamgear.com/Indochina1954.aspx　2021 年 6 月 15 日瀏覽。

區侵入南越之行為大為震驚，我們認為此乃赤裸裸的侵略行為。我們嚴厲譴責此種侵略行為。同時我們願提請全世界各自由國家注意此一由於北越侵入南越所造成之局勢的嚴重性。我們亦願在此重新指出：凡共產黨要求和談時，其真正目的在於隱瞞其軍事冒險前所做之積極準備。我們呼籲所有愛好和平的國家對於上述軍事侵略行為譴責北越及其幕後主宰者。」[3]

　　本文利用解密的國防部和外交部檔案，對於 1960-1970 年代的臺、越兩國軍事關係做一深入的探討，俾能瞭解冷戰時代臺灣對於東南亞右派政府之軍事合作關係。而臺灣對於南越之軍事合作關係，不過是當時臺灣對東南亞國家所有右派政府的軍事合作關係的網絡之一。

第二節　綜合軍援項目

一、在越南派駐軍事顧問團

　　1958 年 2 月 25 日，美軍駐臺協防軍援司令部副司令兼團長鮑恩（F. S. Bowen, Jr.）少將要求臺灣能否為 10 名越南軍官施行心戰觀摩訓練，包括：總政戰部做一概括介紹、訪問政工幹校、心戰大隊、播音總隊、中國廣播公司及安排訪問金門，費用由美國負擔。[4] 5 月 2 日，鮑恩少將函告取消該項計畫。

　　越南總統吳廷琰於 1959 年 9 月間派員到臺灣考察軍中福利康樂事業，[5]開展了南越和臺灣進行軍事合作的序幕。10 月，又派員到臺灣考察臺灣心理作戰業務。

　　1960 年 1 月 15 至 19 日，越南共和國總統吳廷琰率團訪臺，隨行的官員有外長武文牡、新聞部長陳正誠、公共工程暨交通部長陳黎光、合作

---

[3]　中華民國外交部編，外交部公報，第 37 卷第 2 號，民國 61 年 6 月 30 日出版，頁 29。
[4]　國防部藏，案名：國防部與美顧問團文件副本彙輯，總長辦公室簽呈，事由：請惠允越南軍官之心戰觀摩訓練，民國 47 年 5 月 5 日。檔號：40_062.32_6015_97_112_00003269。
[5]　中央研究院近史所檔案館藏，冊名：中越軍事技術協助，「中越軍事技術援助」，民國 50 年 2 月。外交部函行政院秘書處，外(61)東三字第 19277 號，民國 61 年 12 月 8 日。檔號：080.1/0001，民國 50 年 1 月 1 日至 53 年 2 月 28 日。

暨農貸總署長陳玉蓮等。他會見蔣中正總統，會後發表的聯合公報中強調：「兩國元首重申其一致堅決立場，即反對在任何國際會議中或任何情況下，未經亞洲自由國家本身容許而將與其有關之問題提出討論。」[6]

資料來源：文化部國家文化資料庫，http://nrch.culture.tw/view.aspx?keyword=%E8%B6%8A%E5%8D%97%E7%B8%BD%E7%B5%B1%E5%90%B3%E5%BB%B7%E7%90%B0&s=2320293&id=0000820104&proj=MOC_IMD_001#　2021年6月12日瀏覽。

說明：該照片攝於1960年1月18日。右為吳廷琰總統。

圖4-1：蔣經國拜會來臺訪問的吳廷琰總統

臺灣與南越同為反共國家，在反國際共產主義運動上有共同利益，因此，雙方的軍事合作關係即以此為基礎。

1960年2月2日，越南吳廷琰總統邀請臺灣駐越大使袁子健，告以其訪臺所見聞印象深刻，擬派曾在臺灣服務的阮振亞（原名闕殷，曾任臺灣少將高參）赴臺考察軍中福利康樂以及軍眷待遇等業務，為期一週或兩週，以資借鏡。[7] 2月25日，袁子健又電告外交部，吳總統現經考慮，認

6　賴暋、任念祖編，中華民國史事紀要（初稿）—民國49年1至6月份，1月19日，國史館，臺北縣，1989年，頁100-101。

7　中央研究院近史所檔案館藏，冊名：越南政府請我派員協辦軍中福利及政戰研究班教學，駐越大使袁子健電外交部，機字第0609號，民國49年2月4日。館藏號：11-29-10-03-023，196002-196201。

為由中華民國政府派員協助較為切實迅捷。吳總統並囑向蔣經國主任致意，賜予越南協助。並對於蔣夫人領導並親自主持之軍眷福利事業極表欽佩，請賜有關資料。[8]對於軍眷福利感興趣的是吳廷儒（為吳廷琰之弟弟）夫人，她對於中華婦女反共抗俄聯合會在軍眷福利方面之貢獻極為欽佩。[9]

經蔣中正總統核定派政工幹部學校校長王昇少將率上尉參謀陳禔、陳祖耀等二人於 5 月 3 日經香港，5 月 4 日抵達越南西貢，有關軍眷福利事業資料則由王昇帶交越南政府。王昇所率領的軍官團稱為「奎山軍官團」，在越南工作受到吳總統挽留，吳總統賞識，要求我方准許王昇等人在越南繼續工作 2 個月，由於王昇在臺灣的職務需要辦理交接，所以跟吳總統商議只延長一個月返臺。[10]王昇於 8 月 7 日返臺。

1960 年 8 月 1 日，南越又派遣一個軍官團訪臺，考察臺灣軍中政工實施情形。

11 月 20 日，王昇再度訪越，向吳總統建議在軍中建立政治作戰制度，由於越南剛在 11 月 11 日弭平一場由傘兵司令院正詩上校所發動的政變，因此對於該項建議立即接受，同時希望臺灣能派遣一個軍官團協助越南建立政戰系統。後越方又請協助，臺灣國防部派王昇少將偕隨員六人於 1960 年 12 月 10 日抵西貢工作。王昇安排行政院政務委員蔣經國於 12 月 14-15 日訪問越南。[11]

12 月 31 日，臺灣組成 7 人軍官團，由副團長阮成章將軍（團長為王

8　中央研究院近史所檔案館藏，冊名：越南政府請我派員協辦軍中福利及政戰研究班教學，駐越大使袁子健電外交部，來電專號第 777 號，民國 49 年 2 月 15 日。館藏號：11-29-10-03-023，196002-196201。

9　中央研究院近史所檔案館藏，冊名：越南政府請我派員協辦軍中福利及政戰研究班教學，駐越大使袁子健電外交部，來電專號第 777 號，民國 49 年 4 月 23 日。館藏號：11-29-10-03-023，196002-196201。

10　中央研究院近史所檔案館藏，冊名：越南政府請我派員協辦軍中福利及政戰研究班教學，王昇電外交部請轉國防部參謀總長彭孟緝上將，民國 49 年 7 月 9 日。館藏號：11-29-10-03-023，196002-196201。

11　陳祖耀，西貢往事知多少，揭櫫「中華民國駐越軍事顧問團」的密辛，黎明文化事業股份有限公司，臺北市，2000 年，頁 69-70。

昇）率領前往西貢，以「奎山軍官團」（越名為 Phai Doan Khue Son）化名在越南從事軍事顧問工作。其主要的工作項目包括：建立越南反共理論體系、建立越南軍中政治作戰制度、舉辦幹部訓練、改進作戰方法、肅清潛伏越共等五項。[12]王昇在 1961 年 1 月 15 日向吳總統作簡報，建議在越南軍中設立政治作戰研究班。1 月 24 日，越南總參謀部參謀長阮慶少將成立「政治作戰研究委員會」，成員包括國防部辦公廳、心理作戰署、軍隊安寧署、社會文化署、退伍軍人署、保安總署等單位的人員，由阮慶擔任主任委員。2 月 7 日，越南成立心戰訓練中心，在心戰訓練中心內辦理政治作戰研究班。2 月 23 日，阮慶率一軍事訪問團訪臺，考察臺灣軍中政戰工作的作法與成效。

3 月 6 日，吳廷琰要求王昇繼續留越工作數月，蔣中正總統同意延長兩個月及另派隨員三人前往越南工作。[13]故王昇少將及三名隨員在 3 月 24 日再度前往越南工作。

3 月 9 日，臺灣空軍總司令陳嘉尚應越南政府邀請率雷虎小組訪越。

在王昇的協助下，南越在 5 月 24 日正式開辦「政治作戰研究班」，由吳廷琰總統親臨主持並發表訓詞，學員 120 人是從各軍事單位甄選來的上尉到上校的軍官。「奎山軍官團」除在該班上課外，每週一、三、五並與心戰訓練中心舉行協調會報，共同研究解決所面臨的問題。[14]

政戰部副主任王昇少將在 1961 年 6 月自越南電國防部稱，「越南政府要求我國遴派軍官來越工作，前奉總統批示：暫准半年。惟越方一切計畫均係一年為期，除緩知（為時間暗語）日返國外，其餘六員因工作無法中途結束。請准予延長半年，至本年十二月底，可否謹請核示。」王昇已於 6 月 16 日返國，其餘阮成章、劉戈崙、楊浩然、陳玉麟、陳祖耀、陳禔等人則擬延長至該年年底返國。該案獲蔣總統同意。[15]

---

12 陳祖耀，前引書，頁77。

13 中央研究院近史所檔案館藏，冊名：越南政府請我派員協辦軍中福利及政戰研究班教學，國防部函外交部，(50)詳謀第 1053 號，民國 50 年 3 月 15 日。館藏號：11-29-10-03-023，196002-196201。

14 陳祖耀，前引書，頁110。

15 國防部藏，案名：我駐越南軍事顧問團人員編組及工作情形，彭孟緝簽呈總統，事由：

越南在 1961 年 10 月 14 日舉行越南軍方政治作戰研究班第一期畢業典禮，應邀觀禮者包括中華民國、美國、東方各國之使節、越南副總統、國會主席、憲法法院院長、各級政府部門首長及在西貢之所有高級將領。第一屆參加學員有 112 人，有 92 人結業。參加學員均屬上尉以上之副團長以上主管人員。該班班主任為阮慶少將。所有課程由臺灣軍官人員擔任講師者佔五分之四。[16]王昇等軍官在越南工作一年餘。越南政府感謝他們的辛勞，各給予贈勳。

另於 10 月 30 日至 1962 年 1 月 2 日舉辦政治作戰初級班，培訓 120 名學員。「奎山軍官團」於 1 月 5 日結束工作返臺。

派赴越南工作之軍官六員請予延長工作期限半年，民國 50 年 7 月 4 日。檔號：49_0440 _2355_1_8_00041452。

[16] 中央研究院近史所檔案館藏，冊名：越南政府請我派員協辦軍中福利及政戰研究班教學，中華民國駐越大使館代電外交部，越使 50 字第 1722 號，民國 50 年 11 月 14 日。館藏號：11-29-10-03-023，196002-196201。

資料來源：中央研究院近史所檔案館藏，冊名：越南政府請我派員協辦軍中福利及政戰
研究班教學，中華民國駐越大使館代電外交部，越使 50 字第 1722 號，民國
50 年 11 月 14 日。館藏號：11-29-10-03-023，196002-196201。

圖 4-2：越南軍方政治作戰研究班第一期畢業典禮

　　1962 年 2 月 16 日，越南外交部致臺灣駐越大使館節略稱，越南國防部擬邀請臺灣高級軍官一人赴越擔任心戰顧問，由越南政府負擔來回機票費及在越期間之食宿費用、坐車一輛、每月零用津貼越幣 3 千元。[17]臺灣選派國防部總政治部政治作戰計畫委員會委員劉戈崙上校自 1962 年 8 月 1 日起赴越擔任越南參謀總部心戰顧問，任期 1 年。[18]

　　1963 年 7 月 16 日，越南要求臺灣同意延長劉戈崙上校留越期間 1 年，8 月 9 日，國防部函外交部稱：「此間因為工作需要，對劉上校另有任用，未便同意所請。如越方認為工作上確有必要，可同意另行派員前往。」[19] 17 日，外交部致送節略給越南駐華（臺）大使館，表達上述國防部的意思。[20]外交部並盼劉上校儘速完成在越工作，早日返國。[21]劉上校在 9 月 5 日返臺。

　　1963 年 11 月 1 日，越南總統府軍事顧問楊文明在美國之支持下發動政變，殺害吳廷琰總統及其弟弟吳廷儒。1964 年 1 月 30 日，第二軍區司令阮慶中將、第三軍區司令陳善謙中將、總參謀部參謀長阮文紹少將再度發動政變，取得政權，阮慶出任總理，陳善謙出任副總理兼國防部長，阮文紹出任三軍總司令部的參謀長。3 月 6 日，王昇再度訪越。3 月 23 日，越南副總理兼國防部長陳善謙伉儷率西貢都長楊玉林准將夫人、農村開發

---

[17] 中央研究院近史所檔案館藏，冊名：我選派劉戈崙上校赴越南擔任心理作戰顧問，駐越大使袁子健電外交部，來電專號：205 號，民國 51 年 2 月 17 日。館藏號：11-29-10-03-014，196202-196310。

[18] 中央研究院近史所檔案館藏，冊名：中越軍事技術協助，「中越軍事技術援助」，民國 50 年 2 月。外交部函行政院秘書處，外(61)東三字第 19277 號，民國 61 年 12 月 8 日。檔號：080.1/0001，民國 50 年 1 月 1 日至 53 年 2 月 28 日。

[19] 中央研究院近史所檔案館藏，冊名：我選派劉戈崙上校赴越南擔任心理作戰顧問，國防部函外交部，(52)詳謀 2561 號，民國 52 年 8 月 9 日。館藏號：11-29-10-03-014，196202-196310。

[20] 中央研究院近史所檔案館藏，冊名：我選派劉戈崙上校赴越南擔任心理作戰顧問，外交部致越南駐華大使館節略，外(52)東三字第 11734 號，民國 52 年 8 月 17 日。館藏號：11-29-10-03-014，196202-196310。

[21] 中央研究院近史所檔案館藏，冊名：我選派劉戈崙上校赴越南擔任心理作戰顧問，外交部電駐越大使館，機要室發電第 4555 號，民國 52 年 11 月 10 日。館藏號：11-29-10-03-014，196202-196310。

貸款署署長阮維春、中央情報局局長黎文饒中校、部長辦公室主任阮克平
中校、侍從參謀黎煌韜少校、國防部禮賓官兼翻譯鄧文珠上尉等 8 人訪
臺。越方提及協助其建立政治作戰制度問題，王昇建議越南派三軍總司令
阮文紹來臺訪問。4 月 12 日，越南三軍總司令部總監察阮玉禮中將率團
訪臺。4 月 24 日，越南國防部心戰署長兼三軍總司令第五廳廳長張文章
上校率團訪臺。6 月 17 日，阮文紹率陸軍步兵學校校長裴友仁准將、三
軍總司令訓練局局長陳清風上校、計畫研究局局長阮永儀中將、第七廳廳
長范有仁中校、工兵指揮官范騰瀾中校、侍從官甄文鐵上尉等訪臺。[22]

資料來源：文化部國家文化資料庫，http://nrch.culture.tw/view.aspx?keyword=%E9%98%
AE%E6%96%87%E7%B4%B9&advanced=&s=724502&id=0005828283&proj=
MOC_IMD_001# 2021 年 6 月 12 日瀏覽。
說明：右一為參謀總長彭孟緝上將，右二為阮文紹少將。

圖 4-3：1964 年 6 月 17 日越南三軍參謀長阮文紹少將率六人訪問團訪臺

　　在上述訪臺越南代表團中，有兩位美軍駐越顧問鮑文（Bowen）中校
和克西（Kersey）少校曾隨同訪臺，對臺灣實施的政戰制度印象深刻，其
返越後所寫的報告輾轉送到美國駐越副大使江森（Ural Alexis

---

[22] 陳祖耀，前引書，頁 144。

Johnson），江森乃與越南政府協商，希望臺灣協助越南建立政治作戰制度。於是王昇於 8 月 20 日再度訪越，8 月 28 日，阮文紹與王昇簽訂一項協議，由臺灣派遣軍事顧問團在越南工作。8 月 31 日，王昇又與美軍援越司令部簽訂第三國援越的支援協定。[23]

　　9 月 1 日，越南國防部長兼三軍總司令陳善謙上將正式致函臺灣國防部參謀總長彭孟緝上將，邀請臺灣派遣軍事顧問團赴越。依據協議，臺灣將派遣一個由 15 人組成的軍事顧問團，由一位將級團長率領，其工作期限為一年，駐越軍事顧問團之主要任務為：

(1) 協助越軍建立政戰制度，如幹部管理、連隊政戰工作、政治教育、政訓活動、心戰保防防諜教育和措施、戰俘感訓、軍眷福利、新天地計畫、阮豸二號戰役（心戰招撫計畫）、愛民戰役。

(2) 協助越軍訓練政戰幹部。越南在軍援團協助下，先後設立政戰大學、政戰幹部訓練中心、女社會幹部學校，培養越南政戰基幹，並召訓各級現職軍官及士官。

(3) 協助越軍改進政治教育，強化反共理論和意識，協助越軍出版「共和戰士月刊」、「時事專輯」、官兵疑難問題解答手冊等刊物，製作電視、廣播「鋼槍」節目，並協助越南各軍事學校和訓練中心的政治教育。

(4) 協助越軍在層級設立「建設委員會」，增進官兵認識；協助推展「為民計畫」及支援「共同防禦、社區發展」的「綏靖計畫」；加強「軍民之情」、「春之樹」運動，支援戰士和軍眷服務工作。

(5) 協助越軍加強反情報措施、整建軍紀、提高士氣。

(6) 與越南農村建設部、招撫部、原新聞部、美軍援司令部等有關單位和自由世界軍援處，密切聯繫，交換工作經驗。[24]

　　在該函中，又提及臺灣軍事顧問團駐越工作期間，照第三國援助越南

---

[23] 陳祖耀，前引書，頁 145-146、156。

[24] 史事紀要編輯委員編，中華民國史事紀要（初稿）—民國 62 年 1 至 6 月份，3 月 13 日，國史館，臺北縣，1984 年，頁 445。

之規定，享受美國軍援之後勤支援，惟因中華民國軍事顧問團之工作性質，與其他國家有別，故越南將另覓一處所，專供該團人員辦公及住宿。[25]

　　1964年7月，臺灣駐越武官李筱堯上校電稱越南三軍參謀長阮文紹少將訪臺返越後即積極籌建政治制度，已完成初步準備工作，待阮慶總理批准後便在三軍統帥部下正式成立政戰部，屆時擬請臺灣派遣一政工顧問團到越協助編組各級政戰機構，擬定遠程政工計畫及舉辦政戰教官訓練班，另請臺灣派遣教官五人協助訓練。該教官訓練班預定在本年8月15日開學，故請臺灣五位教官能於8月初抵達西貢。[26]

　　10月7日，臺灣派遣「駐越軍事顧問團」赴越，首任團長是鄧定遠中將，其後是柯遠芬中將、徐汝楫中將、姜獻祥中將，全部團員30餘人，均由軍中資深幹練軍官組成。

　　在臺灣軍事顧問團的協助下，越南於1964年12月1日成立政治作戰總局，下設政訓局、心戰局、安寧局、社會（眷管）局、宣慰署和政戰大學。自1965年3月初，政訓局與政治作戰學校成立後，臺灣「駐越軍事顧問團」政訓團顧問即積極與其研究籌畫開辦政戰教官班，培養政戰的種籽隊伍。[27]

　　1964年8月1日，越南國防部長陳善謙致函臺灣參謀總長彭孟緝，請臺灣先派遣政工專家3人赴越磋商政工顧問團事宜。8月19日，國防部派遣總政戰部副主任王昇等三人赴越。8月20日，陳善謙與王昇協商達成下列協議：1、臺灣派遣由一名將領率領的15人心戰顧問團至越，協助一年。其重要任務為：(1)提供有關越南軍隊建立心戰制度意見。(2)訓練越南軍隊心戰幹部。(3)組織及訓練心戰各單位。(4)研擬加強軍中文藝宣傳及心戰辦法。(5)研究發展軍隊心戰工作。2、中華民國心戰顧問團留越期間得依照規定享受美國援助對第三國工作人員待遇之辦法，因中華民

[25] 陳祖耀，前引書，頁157-158。

[26] 國防部藏，案名：我駐越南軍事顧問團人員編組及工作情形，彭孟緝總長簽呈總統，事由：越南請求我國派遣政治作戰顧問團及五名教官前往協助建立政治作戰制度是否同意恭請鑑核，(53)機秘(23)第7252號，民國53年7月18日。檔號：49_044072522355_1_13_00041452。

[27] 陳祖耀，前引書，頁198。

國心戰顧問團之任務及工作性質特殊，越南國防部將另外供給該團辦公地點。3、越南國防部深盼中華民國心戰顧問團能於 9 月 16 日抵越。[28]

　　1964 年 10 月 8 日，臺灣派駐越南西貢的軍事顧問團共 14 人，由鄧定遠中將任團長。[29] 1965 年 10 月，團員增加至 16 人。1965 年 8 月 15日，越南中央行政委員會主席（總理）阮高琪（奇）少將率外長陳文杜、國防總長阮友固中將，財經總長張泰尊、總參謀部副參謀長兼聯勤總局長裴友仁少將等訪臺，參觀各項軍經建設。

　　1966 年 4 月，軍事顧問團人員（含團長）任期訂為兩年。[30]臺灣「駐越軍事顧問團」除在越南政戰總局及其所屬各局派駐顧問外，並於 1966年 7 月開始在各戰術區司令部派駐顧問。1966 年 10 月 21 日，越南國防部陳玉八中將代表總參謀長高文圓上將來臺，與臺灣國防部參謀總長黎玉璽上將簽訂「臺、越軍事協議書」。1967 年 2 月 15 日，國防部長蔣經國函請外交部，依據「臺越軍事協議書」將「中華民國駐越軍事顧問團」改名稱為「中華民國駐越軍援團」（Republic of China Military Assistance Group, Vietnam）。[31] 1967 年 3 月，臺灣又在越南海空軍司令部分別派駐顧問，編制名額亦由原先的 15 人增加到 31 人。越南共和國國防部長高文圓上將在 3 月 15 日函請蔣經國部長，有關將「中華民國駐越軍事顧問團」改名稱為「駐越軍援團」一事，建議將該團「團長」名稱改為「司令」，以符合各友邦駐越軍事團體之稱號一致，6 月 24 日，國防部長蔣經國函請外交部轉覆高文圓上將，表示同意。[32]

---

[28] 中央研究院近史所檔案館藏，冊名：駐越軍援團，駐越大使袁子健電外交部，來文專號：858 號，民國 53 年 9 月 8 日。館藏號：11-29-10-03-013，196408-197304。

[29] 「援助越南重大措施，我軍事顧問團正式宣告成立」，新生報，1964 年 10 月 7 日。

[30] 國防部藏，案名：我駐越南軍事顧問團人員編組及工作情形，黎玉璽簽呈總統，事由：駐越南軍事顧問團人員任期擬定為兩年恭請鑑核示遵，民國 55 年 4 月 11 日。檔號：49_0440_2355_2_13_00041453。

[31] 中央研究院近史所檔案館藏，冊名：駐越軍援團，國防部函外交部，(56)治邦 1210號，民國 56 年 4 月 3 日。館藏號：11-29-10-03-013，196408-197304。

[32] 中央研究院近史所檔案館藏，冊名：駐越軍援團，外交部代電駐越大使館，事由：為駐越軍事顧問團易名暨該團團長改稱由，外(56)亞太三字第 09798 號。民國 56 年 5 月 26日。館藏號：11-29-10-03-013，196408-197304。

1967 年 7 月 1 日，由柯遠芬中將接任團長。1969 年 5 月 16 日，由徐汝楫中將接任軍援團司令。

1969 年 10 月，臺灣將該軍援團團長和副團長職稱改稱為司令、副司令。[33]

中華民國駐越南大使許紹昌於 1973 年 1 月 23 日訪問陳善謙總理，美國、南越、北越和越共四方在該日於巴黎簽署停火協議，陳善謙總理稱，願臺灣軍援團繼續留在越南執行政戰顧問工作，但須改名為有關經濟合作之名義以資掩護，並即令政戰總局長與我方進一步商談，俾早實施。他又說，停火後為了有效爭取人民擁護，俾能與共黨在選舉中對抗，希望臺灣能提供更大規模之援助，以產生最大影響力之農業合作措施。他安排越南農村開發部長在明日與許大使商談。[34]

1 月 31 日，越南政戰總局代電中華民國軍援團，通知核准維持軍援團以「中華民國駐越建設顧問團」之名稱繼續留越服務。[35]

由於 1973 年 2 月 27 日關於結束越南戰爭的巴黎和約正式生效，依據該和約之規定，所有外國軍隊、顧問及技術人員須在協定生效後 60 天內撤離越南，所以臺灣駐越軍援團在該年 3 月 13 日結束在越南的工作。[36]

惟越南在面對共黨侵略之威脅，各國軍援撤出之際，極希望臺灣能繼續提供協助，以穩定政局，所以臺灣同意改派「駐越南共和國建設顧問團」。1973 年 4 月，正式成立「駐越南共和國建設顧問團」，由劉戈崙少將任團長，團員有 32 人。5 月初，該團即前往西貢，主要工作是協助越軍加強政訓、心戰、安寧、社會等工作。但越南戰局轉趨惡化，越共佔領區域日益擴大，阮文紹總統已無法支撐大局，臺灣「駐越建設顧問團」

---

[33] 陳祖耀，前引書，頁 230-231。軍援團歷任團長為鄧定遠、柯遠芬、徐汝楫、姜獻祥。

[34] 中央研究院近史所檔案館藏，冊名：駐越軍援團，駐越大使許紹昌電外交部，來電專號第 399 號，民國 62 年 1 月 23 日。館藏號：11-29-10-03-013，196408-197304。

[35] 中央研究院近史所檔案館藏，冊名：駐越軍援團，越南政戰總局代電中華民國軍援團，政戰總局 TCCTCT/TC/TC3，第 909 號，1973 年 1 月 31 日。館藏號：11-29-10-03-013，196408-197304。

[36] 史事紀要編輯委員編，中華民國史事紀要（初稿）—民國 62 年 1 至 6 月份，3 月 13 日，頁 445。

人員於 1975 年 4 月 5 日和 18 日分兩批撤返臺灣。[37] 1975 年 4 月 30 日，越共進佔西貢，政府官員和難民四散逃逸。5 月 1 日，臺灣裁撤「駐越南共和國建設顧問團」。

二、協建越南空軍及協助空運

1961 年 4 月 27 日，彭孟緝參謀總長給蔣中正總統簽呈，稱空軍總部為越南總統吳廷琰有意以臺灣空軍溢額人員支援其建軍，特研訂參謀研究一種呈報核辦。越南空軍現正從 T-6 螺旋槳飛機轉換為 F-86 噴射機階段，而臺灣目前空軍 F-86 飛行員有溢額，可協助其建軍。原駐越南之理由為：「越南反共立場堅定，如能協力增強其武裝力量，對世界反共形勢及中、越反共前途均有裨益。越南正與我並肩抵抗共匪，現值其艱困時期，如我能及時予以援助，必能獲得其忠誠之合作。」[38]該簽呈稱：「越南政局目前尚稱穩定，如果將來萬一發生變故，則我所派遣之人員，不能提前撤回時，可能引起政治上之糾紛。倘我以越僑退役返越服務為由，則在國際上勢難對我構成意外之非難。惟此項行動被匪竊獲，將用為積極增援北越之藉口，因事實上共匪在四十八年（1959 年）底即已開始協助北越擴建空軍，如援助飛機及訓練北越飛行人員等。」張群在該項簽呈中簽註意見：「經空軍總部作參謀研究分析利弊後，確定利多害少，擬請准派現役飛行軍官十五員，以越僑退役回國服務為名參加越南空軍建軍工作，如越方需要，並擬配列少數地勤維護人員。彭總長認為原則似屬可行。惟此項行動政治作用較大，應由空軍總部研訂具體方案。其所派遣人員以不超過十五人，遴選技術優良富有組織領導能力之飛行軍官，分批前往。」[39]

5 月 11 日，總統核准派遣十名飛行員和修護機械人員，其中修護機

---

[37] 陳祖耀，前引書，頁 310。

[38] 國防部藏，案名：我駐越南軍事顧問團人員編組及工作情形，彭孟緝總長簽呈總統，事由：為呈報以我空軍 F-86 機溢額人員支援越南建軍簽請核示由，民國 50 年 4 月 27 日。檔號：49_0440_2355_1_6_00041452。

[39] 國防部藏，案名：我駐越南軍事顧問團人員編組及工作情形，張群簽呈總統，事由：為呈報以我空軍 F-86 機溢額人員支援越南建軍簽請核示由，民國 50 年 4 月 28 日。檔號：49_0440_2355_1_6_00041452。

械人員一至二名。[40]

　　另外為解決南越空軍戰機不足之問題，透過美國的協商，臺灣在
1972 年與美國簽署協議，將 20 架 F-A 戰機借給南越。後來美國為了與中
共建交，談判撤除在臺的 F-4 幽靈戰機，為彌補臺灣防務之不足，美國將
歸還該借給南越的 20 架 F-A 戰機。[41]

　　越南空軍飛機數量少，能擔任空中運輸之能力有限，因此請求臺灣協
助。1965 年 8 月 23 日，越南總理阮高奇（琪）訪臺，提議臺灣援助越
南，經總統核准援越方式兩種，一是派遣 c-46 機兩架駐越擔任救濟物資
之運輸（越方負責該機燃料及工作人員之食宿）。二是贈送越南臺灣製造
之 LCM 型登陸艇四艘。[42]臺灣外交部曾洽詢美方，美方並無意見。[43]

　　臺灣援越空運隊應越南政府社會部邀請，在 1965 年 11 月 25 日派遣
空軍 c-46 機兩架駐越，包括飛行軍官 7 人、機械士 3 人，其任務為協助
越南社會部空運救濟物品，到各地救濟難民及兒童，並於歸途中接受越南
軍方所交付的任務。[44]該飛機係以中華航空公司名義赴越南支援越南政府
空中運輸任務，並由該公司負責維護，機組人員每三個月換防一次，飛機
則以兩個月換防一次。每月輪換一架。[45] 1966 年 6 月 27 日，越南國防部

[40] 國防部藏，案名：我駐越南軍事顧問團人員編組及工作情形，總統府代電彭總長，事
由：為呈報以我空軍 F-86 機溢額人員支援越南建軍簽請核示由，民國 50 年 4 月 28
日。檔號：49_0440_2355_1_6_00041452。

[41] 傅建中，「新雅爾達密約—美撤除在臺核武始末」，中國時報，民國 91 年 3 月 4 日，
頁 11。

[42] 國防部藏，軍援越南案，國防部令駐越武官處，事由：奉核定我方援越方案：派 c-46
機兩架擔任救濟物資之運輸，飛機燃料及工作人員之食宿由越方負責，人員薪給及飛機
之維護由我方自理，贈越南 LCM 四艘。越方是否同意希即協調並將結果報部憑核，民
國 54 年 8 月 25 日。總檔案號：00034435，檔號：54_0175.23_3750-2_4_20_00034435。

[43] 國防部藏，軍援越南案，行政院長嚴家淦簽呈總統，事由：此次越南中央行政委員會主
席阮高齊（琪）來我國訪問，請求我國派機及登陸艇前往協助空投糧食及運送難民工
作，經院與國防外交兩部研商獲致結論，(54)院機興字第 209 號，民國 54 年 8 月 27 日。
總檔案號：00034435，檔號：54_0175.23_3750-2_4_21_00034435。

[44] 陳祖耀，前引書，頁 231-233。關於空運隊抵越工作的時間，原書寫的是 1955 年，可
能為 1965 年之誤。因為我國不可能在 1955 年就派空運隊到越南。

[45] 國防部藏，軍援越南案，外交部代電駐越南大使館，事由：關於越南國防部請求展延我
援越兩運輸機之服務期限事，本年三月四日第 801 號電計達，外(55)亞太三 10748 號，

請求臺灣展延臺灣援越兩運輸機服務期限 6 個月。臺灣同意該項展延。該兩機之原訂服務期限在 1966 年 2 月 24 日屆滿，此次展延，應在該年 8 月 24 日截止。[46]

1969 年 10 月，根據臺灣與越南簽訂的一項合約，臺灣派遣一個空中運輸隊，協助越南社會部在越南共和國全境運輸藥品和救濟物資。該運輸隊於 1970 年 6 月 1 日結束工作返臺。[47]

三、C-123 組南三計畫

在美國之安排下，臺灣支援南越空運最重要的計畫是 C-123 組南三計畫，它是由臺灣和美國簽約，臺灣派遣飛行員到越南飛 C-123 機，對北越、柬埔寨和寮國進行空投和運補任務。

1961 年 1 月 12 日，美國總統艾森豪（Dwight David Eisenhower）致函蔣中正總統，稱美國政府將以 C-130B 飛機一架撥交臺灣，作為在中國大陸進行空投之用。如此一飛機運用有效，將來可考慮加撥。同年 8 月 28 日美國海軍輔助通訊中心以 C-34 飛機一架撥交臺灣使用。言明以此暫代艾森豪總統所允撥之 C-130B 飛機。1962 年 1 月 12 日，美國中央情報局駐臺北代表克萊恩（Ray S. Cline）向國防會議副秘書長蔣經國表示，希望能選擇一種適於在中國大陸執行任務之空運機，並說 C-130 機在飛行時不易隱蔽，故建議以裝有電子設備之 C-123 機代替之。3 月 22 日，我方同意其建議。[48]

1962 年 4 月 5 日，克萊茵（恩）會見蔣中正總統談及 C-123 飛機，他說美國甘迺迪（John F. Kennedy）政府同意和中華民國政府合作，中情

民國55年6月27日。總檔案號：00034433，檔號：54_0175.23_3750-2_2_66_00034433。

[46] 國防部藏，國援越南案，國防部情報參謀次長室第六處簽呈次長，事由：本部於 54 年 11 月 25 日調派空軍 C-46 機兩架駐越南協助越南政府擔任救濟物資與軍品運輸任務，空軍總部訂有「援越飛機工作人員輪調辦法」，民國 55 年 6 月 20 日。總檔案號：00034435，檔號：54_0175.23_3750-2_4_88_00034435。

[47] 郭鳳明、高明芳編，中華民國史事紀要（初稿）—民國 59 年 1 至 6 月份，6 月 1 日，國史館，臺北縣，2002 年，頁 778。

[48] 國史館藏，「U2 機案及快刀計畫 C123 機案」，蔣經國總統文物，對美方交涉 C-130B 與 C-123 機一案經過。數位典藏號：005-010204-00002-011，1963/01/10。

局將準備將兩架 C-123 機改裝電子裝備，使之能一次空降兩百名軍隊，並對臺灣人員施予訓練。此種電子裝備需時六個月才能完成。6 月 5 日，中情局局長麥康（John A. McCone）會見蔣中正總統，蔣向他提議增加三架 C-123 飛機，此事等美國駐臺寇爾克（Alan Goodrich Kirk）大使抵臺後將向他報告情況。7 月 4 日，寇爾克大使會見蔣中正總統，向蔣總統保證 10 月即有兩架 C-123 飛機裝備完成，其餘三架則須於明年 1、2 月間完成。9 月 6 日，寇爾克大使會見蔣中正總統，美國即將兩架已完成電子偵察裝備的 C-123 飛機運臺，並已有五組臺灣空軍人員赴美接受訓練。[49]

　　1963 年 2 月 28 日，蔣經國副秘書長與美國海軍輔助通訊中心主任納爾遜會談，納爾遜說關於後續之三架 C-123 機，甘迺迪總統已同意運交臺灣，並希望為適應當前越局之需要，於必要時能將該批飛機使用於越南執行特種任務，惟該批飛機仍由臺灣機員駕駛，並在臺灣維護。[50]

　　10 月 15 日，C-123 組五架飛機出廠。在該年 8 月 1 日前完成受訓人員之甄選，8 月 1 日到 25 日在新竹第 34 中隊實施預備訓練，包括英語、基本學科訓練。空勤組員計畫訓練 52 人，包括飛行員 15 人、領航 8 人、機械 8 人、電子 8 人、空投 13 人。飛行、機械、領航各員於 9 月 1 日抵美開訓。10 月 15 日飛機出廠後，就在美國實施機員組合訓練，四週後返臺。[51]

　　1964 年 2 月 18 日，納爾遜再與蔣經國副秘書長會談，納爾遜將關於美方擬增派 C-123 機 6 架之文件，呈交給蔣經國副秘書長。他並說美方希望中方同意將現駐臺灣之 C-123 機另派一架到越南工作。美國政府決定加強對北越之工作，並在今年內提供裝有反電子裝備之 C-123 機 6 架進駐越

49 國史館藏，「外交—蔣中正與美方商談 C-123 飛機紀錄節要」，蔣經國總統文物，美國駐華大使柯爾克等與蔣中正就有關 C-123 型飛機空投暨訓練事宜會談之紀錄摘要。數位典藏號：005-010205-00098-003，1962/04/05。

50 國史館藏，「蔣經國與納爾遜會談紀要（二）」，蔣經國總統文物，民國五十二年二月蔣經國與納爾遜會談有關 C-123 飛機一事美總統甘迺迪已同意運交來臺並希望使用於越南執行特種任務。數位典藏號：005-010301-00004-002，1963/02/28。

51 國史館藏，「U2 機案及快刀計畫 C123 機案」，蔣經國總統文物，中美合作 C-123 飛機組訓細節。數位典藏號：005-010204-00002-012，1963/00/00。

南工作。為此美國政府徵求中華民國政府同意選派使用上項飛機之空勤人員 9 個組。該機之執行仍應以北越地區為優先。而中國大陸任務之實施，須經由臺、美兩國政府同意時機上有其需要並具有可行性。[52]

3 月 28 日，越南美國空軍給華府關於 C-123 組任務之建議如下：最好附屬於越南空軍作為掩護。其理由當此種飛機回到菲律賓克拉克（Clark）空軍基地實施檢修時，可由美空軍負責修護及減少許多問題。若採此一掩護方法，則新增之 C-123 組員不能與現有之組員及臺灣組員共同食宿，彼等必須隔離，同時使用特種作戰組之管理員，為此一新組工作。C-123 組完全受特種作戰組作戰管制。此種管制係透過臺灣資深官員而實施者。正常 C-123 組員執行任務之基地係在西貢，但亦可臨時及永久使用越南或越南以外之基地執行任務。[53]

1964 年 4 月 7 日，臺灣派遣 C-123 組飛行官 14 人、領航官 14 人、機工長 7 人到美國受訓，預訂於 7 月中旬完訓返國。另外於 5 月 9 日派電子反制官 7 人到美國受訓。1963 年 11 月 23 日奉派到美受訓的 14 名領航官，於 1964 年 7 月完訓返國。[54]

1964 年 8 月 6 日，中華航空公司總經理周一塵致電空軍總司令部報告美方提出有關新增駐越 C-123 組人機訓練事項五點，包括：

(1)飛機維護由我方抑或美方負責，華府尚未決定。(2)新增飛機 6 架，空勤人員 10 組，我方 7 組，越方 3 組。(3)增加飛機之使用基地為芽莊（機場可供 C-46 及 C-123 使用），但現有 2 組仍留西貢。(4)所有飛機均以克拉克美軍基地為基地，美方已請准先飛越南 3 架，作訓練之用。(5)我方空勤人員希能梯次前來訓練，預計第一批人員在 9 月上旬。

---

[52] 國史館藏，「蔣經國與納爾遜會談紀要（四）」，蔣經國總統文物，民國五十三年二月蔣經國與納爾遜會談有關美方決定增派飛機之計畫乃為適應越南之緊急需要及蔣中正同意遴選九組空勤人員與另派一架 C-123 機赴越工作等。數位典藏號：005-010301-00006-007，1964/02/18。

[53] 國史館藏，「空軍概況資料」，蔣經國總統文物，空軍檢呈 C-123 組在越美空軍管制工作情形祈在簽訂中美合約前列入考慮。數位典藏號：005-010100-00101-001，1964/03/28。

[54] 國史館藏，「空軍概況資料」，蔣經國總統文物，徐煥昇呈報空軍 U-2 及 C-123 組在美受訓人員情形。數位典藏號：005-010100-00101-002，1964/05/22。

　　他又提及有關新機維護問題已向美方提出應由我方負責，請空軍總司令部堅持此項原則。[55]

　　舊 C-123 組合約在 1964 年 12 月屆滿，改換合約後稱新 C-123 組。舊 C-123 組原計畫為實施對中共特種作戰而編成，後因美國要求，經我方同意，由雙方簽約用以支援在越南作戰。美國在 1964 年 12 月 1 日提出終止此一合約。所有舊 C-123 組駐西貢之人員和飛機亦於 12 月 2 日由越返臺。因此自 1964 年 1 月 1 日起支援越南之合約即行廢止。[56]

　　由於美國國會在 1964 年 8 月 7 日通過「東京灣決議案」，美國總統獲得國會授權得對北越地區進行大規模轟炸，所以美國必須調整改變舊的 C-123 組合約。1964 年底之新 C-123 組合約，規定基本任務為對北越地區實施空降與空投，為了基地人員與裝備之安全，必要時仍可實施其他空運任務。美方負責與越南政府洽商有關支援本計畫所需事項。臺灣提供有關本計畫之空地勤組員，所有臺灣人員須受美駐越特戰部隊之作戰管制。臺灣提供之 C-123 機空勤人員共 59 人，包括飛行官 14 人、領海官 14 人、通信官 7 人、機工長 7 人、反電子官 7 人、空投士 10 人。美方付給臺灣人員基本月薪，總負責人新臺幣 1 萬元、助理作戰官新臺幣 8 千元、飛行官新臺幣 1 萬 4 千元、領航官新臺幣 1 萬 1 千 2 百元等，另外有以每小時計算的飛行津貼、作戰獎金；在臺灣以外之地區每人每日 6 美元之駐留費。美方並供應駐越臺灣人員宿舍、食油、廚房和餐廳設備、醫療、地面交通工具、差旅費、服裝和伙伕、壽命保險。[57]

　　臺灣空軍總司令徐煥昇於 1965 年 5、6、8 月呈蔣經國報告，關於新 C-123 組駐越南地區任務報告表及該組合約續約問題，主要空投心戰傳

[55] 國史館藏，「空軍概況資料」，蔣經國總統文物，周一塵電空軍總司令部報告美方提出有關新增駐越 C-123 組人機訓練事項五點。數位典藏號：005-010100-00101-015，1964/08/06。

[56] 國史館藏，「專案計畫—中美聯合情報工作 U2 機偵照等」，蔣經國總統文物，徐煥昇呈蔣經國對舊 C-123 組人員與飛機處理問題作為與美方商討處理之參考資料。數位典藏號：005-010100-00030-009，1964/12/22。

[57] 國史館藏，「專案計畫—野龍聯合情報戰略計畫等」，蔣經國總統文物，徐煥昇呈蔣經國美國海軍輔助通信中心賴克上校自越攜回經向該地美方協調後修訂之 C-123 組協議書中英文本各一份。數位典藏號：005-010100-00032-003，1964/10/02。

單、空投包（空投地點遠至奠邊府）。至該年 6 月 30 日，臺、美雙方所訂駐越新 C-123 組合約期滿，美方提出續約一年之議，臺灣同意續約。[58]

資料來源："Fairchild C-123 Provider." *Wikipedia*, https://en.wikipedia.org/wiki/Fairchild_C-
　　　　123_Provider　2021 年 7 月 4 日瀏覽。

圖 4-4：C-123B 運輸機

資料來源：文化部國家文化資庫，http://nrch.culture.tw/view.aspx?keyword=%E9%98%AE
　　　　%E9%AB%98%E5%A5%87%E5%B0%87%E8%BB%8D&advanced=&s=72451
　　　　5&id=0005828321&proj=MOC_IMD_001#　2021 年 6 月 12 日瀏覽。

圖 4-5：1965 年 8 月 15 日行政院長嚴家淦
在機場迎接來訪的越南總理阮高琪

---

[58] 國史館藏，「專案計畫─中美聯合情報工作 U2 機偵照等」，蔣經國總統文物，徐煥昇
　　於民國五十四年五六八月呈蔣經國報告關於新 C-123 組駐越南地區任務報告表及該組合
　　約續約問題。數位典藏號：005-010100-00030-004，1965/05/04。

　　1970年，C-123組南三計畫於該年內實施越南、柬埔寨和寮國境內之空投、空運及訓練任務共631架次，飛行總時間3,509小時40分鐘，運輸總重量970萬6,400磅。C-123組於該年內實施之任務中，包括作戰任務16架次，均為空投補給品；運補任務489架次，均為空運著陸；訓練任務126架次，為傘訓、空中攔截訓練及組合飛行訓練。[59]

　　1970年10月28日，空軍總司令陳依凡提出報告稱：(1)美陸軍技術組請求我方同意使用我駐越南芽莊C-123組擔任寮國非經常性之空運任務，並保證決不使我方組員飛經敵方配有或可能有地對空飛彈以及具有嚴密防空能力之地區，以策安全。(2)美方此項申請與本1970年5月申請使用我C-123組員擔任柬埔寨境內之空運任務性質相同，並與臺、美C-123協議書第二款所載：「我C-123組之主要任務範圍之說明中，除其主要任務為實施北越地區之空降空投任務外，另在顧慮人員與裝備之安全情況下，或可實施其他空運任務」一節，尚能相符。(3)此類任務之航行計畫於實施前，須經由我方駐芽莊C-123組負責人同意後，始可執行。任務安全性較大，經審慎研討後，美方所請，允予同意。[60]

---

[59]　國史館藏，總統府檔案，冊名：C-123組擔任越、柬、寮任務，空軍總司令陳依凡於1971年1月7日向蔣經國副院長報告。典藏號：005-010100-00034-004。

[60]　國史館藏，總統府檔案，冊名：C-123組擔任越、柬、寮任務，空軍總司令陳依凡於1970年10月28日向蔣經國副院長報告。典藏號：005-010100-00034-004。

資料來源：國史館藏，總統府檔案，冊名：C-123 組擔任越、柬、寮任務，空軍總司令
　　　　　陳依凡於 1971 年 1 月 7 日向蔣經國副院長報告。典藏號：005-010100-
　　　　　00034-004。

圖 4-6：C-123 組作戰及運補地區圖

四、在臺灣協訓越南政戰人員

　　1967 年 10 月 24 日，臺灣駐越軍援團團長柯遠芬簽呈蔣中正總統，

稱目前越南部隊缺乏優秀政戰幹部，至其政戰工作未能產生效果，經與越南政戰總局和政戰大學各主管研究，擬由越南派遣政治教育幹部到臺灣見學，並由政工幹校開辦「越南政戰教官訓練班」一期，代訓越南政戰教育幹部 15 至 30 人，以扶植其師資人才。高魁元總長建議訓練期限暫訂為兩個月、訓練人數 20 人。[61] 11 月 4 日，總統批示該案交由蔣（經國）部長審定。[62]

五、代訓蛙人

1960 年 2 月 13 日，越南駐臺灣大使館致函臺灣外交部稱，越南擬派遣 50 人到臺灣接受蛙人課程訓練。臺灣海軍自 1960 年 9 月起代訓越南蛙人數十人。由於越南學員分批抵臺，先後時隔四週之久，致使訓練課程及進度無法趨於一致，故國防部將之分為兩組，第一組（14 人）按原計畫日期於 12 月 10 日結業，第二組學員（4 人）（另有翻譯 2 人）於第一組結訓後繼續補訓兩週。[63] 11 月 24 日，越南駐臺灣大使館要求這批越南水中爆破班學員 14 人延長留臺期限 3 週，[64]該批越南蛙人於 1961 年元旦返越。[65]

---

[61] 國防部藏，案名：我駐越南軍事顧問團人員編組及工作情形，高魁元總長簽呈總統，事由：我駐越南軍援團建議由越方派遣政戰幹部來華見學及受訓，民國 56 年 10 月 24 日。檔號：49_0440_2355_1_22_00041452。

[62] 國防部藏，案名：我駐越南軍事顧問團人員編組及工作情形，總統府代電高魁元參謀總長，事由：為電復擬派空軍軍官赴越支援其建軍案如擬由，軍字第 0312 號，民國 50 年 5 月 11 日。檔號：49_0440_2355_1_6_00041452。

[63] 中央研究院近史所檔案館藏，冊名：我海軍代訓越南蛙人爆破課程，國防部函外交部，(49)嚴和字第 642 號，民國 49 年 11 月 14 日。館藏號：11-29-10-03-010，1960 年 2 月-1961 年 4 月。

[64] 中央研究院近史所檔案館藏，冊名：我海軍代訓越南蛙人爆破課程，越南駐華大使館致中華民國外交部節略，摘由：覆有關延長越南水中爆破班學員居留期限事，民國 49 年 11 月 24 日。館藏號：11-29-10-03-010，1960 年 2 月-1961 年 4 月。

[65] 中央研究院近史所檔案館藏，冊名：中越軍事技術協助，「中越軍事技術援助」，民國 50 年 2 月。外交部函行政院秘書處，外(61)東三字第 19277 號，民國 61 年 12 月 8 日。檔號：080.1/0001，民國 50 年 1 月 1 日至 53 年 2 月 28 日。

六、協助越南防空

　　1963 年 3 月初，陳誠副總統兼行政院長訪問越南大叻，與吳廷琰會談，吳廷琰表示渠曾向美國要求協助訓練其高射砲部隊以增強空防，但美方認為在目前情形下並無需要，未允照辦。故越南希望臺灣協助訓練其空防人員。蔣經國同意派人赴越代訓。[66]

　　越南曾請美國援助防空武器防守西貢地區，未獲美國同意，乃商請臺灣派遣防空專家，協助指導其防空事宜，並就越南現有高射武器器材部署、防空火力及防空預警進行指導。4 月 17 日，彭孟緝總長簽請總統核示，獲總統同意。[67]

　　越南駐臺灣大使館在 5 月 27 日致函臺灣外交部稱，越方感謝臺灣協訓越南防空人員，建議採取兩階段進行，第一階段，由臺灣派遣若干防空技術人員前往越南考察，瞭解越南防空組織，並提出建議。第二階段，臺灣技術人員評估所需的武器和裝備，以及以外援支付的費用、在臺灣接受防空技術訓練的越南軍人人數。[68]國防部遂在 9 月第一週派遣空軍少將作戰助理次長李學炎等 5 人前往越南考察。為了保密計，所有派遣人員均著便服，本案定名為「南海計畫」。[69]後延至 10 月 10 日啟程赴越。

---

[66] 中央研究院近史所檔案館藏，冊名：中越軍事技術協助，「協助越南空防案」，民國 52 年 4 月 15 日。外交部簽呈行政院兼院長，民國 52 年 4 月 15 日。檔號：080.1/0001，民國 50 年 1 月 1 日至 53 年 2 月 28 日。

[67] 國防部藏，案名：我駐越南軍事顧問團人員編組及工作情形，總統府代電彭孟緝總長，事由：復所請派遣防空專家一員協助越南建立防空部署一案照准由，沅字第 0262 號，民國 52 年 4 月 30 日。檔號：49_0440_2355_1_12_00041452。

[68] 中央研究院近史所檔案館藏，冊名：中越軍事技術協助，「協助越南空防案」。Embassy of the Republic of Vietnam, Taipei, Taiwan to the Ministry of Foreign Affairs of the Republic of China, Taipei, No. 656/63/8, May 27, 1963. 檔號：080.1/0001，民國 50 年 1 月 1 日至 53 年 2 月 28 日。

[69] 中央研究院近史所檔案館藏，冊名：中越軍事技術協助，「協助越南空防案」。國防部函外交部，事由：函送派越防空考察團名單及預定行程請惠予轉達越方，(52)嚴鳴字第 320 號，民國 52 年 8 月 6 日。檔號：080.1/0001，民國 50 年 1 月 1 日至 53 年 2 月 28 日。

七、贈送船艦及支援運輸

1965 年 3 月，越南請求臺灣派遣 LST 艦或沿海貨輪赴越協運難民、糧食及醫藥，外交部鑑於美國表示不同意見，認為目前不宜派遣 LST 艦前往，至於應否派遣貨輪，有待研議。國防部作戰次長室第五處研擬意見認為基於臺、越關係密切、道義及反共立場，允宜予以援助。但臺灣 LST 艦僅有 22 艘，任務繁多，維護艱難，供自身使用猶嫌不足，抽調赴越實有困難。至於是否派遣貨輪，請外交部洽商有關機關辦理。[70]

後經各單位開會協商，9 月，臺灣國防部決定贈予越南 LCM 六型小艇四艘。[71] 11 月 10 日由聯商航運公司之「中平號」輪從高雄起運赴越南西貢。[72]

1966 年 1 月 8 日，美國駐臺大使館代辦恆安石以沒有署名之密函給臺灣外長沈昌煥，請臺灣派遣四艘 LST 登陸艇連同船員協助越南沿海運輸，以解除南越港口之擁擠情況，上述登陸艇應儘量解除其武裝，租予或貸予美國海軍軍運指揮部（Military Sea Transportation System）並懸掛美國國旗，臺灣提供之船員均需著便服，服務期間受美國海軍軍運指揮部之指揮，並由美方支付薪給及艦艇之支援與作業費用。[73]臺灣同意派遣「中明號」、「中訓號」二艘艦艇支援。該兩艦於 3 月 11 日向美國海軍軍指揮部指揮官報到，接受其指揮，擔任協助美軍在越南沿海之運輸。兩艦官

---

[70] 國防部藏，軍援越南案，國防部作戰次長室第五處簽呈，「越南此次為運送難民及糧食醫藥請求我派遣登陸艇或貨輪赴越協助但鑑於美方有不同意見目前我似不宜派遣海軍登陸艇赴越至應否派遣貨輪謹簽請核示等情」，民國 54 年 4 月 16 日。總檔案號：00034432，檔號：54_0175.23_3750-2_1_1_00034432。

[71] 國防部藏，軍援越南案，海軍總司令部呈參謀總長黎海軍二級上將，事由：為呈贈予越南 LCM 六型小艇四艘整備實施計畫恭請鑑核由，(54)漁第 3195 號，民國 54 年 9 月 18 日。總檔案號：00034432，檔號：54_0175.23_3750-2_1_13_00034432。

[72] 國防部藏，軍援越南案，外交部代電行政院外匯貿易審議委員會，事由：查我政府為協助越南趕運糧食、醫藥及疏散難民，現決定將四艘國造之 LCM 型登陸艇贈送越南政府，將於本年 11 月 10 日交聯商航運公司之「中平」號輪自高雄運往越南，外(54)亞太第 17817 號，民國 54 年 11 月 5 日。檔號：54_0175.23_3750-2_1_37_00034432，總檔案號：00034432。

[73] 國防部藏，軍援越南案，外長沈昌煥函蔣經國，民國 55 年 1 月 10 日。總檔案號：00034432，檔號：54_0175.23_3750-2_1_69_00034432。

兵 127 人。[74]

　　5 月，海軍外借人員徐明昭等 127 人前往越南服務。他們搭乘「中明號」、「中訓號」兩艦赴越南支援運輸。[75]

八、駐越軍事醫療隊

　　行政院在 1964 年 5 月 16 日令飭協調有關部會辦理原駐越南軍事醫療隊，並核派國防醫學院院長盧致德中將赴越考察。據盧中將實地考察返國後稱，「越政府與駐越美援公署計畫增加 11 個醫療組，分由各國支援，希臺灣支援兩組，並建議我方派一加強組前往，如工作良好，再加派手術組。」美國也希望臺灣派隊前往。總統府秘書長張群給總統的簽呈說：「雖然臺灣軍醫亦感缺乏，似仍有組隊派遣必要，擬以外科為主，內科為輔。由陸軍選拔優秀軍醫、軍護各三員、衛生士官四員組成，赴越後，歸我方駐越軍事顧問團指揮，就交通便利、地位適中、安全之處開設，所需醫療裝備、衛材補給及國外待遇等，經美方同意，均由美援負擔。」[76] 11 月 12 日，此案獲總統同意辦理。

　　1965 年 12 月 31 日，臺灣醫療團應越南政府衛生部之邀請，於 1965 年 12 月 31 日抵西貢，由龐龍生少校任隊長，全隊醫師護士共 10 人，其任務在藩切市的省立平順醫院從事醫療工作，其後擴大支援鄰近的平綏、寧順等省。[77]

---

[74] 國防部藏，軍援越南案，海軍總司令部令中明、中訓兩艦，事由：著該兩艦自 55 年 3 月 11 日起向美國海軍軍指揮部（Military Sea Transportation System）指揮官報到，接受其作戰管制，擔任協助美軍在越南沿海之運輸，(55)仕升字第 236 號，民國 55 年 3 月 14 日。總檔案號：00034433，檔號：54_0175.23_3750-2_2_19_00034433。

[75] 國防部藏，案名：接艦案，呈復本軍中明中訓兩艦人員徐明昭等 127 員護照業經協調越南大使館辦理簽證完畢並已轉發使用恭請核備，海軍總司令海軍中將馮呈參謀總長黎玉璽，(55)人教字第 06254 號，民國 55 年 5 月 5 日。檔號：54_0586.1_5004-11_18_00043997。

[76] 國防部藏，案名：我駐越南軍事顧問團人員編組及工作情形，張群、周至柔簽呈總統，事由：擬准由陸軍組成援越醫療隊一隊派往越南工作恭請核示由，民國 53 年 11 月 9 日。檔號：49_044072522355_1_19_00041452。

[77] 陳祖耀，前引書，頁 231-233。關於空運隊抵越工作的時間，原書寫的是 1955 年，可能為 1965 年之誤。因為我國不可能在 1955 年就派空運隊到越南。

九、駐越南農業技術團

1964 年 7 月 9 日,派駐越南順化、大叻、藩郎、邊和、嘉定、芹苴、安江,共 72 人。團長為金陽鎬。

十、駐越南電力技術團

1964 年 11 月 12 日,派駐越南西貢,共 20 人,團長為徐正方。

1966 年 6 月 3 日,行政院新聞局記者招待會外交部發言人孫碧奇公布臺灣在越南服務之人員包括:(1)農業技術團 80 人。(2)電力技術團 20 人。(3)醫療團 10 人。(4)軍事顧問團 19 人。(5)浚渫港口工程技術人員,國軍退除役官兵輔導就業委員會派遣 68 人在越南服務。[78]

十一、支援越南航空公司駕駛員

1961 年 3 月 18 日,據交通部長沈怡自西貢電稱:「昨抵西貢,頃訪越南交通部長,渠面請迅飭越南航空公司續聘之駕駛員兩名務須於 3 月 20 日以前到達西貢,事關維繫對寮國交通至為重要迫切等語。關於兩員出境手續,懇請鈞座特准轉飭主管機關即予批准為禱等情,應准迅速查明。」[79]

從該電文可知,當時臺灣曾派遣飛行員支援越南航空公司,飛行從西貢至寮國之航線。

第三節　軍事互訪考察

在臺灣和南越邦交期間,雙方軍事人員互訪頻繁。茲舉述重要的互訪

---

[78] 中央研究院近史所檔案館藏,冊名:我駐越技術單位,外交部代電駐火奴魯魯總領事館,事由:關於我國援越團體及人數事復希知照事,外(55)亞太三字第 08204 號,民國 55 年 5 月 18 日。1966 年 6 月 3 日,行政院新聞局記者招待會:外交部發言人孫碧奇答詢全文。館藏號:11-29-10-03-012,1964-1966.06。

[79] 國防部藏,出入境五十年案,交通部函國防部,民國 50 年 3 月 22 日。總檔案號:00043283,檔號:50_0553.1_2277_2_13_00043283。

情形如下。

依據美軍顧問團之建議，邀請越南空軍代司令阮春榮中校於 1959 年 5 月 31 日來臺參加 6 月 2 日在臺北舉行之臺、美空軍後勤行政管制會議，6 月 3 日離臺。[80]

越南總統吳廷琰派遣總參謀部參謀長阮慶少將及高級軍官六人於 1961 年 2 月 24 日至 3 月 3 日訪臺，並參觀軍中政工實施情況，包括前往參訪金門前線地區政工情況。

臺灣副總統陳誠於 1963 年 3 月 4-9 日訪問南越，拜會吳廷琰總統，會商有關雙邊合作事宜。[81]

資料來源：文化部國家文化資料庫，http://nrch.culture.tw/view.aspx?keyword=%E5%90%B3%E5%BB%B7%E7%90%B0&advanced=&s=713080&id=0005807868&proj=MOC_IMD_001#　2021 年 6 月 12 日瀏覽。

說明：右一為陳誠副總統，右二為吳廷琰總統。

圖 4-7：1963 年 3 月 5 日陳誠副總統拜會吳廷琰總統

---

[80] 國防部藏，案名：越南軍事首長阮春榮等訪華，參謀總長王叔銘簽呈總統，事由：請准越南空軍代司令阮春榮中校晉謁致敬由，民國 48 年 5 月 30 日。檔號：48_0420_4380_1_1_00041384。

[81] 「陳誠訪問越南」，典藏臺灣，國家電影及視聽文化中心，https://catalog.digitalarchives.tw/item/00/31/9d/84.html　2021 年 7 月 12 日瀏覽。

越南在 1963 年 11 月 24 日派遣國防部運輸指揮部指揮官陳文才中校偕副指揮官阮文隆上尉訪臺,參觀臺灣陸軍通信運輸部隊編訓作業及設施兩週。

越南國防部長兼三軍總司令陳善謙中將及夫人率隨員 5 人於 1964 年 3 月 23-27 日訪臺,拜會國防部長俞大維、參謀總長彭孟緝、國家安全局長陳大慶,參觀特種部隊、政工幹校。

1965 年 3 月 23 日至 3 月 31 日,越南共和軍總司令部政治作戰總局局長黃文忠少將、心戰局局長陳暉、海軍司令部鶴文潘上校、空軍司令部武芳榮上校、政訓局黃玉利少校、政戰總局辦公室武春靈上尉、華語翻譯官吳成兼上尉等七人訪臺,參訪國防部參謀本部總政戰部、陸軍官校和空軍官校、陸海空聯勤警備各總司令部、中國電影製片廠、新兵訓練中心、政工幹部學校等。[82]

越南參謀總部參謀長凌光園(Linh Quang Vien)少將於 1965 年 11 月 4-10 日訪臺,奉越南總理阮高琪之命訪臺,考察國軍之編組訓練實況及後勤,以為越軍之借鏡。

越南總參謀部人事副參謀長阮文檢准將率 44 人於 1966 年 2 月 8-18 日訪問臺灣,並晉謁蔣中正總統。[83]

1969 年 5 月 29 日至 6 月 3 日,阮文紹總統應邀訪臺,與蔣中正總統交換反共經驗,並磋商臺、越合作計畫。1973 年 4 月間,阮文紹赴美訪問回國途中,經過臺北作 3 天非正式訪問。

---

[82] 國防部藏,案名:越南軍事首長阮春榮等訪華,彭孟緝簽呈總統,事由:為越南政戰訪問團來華訪問,謹請賜予召見,恭請鑑核示遵,民國 54 年 3 月 20 日。檔號:48_0420_4380_1_8_00041384。

[83] 國防部藏,案名:越南軍事首長阮春榮等訪華,參謀總長黎玉璽簽呈總統,事由:為越南軍事訪問團應邀來我國訪問,恭請鈞閱,並賜接見由,培基字第 283 號,民國 55 年 2 月 8 日。檔號:48_0420_4380_1_11_00041384。

資料來源：文化部國家文化資料庫，http://nrch.culture.tw/view.aspx?keyword=%E9%98%
　　　　　AE%E6%96%87%E7%B4%B9&advanced=&s=724545&id=0005828366&proj=
　　　　　MOC_IMD_001#　2021 年 6 月 12 日瀏覽。

圖 4-8：1969 年 5 月 29 日阮文紹總統訪臺受到民眾熱烈歡迎

資料來源：文化部國家文化資料庫，http://nrch.culture.tw/view.aspx?keyword=%E9%98%
　　　　　AE%E6%96%87%E7%B4%B9&advanced=&s=724541&id=0005828354&proj=
　　　　　MOC_IMD_001#　2021 年 6 月 12 日瀏覽。

圖 4-9：1969 年 6 月 3 日蔣中正總統在松山機場歡送阮文紹總統離臺

　　1970 年 5 月 12-14 日，行政院副院長蔣經國訪問西貢，會晤阮文紹總統、三軍參謀長高文圓。在訪越期間，他曾參觀越南共和國的參謀本部和美軍司令部，聽取了最近越軍與美軍在越南和柬埔寨的軍事行動的簡報。[84] 8 月 11 日，越南共和國總理陳善謙伉儷，應行政院兼院長嚴家淦及夫人的邀請，抵臺訪問 4 天。

　　嚴家淦副總統於 1971 年 1 月 11 日訪問越南，會見阮文紹總統。

　　越南總統阮文紹於 1973 年 4 月 12 日訪臺，陪員有外長陳文林、聯合參謀副總長黎源康中將、外交顧問阮富德、總統府民運總長兼新聞秘書黃德雅等。此行拜會行政院長蔣經國，就兩國反共事務交換意見。

第四節　未能完成的軍援項目

　　1961 年 1 月 6 日，經濟部長楊繼曾前往越南參加臺、越經濟合作會議，吳廷琰總統告以越南武備必須加強，現有一所新設子彈廠，懇請臺灣派遣兵工技術人員代為整理。吳廷琰又邀楊部長視察其修船所可否改為製造輕兵器之廠房。經視察後，認為可能製造迫擊砲、衝鋒槍。吳總統乃懇請臺灣派遣兵工人員協助。聯勤總部遂在 3 月 2 日派遣生產署副署長陳哲生少將等 3 人前往越南工作，攜帶檢驗儀具，協助越南改良槍彈及製造新兵器之任務。[85]

　　3 月 11 日，國防部電駐越大使館袁子健大使，關於越南政府請臺灣代製 80 槍彈一案，希即向越方索取有關該項槍彈全彈製造圖樣、樣品槍二支及槍彈 50 發攜回，以便進行研究製造。[86]

　　聯勤總部生產署副署長陳哲生在 3 月 14 日提出調查報告稱，越南槍

---

[84] 郭鳳明、高明芳編，中華民國史事紀要（初稿）—民國 59 年 1 至 6 月份，5 月 14 日，頁 695。

[85] 中央研究院近史所檔案館藏，冊名：中越軍事技術協助，「中越軍事技術援助」，民國 50 年 2 月。國防部函財政部，(50)庚庭字第 0216 號，民國 50 年 2 月 21 日。檔號：080.1/0001，民國 50 年 1 月 1 日至 53 年 2 月 28 日。

[86] 國防部藏，案名：協助越南製造械彈案，國防部電駐越大使館袁大使，民國 50 年 3 月 11 日。檔號：50_0800.4_4402_1_5_00045977。

彈廠機器係向日本購買，原訂月產 60 萬發，製造六種不同口徑之槍彈，惟因該廠機器老舊、精度極差、缺乏技術工人，至今沒有成品，已停工兩年。船舶廠之機器、翻砂、木工等工場尚有餘力，可試製手榴彈。但無火工作業設備及經驗，臺灣必須代為設計、指導、訓練，方能開始工作。[87]

由於越南製彈廠已停工兩年，檢視機器頗費時日，且海軍船塢修理廠改造輕武器設備，欠缺甚多，為之設計規劃，亦需時日，故建議延長陳哲生等人的工作期限至 3 月 31 日。[88]陳哲生少將等將越南之樣本 80 槍二枝、彈一百發專機帶回聯勤總部生產署。後又因為工作艱難，解晉上校於 4 月 9 日返國，陳少將和余定華上校延長至 4 月 11 日返國。

陳哲生於 5 月初返臺，其返國報告中稱：越南政府要求臺灣協助事項如下：(1)越南擬派遣高級兵工軍官 5 人組團訪臺，及技術員 25 人到臺灣兵工廠實習，俾返國後能自行製造子彈。(2)請求臺灣派遣技術人員 30 人赴越指導槍彈製造，並代為訓練人員，直至越南能自行製造為止。(3)為爭取時間迅速出品，希望由臺灣酌量借撥或低價供應機器工具。[89]

5 月 1 日，聯勤總司令部司令石覺上將函參謀總長彭孟緝上將稱，有關生產署副署長陳哲生等三員奉令前往越南協助製造輕兵器，現已工作完畢返國，茲據其 4 月 14 日所呈報告，經詳細研討，對所提議各項謹陳，本部意見如次：(1)基於增進臺、越邦交，及加強反共戰力需要，在不影響本部正常生產原則下，派遣技精員工前往越南，協助建廠，確屬必要。雖然將來實施困難甚多，惟並非不可克服，如越南政府正式提出申請，原則上似可同意接受。(2)越方擬向我兵工廠訂購子彈銅殼、鋼盂、底火等半成品及槍砲，與我方各工廠生產餘力之充分利用不無裨益，亦似可同意

---

[87] 國防部藏，案名：協助越南製造械彈案，國防部聯勤總部生產署副署長陳哲生報告總司令陳嘉尚上將，民國 50 年 3 月 14 日。檔號：50_0800.4_4402_1_5_00045977。

[88] 中央研究院近史所檔案館藏，冊名：中越軍事技術協助，「中越軍事技術援助」，民國 50 年 2 月。駐越大使袁子健電外交部，來電專號第 009 號，民國 50 年 3 月 7 日。檔號：080.1/0001，民國 50 年 1 月 1 日至 53 年 2 月 28 日。

[89] 國防部藏，案名：我駐越南軍事顧問團人員編組及工作情形，彭孟緝總長簽呈總統，事由：為越南政府要求我國協助槍彈製造辦理情形恭請鑑核由，民國 50 年 5 月 30 日。檔號：49_0440_2355_1_7_00041452。

接受其訂貨。(3)將各兵工廠現有剩餘機具借給或贈給越南政府，使其早日自製彈藥，適應對共匪作戰需要，原則上似可同意，惟最好能酌予計價，俾獲補償，以免越南懷疑或不安。[90]

臺灣國防部於 5 月 10 日電覆駐越袁大使轉告越南政府歡迎越南派遣高級兵工軍官 5 人來訪。

5 月 17 日，國防部對於陳哲生所呈報告書，同意准予備查。對於聯勤總部所提協助越南建廠及接受越南政府訂貨兩項，同意原則可行。希俟越南所派 5 人抵達後，根據報告書內所建議各點，即與談判。其次，關於以各兵工廠剩餘機具借給或贈給越南政府，以協助其建廠問題，希先與越南代表洽定所需機具清單，註明折舊後之單價，專案報部核辦。第三，希向越方代表要求謹慎選派忠誠可靠之技術員工來臺實習，並應責成負責接待及訓練之兵工廠注意實習人員之生活行動，確保安全，及對越南派員參觀、與接觸技術訓練事項有關之兵工廠，做適切之保密措施，如認為應需保留之部分，必須加以保留。[91]總統在 6 月 30 日批「悉」。[92]

隨後越南政府於 6 月 15 日派遣兵工署長杜玉仁中校率 5 人到臺灣訪問。杜玉仁和阮貴全少校訪問兵工廠和軍需單位，黎玉安少校、阮德申上尉和范文德上尉則在兵工廠研究各項技術問題。[93]

11 月 10 日，臺灣駐越南李筱堯武官電國防部彭總長稱，越南兵工署長杜玉仁於 11 月 9 日告稱：(1)越內政部所屬之各省民衛隊即將擴充兵

---

[90] 國防部藏，案名：協助越南製造械彈案，聯勤總司令部司令石覺上將函參謀總長彭孟緝上將，民國 50 年 5 月 1 日。檔號：50_0800.4_4402_1_17_00045977。

[91] 國防部藏，案名：協助越南製造械彈案，國防部令聯勤總司令部，民國 50 年 5 月 17 日。檔號：50_0800.4_4402_1_20_00045977；國防部藏，案名：我駐越南軍事顧問團人員編組及工作情形，彭孟緝總長簽呈總統，事由：為越南政府要求我國協助槍彈製造辦理情形恭請鑑核由，民國 50 年 5 月 30 日。檔號：49_0440_2355_1_7_00041452。

[92] 國防部藏，案名：我駐越南軍事顧問團人員編組及工作情形，總統府第二局函國防部後勤次長室，事由：復所報協助越南政府要求我協助槍彈製造辦理情形一案經呈奉批悉由，局颿第 0430 號，民國 50 年 7 月 8 日。檔號：49_0440_2355_1_7_00041452。

[93] 中央研究院近史所檔案館藏，冊名：中越軍事技術協助，「中越軍事技術援助」，民國 50 年 2 月。駐越大使袁子健電外交部，來電專號第 77 號，民國 50 年 6 月 6 日。檔號：080.1/0001，民國 50 年 1 月 1 日至 53 年 2 月 28 日。

力，因美援無期，故武器裝備均需越南政府自行設法。(2)越方現亟需手榴彈及槍榴彈，其庫存手榴彈數目不敷，且多係法軍遺留者，恐已年久失靈，經內政部長裴文良請示吳廷琰後，囑與我方密洽，可否由中國（臺灣）政府供應。(3)越方所需手榴彈總數為 68 萬枚、槍榴彈數量則視我方供應能力而定。(4)上述彈藥交貨方式最好由我方負責運越，如有困難，則越方自行負責。(5)查越南民衛隊目前兵力計 7 萬人，均係由各省自行編訓者，最大單位為排，現越南政府計畫再增加 10 萬人，以加強地方防衛力量，上述所需手榴彈數字即係根據 17 萬人每人 4 枚而定者。(5)越南局勢日形緊張，美出兵可能性甚小，故加強其自衛力量實有迫切需要，越方既向我方告急，我方是否可予供應，懇請鈞座裁奪電示。[94]

　　對於越南政府請臺灣代製手榴彈及槍榴彈，以加強其民防武器，蔣中正總統在 11 月 15 日批示：「可撥國造手榴彈二萬顆，但由越南自行運輸才行」。[95]該批手榴彈，上頭需消除臺灣任何標誌符號和文字，使用說明書亦譯成越南文。原先越南聯絡美國，擬請美方從沖繩派機運送，但遭美方拒絕。越南空軍僅有 C-47 型機，載運量甚小，且需顧慮停戰委員會之阻撓，故派機至臺灣載運該批手榴彈之可能性極小。[96]臺灣國防部允贈庫存國造 40 式手榴彈 2 萬枚，惟因運費問題無法解決，該批手榴彈迄未運越。[97]

[94] 國防部藏，案名：協助越南製造械彈案，駐越南李筱堯武官電國防部彭總長，民國 50 年 11 月 10 日。檔號：50_0800.4_4402_1_34_00045977。

[95] 國防部藏，案名：我駐越南軍事顧問團人員編組及工作情形，外交部長沈昌煥呈張群秘書長，事由：謹檢奉駐越袁大使第 160 號電一式二分請鑑核為禱，外東司第 964 號，民國 50 年 11 月 25 日。檔號：49_0440_2355_1_10_00041452。

[96] 國防部藏，案名：協助越南製造械彈案，駐越南李筱堯武官電國防部彭總長，民國 51 年 1 月 2 日。檔號：50_0800.4_4402_1_44_00045977。

[97] 中央研究院近史所檔案館藏，冊名：中越軍事技術協助，「中越軍事技術援助」，民國 50 年 2 月。外交部函行政院秘書處，外(61)東三字第 19277 號，民國 61 年 12 月 8 日。檔號：080.1/0001，民國 50 年 1 月 1 日至 53 年 2 月 28 日。

第五節　結　論

臺灣對南越的軍事援助，時間點是開始於 1960 年代初，是臺灣在 1958 年軍援印尼革命政府失敗以及臺灣金援新加坡勞工陣線於 1959 年敗於李光耀領導的人民行動黨後開始的。同時鑑於中共在 1959 年底開始協助北越擴建空軍，如援助飛機及訓練北越飛行人員等，所以蔣中正總統對於南越之反共同盟備感重視，對於南越提供全方位的援助，舉凡政治、經濟、社會、文化和軍事都給予協助。在非軍事援助方面，例如，派遣駐越南農業技術團、駐越南電力技術團。臺灣對於南越之軍援，大都集中於 1960 年代，1970 年初就減少，主要原因是南越在該一階段正好在建軍，軍事科技能力不足，臺灣可給予適時的援助。越南戰事到 1970 年代初，南越政府僅控制約六分之一的領土，大多數是沿海的城市，其他鄉下地區都為越共控制。1971-73 年越戰仍很熾烈，臺灣所提供的軟性軍援，並非南越所急需。

從國防部所公布的檔案中，約略可歸納臺灣軍援越南的項目包括政治作戰訓練、協建越南空軍、空中空投和運補、派遣心理作戰顧問、代訓蛙人、協助越南防空、贈送船艦及支援運輸、駐越軍事醫療隊、支援越南航空公司駕駛員。至於槍枝和子彈製造方面，雙方雖然談判過，惟由於越南工廠老舊，翻修所費不貲，以致於未能達成。

在原則上，臺灣和南越發展軍事合作，都是在美國同意或建議之下進行的，有些項目還是由美國主動提議或牽線，例如聘用臺灣飛行員駕駛美國飛機到北越、寮國和柬埔寨執行空投和運補任務，以及將臺灣戰機租借給南越空軍。臺灣成為幫助美國在越南進行圍堵北越共黨政策的配角，沒有美國的同意，臺灣很難在越南進行軍事合作。

至於較為特別的政戰訓練合作，剛開始時也是美國的提議，以後南越政府提出要求，尋求臺灣協助。1960 年，南越總統吳廷琰有感於其內部軍心不穩有軍人叛變，想向臺灣學習在軍中建立政戰系統，所以才展開兩國有關政治作戰訓練的計畫。1961 年 5 月越南軍方政治作戰研究班第一期開訓。然而，吳廷琰總統卻在 1963 年 11 月遭楊文明將軍發動政變而被

殺害，以後南越政局陷入軍人爭奪政權的漩渦，以致於最後在 1975 年 4 月亡國。南越軍人武德不良，臺灣雖施予政戰教育訓練，亦難以挽回瀕危的政局，終乃無效。南越亡國後，臺灣從此也退出對東南亞的軍事介入，也是蔣中正總統對外軍事援助的最後一次。

　　臺灣之所以對南越提供如此多樣的軍援，若認為臺灣這樣做是為了自身考慮。即欲獲得南越在聯合國繼續支持其代表權，此固然有理，但並非主要原因。若把南越和菲律賓做一比較，也許可得出一個清楚的觀點，臺灣一樣需要菲律賓在聯合國的一票，如同南越一樣，但臺灣並沒有對菲律賓提供像南越一樣多的軍援，主要的原因是美國之同意與支持、南越之需求，以及雙方反共之堅定立場，這些都是促使臺灣軍援南越之關鍵因素。

第五章
1960 年代臺灣與寮國之軍事合作關係

第一節　前　言

　　寮國是一個位在山區的小國，自 1893 年被法國納為保護國後即成為法屬印度支那之一邦，中斷了跟暹羅的朝貢關係。一直到二戰結束後，為了接收日軍投降，中國於 1945 年 10 月 4 日派遣第一方面軍第 93 師進抵老撾（寮國）永珍。11 月 6 日，第 93 師完成在寮國的解除日軍武裝及接收工作。中國軍隊禁止法軍的活動，解除在琅勃拉邦法軍的武裝。1946 年 2 月 28 日，中國和法國簽署重慶協議，中國決定撤出越南和寮國。4 月 24 日，中國軍隊從寮國撤出，移防給法軍，法軍重新佔領永珍。此後寮國就陷入法軍和越南獨立同盟（簡稱越盟）與寮國共產黨（簡稱寮共）衝突之泥淖中。

　　1950 年 2 月，中華民國國軍第 8 軍李國輝團和第 26 軍譚忠國團約有 1,700 名國民黨軍隊越過邊境進入緬甸和中國邊境的撣邦的景棟（Kengtung）（或景東），他們認為是在中、緬未定界內，[1] 拒絕離開緬甸所謂的「領土」和放下武器。他們活動的區域在大其力（Tachileik）和猛蓬（位在泰、寮、景棟的三角洲地帶，靠近湄公河三角洲的西岸，屬於景棟）一帶。該年底緬甸軍隊驅逐景棟以西的國民黨軍隊，國民黨軍隊退

---

[1]　胡慶蓉，滇邊游擊史話，中國世紀雜誌社，臺北市，民國 56 年 10 月印行，頁 68-70。
　　而滇緬邊區風雲錄──柳元麟將軍八十八回憶一書，則說當時退入緬境的大其力，國軍約有 2 千人。參見傅應川、陳存恭、溫池京訪問，滇緬邊區風雲錄──柳元麟將軍八十八回憶，國防部史政編譯局，臺北市，民國 85 年，頁 87。

至猛撒（Mong Hsat）和景棟，建立軍事總部。

有小股國民黨軍隊撤退進入寮國北部，臺灣國防部於 1950 年 7 月 17 日電曼谷陳武官稱，據報法國已同意臺灣在緬甸之部隊攜械進入寮國，條件另行談判。詳情如何，希即電復。[2]其結果可能是跟進入北越的國民黨軍隊一樣，法國要求他們解除武裝才能入境。基於此一顧慮，故大部分國民黨軍隊均留在景棟和寮國北部一帶。

寮國雖然於 1953 年 10 月 22 日脫離法國殖民統治而成為獨立國家，但越盟支持的寮共亦不斷在寮北的川壙和豐沙里進行叛亂活動，寮國陷入嚴重的內戰。緬甸在 1953 年 3 月 25 日向聯合國控告中華民國軍隊入侵，12 月案件最後獲得聯合國通過，故臺灣自 1954 年 2 月 14 日起，每天約有 150 人撤至緬境大其力附近的第一個接待站，然後由「民航空運隊」（Civil Air Transport，CAT）飛機自泰北之南邦或清萊空運臺北。[3]在 3 月 24 日，緬甸軍隊密集攻擊國民黨軍隊，控制猛撒機場。撤軍工作繼續進行，於 5 月 30 日宣布解除李彌將軍的司令職。至 9 月 1 日，結束撤軍工作，共撤出 5,742 名軍隊，881 名眷屬，177 名戰犯，186 名難民，都接運至臺灣。可能還有 3 千多名軍隊留在緬甸，他們拒絕前往臺灣，臺灣政府拒絕對他們負責。1955 年，在緬甸軍的壓力下，他們有些人逃至泰國境內。[4]亦有一些避入寮國北部。

1953 年 10 月 31 日，中華民國駐聯合國代表蔣廷黻公開聲明，中華民國政府不再支持該股國民黨軍隊及給予援助。從 11 月 8 日開始到 12 月 8 日為止，國民黨軍隊在緬甸境內先向緬甸政府投降及繳械，再越過邊境進入泰國領土，泰國政府接收他們之後把他們遣送回臺灣。第一批遣返臺灣的官兵及眷屬，總共約有 2,000 人。第二批撤返臺灣是從 1954 年 2 月 15 日開始到 3 月 12 日為止，撤出的官兵約有 3,000 人以及他們的家屬約

2　國防部藏，留緬國軍處理案，國防部電曼谷（請二廳代發），民國 39 年 7 月 17 日。檔號：39_0640_7421-2_1_101_00045165。

3　賴暋、任念祖編，中華民國史事紀要（初稿）—民國 43 年 1 至 6 月份，2 月 6 日，國史館出版，臺北縣，1988 年，頁 312-313。

4　Russell H. Fifield, *The Diplomacy of Southeast Asia: 1945-1958*, Harper & Brothers, Publishers, New York, 1958, p.209.

1,000 人。第三批是從 5 月 1 日至 7 日，撤出的官兵眷屬約有 2,000 人。
經由泰國實際遣返臺灣的人數總共有 7,785 人。在 1954 年 7 月日內瓦和
約簽署後，法軍在該年底撤出寮國，殘餘的國民黨軍隊仍留在寮北活動。
9 月 18 日，在撤出緬北的軍隊後，中華民國政務次長代理部務沈昌煥發
表聲明，將不再與留在緬北的國民黨軍隊維持任何關係，或給予任何支持
或援助。[5]從 1959 年 12 月開始，臺灣恢復對緬泰寮邊區的國民黨游擊隊
給予武器供應及派軍官施予軍事訓練。

　　本文係參考臺灣國防部和外交部以及美國國務院和中央情報局
（CIA）之解密檔案，進行一次檢閱，對解密的臺灣和美國官方檔案進行
對照研析，足以對 1960 年代臺灣和寮國的軍事合作關係理出一個初步的
輪廓，有助於瞭解冷戰時期臺灣在印度支那半島的軍事活動概況。由於軍
事關係涉及敏感，故有關檔案並未完全解密，仍有待繼續解密後才能看清
整個事件的來龍去脈。

第二節　臺、寮首度接觸

　　臺灣在 1954 年 3 月從緬甸猛撒撤出 5,747 名軍隊以及軍械彈藥，[6]沒
有撤出者則分別退入泰北和寮北山區，繼續進行反共游擊戰。

　　柳元麟將軍從 1957 年 12 月到 1958 年 10 月，在緬北實施「安西計
畫」，即訓練游擊隊突擊中國大陸西南邊區。[7]該項軍事行動與 1958 年 8
月 23 日爆發的金門砲戰有密切關係，為了牽制中共在福建砲擊金門，在
緬泰寮邊區的游擊隊騷擾中國大陸西南邊境地區。

　　1958 年 5 月，臺灣為加強臺、寮兩國之經濟合作，派遣東南亞經濟
考察團前往寮國訪問。11 月 17 日，臺灣政府與寮國政府達成協議，由中

---

[5]　「我政府發表聲明緬境游擊部隊撤離工作完成　拒絕勸導者顯非我所能左右我對彼等任
　　何行為不再負責」，中央日報，1954 年 9 月 19 日，版 1。
[6]　國史館藏，「領袖復行視事（二）」，蔣中正總統文物，柳元麟電蔣中正緬甸猛撒地區
　　全部撤完及已撤官兵眷人數及武器數量，1954/03/23。數位典藏號：002-090104-00002-
　　253。
[7]　傅應川、陳存恭、溫池京訪問，前引書，頁 106。

華民國在寮國首都永珍開設領事館，並於當日派情報司秘書丁于正為首任駐永珍領事館簡任總領事（待遇如同領事）。[8] 1959 年 1 月 5 日，中華民國駐寮國領事館正式在永珍成立。6 月，中華民國派經濟友好訪問團訪問永珍，就農業、礦業、畜牧、水利及工業各方面，作實地考察，並將考察結果向寮國政府提出具體意見，寮國政府表示希望中華民國政府提供必要的資金和技術，協助寮國改善經濟；同年 8 月，寮國經濟文化訪問團訪臺，並參加「中、寮文化經濟協會」成立大會。[9] 1960 年 7 月，應寮國政

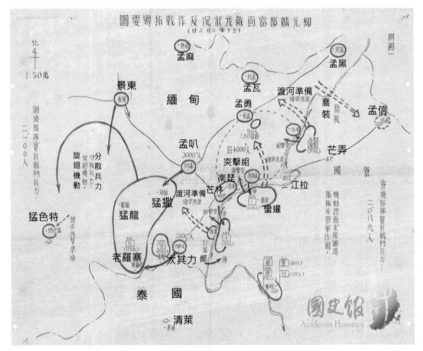

資料來源：國史館藏，「軍事—建立陸上第一反攻基地計畫大綱等」，蔣經國總統文
　　　　　物，數位典藏號：005-010202-00038-002，1961/02/02。
說明：原圖地名字跡不清楚，筆者重新標注地名。

圖 5-1：柳元麟部當面敵我狀況及作戰指導要圖

8　蕭良章、謝雄玄編，中華民國史事紀要（初稿）—民國 47 年 10 至 12 月份，11 月 17
　　日，國史館出版，臺北縣，1993 年，頁 605。
9　蘇子編著，寮國誌略，憲政論壇社出版，臺北市，民國 50 年，頁 74；華僑志編纂委員
　　會編纂，華僑志—寮國，華僑志編纂委員會印行，臺北市，民國 35-36 年。

府之邀，臺灣派遣技術專家王國琦、孫承謨、周庚森、吳雅銓等四人，前往寮國協助建立水泥與造紙工廠計畫，後因寮國變亂，該一計畫沒有付諸實施。

第三節　開啓雙邊軍事合作

在 1959 年有國民黨游擊隊約 500 人從緬甸進入寮北地區的回賽（Houayxay），控制寮國和緬甸交界的一個村子，寮國外長在 5 月 19 日請求美國促請臺灣撤出該批游擊隊。[10]

12 月 1 日，蔣經國告訴美國一位官員說，他決定空投小型武器給在緬北的國民黨游擊隊，其理由是據報緬甸軍隊將對該股國民黨游擊隊進行一次大規模攻擊。據稱臺灣的軍情局在 10 月進行一項稱為「黑旗」（Black Flag）演習，準備將約 200 公噸的武器和裝備空投到緬泰寮邊區的國民黨游擊隊。這批武器包括 2.36 和 3.5 英吋火箭發射器、60 和 80 厘米迫擊砲、75 厘米無後座力步槍、400 挺機槍、5,600 隻步槍。他們利用從新竹起飛的 PB4Y 飛機運送至上述地點空投。緬甸政府擔心中共軍隊利用攻擊國民黨游擊隊之機會進入其領土，再度提出警告，且呼籲美國控制國民黨游擊隊。[11]

1960 年 1 月，駐臺的美軍顧問團通知臺灣陸軍供應司令部兵工署稱寮國兵工署副署長鮑勞上尉（Capt. Sabandith Boun-Nao）及兵工保養官干費中尉（Lt. Tyaseuth Khamphoui）將抵臺參觀臺灣兵工外勤廠庫等單

---

[10] Central Intelligence Agency, U.S.A., "Chinese Nationalist Irregulars Enter Laos," *Central Intelligence Bulletin*, Daily Brief, 21 May, 1959, pp.7-8. https://www.cia.gov/readingroom/document/03156040
https://www.cia.gov/readingroom/docs/CENTRAL%20INTELLIGENCE%20BULL%5B15787493%5D.pdf　2021 年 2 月 23 日瀏覽。

[11] Central Intelligence Agency, U.S.A., "Nationalist China Decides to Resupply Nationalist Irregulars In Burma," *Central Intelligence Bulletin*, Daily Brief, 1 December, 1959, p.3. https://www.cia.gov/readingroom/document/03007350
https://www.cia.gov/readingroom/docs/CENTRAL%20INTELLIGENCE%20BULL%5B15787630%5D.pdf　2021 年 2 月 23 日瀏覽。

位。[12]他們原訂在 2 月 7-15 日抵臺參訪兵工設施，後延至 3 月 13 日抵臺。

　　美國中情局（CIA）的報告稱臺灣的 PB4Y 飛機於 1 月中旬從新竹機場運送武器裝備到緬泰寮邊區空投。下次空投時間約在 2 月 1 日。[13]

　　緬甸政府為了驅逐在其東北部的國民黨游擊隊，緬甸副參謀總長翁吉準將（Brigadier Aung Gyi）在 10 月份到中國北京簽署秘密的雙邊邊境協議，雙方允許對方軍隊進入其邊境 15 英里內追擊國民黨游擊隊。11 月底已有 2 千名中國軍隊據此協議進入緬甸境內，攻擊並重創國民黨游擊隊，該股國民黨軍隊人數約有 3,500 人，有戰鬥人員和非戰鬥人員及野戰醫院在遭到中國和緬甸聯合攻擊時退入寮北。[14]

　　1960 年 11 月 26 日，一架屬於「民航空運隊」的飛機在執行空投任務時在寮北的川壙（Xieng Khouang）失事墜落，該機是向第二軍區運送食品，該第二軍區是屬於親西方的反中立派佛瑪（Souvanna Phouma）的革命派控制。一名美國駕駛員受傷，已被送至曼谷醫治。[15]副駕駛員是董世良，他的飛機從臺北起飛，在寮北失事。[16]其所駕駛之飛機為民用航空

---

[12] 國防部藏，案名：寮國人士來華訪問案，陸軍總司令部函參謀總長彭上將，事由：為寮國兵工署副署長來華訪問由，(49)機杭字第 35 號，民國 49 年 1 月 21 日。檔號：49_166.12_3090_1_100011742。

[13] Central Intelligence Agency, U.S.A., "Nationalist China Planning Additional Support for Irregulars in Burma Border Area," *Central Intelligence Bulletin*, Daily Brief, 11 February, 1960, p.3.
https://www.cia.gov/readingroom/document/03004634
https://www.cia.gov/readingroom/docs/CENTRAL%20INTELLIGENCE%20BULL%5B15798752%5D.pdf

[14] Central Intelligence Agency, U.S.A., "Burmese Agreement Permits Chinese Communist military activities in Burma," *Central Intelligence Bulletin*, Daily Brief, 28 December, 1960, p.1.
https://www.cia.gov/readingroom/document/02993706
https://www.cia.gov/readingroom/docs/CENTRAL%20INTELLIGENCE%20BULL%5B15798730%5D.pdf

[15] 中央研究院近代史研究所檔案館典藏，冊名：董世良在寮駕機失事，Vientiane reports CAT plane crashes in Xieng Khouang．影像編號：020-011206-0001，1960,11-1962,03。

[16] 「董顯光博士公子董世良在寮國駕機失事身亡」，中央日報，1960 年 11 月 28 日，版 1。

局之飛機，上有中華民國國籍 B130 之記號。該局曾於韓戰時將該 B130
號機及其他六架飛機依據租用合約租予「民航空運隊」。其後「民航空運
隊」將該機租予美國航空公司一節，該局無案可稽。董世良原係「民航空
運隊」之副駕駛員，除持有中華民國飛機駕駛執照外，並持有美國駕駛執
照。臺灣駐泰國大使杭立武在 11 月 29 日致電外交部稱，美國航空公司租
用臺灣民航公司一架飛機，在 26 日上午 11 時在距離川壙 55.2 公里的石
罐平原（Plain Des Jarres）作腹部著陸（Belly landing）陷入坑中失事，機
上三人，二死一傷。董世良遇難。[17]

　　由於「民航空運隊」飛機之性質特別，為了釐清關係，交通部民用航
空局為此於 12 月 7 日邀請國防部、外交部、空軍總司令部、亞洲航空公
司、交通部航政局舉行會議，討論本國籍航空器在國外擔任特殊任務之相
關事項。國防部代表在會後所做的報告中說，1951 年間為解決滇邊游擊
隊之補給問題，國防部曾透過民航局洽由「民航空運隊」租用亞航飛機從
事特種任務飛航。會議主席決議請民航局函請國防部證實該種任務辦法已
無實施之必要。[18]

　　外交部出席該項會議的孫玉書幫辦後來寫了一篇報告，記載會議中談
到以下之要點：

　　（一）美航（Air America）係美籍航空公司，係亞航之投資人，故
在法律上雖有民航、亞航、美航三個公司，實際上則為一體，因此，民航
與亞航間，以及亞航與美航間，均訂有一種服務協約。依此民航應提供亞
航所需人員、器材，亞航應提供美航所需人員、器材。上述服務協約係一
種總括性之契約，並無年限限制。（二）上月底在寮國失事之飛機，即係
根據此協約所提供者。（三）美航機依據其與美國國際合作總署
（International Cooperation Administration，ICA）間之契約運載物資飛往

---

[17] 中央研究院近代史研究所檔案館典藏，冊名：董世良在寮駕機失事，杭立武電外交部，
1960 年 11 月 29 日，來電專號第 725 號。影像編號：020-011206-0001，1960,11-
1962,03。

[18] 中央研究院近代史研究所檔案館典藏，冊名：董世良在寮駕機失事，交通部民用航空局
函請國防部、外交部、空軍總司令部和亞洲航空公司，事由：開會通知，1960 年 12 月
5 日，安二(49)字第 561 號。影像編號：020-011206-0001，1960,11-1962,03。

寮國，乃係公開的一般性飛航，並無秘密的特種任務飛航性質。[19]

外交部對於上述會議所討論的各節，有不同的看法，外交部在 12 月 10 日函交通部稱，「依據 1944 年 12 月 7 日在芝加哥簽訂之國際民航公約第二十條規定，航空器擬作國際飛航時，應載明其國籍及登記標誌。如上述在寮國失事之飛機，即載有標明中國國籍之 B130 標誌。鑑於上一項所述民航、亞航與美航間之相互關係，及現存之服務協約規定，本部認為今後凡具有中國國籍標誌之航空器作國際飛航時，我主管機關實有對其事前審核，酌予控制之必要，以免萬一引起國際事端。」[20]

國防部亦在 12 月 19 日函覆交通部，稱自 1959 年以來，並未在國外作特種任務飛航。現已無此需要，將來如有需要，再行調整。[21]實則臺灣自該年底起恢復對緬泰寮邊區的空投，仍在進行特種任務飛航。

由於臺灣的飛機空投物資給緬北國民黨游擊隊是在泰國北部的機場加油，因此美國在 1960 年 12 月向泰國政府交涉，告知泰國政府美國不支持臺灣支援在緬北的國民黨游擊隊，勸請泰國政府停止與臺灣合作。[22] 1961 年 1 月，國民黨游擊隊遭中共軍隊和緬甸軍隊攻擊，游擊據點江拉（Keng Lap）和機場淪陷，一部分游擊隊越過湄公河退入寮國境內，總部設在南梗（Nam Kanne）。李文煥將軍帶領他的第三軍進入泰北清邁府的唐窩（Tham Ngob），段希文將軍帶領第五軍來到清萊府的美斯樂山

---

[19] 中央研究院近代史研究所檔案館典藏，冊名：董世良在寮駕機失事，外交部孫玉書幫辦出席交通部民航局會議報告，1960 年 12 月 8 日。影像編號：020-011206-0001，1960,11-1962,03。

[20] 中央研究院近代史研究所檔案館典藏，冊名：董世良在寮駕機失事，外交部函交通部，外(49)東一字第 020052 號，1960 年 12 月 10 日。影像編號：020-011206-0001，1960,11-1962,03。

[21] 中央研究院近代史研究所檔案館典藏，冊名：董世良在寮駕機失事，交通部函外交部，通航(50)0004 號，1961 年 1 月 12 日。影像編號：020-011206-0001，1960,11-1962,03。

[22] Office of the Historian, U.S.A., "44. Memorandum From Secretary of State Rusk to President Kennedy, Washington, February 20, 1961, Enclosure: United States Efforts to Effect Cessation of Government of Republic of China's Support of Chinese Irregulars in Burma-Laos Border Area," *Foreign relations of the United States, 1961-1963*, Volume XXII, Northeast Asia. https://history.state.gov/historicaldocuments/frus1961-63v23/d44　2021 年 1 月 27 日瀏覽。

（Doi Mae Salong）。[23]

　　臺灣國防部派遣黃德美少將赴寮國洽商雙方合作事宜，並於 1960 年 12 月 29 日和 1961 年 1 月 19 日先後報告蔣中正總統，關於支援寮國萬人救濟物資及降落傘二百具，由中華航空公司民航機擔任運送，預定每週實施兩架次，七週內運送完畢。1961 年 1 月 2 日和 13 日已先後運送兩批，使用 C-46 機和 C-47 機各二架次，第三批物資則因寮方未備妥所需油料而延後。上項支援物資除降落傘二百具係以存品撥運不需購置外，其餘均係自國軍裝備中暫時抽撥，必須籌款製作彌補，計需臺幣 194 萬 2 千元（含包裝費 5 萬元）。至對包用中華航空公司飛機費用已使用十四架次（連運傘具在內），計算最低共需 28,440 元。國防部支援柳元麟案代號為「武漢計畫敵後作戰」。[24]

　　1961 年 1 月，美國聽說寮國佛米（General Phoumi Nosavan）政府正在考慮支持該國民黨游擊隊用來對抗寮共，美國立即派人勸請佛米停止引入該國民黨游擊隊，以免使寮局陷入複雜的情況。[25]

　　1961 年 1 月 6 日，國防會議副秘書長蔣經國與美國中央情報局臺北站長克萊恩（Ray Steiner Cline）會談有關寮國情勢及蔣中正對「野龍計畫」（1960 年針對中國大陸和泰緬寮邊區進行策動大陸抗暴運動之「野龍聯合情報戰略計畫」）實施之指示，蔣經國認為寮國局勢嚴重，建議運用我方游擊隊以守衛寮北之猛醒（Mong Singh, Muang Sing）之構想。克萊恩答稱將此一建議報告華府，並稱美方由於國際政治之觀點，對於公開

---

[23] Kanjana Prakatwutthisan, *"Doi Mae Salong" Koumintang Yunnan Chinese Settlement*, Siamratana LP, Bangkok, 1995, p.16.

[24] 國防部藏，案名：請撥專款支援寮國物資，國防部長簽呈總統，事由：為呈報支援寮國物資狀況並請准予撥發專款辦理，恭請鑑核由。民國 50 年 1 月 26 日。後來國防部經過核查，總金額有錯，應為臺幣 192 萬 2 千元。檔號：50_0210_0562_1_1_00034589。

[25] Office of the Historian, U.S.A., "44. Memorandum From Secretary of State Rusk to President Kennedy, Washington, February 20, 1961, Enclosure: United States Efforts to Effect Cessation of Government of Republic of China's Support of Chinese Irregulars in Burma-Laos Border Area," *Foreign relations of the United States, 1961-1963*, Volume XXII, Northeast Asia. https://history.state.gov/historicaldocuments/frus1961-63v23/d44　2021 年 1 月 27 日瀏覽。

援助寮國，仍有所顧慮。蔣經國轉達蔣中正之「新龍計畫」實施之有關指示，即(1)一次可以空投 20 人小組之長程飛機之置備。主要空投在華南地區。(2)飛機基地問題。克萊恩因訂於 8 日前往馬尼拉，15 日返回臺北再商議。[26]

美國駐緬甸大使館在 1 月 12 日致電給美國國務院稱，大使館官員在 11 日會見緬甸外長私人顧問吳翁（U Ohn），後者說美國援助臺灣的武器正用來支援在緬境的國民黨游擊隊，希望美國促請臺灣停止軍援該游擊隊，以免引發緬人對美國的不滿。[27]

2 月 6 日，蔣經國副秘書長與克萊恩再度會談，克萊恩說，華府因鑑於寮國情況及中華民國游擊隊情況之混亂，特飭駐臺大使晉謁蔣中正總統轉呈下列建議，克萊恩特先告知下述諸事：(1)即刻停止對游擊隊之空中補給。(2)美國經外交途徑協助臺灣將游擊隊中之軍事幹部撤運來臺。(3)美國經外交途徑協助游擊隊中之非軍事及不欲來臺之人員就地解組，並改業為民。[28]

美國駐臺大使莊萊德（Everett F. Drumright）在 2 月 7 日會見蔣中正總統，要求臺灣停止空投軍備給國民黨游擊隊及撤出該軍隊，以避免使情勢惡化。他也促請臺灣與寮國和泰國政府協商，解除該股留下的軍隊的武器，使他們定居在該一地區。美國願意提供必要的協助。蔣中正總統同意考慮該一問題，再給美國答覆。最後蔣中正答覆同意從緬北撤軍及不再軍援留下的游擊隊，並要求美國協助重新安置那些撤出緬泰寮邊區返回臺灣及留在泰國或寮國的游擊隊員。更重要的，蔣中正要求臺灣、美國和寮國

[26] 國史館藏，「蔣經國與克萊恩會談紀要（一）/001」，蔣經國總統文物，副秘書長、克萊恩和韓楠於 1961 年 1 月 6 日會談重點追記。數位典藏號：005-010301-00001-001。
國史館藏，「中美關係（二）」，蔣經國總統文物，1961 年 4 月 10 日。數位典藏號：005-010100-00056-005。

[27] Office of the Historian, U.S.A., "41. Telegram From the Embassy in Burma to the Department of State, Rangoon, January 12, 1961, 3 p.m.," *Foreign relations of the United States, 1961-1963*, Volume XXIII, Southeast Asia. https://history.state.gov/historicaldocuments/frus1961-63v23/d41　2021 年 1 月 26 日瀏覽。

[28] 國史館藏，「蔣經國與克萊恩會談紀要（一）」，蔣經國總統文物，副秘書長與克萊恩於 1961 年 2 月 6 日會談記要。數位典藏號：005-010301-00001-004。

簽署協議，讓已退入寮國的約 3 千到 5 千名游擊隊員可以定居在寮國及保留其武器，以自衛對抗當地反對勢力。美國不贊同該項建議。[29]

2 月 8 日，美國總統甘迺迪（John F. Kennedy）、國務卿魯斯克（David Dean Rusk）、助理國務卿帕生斯（J. Graham Parsons）、國務卿之特別助理波連（Charles E. Bohlen）、國防部長麥納瑪拉（Robert Strange McNamara）、助理國防部長尼茲（Paul H. Nitze）、中情局局長亞倫・杜勒斯（Allen W. Dulles）、中情局計畫與協調特別助理畢色爾（Richard Bissell）和國防部副助理部長邦迪（W.P. Bundy）等人召開寮局會議，會中討論了以前在緬境內的、現在在寮國境內的國民黨游擊隊問題，也注意到將中正對於從寮國撤兵的消極態度。[30]

2 月 22 日，美國國務卿魯斯克致電美國駐臺大使館稱，臺灣已決定從緬北撤軍，那些不想撤至臺灣的人將解除武裝定居在寮國之外其他鄰國。臺灣若以美國飛機運送裝備給國民黨游擊隊是違反美國的規定。臺灣未能將這些游擊隊之活動告知美國，也違反臺灣在 1953-54 年表示對於這些游擊隊不負責任之承諾，將使美國和臺灣兩國友好關係趨於緊張。臺灣應公開採取行動擺脫跟該游擊隊的關係，否則美國將考慮採取步驟減少跟臺灣的合作。希望臺灣不要低估此影響雙邊友好關係的嚴重威脅。[31]

---

[29] Office of the Historian, U.S.A., "44. Memorandum From Secretary of State Rusk to President Kennedy, Washington, February 20, 1961, Enclosure: United States Efforts to Effect Cessation of Government of Republic of China's Support of Chinese Irregulars in Burma-Laos Border Area," *Foreign relations of the United States, 1961-1963*, Volume XXII, Northeast Asia. https://history.state.gov/historicaldocuments/frus1961-63v23/d44　2021 年 1 月 27 日瀏覽。

[30] W.W. Rostow, "Memorandum of the discussion on Laos," Cabinet Room, *The White House*, February 8, 1961. https://www.cia.gov/readingroom/docs/CIA-RDP80B01676R000800050001-0.pdf
https://www.cia.gov/readingroom/document/cia-rdp80b01676r000800050001-0　2021 年 1 月 23 日瀏覽。

[31] Office of the Historian, U.S.A., "5. Telegram From the Department of State to the Embassy in the Republic of China, Washington, February 22, 1961, 8:07 p.m.," *Foreign relations of the United States, 1961-1963*, Volume XXII, Northeast Asia. https://history.state.gov/historical documents/frus1961-63v22/d5　2021 年 1 月 23 日瀏覽。

　　莊萊德大使在 2 月 24 日攜帶魯斯克的訓令面見沈昌煥部長，措詞嚴厲，批評中華民國政府沒有遵守承諾，以美製飛機載運美國補給品供應寮北和緬北的非正規部隊，以及違反中華民國政府在 1953-54 年對於未撤人員不再擔負任何責任之諾言，還有未將該非正規部隊之活動通知美方，已使中（臺）、美現行友好關係，益趨緊張。美國為了維護其信譽，必要時將不顧犧牲中國（臺）利益。美國正考慮或將採取步驟，以減少其與中國（臺）之合作。該訓令最後還提到，莊萊德在訪問泰國時，泰外長告以曾與杭立武大使討論此事，杭大使說臺灣無法管控該股游擊隊。泰外長向莊萊德說，泰國可能改變政策，與緬甸合作，以對付此等強行入境行動。[32]

　　當 1950 年 6 月爆發韓戰後。美國對於在緬北的國民黨殘軍表達支持之態度，目的在制衡中共在朝鮮半島的進軍。當緬甸總統尼溫（Ne Win）於 1966 年 9 月 8-10 日訪問美國時，美國駐緬甸大使白羅德（Henry A. Byroade）在 1966 年 8 月 18 日替美國總統詹森（Lyndon B., Johnson）和國務卿魯斯克準備了一份備忘錄，其中曾談到國民黨游擊隊問題，他說他曾跟尼溫說他不否認美國支持在緬甸的國民黨殘軍，因為在 1951 年時它扮演了對抗中共的緩衝角色。他說是因為韓戰情勢有需要這樣做，但此項行動並非針對緬甸。[33]

　　到了 1961 年，情況有很大的改變，美國促請臺灣從寮國撤出游擊隊，可歸納出三個理由，第一個理由是，國民黨游擊隊在寮北活動，不僅無法撼動中共對雲南邊區的控制，還造成中共有藉口出兵進入寮北攻擊該游擊隊，此將使寮國內戰更為持續加劇。美國將與泰國政府協商，安置這些國民黨游擊隊人員，並給予協助。[34]

---

[32] 國史館藏，「軍事—沈昌煥葉公超等與美方代表談話紀錄」，蔣經國總統文物，美國駐華大使莊萊德來外交部訪晤沈昌煥宣讀收到之美國國務卿魯斯克訓令關於寮緬非正規部隊問題節要，1961 年 2 月 24 日。數位典藏號：005-010202-00098-002。

[33] Office of the Historian, U.S.A., "101. Memorandum From Secretary of State Rusk to President Johnson, Washington, September 3, 1966," *Foreign relations of the United States, 1964-1968*, Volume XXVII, Southeast Asia. https://history.state.gov/historicaldocuments/frus1964-68v27/d101 2021 年 1 月 27 日瀏覽。

[34] Office of the Historian, U.S.A., "42. Telegram From the Department of State to the Embassy in the Republic of China, Washington, February 4, 1961, 9:31 p.m.," *Foreign relations of the*

第二個理由是該股國民黨游擊隊為了籌措財源，他們種植鴉片或與鴉片買賣有關。緬甸軍隊在 1959 年攻打國民黨游擊隊時，在其中一個軍營中發現了三個嗎啡工廠，這說明他們參與毒品製造的行列。[35]李文煥和段希文控制了邊區的鴉片種植和買賣，他們以怒江（Salween River）為界來劃分彼此控制的範圍，段希文控制河的東部，包括緬甸撣邦的景棟，李文煥控制河的西部，包括剩下的撣邦一直北上到克欽邦（Kachin State）。他們之間透過收音機來聯絡，段希文控制區至少建立了 11 個廣播電臺，李文煥控制區則建立了 7 個廣播電臺。每一個電臺有 80-100 人防護著，在鴉片生產的旺季（10 月至第二年的 2 月），防護的人數會增加一倍。[36]

美國駐泰國大使詹森（U. Alexis Johnson）在 1959 年 6 月 29 日致函美國國務院東南亞事務辦公室主任柯撒（Eric Kocher）說，估計每年通過緬甸國民黨游擊隊控制區的鴉片有 300 公噸，假如能將該股游擊隊肅清，則可大大降低鴉片數量。假如能消除鴉片市場，則可降低國民黨游擊隊的供應來源，那就可將他們逐出其目前的控制區。[37]

第三個理由是，臺灣在緬北支持國民黨游擊隊，將影響緬甸和美國之關係，東南亞國家會以為係美國在背後支持臺灣這樣做，影響美國與東南亞國家合作的機會。[38] 1961 年 2 月 15 日，一架由臺灣大陸救災總會雇用

United States, 1961-1963, Volume XXIII, Southeast Asia. https://history.state.gov/historical documents/frus1961-63v23/d42　2021 年 1 月 27 日瀏覽。

[35] Kajudphai Burutphat, *Ethnic Minority in Thailand,* Praepittaya, Bangkok, 1976, p.276.

[36] Kanjana Prakatwutthisan, *"Doi Mae Salong" Koumintang Yunnan Chinese Settlement*, p.25.

[37] Office of the Historian, U.S.A., "522. Letter From the Ambassador in Thailand (Johnson) to the Director of the Office of Southeast Asian Affairs (Kocher), Bangkok, June 29, 1959," *Foreign relations of the United States, 1958-1960*, Volume XV, South and Southeast Asia. https://history.state.gov/historicaldocuments/frus1958-60v15/d522　2021 年 1 月 27 日瀏覽。

[38] Office of the Historian, U.S.A., "44. Memorandum From Secretary of State Rusk to President Kennedy, Washington, February 20, 1961, Enclosure: United States Efforts to Effect Cessation of Government of Republic of China's Support of Chinese Irregulars in Burma-Laos Border Area," *Foreign relations of the United States, 1961-1963*, Volume XXII, Northeast Asia. https://history.state.gov/historicaldocuments/frus1961-63v23/d44　2021 年 1 月 27 日瀏覽。

的民用航空飛機在滇緬邊區空投救濟物品，在緬境與緬甸戰鬥機發生空戰，後在泰國境內墜毀。[39]國民黨游擊隊已取走機上武器和彈藥。緬甸向泰國要求准予派人調查該架飛機，遭泰國政府拒絕。美國駐緬大使斯諾（William P. Snow）於 19 日陪同緬甸總理吳努（U Nu）乘飛機前往緬甸邊境的欽嶺，視察緬軍擄獲自國民黨游擊隊的武器。[40]

緬甸在 2 月 21 日爆發反美大示威，暴民攻擊美國大使館，搗毀家俱、破壞汽車，抗議美國在背後支持國民黨游擊隊在緬北的活動。負責遠東事務的副助理國務卿史替福斯（John M., Steeves）對此感到不滿，他說美國政府曾多次公開聲明不支持國民黨游擊隊，禁止使用美國裝備支援該支游擊隊。他說這次示威是緬甸新聞媒體的炒作，此影響到美國和緬甸長期的友好關係。[41]

2 月 28 日，蔣經國再度與克萊恩會談，在會談記錄中曾記載蔣經國表示，至 2 月 17 日為止，在寮國之國民黨軍隊約有 3,036 人，包括戰鬥和非戰鬥人員，臺灣準備撤退在緬、寮游擊人員，臺灣雖尚未獲得美方之答覆，但已開始預為準備，現將派遣高級人員前往。克萊恩表示同意臺灣之意見，並已通知美國駐泰、緬官員，美方將不再正式覆文。克萊恩認為臺灣應立即指示該地人員停止戰鬥，等候撤還。臺灣應派員與泰、寮政府接洽，尋求適當之集中待運地點及基地，並保障待運人員之安全，可請美方協助辦理。[42]從該項紀錄可知，臺灣要撤出在寮國和泰國的軍隊，曾與美國商量並獲得美國協助。

蔣經國副秘書長與克萊恩、韓楠、梅萊理再度於 3 月 2 日會談有關撤軍問題，克萊恩說，華府指示認為此次在寮、泰之（撤軍）行為，在外表

---

[39] 「空投救濟大陸逃出難胞　我民用機一架　竟遭緬甸擊落」，中央日報，1961 年 2 月 17 日，版 1。

[40] 「泰國拒絕緬甸　調查墜毀飛機」，中央日報，1961 年 2 月 21 日，版 1。

[41] Office of the Historian, U.S.A., "45. Telegram From the Department of State to the Embassy in Burma, Washington, February 21, 1961, 9:41 p.m.," *Foreign relations of the United States, 1961-1963*, Volume XXIII, Southeast Asia. https://history.state.gov/historicaldocuments/frus1961-63v23/d45　2021 年 1 月 27 日瀏覽。

[42] 國史館藏，「蔣經國與克萊恩會談紀要（一）/007」，蔣經國總統文物，1961 年 2 月 28 日、1961 年 3 月 11 日。數位典藏號：005-010301-00001-007。

上應盡力顯示其純為臺灣之行為，以避免國際政治之牽涉，故建議以使用臺灣空軍飛機為原則，不使用美軍飛機。蔣經國說，有關技術細節，俟明、後日由小組討論，臺灣派孔令晟為代表，希美方亦指派代表。其次，臺灣派賴名湯將軍率小組前往泰國，協商有關撤運事宜。然後再去寮國後，即返回臺北，其餘人員則留在該地，繼續處理有關事務。撤運時，人員均攜帶隨身裝備，眷屬則擬在最後撤運。撤運所需之後勤支援，如飛機油料等，希美方允予援助。撤運返臺之人員之安置問題，亦希美方考慮援助。[43]

　　臺灣政府在美國的壓力下，於 3 月 5 日宣布願意接收從緬泰寮邊區撤出的游擊隊，撤軍的費用由臺灣政府來負責，但只接收自願回國的人，對於自願留下來的則任其自決。[44]

　　3 月 11 日，臺灣、泰國、美國以及緬甸代表在曼谷召開四國會議，討論國民黨游擊隊問題。同一天，蔣經國與克萊恩舉行會談，蔣經國表示將從泰、緬、寮之游擊人員全數撤運來臺，採自願原則。在屏東機場設立接運休息站，在鳳山設立接待站，在烏日撥用 5,500 人營房暫時駐紮。回臺之官兵眷屬以總統名義先發每一官長新臺幣 200 元、士兵 100 元、眷屬每口 100 元，做為慰問金。其生活問題由國防部研究解決。眷屬及非軍事人員，則請安全分署協助安置。據賴名湯副總長電告，初步統計回臺人數約有寮國 2,200 人、泰緬 2,300 人、眷屬 1,100 人、難民 450 人，總計 6,050 人（其中官兵約 4,500 人）。段希文部有部分人員不欲回臺，要求待機潛入雲南從事地下反共工作。衣復恩署長先帶領小組至泰北的烏洞和清萊預作準備。[45]

　　國民黨游擊隊從寮北撤退，其武器軍備無法同時運返臺灣，柳元麟部現有械彈擬贈給寮國。1961 年 3 月 14 日，國防部與蔣經國副秘書長研

---

[43] 國史館藏，「蔣經國與克萊恩會談紀要（一）」，蔣經國總統文物，副祕書長與克萊恩、韓楠、梅萊理於 1961 年 3 月 2 日會談紀要。數位典藏號：005-010301-00001-009。

[44] Kanjana Prakatwutthisan, *The Left-behind Kuomintang Soldiers in Northern Thailand*, p.77.

[45] 國史館藏，「蔣經國與克萊恩會談紀要（一）/012」，蔣經國總統文物。數位典藏號：005-010301-00001-012。

究，擬按照美援械彈不宜贈與，國造械彈可以贈與之原則辦理。但國防部長在 3 月 14 日午前面報蔣中正總統，再與蔣經國副秘書長研議，認為上述原則仍有不妥之處，為避免今後引起國際糾紛，及任何方面有此藉口，擬改按下述原則辦理：(1)美援械彈，寮方原無者，不宜贈與。原有者，可以贈與。(2)國造武器不宜贈與，惟部分武器如能適用，可酌贈與。(3)贈與物資為其包裝，應注意其標幟之滅跡或銷毀。並請寮方特別注意。[46]

3 月 14 日，一位新聞記者寇多克司（Lucien Coudoux）看到了約有 1,200 名的國民黨游擊隊在湄公河沿岸寮國境內的班惠賽（回賽）（Ban Houei Sai）出現，正在渡河進入泰國，他們攜帶美式步槍、機關槍、迫擊砲、火箭砲。一個月後，在永珍的中華民國領事館官員報告說，國民黨政府的飛機運送 4,000 名軍隊從南塔（Nam Tha）到班惠賽（回賽）。這就是為何美國努力說服蘇聯在寮國問題上進行合作的主要原因，因為美國正協助寮國對抗寮共的叛亂。[47]

3 月 15 日，臺灣、泰國、美國以及緬甸四國會議最後達成協議，將全數國民黨游擊隊撤回臺灣。

這次撤軍是從 3 月 17 日開始至 4 月 30 日結束，共派遣 24 架次的 C-46s 運輸機與 20 架次的 C-119s 運輸機運送，回臺的總人數共有 4,349 人，為「雲南反共救國軍」的第一軍、第二軍和第四軍。而李文煥將軍率領的第三軍和段希文將軍率領的第五軍則留下，滯留在泰國邊境的大約有 4,000 人，包括軍人 2,600 人，他們的家屬 1,400 人；滯留在寮國邊境的約有 1,700 人。[48]蔣中正總統派遣鄭介民與葉翔之前往會晤李文煥和段希文，傳達命令他們留下滇邊伺機待命。[49]

1961 年 7 月，寮國前國防部長、現任國會副議長翁薩納尼康（為飛

---

[46] 國防部藏，案名：泰寮偏區游擊部隊補給支援案，國防部長簽呈總統，事由：為柳元麟部械彈轉贈寮國案簽請核示，最急件極機密第 34 號，1961 年 3 月 14 日。檔號：48_701.4_5013_6_12_00030165。

[47] Arthur J. Dommen, *Conflict in Laos, The Politics of Neutralization*, Praeger Publishers, New York, 1971, revised edition, p.193.

[48] Kanjana Prakatwutthisan, *op.cit.*, p.78.

[49] 沈克勤，使泰二十年，臺灣學生書局，臺北市，2002 年，頁 319。

霞航空公司董事長，中華航空公司在寮飛機即係由該公司承包）以私函請
臺灣支援中型武器和輕型武器裝備其游擊隊。參謀總長彭孟緝以寮局尚未
澄清，為免捲入國際漩渦，似不宜給予援助。擬仍由中華航空公司在寮國
人員與他保持聯繫。爾後視情況再做考慮。[50]

　　臺灣在 1961 年曾贈送寮國軍服 15,000 套。1961 年 10 月 3 日和 10
日，駐永珍領事廖德珍兩度會晤寮國首相歐謨（Prince Boun Oum），歐
謨又要求臺灣再贈送 1,500 套軍服，包括鞋襪在內。[51] 11 月 2 日，臺灣
由中華航空公司 DC-4X1 飛機將上述軍服運抵百細（Pakse）。[52]

第四節　臺、寮建交

　　1962 年 2 月 9 日，臺灣駐永珍領事館升格為總領事館。

　　2 月 21 日，一架臺灣派出的 C-47 飛機在寮國上空失蹤，該機以寮國
VAK 公司為名，駕駛員為臺灣空軍退役軍人，該機主要負責空投任務，
上載白米 2000 公斤、81 厘米迫擊砲彈藥 350 公斤、寮國空投兵 4 員（均
無武器）。[53]

　　3 月，寮國公共工程暨交通部長昂・沙那尼功（Ngon Sananikone）伉
儷及工程部次長普安喬（Phouang Keo Phanareth）等訪臺，除參觀臺灣土
改成果與農家各項工業建設及金門外，並訪問外交、經濟、交通等部部

---

[50] 國防部藏，案名：寮共武裝叛亂情形，參謀總長彭孟緝簽呈總統，事由：為呈寮國國會
　　副議長函請援助謹請核示由。民國50年7月24日。檔號：48_0440_3090_1_5_00041457。
[51] 中央研究院近代史研究所檔案館典藏，冊名：贈寮軍服及救濟寮國難民，駐永珍領事廖
　　德珍電外交部，1961 年 10 月 13 日，來電專號：413。1961 年 10 月-1962 年 7 月。影
　　像編號：020-011208-0004。
　　國防部藏，案名：寮共武裝叛亂情形，參謀總長彭孟緝簽呈總統，事由：寮國總理歐謨
　　請求支援軍服一千五百套，民國50年10月21日。檔號：48_0440_3090_1_6_00041457。
[52] 中央研究院近代史研究所檔案館典藏，冊名：贈寮軍服及救濟寮國難民，1961,10-
　　1962,07。外交部電駐永珍廖領事，1961 年 10 月 31 日，機要室發電第6440號。影像編
　　號：020-011208-0004。
[53] 國史館藏，「專案計畫—新生計畫快刀計畫成功計畫等」，蔣經國總統文物，國史館
　　藏，永珍烏鋮電空總黃副署長報告 C-47 機在寮失蹤情形，1962 年 2 月 22 日。數位典
　　藏號：005-010100-00029-001。

長。5 月 11 日，寮國首相歐謨親王、副首相兼國防部長溥美（佛米）將軍率團訪臺，晉謁蔣中正總統，會晤行政院長陳誠。14 日離臺。17 日，臺、寮兩國政府發表聯合聲明，宣布正式建交，臺灣駐永珍總領事館升格為大使館。但北京在 6 月 23 日宣布與佛瑪達成協議，在寮國聯合政府組成後，雙方將建交。6 月 29 日，臺灣政府特派駐泰大使杭立武兼駐寮大使。7 月 1 日，臺灣駐寮國大使杭立武從曼谷前往永珍，7 月 2 日，寮國聯合政府承認中華人民共和國。4 日，寮國聯合政府代理外長波爾西納（Quinim Pholsena, Kinim Pholsena）說，寮國計畫與中華民國、中華人民共和國，以及南越和北越建立外交關係。他還說希望至少避免若干此一外交技術所帶來的棘手問題，而將敵對政府的大使館設在不同的城市，他說：「我們在等待著來自臺北和北京的大使，我們將有北越及南越的大使館。但是他們將不在同一個城市。一個將設於琅勃拉邦，另一個將設在永珍。」[54]永珍為行政首都，大多數外國大使館都設在此。而琅勃拉邦為國王薩凡（Savang Vatthana）所選的皇都。7 月 5 日，臺、寮航空協定簽訂生效。顯見當時寮國組成左中右三派聯合政府，在外交政策上採取中立主義，宣布有意與所有友好國家建交。在佛瑪首相的觀念裡，假如中華民國和中華人民共和國願意在永珍設大使館，都可獲得永珍的同意。但臺北和北京都不會同意同時在永珍派駐大使館。6 日，臺灣外交部發言人孫碧奇即宣稱臺灣不會同意寮國此一「兩個中國」的作法。

　　9 月 4 日，寮國國王薩凡主持國務會議，同意聯合內閣的決定，同意與曾要求和寮國建交的國家建立外交關係。換言之，寮國已同意和中華人民共和國、東德、南越、北越、捷克等國建交。7 日，寮國宣布與中華人民共和國建交，臺灣在當晚即宣布與寮國斷交。臺灣與寮國從建交到斷交前後只有 3 個月零 20 天。[55]12 日，臺灣駐寮國大使館下旗撤退。

---

[54] 簡笙簧、王正華編，中華民國史事紀要（初稿）—民國 51 年 7 至 9 月份，7 月 4 日，國史館出版，臺北縣，2000 年，頁 56-57。

[55] 簡笙簧、王正華編，中華民國史事紀要（初稿）—民國 51 年 7 至 9 月份，9 月 7 日，頁 638。

資料來源：文化部國家文化資料庫，http://nrch.culture.tw/view.aspx?keyword=%
E6%AD%90%E8%AC%A8&advanced=&s=572380&id=0006455137&
proj=MOC_IMD_001#。

圖 5-2：1962 年 5 月 14 日陳誠副總統在機場歡迎來訪的寮國首相歐謨親王

資料來源：文化部國家文化資料庫，http://nrch.culture.tw/view.aspx?keyword=%
E6%AD%90%E8%AC%A8&advanced=&s=572380&id=0006455137&
proj=MOC_IMD_001#。

說明：左起寮國佛米將軍、歐謨親王、陳誠副總統兼行政院長、行政院副院長
王雲五、外交部長沈昌煥

圖 5-3：1962 年 5 月 14 日陳誠副總統在機場歡迎來訪的寮國首相歐謨親王

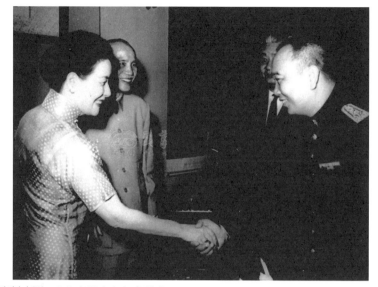

資料來源：文化部國家文化資料庫，http://nrch.culture.tw/view.aspx?keyword=%
E6%AD%90%E8%AC%A8&advanced=&s=572384&id=0006455141&
proj=MOC_IMD_001#。

說明：右一為國防部長佛米將軍，右二為首相歐謨親王。

圖 5-4：1962 年 5 月 14 日蔣中正伉儷接見來訪的
寮國首相歐謨親王和國防部長佛米將軍

第五節　經寮國到緬、泰之敵後工作

　　1961 年 3-4 月，臺灣空軍軍機將緬東北、泰北和寮北游擊隊員撤運
回臺灣，此為第二次自緬泰寮邊區撤退游擊隊回臺。自願留在當地的其他
人員則屯駐泰北和寮北邊境地帶。進入泰國境內的反共游擊隊，獲得泰國
政府的允許，暫時安置在清邁以北的邊境地區。留在泰北的國民黨軍隊指
揮官是段希文，他的軍隊之主要根據地在美斯樂（Mae Salong），其軍事
裝備仍繼續由臺灣供應。進入寮北的少數國民黨游擊隊應仍是由段希文指
揮。

　　臺、寮雖然在 1962 年 9 月斷交，但雙方仍維持密切的軍事合作關
係。1962 年 9-10 月，臺灣援助寮國草綠色人字布野戰軍服一萬套及西裝

材料費新臺幣 117 萬 9,383 元。[56]

　　1964 年 10 月 13 日，寮國前副首相佛米將軍訪臺，並於該日下午會見蔣中正總統。蔣中正除鼓勵寮國要保存政治和軍事實力，以待時機外，還勸其多與越南的阮慶（按：阮慶將軍和陳善謙將軍在 1964 年 1 月 30 日清晨發動不流血政變，阮慶出任總理）聯繫。[57]寮國副參謀長兼永珍軍區司令阿布海（Kouprasith Abhay）將軍於 1966 年 8 月 20 日偕夫人訪問美國，回程時經過日本，於 9 月 19 日從檀香山抵達東京。停留日本一周，於 10 月 12 日至 17 日抵臺訪問。此為其第二度訪臺。他曾隨前首相歐謨於 1962 年 5 月訪臺。臺灣積極拉攏寮國政要，主要是為了在聯合國代表權問題上投票支持臺灣，過去寮國一直投棄權票。

　　1966 年 1 月 31 日至 3 月 12 日，臺灣國防部情報局派遣副局長李天山前往菲律賓、越南、寮國、泰國、新加坡和馬來西亞視察。李天山在寮國時會見寮國部隊總司令溫拉提功少將、副總司令龔巴式少將、總參謀長烏東准將及參謀本部有關各處長與第一軍區司令甘准將、第六軍區司令堪潘准將、回賽駐軍茨珍上校等，並由寮方派遣專機飛寮北及泰寮邊境視察。寮方暗示將來可支援我方空運補給（包括中華航空公司飛機之利用和寮方機場及飛機之利用），而經由回賽或沙日布里省之寮泰邊境地區，可將補給品自湄公河偷運泰境。[58]

　　6 月 25 日，臺灣國防部情報局為了籌劃建立中國西南邊區游擊武力，各項武器裝備將假道寮國空運，派遣副局長李天山少將前往永珍，與國安局駐寮國負責人葉長青兩次會晤寮國三軍總司令溫拉提功中將、第一副總司令兼第五軍區（永珍）司令龔巴式阿派（即阿布海）中將、參謀長

---

[56] 國防部藏，案名：服裝製造費，聯合勤務總司令部函主計局轉呈參謀總長彭上將，事由：密不錄由，(52)世字第 0834 號，民國 52 年 8 月 20 日。檔號：45_2053.2_7724_5_74_00035629。

[57] 國史館藏，「中寮關係」，蔣經國總統文物，國史館藏，1964 年 10 月 13 日。數位典藏號：005-010100-00078-001。

[58] 國史館藏，「敵後工作（二）」，蔣經國總統文物，國防部情報局長葉翔之呈部長（蔣經國），事由：關於建立大陸西南邊區游擊武力計畫綱要及對段希文、李文煥兩部處理之研究兩案，1966 年 3 月 22 日。數位典藏號：005-010100-00103-007。

烏東沙拉尼功少將，另與第二副總司令雲潘少將（兼南部地區指揮官）亦曾晤面，並與北部地區指揮部參謀長汶詹上校進行協調，北部地區指揮官由溫拉提功兼任指揮官，駐龍坡邦（琅勃拉邦），協商結果甚為圓滿，寮國軍方同意與臺灣合作，由我方以無標誌之 C-46 機將武器從臺灣運至永珍，再由寮軍以 C-47 機兩架次轉運回賽，並由駐回賽寮軍使用機動木船負責轉運南梗（Nam Kanne）（必要時由臺灣自行負責），南梗至泰境基地之運輸，則由臺灣負責。C-46 機於黃昏進駐寮國永珍機場後，利用夜暗將第一部分（白色）之軍品卸下，轉裝於預置之 C-47 機。另一部分（黃色）暫密存機場軍方倉庫。C-46 機於次晨飛返臺北。寮軍轉運是由寮國三軍副總司令兼第五軍區司令龔巴式將軍負責，以寮方軍令辦理一切卸載轉運事宜。

臺灣之此項行動，保守秘密，不願讓美國知道。寮軍方表示，為了保密，從永珍到回賽，甚至從回賽至南梗之運輸，將會循其軍令系統辦理。雙方並協調出萬一洩密，引起美方查詢時，則以「寮軍方協助臺灣假道運輸武器經緬北支援大陸游擊工作」為答詞。

李副局長曾提出寮軍機運輸費用，可由我方比照民航運費付給，龔巴式表示不收費用。至回賽方面，由回賽到南梗之運輸，由寮方供應船隻，協助本案之官兵因須將軍品面交南梗我方人員，汶詹上校表示應付酬金。俾可責成其加強保密。寮軍方希望臺灣供應之第二批軍服布料早日運寮。[59]軍情局將此項軍品運到泰北的計畫稱為「劍蘭計畫」，為「符堅計畫」[60]第一階段運補部分。

---

[59] 國史館藏，「敵後工作（二）/003」，蔣經國總統文物，葉翔之呈蔣經國關於建立西南邊區游擊武力各項裝備武器假道寮國運往案已派李天山前往與寮軍方協調獲致同意擬即開始辦理，(55)貞動（三）字第 0795 號，1966 年 7 月 9 日。數位典藏號：005-010100-00103-003。

[60] 符堅計畫為在滇緬邊區成立游擊武力，至 1968 年 12 月已有四個大隊，共 1800 人。國史館藏，「敵後工作（二）」，蔣經國總統文物，葉翔之呈蔣經國遵指示研擬充實滇緬邊區游擊武力加強對共游擊作戰方案，1968 年 12 月 11 日。數位典藏號：005-010100-00103-002。

資料來源：文化部國家文化資料庫，http://nrch.culture.tw/view.aspx?keyword=%
E5%AF%AE%E5%9C%8B&advanced=&s=694472&id=0004976165&p
roj=MOC_IMD_001#。

**圖 5-5：1965 年 12 月 8 日行政院長嚴家淦接見來訪的
寮國議長培薩拉尼唐等**

1966 年 12 月 12 日，國家安全局函國防部情報局稱：「寮國堪星上校及豐沙里省長兼游擊總指揮趙旺納相有意與我方合作派遣人員前往雲南工作，希研議。」國防部情報局認為豐沙里為從事滇南地區大陸工作之有利地區，乃決定由國安局駐寮工作組和情報局駐寮 4012 站與寮方進一步研商具體合作計畫。後來又接到國安局於 1967 年 2 月 17 日和 18 日兩函，稱：「據永珍工作組轉據寮方參謀總長溫拉鐵（提）功將軍面告，寮北馬利道地區（位於豐沙里與雲南交界處）駐有雲南人及邊區民族二千餘人，有武器四百餘件，目前該區派人至鑾巴拉邦（琅勃拉邦）尋找武器及通訊器材之支持，溫將軍同意臺、寮合作共同秘密進行本案，為進一步了解馬利道情況，並同意由寮方出面由臺、寮雙方會同派員攜帶武器裝備、電臺，用直升機在馬利道著陸，允許我方在該地區發展游擊武力。」情報局立即遵照指示，命駐寮 4012 站由永珍派遣陳君明會同原駐鑾巴拉邦（琅勃拉邦）之尹寶仲在鑾巴拉邦（琅勃拉邦）與溫拉鐵（提）功將軍、趙旺納相上校及寮北指揮部詹汶上校會商進行本案有關事宜。

　　情報局認為馬利道是一個適合做為基地的地區，於是派尹寶仲率電臺臺長張士興及馬利道來聯絡之人員李東福、張老、刀張菜、李張生、倉林晨、及卡族人莫楚等六人，另寮方派遣工作人員三人，電臺一部由寮方派遣軍機或向美方洽借直升機自鑾巴拉邦（琅勃拉邦）空降馬利道附近地區，與義民楊福安取得聯繫，建立滇邊基地，將來在寮國境內之人員可佯稱為寮國游擊隊，原則上寮方得予以指揮運用，對「臺灣大陸工作及在滇邊境內之人員由中方（臺灣）指揮運用。」[61]

　　1967 年 1 月 2 日，寮國舉行國會選舉，要選出 59 席，佛瑪派在該次選舉贏得 32 席，故仍由佛瑪續任首相。

　　該年 2 月，情報局駐寮單位派遣尹寶仲率領臺長及來聯人員赴馬利道建立工作組，初期以開展滇南地區大陸工作為主要任務，至發展游擊武力及臺、寮雙方運用方案，擬視將來達成目標再行研議。[62]

　　2 月 27 日，寮國第二軍區黃保（按：可能為蒙（苗）族領袖萬寶（Colonel Vang Pao））司令部突派專機將來聯人員李東福等六人調離鑾巴拉邦（琅勃拉邦），接往龍井基地，我方人員尹寶仲及張士興等二人未被邀同往。經向溫將軍查詢。溫將軍告以美方已知臺、寮合作之事，拒絕借予直升機運送。現所有人員只有以跳傘方式前往。李東福等六人係前往第二軍區接受跳傘訓練，並暗示美方亦有意與寮方合作。寮方似乎有避開我方或有與臺、美兩方作雙重運用之意圖。[63]

---

[61] 國史館藏，「敵後工作（二）/004」，蔣經國總統文物，葉翔之呈蔣經國報告該局駐寮單位與寮國合作派遣工作組至寮國北部豐沙里省馬利道區聯絡滇寮邊區反共武力開展大陸工作進行情形，56 安仁（一）字第 2431 號，1967 年 3 月 4 日。數位典藏號：005-010100-00103-004。

[62] 國史館藏，「敵後工作（二）/004」，蔣經國總統文物，葉翔之呈蔣經國報告該局駐寮單位與寮國合作派遣工作組至寮國北部豐沙里省馬利道區聯絡滇寮邊區反共武力開展大陸工作進行情形，56 安仁（一）字第 2431 號，1967 年 3 月 4 日。數位典藏號：005-010100-00103-004。

[63] 國史館藏，「敵後工作（二）/005」，蔣經國總統文物，葉翔之呈蔣經國報告關於與寮國合作派遣工作組至寮北馬利道地區連絡滇寮邊區反共武力案寮方突將來聯人員李東福等六人調離鑾巴拉邦意圖不明，(56)安仁（一）字第 2826 號，1967 年 3 月 11 日。數位典藏號：005-010100-00103-005。

　　臺灣原本計畫秘密和寮國進行合作在寮北建立前進基地，發展反共游擊武力，但後來美國知悉該項計畫，向寮國施壓，寮國遂停止和臺灣的合作。

　　美國不支持臺灣與寮北少數民族苗族的合作關係，因為美國中央情報局正在支持位在石罐平原周圍的蒙族（苗族）司令萬寶上校領導的軍隊，給予軍事援助，使其能對抗「越盟」和寮共。[64]萬寶上校撤離約7萬名居民到石罐平原南部山區，依賴美援戰爭物資，和「巴特寮」（Pathet Lao）（即寮共）進行了長達13年的「秘密戰爭」。美國和臺灣對於與寮北少數民族苗族進行合作的目標不同，臺灣想利用苗族建立反抗中共的力量，而美國是用來對抗寮共和「越盟」。美國因目標不同，及不想讓臺灣介入寮國事務，使局勢變成更為複雜，而未能與臺灣發展合作關係。

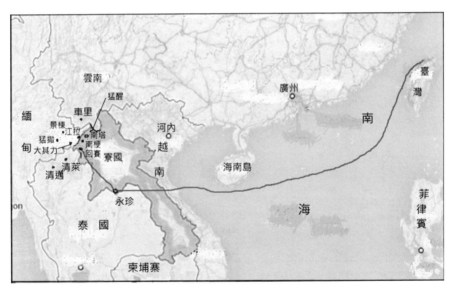

資料來源：筆者自繪。

圖5-6：1966年從臺灣運補寮北和泰北國民黨游擊隊航線

---

[64] Grant Evans, *A Short History of Laos, The Land in Between*, Allen & Unwin, Australia, 2002, pp.124-125.

資料來源：國史館藏，「敵後工作（二）」，蔣經國總統文物，國防部情報局長
葉翔之呈蔣經國，56 安仁(一)字第 2826 號，1967 年 3 月 12 日。數位
典藏號：005-010100-00103-005。

圖 5-7：泰北各游擊隊控制地區

第六節　結　論

　　早期國民黨殘軍在 1954 年退出緬東北後，有少數軍隊退入寮北，與中共進行游擊戰。1958 年，臺、寮建立領事關係，1959 年臺灣重又軍援寮北游擊隊。1960 年，在美軍之牽線下，臺、寮開始有軍事人員往來。在該年由設在臺灣的「民航空運隊」之飛機在寮國執行運補任務，且有臺灣駕駛員擔任運補工作。1961 年 1 月 2 日和 13 日使用 C-46 機和 C-47 機各二架次，先後運送兩批支援寮國萬人救濟物資及降落傘二百具，由中華航空公司民航機擔任運送。

　　基本上，美國不支持臺灣在緬泰寮邊區支援國民黨游擊隊，認為效果不大，且會影響美國與緬甸之關係。緬甸亦一再要求美國阻止臺灣空投武器給其境內的國民黨游擊隊。克萊恩在 1961 年 2 月 6 日與蔣經國副秘書長再度會談時，克萊恩特告知臺灣即刻停止對緬泰寮邊區反共游擊隊之空中補給，美國將經由外交途徑協助臺灣將游擊隊中之軍事幹部撤運來臺。3 月，臺灣撤退該股游擊隊回臺人數約有寮國 2,200 人、泰緬 2,300 人、眷屬 1,100 人、難民 450 人，總計 6,050 人（其中官兵約 4,500 人）。沒有撤退的國民黨游擊隊仍分別屯駐在泰北和寮北。臺灣在 1961 年曾贈送寮國軍服 15,000 套。1961 年 10 月再贈送 1,500 套軍服。

　　臺、寮維持四個月不到的邦交在 1962 年 9 月斷交，但雙方仍維持密切的軍事合作關係，寮國想利用該股國民黨游擊隊阻擋中共勢力南下支持寮共。臺灣在 1962 年 9-10 月援助寮國草綠色人字布野戰軍服 1 萬套。受到美國的阻止，臺灣停了約四年多的時間沒有空投支援該股國民黨游擊隊，到了 1966 年 6 月重新考慮在寮北建立秘密聯絡據點，於是和寮國政府達成秘密協議，由臺灣以無標誌之 C-46 機將武器從臺灣運至永珍，再由寮軍以 C-47 機兩架次轉運回賽，並由駐回賽寮軍使用機動木船負責轉運南梗，再運送軍品給泰北的國民黨游擊隊。1967 年，臺灣欲秘密和寮國合作在寮北建立前進基地，因美國反對而沒有實現。在寮北的國民黨游擊隊轉入泰北，繼續進行其反共事業。

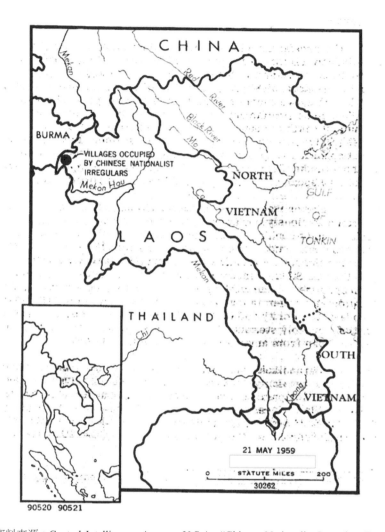

資料來源：Central Intelligence Agency, U.S.A., "Chinese Nationalist Irregulars Enter
　　　　　Laos," *Central Intelligence Bulletin*, Daily Brief, 21 May, 1959, pp.7-8.
　　　　　https://www.cia.gov/readingroom/document/03156040
　　　　　https://www.cia.gov/readingroom/docs/CENTRAL%20INTELLIGENCE%2
　　　　　0BULL%5B15787493%5D.pdf　2021 年 2 月 23 日瀏覽。

圖 5-8：美國中情局繪製的國民黨軍隊控制寮北的地區

第六章
1970 年代初臺灣對高棉之軍援

第一節　前　言

1958 年 7 月 24 日，柬埔寨與中國建交。臺灣在 10 月宣布終止與柬埔寨的領事關係，並關閉在金邊的領事館，以後臺灣和柬埔寨即沒有來往。

1970 年 3 月 18 日，柬埔寨國家元首施亞努（Norodom Sihanouk）前往法國和蘇聯訪問，總理龍諾（Lon Nol）、國會主席鄭興（Cheng Heng）、王族馬達克（Prince Sisowath Sirik Matak）親王發動政變，推翻施亞努政權，成立「高棉救國政府」，改採親西方外交政策，宣布與中國、北韓、北越斷交，而與泰國、南越、南韓恢復邦交。隨後臺灣駐泰大使館公使董宗山與李劍民秘書奉命訪問金邊，會見龍諾總理和外長康威（Koun Wick）。6 月 9 日，柬埔寨友好訪問團團長蘇瑞・薩門將軍率團於訪問南韓之後訪問臺灣，並與臺灣外長魏道明簽署聯合公報，強調促進兩國友好關係。蘇瑞也是高棉國防部參謀總長。[1]

6 月 16 日，臺灣駐泰大使沈昌煥訪晤泰國國務院長他儂，國務部長沙永、安全指揮部副參謀長堅塞（或譯為克里安薩（General Kriangsak Chomanan））院長、高級顧問維吉等皆在座，沈大使奉外交部指示將臺灣決定援助高棉事告知他儂，他儂院長聞悉，表示欣慰。他儂院長表示，渠

---

[1]　郭鳳明、高明芳編，中華民國史事紀要（初稿）—民國 59 年 1 至 6 月份，6 月 9 日，國史館，臺北縣，2002 年，頁 819。

擬即電龍諾總理，從速派遣代表團赴臺北。他又表示，至於臺灣軍援高棉
之運輸問題，似可先海運高棉之金磅遜港口或曼谷，再由陸路運往金邊。
[2]臺灣擔心其軍援高棉遭到泰國懷疑，所以事先知會泰國，取得諒解。

　　1970 年 7 月 24 日，臺灣派遣一個「中華民國駐柬埔寨代表團」駐金
邊，其主要任務在處理僑務和商務，以及瞭解柬埔寨當前反共反侵略的情
勢，提供一切可行及有效的援助。由臺灣駐泰大使館公使董宗山兼任臺灣
駐柬埔寨代表團團長。代表團雖無外交大使館的名義，但都享有外交人員
特權，執行正常的外交任務。10 月 9 日，控制金邊的龍諾將柬埔寨改為
共和國，稱為高棉共和國（Khmer Republic），由龍諾出任總理。以後臺
灣駐高棉的代表團改稱為「中華民
國駐高棉代表團」。11 月 21 日，
高棉工業部長普魯托，在結束訪問
韓國返國途中，順道來臺作為期 1
天的訪問。12 月 9 日，高棉農業部
長溫托穆、社區發展部長韓通合
（Hang Thun Hak）及高級官員等一
行 9 人，應邀抵臺訪問，考查臺灣
土地改革及農工業發展情形。12 月
19 日，高棉參議院主席翁森偕同參
議員施禮遜、方山、沈興與尹慶等
4 人，應臺灣立法院長黃國書的邀
請，抵臺訪問 6 天，主要目的在參
觀臺灣在農業、經濟各方面的進步
情形，加強兩國的友好關係。

　　臺灣極希望與高棉建交，但美
國卻提出反對意見，董宗山在 1971

資料來源："Lon Nol," *Wikipedia*, https://
en.wikipedia.org/wiki/Lon_Nol
2021 年 4 月 20 日瀏覽。

圖 6-1：龍諾總統

2　國史館藏，「外交—駐外單位之外交部收電（十）」，蔣經國總統文物，駐泰大使沈昌
　煥電外交部，1970 年 6 月 16 日，數位典藏號：005-010205-00155-024。

年 12 月 15 日致電外交部稱，據高棉海軍司令薩龍地告稱，龍諾總理表示，美國勸其務應嚴守中立，暫時不宜與臺灣建交，高棉不得不加以考慮。據薩龍地觀察，高棉現仍存觀望態度，須待美國總統尼克森（Richard Nixon）訪問北京後始可澄清，惟龍諾總理對臺灣極為友好，願與臺灣友好而不願與中共往來。[3]

儘管臺灣和高棉未能建交，但雙方在軍事合作方面卻有密切的發展，本文擬就高棉共和國存立期間（1970-1975 年）和臺灣的軍事合作關係作一分析。

第二節　綜合援助項目

一、無償援助軍服和醫藥器材

1970 年 7 月 27、30 日，臺灣駐柬代表團兩次電外交部，謂柬國希望臺灣提供(1)武器裝備；(2)服裝（草綠色軍便服、軍襪各 12,140 套。雨衣、軍帽、鋼盔、腰帶、長統帆布、膠鞋各 6,070 份。）；(3)適用於熱帶叢林池沼地區之醫藥器材；(4)通信裝備。國防部經檢討，訂定援助之原則為：(1)武器、通信裝備不予支援。(2)服裝部分：除庫存雨衣因係塑膠製品，印有國軍標誌，難以去除，擬不予支援外，其餘均依柬方請求，如數就庫存或製作支援，均無國軍標誌。(3)醫藥器材：以庫存現有存量內能適用於熱帶叢林池沼地區者，調撥支援，除去國軍標誌，共計 23 種可供 7 千人一月所需。以上援柬服裝和醫藥器材共計值 70,493 美元。[4]

8 月 6 日，臺灣同意援助柬埔寨服裝（草綠軍便服、軍襪各 12,140 份。軍帽、鋼盔、腰帶、長統膠鞋各 6,070 份。）和藥品器材（可供 7,000 人一月需要量之熱帶醫藥器材），自 8 月 7 日起以 C-119 運輸機運

---

[3] 國史館藏，「外交—駐外單位之外交部收電（十八）」，蔣經國總統文物，董宗山電外交部，1971 年 12 月 15 日，來電專號第 910 號。數位藏號：005-010205-00163-046。

[4] 國防部藏，國防部檔案，賴名湯簽呈總統，事由：為柬埔寨請求援助案簽呈鑑核，1970 年 8 月 5 日。檔號：59_0175.23_3750-4_1_93，總檔案號：00034437。文件號：059000 2563。

至柬國，以後在 8 月 14 日、8 月 21 日共分三梯次運送，代號為「惠遠演習一號計畫」。9 月 25 日，柬埔寨再度請求臺灣援助其 15,000 人份之服裝（包括草綠色野戰軍便服、軍帽、長統野戰膠鞋、黑軍襪、黑褲帶），獲國防部同意。[5]

二、協訓高棉飛行員

　　高棉請求臺灣代訓其飛行員，是緣起於「世界反共聯盟理事會」主席谷正綱於 1971 年 11 月 18 日訪問金邊時，會見龍諾總理，龍諾提議希望臺灣代訓其螺旋槳飛機飛行員，選派教官 15 至 20 名。谷正綱應允代為轉達其意給臺灣政府。[6]接著，高棉內閣會議代理主席陸軍中將馬達克在 1971 年 11 月 20 日致函臺灣行政院副院長蔣經國，他說高棉現有空軍飛行學生 225 人，空軍學校之能力有限，目前僅有 T-41 型教練機 10 架，明年始會增加 T-41 型教練機 5 架、T-28 型機 12 架。高棉缺乏具有合格之飛行教練，極希望臺灣能派遣 12 名至 15 名飛行教練至高棉，對高棉飛行學生施行訓練。[7]飛行教官之薪給待遇由臺灣負責，在高棉之食宿及其他便利由棉方負責。教練之任期及法律地位由臺灣決定。12 月 7 日，國防部同意派遣飛行軍官空軍上校武德欽等 6 人預定在 12 月 20 日以退伍軍人名義前往高棉，暫訂工作時間 1 年，出國費用及薪給暫由臺灣國防部負擔，以後再行商討。在任教期間，若遇於空中或地面死亡時，仍按陸軍現行撫卹規定辦理，若遇病傷時，則請高棉政府負責治療。至在高棉法律地位，則比照臺灣現駐高棉代表團團員之地位。[8]外交部將國防部之意見轉

5　國防部藏，國防部檔案，參謀總長賴名湯呈總統，(59)祥雲字 2867 號，1970 年 9 月 24 日。檔號：59_0175.23_3750-4_1_92，總檔案號：00034437。文件號：0590002867。

6　國史館，「外交—駐外單位之外交部收電（十七）」，蔣經國總統文物，董宗山電外交部，1971 年 11 月 18 日，來電專號第 889 號。數位藏號：005-010205-00162-062。

7　中央研究院近史所檔案館藏，外交部檔案，冊名：高翔專案，1971 年 11 月 22 日至 64 年 4 月 28 日。董宗山電外交部，1971 年 11 月 22 日，來電專號第 895 號。檔號：080/0001。

8　中央研究院近史所檔案館藏，外交部檔案，冊名：高翔專案，1971 年 11 月 22 日至 64 年 4 月 28 日。國防部函外交部，1971 年 12 月 7 日，(60)公德字第 4931 號。檔號：080/0001。中央研究院近史所檔案館藏，外交部檔案，冊名：高翔專案，1971 年 11 月

達駐高棉代表團團長董宗山。

　　國防部在 1971 年 12 月 24 日令空軍總部，遴派飛行教官前往高棉協助訓練該國空軍人員案，為維護軍機計，准予使用「高翔專案」代名。[9]

　　1972 年 2 月，高棉政府要求臺灣給予訓練其空地勤人員及 C-119 飛機年度檢修，臺灣國防部答覆以原則同意。後因 C-119 飛機過於老舊，且美國未提供維修經費，故高棉將該案擱置。至於代訓其空軍地勤人員，高棉意指由臺灣提供獎學金名額，讓高棉空軍飛行員至臺灣接受訓練。

　　4 月 15 日，高棉國防部長薩叔沙康少將致函臺灣駐高棉代表團，請求臺灣能於短期內加派飛行教官 6 人，協助代訓其飛行員。[10] 9 月 5 日，臺灣派遣空軍上校劉海空等 6 人以退役軍人身分前往高棉，任期 1 年，在高棉（在馬德望空軍官校）擔任飛行教官。[11]

　　1972 年 10 月 13 日，高棉空軍司令蘇沙多（So Satto）准將向董團長表示，高棉空軍飛行員人數過少，因受訓練設施及師資限制，目前自行訓練之員額難以滿足戰況之迫切需要，擬請臺灣代訓，所需訓練經費由臺灣先行代為計算，然後回覆高棉政府，俾編列預算。高棉請代訓之飛行員班級人數如下：(1) T-28 機訓練班 40 人，該型機為高棉空軍唯一之戰鬥機。(2) C-47 運輸機 20 人。(3) 直昇機班 10 人。[12]

---

22 日至 64 年 4 月 28 日。國防部令空軍總部，1971 年 12 月 24 日，緻律字 11376 號。檔號：080/0001。

[9]　中央研究院近史所檔案館藏，外交部檔案，冊名：高翔專案，1971 年 11 月 22 日至 64 年 4 月 28 日。國防部令空軍總部，主旨：遴派飛行軍官前往高棉共和國協助訓練該國空軍人員案，為維護軍機計，准予使用「高翔專案」代名，希遵照。1972 年 1 月 18 日，(61) 選御字 0162 號。檔號：080/0001。

[10]　中央研究院近史所檔案館藏，外交部檔案，冊名：高翔專案，1971 年 11 月 22 日至 64 年 4 月 28 日。駐高棉代表團代電外交部，1972 年 5 月 18 日，高 (61) 字第 315 號。檔號：080/0001。

[11]　中央研究院近史所檔案館藏，外交部檔案，冊名：高翔專案，1971 年 11 月 22 日至 64 年 4 月 28 日。國防部令空軍總部，1972 年 8 月 20 日，(61) 選御字第 335 號。檔號：080/0001。

[12]　中央研究院近史所檔案館藏，外交部檔案，冊名：高棉飛行員來臺受訓，1972 年 10 月 20 日至 62 年 12 月 10 日。駐高棉代表團電外交部，1972 年 10 月 20 日，高 (61) 字第 672 號。檔號：022.6/0001。

11 月 17 日，駐高棉代表團董團長電外交部稱，美國允在本年底以前援助高棉各種飛機 150 架，惟高棉缺乏飛行員，高棉國防部長塔布那宣希望由臺灣代訓其飛行員，如臺灣原則同意，則將派遣三軍總司令兼參謀總長菲能狄至臺灣簽署代訓協議。[13]

11 月 18 日，高棉外交部正式函請臺灣飛行教官武德欽等 6 人延長在高棉服務 1 年。臺灣國防部同意自 1972 年 12 月 21 日起延長任期 1 年。12 月 22 日，國防部核定空軍上校朱達富為「高翔專案」領隊。[14]

11 月 26 日，高棉空軍司令蘇沙多准將告知董團長，略以：(1)美國援助高棉之飛機，計 BU24 機 14 架、T-28 機 9 架、直昇機及 T41 機各 6 架，就地停火前究將續以何種機型飛機及架次援棉，美方拒絕透露。(2)美國現正在其本國代訓 C-119 運輸機飛行員及技工若干人，今後是否繼續代訓，亦拒絕說明。(3)為解決此問題，美方同意高棉洽請臺灣和泰國分別代訓，惟高棉參謀總長月中赴曼谷洽商未能談妥條件。(4)龍諾總統認為高棉和臺灣友情深厚，擬請臺灣全部單獨代訓。董團長告知對方說，我方需獲悉下述各項，方可考慮代訓可能性：代訓若干人、分為幾期，訓練何型飛行員、每型若干人，是否需要代訓地勤人員，美方已否承允負擔一切代訓安全費用及器材。[15]

由臺灣代訓高棉飛行員並非高棉政府可單獨決定，而需獲得美國首肯。主要原因是高棉財政困難，其請求他國代訓其飛行員，必須從美國軍援高棉的費用中支付，此需事先獲得美國之同意。

11 月 29 日，高棉情報局長普魯恩准將對駐高棉代表團胡德成上校說，駐越南美軍總司令魏揚德將軍於 11 月 27 日到金邊訪謁龍諾總統，提

[13] 中央研究院近史所檔案館藏，外交部檔案，冊名：高棉飛行員來臺受訓，1972 年 10 月 20 日至 62 年 12 月 10 日。駐高棉代表團電外交部，1972 年 11 月 17 日，來電專號第 360 號。檔號：022.6/0001。

[14] 中央研究院近史所檔案館藏，外交部檔案，冊名：高翔專案，1971 年 11 月 22 日至 64 年 4 月 28 日。國防部令空軍總部，主旨：核定空軍上校朱達富一員為高翔專案領隊，希遵照。1972 年 12 月 22 日，(61)選御字 5116 號。檔號：080/0001。

[15] 中央研究院近史所檔案館藏，外交部檔案，冊名：高棉飛行員來臺受訓，1972 年 10 月 20 日至 62 年 12 月 10 日。駐高棉代表團電外交部，1972 年 11 月 27 日，來電專號第 368A 號。檔號：022.6/0001。

及印支停火後，高棉陸軍改由泰國代訓、空軍改請臺灣代訓。[16]

　　12 月 30 日，高棉副參謀總長方蒙少將告知董團長，高棉和美國已就下述兩項達成協議，現正報請華府核示中。(1)高棉飛行員原則上由我方代訓，所需安全措施經費支援將由美駐高棉裝備交付小組與駐臺灣美軍顧問團協調辦理。(2)高棉請比照「高翔專案」請我方派遣高砲教官至高棉協調。[17]

　　1973 年 1 月 11 日，美國和高棉達成下述協議：(1)擬請我方分批代訓200 人，計 T-28 機 90 人、C-47 機 40 人、UH-IH70 人。(2)美方提供 T-28B 機 4 架，C-47 機 2 架，UH-IH 機若干架。施訓前運臺。(3)訓練所需油料、彈藥、零件、個人裝備及往返交通工具等由美方提供。(4)學生零用津貼由棉方負責。惟美方告稱，高棉財政枯竭，恐仍將由美方負責。(5)訓練設施、教官膳宿及前期必要英語訓練等擬請臺灣負責。[18]

　　2 月 17 日，高棉空軍司令蘇沙多將軍告知董團長稱，美國副國務卿蘇里文面告本月 15 日訪問高棉時，龍諾曾向其談及請臺灣代訓高棉空軍飛行員 200 人一事請予支持等語。[19]但 2 月 19 日董團長電外交部稱，據美國駐高棉軍援裝備交付小組副組長湯尼西（Turnipseed）上校告稱，有關擬請臺灣在臺代訓高棉空軍飛行員 200 人一事，經該小組呈奉美國國防部，電覆未予核准，亦未說明理由。[20]

[16] 中央研究院近史所檔案館藏，外交部檔案，冊名：援棉砲兵教官，1972 年 11 月 30 日至 64 年 3 月 28 日。駐高棉代表團電外交部，1972 年 11 月 29 日，來電專號第 373號。檔號：080.1/0004。

[17] 中央研究院近史所檔案館藏，外交部檔案，冊名：高棉飛行員來臺受訓，1972 年 10 月20 日至 62 年 12 月 10 日。駐高棉代表團電外交部，1972 年 12 月 30 日，來電專號第414 號。檔號：022.6/0001。

[18] 中央研究院近史所檔案館藏，外交部檔案，冊名：高棉飛行員來臺受訓，1972 年 10 月20 日至 62 年 12 月 10 日。駐高棉代表團董宗山電外交部，1973 年 1 月 11 日，來電專號第 424 號。檔號：022.6/0001。

[19] 中央研究院近史所檔案館藏，外交部檔案，冊名：高棉飛行員來臺受訓，1972 年 10 月20 日至 62 年 12 月 10 日。駐高棉代表團董宗山電外交部，1973 年 2 月 17 日，來電專號第 482 號。檔號：022.6/0001。

[20] 中央研究院近史所檔案館藏，外交部檔案，冊名：高棉飛行員來臺受訓，1972 年 10 月20 日至 62 年 12 月 10 日。駐高棉代表團董宗山電外交部，1973 年 2 月 19 日，來電專

7 月 19 日，臺灣國防部同意延長「高翔專案」第二批教官空軍備役上校劉海空等 6 人，自 1973 年 9 月 6 日起在高棉服務期限 1 年，至 1974 年 9 月 6 日止。[21]後高棉外交部函駐高棉代表團，稱第二批飛行教官 6 人

資料來源：國史館藏，「專案計畫─神龍計畫武昌計畫奉天計畫等」，蔣經國總統文物，1970 年 11 月 3 日。題名摘要：陳依凡呈蔣經國 C-123 組南三計畫實施越南柬埔寨及寮國境內之任務另蔣經國與安德樂談話紀錄。數位藏號：005-010100-00034-004。

圖 6-2：C-123 在越南、柬埔寨和寮國執行作戰之範圍

號第 484 號。檔號：022.6/0001。

[21] 中央研究院近史所檔案館藏，外交部檔案，冊名：高棉飛行員來臺受訓，1972 年 10 月 20 日至 62 年 12 月 10 日。國防部函外交部，1973 年 7 月 19 日，(62)奉旨字 2472 號。檔號：022.6/0001。

延長服務的年代是在 1973 年 9 月 10 日。[22]

　　柬埔寨公共工程及運輸國務部長塔巴那宜（Thappana Nginn）將軍（前國防部長）在 1973 年 7 月 23 日請求臺灣駐高棉代表團董團長派遣 15 名 C-47 及 C-123 運輸機駕駛員到高棉，協助其空軍擔任空運任務。因為美國空軍可能在 8 月 15 日停炸越共，高棉空軍駕駛員將全部擔任戰鬥任務，所遺後方空運工作，將委請臺灣空運人員負責。該批駕駛員將獲得與臺灣所派至高棉現服務於空軍官校之飛行教官之同等待遇。[23]

　　1973 年 8 月 30 日，高棉三軍總司令兼參謀總長菲能狄少將致函董宗山，提出兩點要求，第一，臺灣空軍與砲兵教官儘早返棉。第二，臺灣另

資料來源：“Khmer Republic,” *Wikipedia*, https://en.wikipedia.org/wiki/Khmer_Republic 2021 年 4 月 20 日瀏覽。
說明：左二為龍諾總理，右二為安格紐，右一為總統鄭興（Cheng Heng）。

圖 6-3：1970 年 9 月美國副總統安格紐（Spiro Agnew）訪問金邊

---

[22] 中央研究院近史所檔案館藏，外交部檔案，冊名：高棉飛行員來臺受訓，1972 年 10 月 20 日至 62 年 12 月 10 日。駐高棉代表團函外交部，1973 年 6 月 25 日，高(62)字第 451 號。檔案：022.6/0001。

[23] 中央研究院近史所檔案館藏，外交部檔案，冊名：C-47 機員赴棉代訓案卷第一冊，1974 年 3 月 2 日。中華民國駐高棉共和國代表團函外交部、國防部、安全局和空總部，主旨：「高棉共和國請求臺灣派遣十五名 C-47 及 C-123 運輸機駕駛員來棉，協助高棉空軍擔任空運任務，請核示」，高(62)字第 567 號。檔號：080.1/0001。

派 15 名 C-47 運輸機駕駛員至高棉，以便加強高棉的運輸能力。他們純擔任運輸及補給任務工作，不作任何戰鬥任務飛行。他們在高棉的居留時間最長不超過 6 個月。[24]

董宗山在 8 月 31 日致電外交部稱，美國大使館軍事裝備交付小組副組長湯勒普西上校告知董宗山：(1)美方已正式告知高棉請求臺灣政府遣返原有空軍及砲兵教官，並另派 15 名 C-47 運輸機駕駛員至高棉協助。(2)美方認為政戰應由高棉自理，臺灣似不必派員至高棉協助。(3)美方保證臺灣運輸機飛行員在安全地區擔任後勤補給任務，絕不飛臨戰鬥地區，以免意外。[25]

9 月 1 日，美國大使館副館長安德斯在龍諾總統的晚宴中對董宗山說，（一）隆波烈外長向其表示：(1)根據高棉駐臺灣代表團孟德諾（Kanthad de Montterro）團長報告，臺灣軍事人員撤退之原因係臺灣政府恐其陷入敵手，引起國際糾紛。(2)棉方亟需空軍教官、砲兵教官及 C-47 運輸機駕駛員，業已向臺灣正式提出請求。(3)為減少臺灣政府對上述人員之安全顧慮計，擬請美方代為設法。（二）安德斯向董宗山表示，美方深願臺灣政府同意棉方請求，並願保證在必要時將我方上述人員視同為美國國民，負責自馬德望及金邊撤退至安全地區等語。[26]

臺灣國防部認為高棉所講的派遣 15 名 C-47 運輸機駕駛員語意不清楚，因為每名駕駛員需配有副駕駛及其他機務人員，所以是指 15 組嗎？於是請高棉重新解釋 15 人是何意思。高棉回覆稱，改請派 10 組，含 C-

---

[24] 中央研究院近史所檔案館藏，外交部檔案，冊名：C-47 機員赴棉代訓案卷第一冊，1974 年 3 月 2 日。中華民國駐高棉共和國代表團董宗山致函外交部，事由：謹檢呈高棉三軍總司令兼參謀總長菲能狄將軍來函影印本及中譯本各乙份，敬請鑒察。1973 年 9 月 1 日，高(62)字第 668 號。檔號：080.1/0001。

[25] 中央研究院近史所檔案館藏，外交部檔案，冊名：C-47 機員赴棉代訓案卷第一冊，1974 年 3 月 2 日。中華民國駐高棉共和國代表團董宗山電外交部，來電專號第 784 號，62 年 8 月 31 日。檔號：080.1/0001。

[26] 中央研究院近史所檔案館藏，外交部檔案，冊名：C-47 機員赴棉代訓案卷第一冊，1974 年 3 月 2 日。中華民國駐高棉共和國代表團董宗山致電外交部，1973 年 9 月 2 日，來電專號第 789 號。亞太(62)字第 1482 號。檔號：080.1/0001。

47 運輸機飛行員在內。[27]

　　臺灣外交部對於高棉之請求，經詢明美國意見，9 月 19 日，臺灣駐美大使沈劍虹派遣陳衡力公使及程建人秘書至美國國務院會見副助理國務卿史特斯，史特斯認為臺灣願意重新派遣教官到高棉，為一極具價值之貢獻，美方甚為感激。美國同意臺灣派遣 10 組機員，僅限於協助訓練，不希望臺灣擔當其他更艱鉅之任務。[28]美國之意思是不希望臺灣參與高棉戰事，以免使高棉局勢趨於複雜。

　　因為公文往返以及詢問美國方面之意見，以致外交部至 11 月 9 日才致電董宗山，表示國防部原則上同意派遣 10 組飛行員，每組 3 人。由於臺灣已不使用 C-47 運輸機，故派遣人員需再經訓練，第一批 5 組飛行員將於 11 月下旬派赴高棉。第二批 5 組飛行員尚在遴選中，稍後成行。[29]11 月 17 日，國防部同意派遣空軍上校周榮桂等 15 名空軍人員以退伍軍人身分前往高棉，協助訓練其空軍運輸機人員，為期 1 年。[30]第一批 5 組共 15 名飛行員於 11 月 19 日抵達金邊。

　　國防部在前述派令中說明該 15 人之薪水，是由國防部支付，後發覺該筆經費高達新臺幣 480 萬元，故國防部在 11 月 22 日請外交部向高棉交涉由高棉支付。[31]後因美國援助高棉之 C-47 運輸機尚未全數到達金邊，

[27] 中央研究院近史所檔案館藏，外交部檔案，冊名：C-47 機員赴棉代訓案卷第一冊，1974 年 3 月 2 日。中華民國駐高棉共和國代表團董宗山致電外交部，1973 年 9 月 7 日，來電專號第 797 號。亞太(62)字第 1509 號，1973 年 9 月 8 日。檔號：080.1/0001。

[28] 中央研究院近史所檔案館藏，外交部檔案，冊名：C-47 機員赴棉代訓案卷第一冊，1974 年 3 月 2 日。華府沈劍虹電外交部，1973 年 9 月 19 日，來電專號第 107 號。亞太(62)字第 1571 號，1973 年 9 月 20 日。檔號：080.1/0001。

[29] 中央研究院近史所檔案館藏，外交部檔案，冊名：C-47 機員赴棉代訓案卷第一冊，1974 年 3 月 2 日。外交部電中華民國駐高棉共和國代表團董宗山，1973 年 11 月 9 日，去電專號第 755 號。檔號：080.1/0001。

[30] 中央研究院近史所檔案館藏，外交部檔案，冊名：C-47 機員赴棉代訓案卷第一冊，1974 年 3 月 2 日。國防部函外交部，主旨：核准空軍上校周榮桂等十五員（如附冊），以退伍軍人名義前往高棉共和國，協助訓練該國空軍運輸機人員，希照辦。1973 年 11 月 16 日，(62)奉旨字第 4101 號。檔號：080.1/0001。

[31] 中央研究院近史所檔案館藏，外交部檔案，冊名：C-47 機員赴棉代訓案卷第一冊，1974 年 3 月 2 日。國防部長高魁元函外交部，主旨：本部派赴高棉協訓 C-47 運輸機機員，所需各項費用，建議改由棉方負擔，敬請轉向該國政府交涉辦理惠復。1973 年 11

因此臺灣派遣之 5 組機組人員已足以勉強支應，故其餘 5 組機組人員可暫緩到高棉。[32]

11 月 1 日，高棉三軍總司令兼參謀總長菲能狄將軍致函臺灣駐高棉代表團稱，經美國和高棉雙方會商結果，擬請臺灣在臺灣代訓高棉空軍 C-47 機副飛行員 10 名，受訓學員已完成 T41 教練機訓練，能說法語、略通英語，訓練計畫為期兩月，並請臺灣提供 C-47 教練機，所需油料保養勤務及其他一切訓練費用均由美國軍援棉軍計畫（MAF）款項支付。請臺灣函覆所需訓練時間及全部經費。另據美國駐高棉軍援裝備交付小組副組長湯尼西上校告稱，往返交通費亦由軍援計畫支付，棉方提供譯員，彼已電知駐臺灣軍援顧問團請與臺灣洽商細節。[33]

11 月 6 日，臺灣國防部另派空軍上校李成林等 5 人前往高棉接替「高翔專案」第一批教官，協訓高棉空軍人員。他們以退役軍人名義於 12 月 15 日前往高棉，任期暫訂 1 年。各員均保留國內原支待遇，另有國外生活津貼。[34]

11 月 24 日，臺灣國防部同意代訓高棉空軍 C-47 機副飛行員 10 名，為期 9 週（學科訓練 1 週、飛行 8 週）。每員實施學科訓練 248 小時，飛行訓練 C-47 機每員 36 小時，C-11B 模擬機地面練習每員 15 小時。所需經費 41,000 美元由美軍援棉款項下支付（不包含來往機票及譯員費用）。[35]

月 22 日，(62)奉旨字第 4163 號。檔號：080.1/0001。

[32] 中央研究院近史所檔案館藏，外交部檔案，冊名：C-47 機員赴棉代訓案卷第一冊，1974 年 3 月 2 日。董宗山電外交部，1973 年 11 月 22 日，來電專號第 916 號。檔號：080.1/0001。

[33] 中央研究院近史所檔案館藏，外交部檔案，冊名：高棉飛行員來臺受訓，1972 年 10 月 20 日至 62 年 12 月 10 日。駐高棉代表團電外交部，1973 年 11 月 1 日，來電專號第 885 號。檔號：022.6/0001。

[34] 中央研究院近史所檔案館藏，外交部檔案，冊名：高棉飛行員來臺受訓，1972 年 10 月 20 日至 62 年 12 月 10 日。國防部令空軍總部，1973 年 12 月 6 日，(62)奉旨字第 4387 號。檔號：022.6/0001。

[35] 中央研究院近史所檔案館藏，外交部檔案，冊名：高棉飛行員來臺受訓，1972 年 10 月 20 日至 62 年 12 月 10 日。國防部函外交部，1973 年 11 月 24 日，(62)神登字第 4501 號。檔號：022.6/0001。

11 月 29 日，美方告知董宗山，高棉空軍 C-47 副駕駛 10 人、領隊 1 人及譯員 5 人，共 16 人，預定於 12 月 5 日抵臺受訓。[36]臺灣國防部洽詢在臺美軍，美方同意高棉空軍副駕駛及譯員，共 16 人於 12 月 10 日抵臺，12 日開訓。訓練費用 44,399 美元由美軍援棉款項下支用，預定受訓 10 週。[37]

關於臺灣派人前往高棉，到底任務為何？出現不同之意見。當初高棉三軍總司令兼參謀總長菲能狄少將致函董宗山，是要求我方飛行員擔任空中運補，而非協訓。國防部之派令則說是協訓。我方派遣之飛行員趙世燦在 11 月 21 日給空軍總司令一份報告，就稱董團長表示此次任務為空中運補，並無協訓。趙世燦認為在戰地上空執行運補相當危險，而且會對臺灣介入此一內戰帶來不必要的麻煩，因此他建議高棉政府將 C-47 機隊改組為一民航公司，然後他們以退伍身分駕駛該民航機隊，就不會有麻煩。其次，他認為此次任務屬於戰地空運，相當危險，故建議由我方增發戰地空運任務獎金。[38]

臺灣外交部於 12 月 7 日致函駐高棉代表團，轉達國防部之意見，基於安全考慮及參納美方之意見，決定臺灣派赴高棉之 C-47 飛行員之任務為協訓。外交部亦認為該團不宜擔當空運任務，以免萬一發生事故，致使臺灣遭致不利之國際影響。同時要求向高棉政府交涉由其負擔臺灣飛行員在高棉之費用。[39]

---

[36] 中央研究院近史所檔案館藏，外交部檔案，冊名：高棉飛行員來臺受訓，1972 年 10 月 20 日至 62 年 12 月 10 日。董宗山電外交部，1973 年 11 月 29 日，來電專號第 926 號。檔號：022.6/0001。

[37] 中央研究院近史所檔案館藏，外交部檔案，冊名：高棉飛行員來臺受訓，1972 年 10 月 20 日至 62 年 12 月 10 日。外交部電駐高棉董團長，1973 年 11 月 30 日，去電專號第 764 號。檔號：022.6/0001。
中央研究院近史所檔案館藏，外交部檔案，冊名：高棉飛行員來臺受訓，1972 年 10 月 20 日至 62 年 12 月 10 日。駐高棉代表團函外交部，1973 年 12 月 7 日，高(62)字第 901 號。檔號：022.6/0001。

[38] 中央研究院近史所檔案館藏，外交部檔案，冊名：C-47 機員赴棉代訓案卷第一冊，1974 年 3 月 2 日。趙世燦在 1973 年 11 月 21 日給空軍總司令一份報告。檔號：080.1/0001。

[39] 中央研究院近史所檔案館藏，外交部檔案，冊名：C-47 機員赴棉代訓案卷第一冊，

　　臺灣駐高棉代表團在 12 月 11 日覆函外交部稱已和高棉政府協商，同意改為協訓。其次，因為美國援助高棉的 C-47 運輸機遲未抵達，其餘 5 組機員暫緩派遣。至於由高棉政府負擔臺灣飛行員之國外生活津貼、往返機票及差旅費，尚在交涉中。[40]

　　1974 年 1 月 22 日，美國軍援高棉團及高棉空軍司令部均認為改為協訓後，高棉目前缺乏訓練飛機及場地設備不能從事大班隊訓練，擬請減為正駕駛 2 名、飛行機工長 2 名，共 4 名留在高棉協訓。其餘 11 名返國，並請臺灣應邀派員緊急支援。其次，高棉僅有國內外航線與空軍基地密集一處之普青東機場可供 C-47 機施訓，且戰爭正在距離機場 5 公里一帶進行，臺灣 15 名機員協訓任務一時無法執行。應否全部返國或應其所請留置 4 名協訓及留置人員姓名如何，敬祈核示。[41]

　　1 月 28 日，外交部通知駐高棉代表團派往高棉的 15 名 C-47 飛行員全數返國。1 月 31 日，15 名機員前往西貢搭乘華航班機返國。由於臺灣機員在高棉停留時間短暫，亦未執行任務，所支費用，未便再向高棉請求支付。[42]

　　6 月 20 日，高棉三軍總司令兼參謀總長菲能狄將軍致其國防部函，副本給臺灣駐高棉代表團，稱讚臺灣「高翔」第二組飛行教官劉海空等 6 人協訓高棉空軍，成效優良，對建立強大高棉抵抗共黨侵略，貢獻卓著，

　　1974 年 3 月 2 日。外交部電駐高棉代表團，主旨：我派赴高棉 C-47 運輸機機員之任務為協訓，請恰取棉方同意並具復，1973 年 12 月 7 日，外(62)亞太三 20379 號。檔號：080.1/0001。

[40]　中央研究院近史所檔案館藏，外交部檔案，冊名：C-47 機員赴棉代訓案卷第一冊，1974 年 3 月 2 日。駐高棉代表團函外交部，主旨：我派來棉 C-47 運輸機機員之任務業已洽獲棉方同意改為協訓，請鑑核。1973 年 12 月 11 日，高(62)字第 965 號。檔號：080.1/0001。

[41]　中央研究院近史所檔案館藏，外交部檔案，冊名：C-47 機員赴棉代訓案卷第一冊，1974 年 3 月 2 日。駐高棉代表團電外交部，1974 年 1 月 22 日，來電專號第 009 號。檔號：080.1/0001。

[42]　中央研究院近史所檔案館藏，外交部檔案，冊名：C-47 機員赴棉代訓案卷第一冊，1974 年 3 月 2 日。駐高棉代表團函外交部，主旨：我派來棉協訓之 C-47 機員已於元月 31 日奉調返國，因彼等留棉期間短暫，亦未執行任務，所支費用，不便再洽棉方負擔。復請鑒察。1974 年 2 月 25 日，高(63)字第 146 號。檔號：080.1/0001。

惟至本年 9 月，彼等留棉工作將屆 2 年，擬請臺灣政府同意延長其任期 1 年或另派一組人員。[43] 8 月 8 日，臺灣國防部另派空軍上校李懷芝等 7 人前往高棉，接替「高翔專案」第二組教官及第一組吳飛鵬中校，協訓高棉空軍人員。彼將於 8 月 31 日前往高棉，任期暫訂 1 年。[44]後改期在 9 月 8 日前往高棉。

11 月 29 日，臺灣飛行教官李成林等 5 人在高棉服務任期將於 12 月 17 日屆滿，高棉空軍司令部暨總參謀部希望臺灣同意其延長任期 1 年。[45]臺灣國防部同意李成林等 5 人自 1974 年 12 月 15 日起在高棉服務延長任期 1 年。

至 1975 年 3 月，高棉戰局不利於龍諾政府，臺灣飛行教官李成林等 12 人於 3 月 22 日撤退返國。

三、援助高棉砲兵教官

1972 年 11 月 21 日，臺灣外交部函國防部，稱高棉政府請求臺灣代訓飛行員及援助 155 以上口徑火砲。國防部將處理意見於 12 月 8 日函覆外交部，稱：

（一）關於代訓 T-28D 戰鬥機飛行員 40 人。國防部認為空軍現有 T-28D 戰鬥機數架可供官校教育使用，無法代訓。請高棉就下述兩案擇一辦理。第一，增派教官赴高棉就地訓練。第二，如必須在臺訓練，請高棉將美軍移交之 T-28T 戰鬥機運臺訓練，完畢後再運回高棉。

（二）C-47 運輸機飛行員 10 人。國防部同意代訓。

（三）DH-IH 直昇機飛行員 20 人。國防部認為空軍內受現有機數限

---

[43] 中央研究院近史所檔案館藏，外交部檔案，冊名：高翔專案，1971 年 11 月 22 日至 64 年 4 月 28 日。駐高棉代表團代電外交部，1974 年 6 月 20 日，高(63)字第 527 號。檔號：080/0001。

[44] 中央研究院近史所檔案館藏，外交部檔案，冊名：高翔專案，1971 年 11 月 22 日至 64 年 4 月 28 日。國防部令空軍總部，1974 年 8 月 8 日，高(63)字第 1737 號。檔號：080/0001。

[45] 中央研究院近史所檔案館藏，外交部檔案，冊名：高翔專案，1971 年 11 月 22 日至 64 年 6 月 1 日。駐高棉代表團函外交部，1974 年 11 月 30 日，高(63)字第 1025 號。檔號：080/0001。

制，均無能代訓。惟可派教官赴棉。或高棉運機來臺施訓。請高棉擇一決
定以便辦理。

　　（四）火砲及訓練援助案。請臺灣援助 155 以上口徑火砲並派員赴棉
代訓砲兵。國防部認為援助 155 以上口徑火砲，會影響國軍戰力，歉難同
意。如高棉火砲另有來源，可同意派教官一組前往代訓。[46]

　　臺灣能否派遣砲兵教官協訓高棉的砲兵？也非臺灣和高棉片面所能決
定。1973 年 1 月 11 日，臺灣駐高棉代表團蔣上校與駐高棉美方洽商，美
方同意擬請臺灣派遣砲兵教官 21 名至高棉協訓。派遣辦法擬請按照「高
翔專案小組」辦法辦理。美方和高棉均盼臺灣給予高棉士兵從基本訓練開
始的訓練，助其建立優良炮兵部隊，故訓練期限暫不決定。[47] 2 月 9 日，
駐棉代表團致電外交部對於上述報告提出細節說明，擬比照「高翔專案」
與高棉洽商下述各點：(1)協訓期限暫訂為 1 年。(2)往返旅費含定期返國
休假機票旅費等及在棉工作期間薪給由臺灣負擔。膳宿、當地交通、醫
療、警衛由棉方負擔。(3)法律地位比照臺灣駐高棉代表團團員辦理。[48] 2
月 17 日，臺灣國防部函外交部，同意先派遣 7 名砲兵幹部至高棉協訓，
以後再看在高棉工作狀況，再予增派。4 月 16 日，國防部派遣陸軍上校
王立邦等 7 人前往高棉協訓。本案使用「湯山二號計畫」代號，以維護機
密。[49]

　　臺灣派砲兵教官王立邦等人在高棉工作半年，後延長半年，於 1974

---

[46] 中央研究院近史所檔案館藏，外交部檔案，冊名：援棉砲兵教官，1972 年 11 月 30 日
　　至 64 年 3 月 28 日。國防部函外交部，1972 年 12 月 8 日，(61)猛攻字第 5620 號。檔
　　號：080.1/0004。

[47] 中央研究院近史所檔案館藏，外交部檔案，冊名：援棉砲兵教官，1972 年 11 月 30 日
　　至 64 年 3 月 28 日。董宗山電外交部，1973 年 1 月 11 日，來電專號第 426 號。檔號：
　　080.1/0004。

[48] 中央研究院近史所檔案館藏，外交部檔案，冊名：援棉砲兵教官，1972 年 11 月 30 日
　　至 64 年 3 月 28 日。代表團電外交部，1973 年 2 月 9 日，來電專號第 469 號。檔號：
　　080.1/0004。

[49] 中央研究院近史所檔案館藏，外交部檔案，冊名：援棉砲兵教官，1972 年 11 月 30 日
　　至 64 年 3 月 28 日。國防部函外交部，1973 年 4 月?日，(62)奉旨字 1117 號。檔號：
　　080.1/0004。

年 4 月 16 日屆期，搭機返國，高棉外交部請求臺灣另派人接替王立邦等
人。此案美國駐臺大使館參事費浩偉曾告訴臺灣外交部稱，高棉參謀總長
菲能狄已洽請美國駐高棉大使館轉請臺灣政府同意延長「湯山二號」砲兵
教官工作任期，或另派一組教官接替。[50]臺灣國防部在 5 月 7 日派遣陸軍
上校王懋楷等 6 人前往高棉擔任砲兵教官，任期暫訂 1 年。[51]

四、高棉派人來臺受政戰訓練

在軍事人員訓練方面，則有顯著的成效。從 1972 年 2 月 21 日至 5 月
13 日，高棉派遣特戰軍官來臺灣之特戰學校接受第五期政戰訓練，總共
有 7 人。[52]

6 月，高棉負責政治作戰和心戰之晉群（Chhoun Chhun）准將訪問臺
灣時，曾與臺灣國防部達成協議，並決定邀請王昇上將訪問高棉。高棉擬
依照此一協議派遣籌備作業人員連同譯員共八人，預定於該年 7 月底至臺
灣，接受為期一個月政治作戰訓練，其來回機票統由棉方自備，由臺灣負
責其在臺灣之食宿費用。[53]

臺灣國防部因為 7 月底場地受限，無法如期施訓。建議高棉將日期改
為 8 月 26 日「遠朋六號」學員合併開訓。惟由於王昇將軍於 7 月 12 日訪
問高棉時面允來臺受訓人員增為 10 員（學生 8 員、譯員 2 員），並仍於
7 月底抵臺，8 月 1 日開訓。[54]後來高棉又改為將派遣 10 名軍官到臺灣受

---

[50] 中央研究院近史所檔案館藏，外交部檔案，冊名：援棉砲兵教官，1972 年 11 月 30 日
　　至 64 年 3 月 28 日。外交部函國防部，1974 年 4 月 10 日，(63)亞太三 05070 號。檔
　　號：080.1/0004。

[51] 中央研究院近史所檔案館藏，外交部檔案，冊名：援棉砲兵教官，1972 年 11 月 30 日
　　至 64 年 3 月 28 日。國防部函外交部，1974 年 5 月 7 日，(63)睦貽字第 1568 號。檔
　　號：080.1/0004。

[52] 中央研究院近史所檔案館藏，外交部檔案，冊名：高棉來華政戰訓練案，1972 年 6 月
　　21 日至 64 年 9 月 4 日。外交部電駐高棉代表團，1972 年 6 月 24 日，外(61)亞太三第
　　12797 號。檔號：080.1/0003。

[53] 中央研究院近史所檔案館藏，外交部檔案，冊名：高棉來華政戰訓練案，1972 年 6 月
　　21 日至 64 年 9 月 4 日。駐高棉代表團電外交部，1972 年 6 月 28 日，來電專號第 171
　　號。檔號：080.1/0003。

[54] 中央研究院近史所檔案館藏，外交部檔案，冊名：高棉來華政戰訓練案，1972 年 6 月

訓，不包含譯員，所需中、棉文譯員由臺灣選派。後龍諾總統又增加一員，總共 11 人，於 8 月 3 日由晉群准將領隊抵臺。

9 月，龍諾總統表示將派遣大學生代表 30 人抵臺，接受有關青年組訓、青年在校及軍中之活動，施訓一個月，參觀臺灣經建成果及軍事設施。該批學生往返臺灣和高棉的費用自理，在臺食宿由臺灣支援。此事由救國團辦理，總政治作戰部協辦。後因籌辦不及，高棉大學生代表改在明年 4 月抵臺接受訓練。

1972 年 9 月 16 日，由臺灣代訓高棉「遠朋四號」學員 60 人開訓。

駐高棉軍事小組軍事顧問團郁光團長在 10 月 19 日電外交部轉國防部總政治作戰部主任羅友倫上將稱，「遠朋七號」送訓人員 50 人乘自備軍機於 10 月 25 日至臺灣。

1973 年 5 月 23 日，高棉接受臺灣政戰訓練學員含譯員共 61 名，搭乘高棉軍機 DC-4 抵臺。由於該機出境手續未辦妥，而延至 24 日抵臺。

1974 年 3 月 12 日，高棉政戰訓練學員 50 人及譯員 2 人抵臺接受訓練。由中華航空公司和高棉航空公司共同負擔單程機票費，回程機票費則由臺灣國防部負擔。[55]

12 月，高棉選送至臺灣政戰學校「遠朋班十六期」受訓學員 60 人（含譯員 2 人）。其中高棉國家安全會議諾漢少校等 15 人於接受「遠朋班」訓練後另在臺接受情報訓練兩週。[56]

五、駐高棉政戰團

1972 年 7 月 2 日，總政戰部主任王昇前往越南西貢訪問，於 4 日轉

---

21 日至 64 年 9 月 4 日。駐高棉代表團電外交部，1972 年 7 月 13 日，來電專號第 193 號。檔號：080.1/0003。

[55] 中央研究院近史所檔案館藏，外交部檔案，冊名：高棉來華政戰訓練案，1972 年 6 月 21 日至 64 年 9 月 4 日。外交部電駐高棉代表團，事由：高棉政戰人員來華受訓旅費事，1974 年 3 月 11 日，亞太(63)第 357 號。檔號：080.1/0003。

[56] 中央研究院近史所檔案館藏，外交部檔案，冊名：高棉來華政戰訓練案，1972 年 6 月 21 日至 64 年 9 月 4 日。駐高棉代表團函外交部，主旨：高棉選送臺灣政治作戰學校十六期受訓包林西納准將等學員六十員經分別發給外交及公務簽證請鑑備，1974 年 12 月 16 日，高(63)字第 1069 號。檔號：080.1/0003。

往金邊訪問。12 日，王昇代表臺灣政府與高棉國防部長塔巴那宜簽訂備忘錄，同意由高棉政府正式循外交途徑，邀請臺灣派遣軍事顧問團協助高棉建立政治作戰制度。[57] 8 月，臺灣成立「中華民國駐高棉政戰顧問團」，編制員額 10 人，由郁光少將任團長。9 月 12 日，該團啟程先至西貢，14 日，轉往金邊。在該團的協助下，高棉總統府設立政治作戰指導委員會，負責統一策畫與督導全國軍事與民事部門的政戰工作；同時並在參謀本部設立總政戰部，負責策畫及執行全軍的政治作戰工作，仿效臺灣的作法，在各軍種司令部以下的連級單位，由副主管兼任政戰主官。另外將高棉原有的心戰訓練中心擴編為政治作戰學校。[58]

然而美方對於臺灣派遣政戰團駐高棉持反對立場，1973 年 10 月 11 日，美國駐高棉代辦向董團長表示，臺灣駐棉政戰顧問團不宜返回高棉。董團長向外交部建議說臺灣政府已決定派遣郁光少將至高棉，僅能不告知美方，恐其發現後誤解臺灣在高棉別有政治企圖。倘告以臺灣基於臺、棉友誼，不便拒絕棉方請求，並說明不需其協助撤退，期獲諒釋，又恐其仍持異議，形成僵局，對臺灣均將不利。究應如何處理，請外交部電示。[59]

10 月 12 日，外交部電董團長稱，臺灣所以決定派駐高棉政戰顧問團，是基於維護與高棉的關係。不論在臺北或華府，美國從未就政戰團事向臺灣作任何表示。這次政戰團返回高棉，可不必通知美方，如美方詢及該團緊急撤退交通工具問題時，可請美方協助。如美方有困難，臺灣國防部表示可由政戰團自行設法。臺灣對高棉軍事及政戰支援，均係應高棉之邀請，此事美方知之甚稔。如駐棉美方人員對政戰團有所不滿，執事（按指駐高棉代表團）應將我方係應棉方之請，別無任何意圖，向美方剴切說明。總政治部及外交部已切告郁團長抵金邊後與高棉當局充分合作。[60]

---

57 陳祖耀，前引書，頁 255。

58 陳祖耀，前引書，頁 257-258。

59 中央研究院近史所檔案館藏，外交部檔案，冊名：駐高棉政戰團，1972 年 9 月 7 日至 64 年 4 月 14 日。董宗山電外交部，1973 年 10 月 11 日，來電專號第 840 號。檔號：020.2/0001。

60 中央研究院近史所檔案館藏，外交部檔案，冊名：駐高棉政戰團，1972 年 9 月 7 日至 64 年 4 月 14 日。外交部電駐棉董團長，1973 年 10 月 12 日，去電專號第 733 號。檔

　　1974 年 1 月 11 日，董宗山向外交部報告稱，關於政戰團應變辦法，經已親偕郁團長訪晤越南駐棉大使陳文福，彼承允於必要時派直昇機一架、警衛三人協助撤退所有政戰團人員 7 人。駐棉代表團鑑於上次撤退引起若干困擾，今後不便干預，且既有越南協助撤退，自須尊重越大使意見。駐棉代表團既欲美方代為撤退，亦須尊重美方意見，故實無法掌握撤退時間，遑論商決。且美代辦安德斯反對該團返棉，目前偕郁團長、蔣上校（國防部派）訪晤越大使陳文福時，彼又當面提及美方對於該團工作缺乏諒解。董團長更不敢向美方提出交涉。[61]

　　9 月 5 日，臺灣外交部為了因應高棉未來政治情勢發展，繼續維持臺、棉兩國軍事合作，以及免除美國之疑慮，將政戰團改名為「中華民國駐高棉共和國建設團」（簡稱「駐棉建設團」）。「駐棉建設團」與「駐越建設團」之性質相同，其成員必須獲得相當之職位身分，以資掩護而利工作推展。因此建議高棉政府給予「駐棉建設團」人員聘任技術顧問名義或臺灣外交代表團團員名義。[62]

　　臺灣國防部又於 11 月 22 日函外交部，稱建設團團長和參謀長，請給予代表團團員名義，其餘人員一律使用技術人員名義。[63]

六、政治作戰學校給予獎學金

　　政治作戰學校政治研究所從 1973 年起設立韓國、越南、泰國和高棉等四國獎學金。每國每年給予獎學金一名，每名每月給予獎學金新臺幣 2 千元，在校肄業期間，並免學雜膳宿費，均由國防部支給，其來往旅費，

　　號：020.2/0001。

[61] 中央研究院近史所檔案館藏，外交部檔案，冊名：駐高棉政戰團，1972 年 9 月 7 日至 64 年 4 月 14 日。董宗山電外交部，1974 年 1 月 11 日，來電專號第 992 號。檔號：020.2/0001。

[62] 中央研究院近史所檔案館藏，外交部檔案，冊名：駐高棉政戰團，1972 年 9 月 7 日至 64 年 4 月 14 日。國防部函外交部，1974 年 9 月 5 日，(63)澈涵字 9674 號。檔號：020.2/0001。

[63] 中央研究院近史所檔案館藏，外交部檔案，冊名：駐高棉政戰團，1972 年 9 月 7 日至 64 年 4 月 14 日。國防部函外交部，主旨：駐棉建設團協議書請轉董團長代表與棉方簽訂，請查照。1974 年 11 月 22，(63)澈涵字 12609 號。檔號：020.2/0001。

由申請人自理。本獎學金給予期限為兩年，必要時得延長1年。申請人應由各該國政府主管教育機構考選推薦。[64]

1973年2月，高棉外交部推薦中學教師倪安（Nget Oeurn）申請該獎學金。[65]倪安選擇駐高棉軍事顧問團團長郁光少將之夫人丁琛為監護人。[66]

七、對高棉空投補給品

臺灣空軍總司令陳依凡在1970年11月3日報告行政院副院長蔣經國，C-123組南三計畫於1970年全年內實施越南、柬埔寨及寮國境內之空投、空運及訓練任務共631架次、飛行總時間3,509小時40分鐘，運輸總重量970萬6,400磅。該年內所實施之任務中，包括作戰任務16架次，均為空投補給品；運補任務489架次，均為空運著陸；訓練任務126架次，為傘訓、空中攔截訓練及組合飛行訓練。C-123的飛機駐地在越南中部的芽莊，其執行的作戰任務16架次中。包括對越南作戰1架次、對寮國作戰2架次、對高棉東境的拉甘附近作戰1架次、對高棉的發隆作戰12架次。[67]所謂的「作戰」，應不是指實際作戰，而是指「空投補給品」。在中南半島對越共之作戰中，是以美國為主導，不會讓臺灣介入。C-123組是由臺灣和美國簽約，臺灣派遣飛行員駕駛美國的C-123機在中南半島執行空運和空投補給品任務。

---

[64] 中央研究院近史所檔案館藏，外交部檔案，冊名：政戰學校高棉獎學金案，1972年11月14日至64年2月3日。國防部函外交部，(61)哲從字12497號，1972年11月11日。檔號：080.1/0002。

[65] 中央研究院近史所檔案館藏，外交部檔案，冊名：政戰學校高棉獎學金案，1972年11月14日至64年2月3日。駐高棉代表團函外交部，1973年3月10日，(62)字第171號。檔號：080.1/0002。

[66] 中央研究院近史所檔案館藏，外交部檔案，冊名：政戰學校高棉獎學金案，1972年11月14日至64年2月3日。駐高棉代表團函外交部，1973年7月23日，(62)字第552號。檔號：080.1/0002。

[67] 國史館藏，「專案計畫—神龍計畫武昌計畫奉天計畫等」，蔣經國總統文物，題名摘要：陳依凡呈蔣經國C-123組南三計畫實施越南柬埔寨及寮國境內之任務另蔣經國與安德樂談話紀錄。數位藏號：005-010100-00034-004，1970年11月3日。

八、高棉軍事人員訪臺

1970 年 11 月，高棉計畫總署署長卜勒克查德訪臺，彼要求臺灣贈以無線電對講機 10 具。董團長建議若國內不便，擬轉請駐越南大使館就地採購 10 具運至高棉。[68]臺灣國防部同意比照臺灣安全局贈送其安全單位之相同無線電對講機 10 具。請外交部電董團長查詢棉方對講機之程式。國防部訂有援助高棉之原則，即僅援助服裝、藥品，不援助通信器材。[69]

高棉負責政治作戰和心戰之晉群准將一行 7 人於 1972 年 5 月 15 日抵臺訪問，考察臺灣之政戰制度，作為棉軍建立政戰制度之參考。[70]晉群准將有意與我方合作建立軍用廣播電臺，擴大對共黨心戰。

高棉副參謀總長方蒙少將於 1972 年 10 月 9 日訪臺，會見行政院長蔣經國。

10 月 30 日，高棉毛順堪（Mao Sun Khen）少將率團共 6 人無簽證從日本抵臺訪問，外交部通融先入境再補簽證。毛順堪是到韓國開會，結束後前往日本觀光，順道經由臺灣，應屬於私人觀光性質。駐高棉代表團認為高棉官員前往泰國、馬來西亞、新加坡及香港等地均無須簽證，可能誤認赴臺北亦無須簽證，此事航空公司似應負責。[71]

行政院院長蔣經國於 1973 年 5 月 17 日接見高棉總統政戰指導恩普偏准將。

1973 年 10 月 4 日，高棉國防部長烏賽（U Say）訪臺，參訪軍事基地和政治作戰學校。[72]行政院院長蔣經國在 10 月 8 日接見烏賽上將。

---

[68] 國防部藏，國防部國軍史政檔案，董宗山電外交部，來電專號第 193 號，1970 年 11 月 3 日。檔號：59_0175.23_3750-4_1_21，總檔案號：00034437。文件號：0000000000。

[69] 國防部藏，國防部國軍史政檔案，國防部擬辦簽呈，1970 年 11 月 7 日，聯四，三處。檔號：59_0175.23_3750-4_1_21，總檔案號：00034437。文件號：0000000000。

[70] 中央研究院近史所檔案館藏，外交部檔案，冊名：高棉軍事人員訪華，1972 年 1 月 18 日至 63 年 8 月 2 日。董宗山電外交部，1972 年 5 月 10 日，來電專號第 106 號。檔號：024.1/0001。

[71] 中央研究院近史所檔案館藏，外交部檔案，冊名：高棉軍事人員訪華，1972 年 1 月 18 日至 63 年 8 月 2 日。駐高棉代表團電外交部，1972 年 11 月 2 日，來電專號第 341 號。檔號：024.1/0001。

[72] 「高棉國防部長烏賽今將訪華」，中央日報，1973 年 10 月 4 日，版 1。

高棉第二副總理兼國防部長塔巴那宜於 1974 年 8 月 22 日訪臺，拜會國防部長高魁元和副總統嚴家淦。[73]

九、互設代表團

1971 年 6 月 27 日，高棉外長康威於赴韓參加慶賀朴正熙總統連任就職典禮前，應臺灣政府邀請來臺訪問。他在 29 日離臺時表示，為促進兩國間的來往與合作，高棉政府將儘速在臺灣設立一常駐代表團，以處理領事、商務及僑務事宜。9 月 1 日，高棉國會通過派公使銜參事級外交官為駐臺代表團團長，並於同月派孟德諾為團長。9 月中旬，臺灣派國貿局長汪彝定率貿易訪問團至印尼、新加坡、高棉等國訪問，並與高棉當局商討互訂貿易協定事宜，結果達成初步協議，簽訂「臺、高貿易協定草約」。10 月 19 日，高棉駐中華民國代表團首任團長孟德諾偕同夫人、子女及一名團員搭機抵臺履任。11 月 9 日，高棉派巡迴大使篤金率團訪臺。11 月 11 日，臺灣外長周書楷與篤金簽署「臺、高貿易協定」，加強兩國間的貿易關係。[74]

1972 年 3 月 14 日，高棉駐臺代表團團長孟德諾代表其政府贈給臺灣 1 千美元，作為賑濟去年風災災民之用。[75] 7 月 17 日，貝蒂颱風侵襲臺灣北部和東北部，孟德諾又代表其政府捐 1 千美元，以賑濟災民。

中華民國擬定「惠遠計畫」，準備替高棉裝備兩個師，另外有協助高棉砲兵的「湯山計畫」；協助空軍訓練的「高翔計畫」；協助政戰的「遠朋計畫」。由於美國反對臺灣對高棉提供太多支援，因此對於高棉的援助到 1975 年 1 月時已從積極支援裝備兩個師改變為有限度支援。[76]

1973 年 1 月 24 日，臺灣駐高棉代表團團長董宗山與高棉第二副總理

---

[73] 「嚴副總統接見高棉國防部長」，中央日報，1974 年 8 月 23 日，版 3。

[74] 史事紀要編輯委員編，中華民國史事紀要（初稿）—民國 60 年 10 至 12 月份，11 月 11 日，國史館，臺北縣，1974 年，頁 469-470。

[75] 史事紀要編輯委員編，中華民國史事紀要（初稿）—民國 61 年 1 至 3 月份，3 月 14 日，國史館，臺北縣，1980 年，頁 803。

[76] 遲景德、林秋敏訪問，林秋敏記錄整理，孔令晟先生訪談錄，國史館印行，臺北市，2002 年，頁 150。

兼財政部長宋聰（Sok Chhong）在金邊簽訂「臺、高家畜及飼料生產技術
合作協定」，依據該協定，臺灣將派遣 4 人畜牧技術團前往高棉，協助發
展家畜及飼料生產工作，同時並提供 6 名獎學金供高棉派員來臺受訓。[77]
4 月 3 日，董宗山又與高棉外長龍波瑞（Long Boret）在金邊簽訂「1973
年臺、高臨時航空協定」，開關金邊和臺北之間的航線，兩國將指定一家
航空公司飛行此一航線，兩家公司將有權沿途降停，並將航線延至兩國首
都以外地區。該約每年續約一次。[78] 4 月 21 日，臺灣駐高棉代表團團長
董宗山與高棉外長龍波瑞在金邊簽署「臺、高文化協定」，兩國將加強書
籍、期刊及其他出版物之交換與傳播；兩國將給予教授、學生及科學、教
育與文化機構等方面人員之交換，均將給予便利；對各項文化交流活動，
將給予鼓勵促成。[79]

　　臺灣曾在 1971 年 9 月派遣前經合會專門委員石槐堂隨「中華民國赴
高棉貿易代表團」前往高棉，協助高棉政府運用美援，後因棉方表示已能
自理，此一目的未能達成。1972 年 8 月，高棉又請求臺灣派遣臺灣駐越
大使館經濟參事方仲民先行前往金邊，探詢所需美援專家詳情，經與棉方
人員舉行會議，會中棉方代表未能明確指出所需專家性質，亦無意要求臺
灣派員前往，此事遂予擱置。[80]

---

[77] 「中高技合協定，雙方今日簽署」，中央日報，1973 年 1 月 24 日，版 1。

[78] 史事紀要編輯委員編，中華民國史事紀要（初稿）─民國 61 年 4 至 6 月份，4 月 3
日，國史館，1980 年，頁 503。

[79] 史事紀要編輯委員編，中華民國史事紀要（初稿）─民國 62 年 1 至 6 月份，4 月 21
日，國史館，1984 年，頁 573。

[80] 中央研究院近史所檔案館藏，外交部檔案，冊名：駐高棉政戰團，1972 年 9 月 7 日至
64 年 4 月 14 日。經濟部國際合作處函外交部亞太司，1974 年 9 月 25 日。主旨：有關
我派遣美援運用專家赴棉協助案，覆請查照，(63)國合處發字第 558 號。檔號：
020.2/0001。

第三節　未能執行之軍援項目

一、高棉向臺灣洽購軍需品

　　國安局對於高棉有意採購臺灣軍品，於 1971 年 6 月 19 日函請外交部注意，「惟高方財務信譽甚差，我中華航空公司及永安航空公司與高棉航空公司之合作，已陷入進退兩難困局。據悉高方所謂信用貸款方式，係戰後付款，其付款日期及保證均有問題。我與高棉人員商談此事細節時，特宜注意。」[81]

　　儘管高棉財政困難，履行國際債務信用不佳，臺灣國防部還是在 1971 年 7 月同意出售軍需品給高棉，給予優惠價格，較前報價野戰服可減少 11%、蚊帳可減少 5%、皮鞋可減少 7.5%、彈帶可減少 44%。此為按我方所送樣品之單價，如對方規格不同，需再議價。國防部為了保全債權，規定需堅持按信用狀付款。所報之價格三個月內有效。[82]

　　高棉為了購買臺灣之軍備，特提出以物易物之交易方式。1971 年 12 月 30 日，駐高棉代表團董團長致電外交部稱，美國駐高棉軍事裝備分發組組長馬特克西斯准將對董團長稱，高棉軍方有為數甚多報廢之飛機、汽車及其他裝備，可作廢鐵以低價賣給臺灣，「以貨易貨」方式換取我方之軍需品，例如軍服、膠鞋等。如我方有意，他有權簽署文件交由高棉軍方與臺灣洽談細節。[83]

　　同一天，美國駐高棉軍事裝備分發組組長馬特克西斯准將致函董團長，擬向臺灣採購 57 公釐和 75 公釐無後座力砲及戰車用 75 公釐砲彈供

---

[81] 中央研究院近史所檔案館藏，外交部檔案，冊名：高棉向我洽購軍需品，1971 年 6 月 28 日至 60 年 11 月 1 日。國家安全局函外交部，1971 年 6 月 19 日，60 協邦字第 2003 號。檔號：023.2/0001。

[82] 中央研究院近史所檔案館藏，外交部檔案，冊名：高棉向我洽購軍需品，1971 年 6 月 28 日至 60 年 11 月 1 日。國防部電金邊董團長，1971 年 7 月 30 日，電專號第 299 號。檔號：023.2/0001。

[83] 中央研究院近史所檔案館藏，外交部檔案，冊名：高棉向我洽購軍需品，1971 年 6 月 28 日至 60 年 11 月 1 日。駐高棉代表團電外交部，1971 年 12 月 30 日，高(60)字第 488 號。檔號：023.2/0001。

棉軍之需。因為美國已不生產上述砲彈，馬特克西斯准將正向華府請示，擬在美對棉軍援款內撥款作此項採購。按美援款項原規定不得向美國以外第三國採購武器彈藥。馬特克西斯准將將於明年元月 12 日赴臺洽談該項採購事。彼亦會通知美軍駐臺顧問團準備。[84]

　　為了洽談高棉向臺灣購買軍備，臺灣駐高棉代表團董團長在 1972 年 2 月 10 日偕同胡德成上校，訪晤高棉國防部次長符豐（前商業部長），符豐表示高棉現在需要(1)草綠色軍服、皮鞋、皮帶、子彈帶、襪子、軍毯、蚊帳、背包等，約值 8 百萬美元。(2)高棉現自美所獲軍援僅敷武器彈藥之用，倘向美方要求購辦軍服等項，勢將減少其武器彈藥供應，而目前戰況緊急無辦到可能。故擬以低利分期付款方式向臺灣採購。(3)高棉現正向韓國採購上述軍品 4 百萬美元，其條件如下：(a)分 5 年付清，年息 5% 到 6%。(b)合約簽訂後立即付總額 5%。(c)倘採購總額超過 4 百萬美元，即須第三國銀行擔保，現仍在交涉中。(4)盼臺灣政府基於兩國友誼從優考慮，並將臺灣條件及可能辦到情形惠速見告，必要時棉方願派員赴臺詳商。董團長在報告後面表示：「查上述數字甚大，不勝負荷，且五年內能否付清不無問題。惟為保持現有關係及建交鋪路計，似亦不宜完全拒絕，擬請在可能範圍內酌准其以分期付款方式採購若干。」[85]

　　臺灣財政部在 3 月 9 日致函行政院光華小組稱，「本部認為此項分期付款之風險頗大，且就財政能力言，我殊無提供此項援助之能力，故此事實與一般貿易條件不同，似應從政策觀點衡量。」財政部並提案於 3 月 14 日光華小組會議討論此案。[86]

---

[84] 中央研究院近史所檔案館藏，外交部檔案，冊名：高棉向我洽購軍需品，1971 年 6 月 28 日至 60 年 11 月 1 日。駐高棉代表團電外交部，1971 年 12 月 30 日，高(60)字第 489 號。檔號：023.2/0001。

[85] 中央研究院近史所檔案館藏，外交部檔案，冊名：高棉向我洽購軍需品，1971 年 6 月 28 日至 60 年 11 月 1 日。駐高棉代表團董宗山電外交部，1972 年 2 月 10 日，來電專號第 972 號。檔號：023.2/0001。

[86] 中央研究院近史所檔案館藏，外交部檔案，冊名：高棉向我洽購軍需品，1971 年 6 月 28 日至 60 年 11 月 1 日。財政部函光華小姐，事由：為高棉國擬向臺灣以分期付款方式採購軍用物資提案一件請核議由，1972 年 3 月 9 日，(61)臺財秘第 32076 號。檔號：023.2/0001。

財政部在 3 月 21 日將高棉採購軍品案送交行政院光華小組第十六次會議討論，最後決議是：「本案風險過大，應予緩議，由外交部以目前高棉政局轉變為由，飭知高棉董團長宗山將該案予以擱置。」[87]外交部乃將此一決議告知董團長，請其託詞婉覆高棉。

然而，高棉仍不放棄，高棉國防部長薩叔沙康在 4 月 7 日向董團長重申龍諾總統亟需向臺灣採購軍服，除重申 972 號電內容外，並謂高棉迫切需要軍服，盼我基於兩國友情迅予支援，准其依上述條件向我採購，今後並將大量向我採購，將來如有必要時，將請臺灣在高棉設被服廠就地供應。我如原則同意，高棉將派員赴臺洽商細節。[88]

4 月 21 日，龍諾總統派遣商業部長于敬將軍率團抵臺，考察臺灣經建發展計畫與成果、外匯金融制度、美援運用、農產及漁、商業、港口設施、加工區設施、國民住宅、公私營企業機構等。外交部於該日上午召開行政院秘書處、經濟部、財政部、國防部和經合會等機關代表商討高棉政府向臺灣要求各項援助問題座談會，結論是如高棉政府向臺灣要求援助、採購軍服等軍需品及協助運用美援問題，原則上視洽談情形再酌行籌派一考察團，由經合會美援專家及國防部後勤專家各二、三名組成，於適切時赴棉協助高棉研討問題。[89]

臺灣與高棉關於採購軍需品之所以拖延決定，主要關鍵原因是高棉一直沒有肯定表示將與臺灣建交。由於高棉一再提出此一要求，臺灣外交部在 7 月 31 日致電駐高棉代表團董團長說，「與棉方商談此事尚非其時，目前仍以婉卻為宜。惟如棉方有進一步決定與我建交換使，確立正常外交

[87] 中央研究院近史所檔案館藏，外交部檔案，冊名：高棉向我洽購軍需品，1971 年 6 月 28 日至 60 年 11 月 1 日。財政部函外交部，1972 年 4 月 19 日，(61)臺財庫第 13015 號。檔號：023.2/0001。

[88] 中央研究院近史所檔案館藏，外交部檔案，冊名：高棉向我洽購軍需品，1971 年 6 月 28 日至 60 年 11 月 1 日。駐高棉代表團電外交部，1972 年 4 月 7 日，來電專號第 061 號。檔號：023.2/0001。

[89] 中央研究院近史所檔案館藏，外交部檔案，冊名：高棉向我洽購軍需品，1971 年 6 月 28 日至 60 年 11 月 1 日。「商討有關高棉政府向我要求各項援助問題座談會」，1972 年 4 月 21 日上午九時，開會地點：外交部五樓會議室。檔號：023.2/0001。

關係之表示時，則我似不妨作彈性之運用。」[90]由於高棉遲未有與臺灣建交之行動，故此項採購臺灣軍需品之議就告停止。

二、派員協助其研究製造 7.62 口徑子彈、自動投彈機與子彈檢驗機

1970 年 7 月 25 日，高棉龍諾總理致函臺灣國防部長黃杰，謂柬埔寨迫切需要大量 7.62 口徑子彈，擬請臺灣派遣工程師及技術人員前往高棉，就其現有設備協助研究製造 7.62 口徑子彈、自動投彈機與子彈檢驗機之可能性。[91]臺灣國防部認為臺灣聯勤總部目前生產之 7.62 口徑子彈係運用美軍提供之技術資料，惟該項資料亦受到不得直接供給第三國之限制。若要協助高棉生產該類子彈，需先獲得美軍顧問團之同意。為了瞭解高棉之細部技術狀況，國防部派遣兩名專家前往高棉訪查。國防部在 9 月 9 日派遣聯勤總部第 60 兵工廠設計室上校主任陳仲堪、維護室上校主任岳志道前往高棉，9 月 21 日返國，其返國報告稱，高棉使用槍械程式複雜，有中共、美國、法國和捷克製造；彈藥製造廠全部為捷克製，產品種類為美式 30 步槍彈、法國 75 公釐彈、90 手槍彈，其產量每日平均為15,000 粒。高棉工業水準落後，現有兵工廠設備無法改製中共製造 7.62 口徑子彈，主因為製彈頭之設備尚待補充。目前我國彈藥生產設備，如改裝後可製造中共之 7.62 彈。如在臺灣籌製，再運至高棉，時間上可大為縮短（按此項建議目前不援助械彈之政策下，應留作參考）。[92]

9 月 2 日，美國駐臺大使館代辦安士德（Oscar V. Armstrong）拜會臺灣外交部沈錡次長，要求臺灣考慮，可否將臺灣現存之美援 M-CNE 型步

---

[90] 中央研究院近史所檔案館藏，外交部檔案，冊名：高棉向我洽購軍需品，1971 年 6 月 28 日至 60 年 11 月 1 日。外交部電駐高棉代表團，1972 年 7 月 31 日，去電專號第 505 號。檔號：023.2/0001。

[91] 國防部藏，國防部檔案，董宗山電外交部，來電專號第 005 號，1970 年 7 月 27 日。檔號：59_0175.23_3750-4_1_12，總檔案號：00034437。文件號：059000934。

[92] 國防部藏，國防部檔案，聯合勤務總司令部呈後勤參謀次長室轉呈參謀總長賴上將，主旨：呈本部第六十兵工廠奉派赴柬埔寨訪問人員岳志道、陳仲堪二員訪問心得報告書七份（如附件），恭請鑑核。1970 年 10 月 13 日，(59)字 09832 號。檔號：59_0175.23_3750-4_1_18，總檔案號：00034437。文件號：0000000000。

槍子彈提出數千萬發作為剩餘物資歸還美方,再由美方轉贈高棉使用。如蒙臺灣同意,美方並不反對臺灣通知高棉,說明此批子彈係來自臺灣。沈次長答覆稱,希望美國同意將美援臺灣之武器和彈藥由臺灣直接援助高棉。安士德稱基於兩點,美方無法同意,第一,美國國會規定美援武器,受援國不可將之轉贈第三國。第二,美國政府主張龍諾政府繼續維持中立政策,若高棉接受臺灣之軍援,將影響高棉之中立。沈次長對於第二點表示難以理解,渠表示為何美援高棉 4 千萬美元而不會影響高棉之中立?為何臺灣援助高棉就會產生不同效果?沈次長又詢問,美國將來會償還臺灣該批子彈嗎?安士德答覆稱美方沒有償還之意。[93]後美國大使館政治參事湯瑪士(Thomas)又拜會臺灣外交部,稱前建議將援助臺灣之子彈撥交高棉一事,因美國核計歷年援助臺灣之子彈,因消耗亦將用盡,故此事作罷。[94]

三、徵兵專家援助高棉

1973 年 11 月 2 日,高棉副總理兼國防部長塔布那宜將軍奉龍諾總統之命,請臺灣派遣一名徵兵專家到高棉協助徵兵,以解決高棉動員人力服義務兵役之困難。該名專家至高棉條件與臺灣派遣之空軍教官及砲兵教官相同。為了工作需要,此名徵兵專家至高棉攜帶有關徵兵法令規章及執行辦法。[95]高棉之所以需要臺灣派遣徵兵專家,乃因為美國對於高棉徵兵情況頗表不滿。[96]

---

93 國防部藏,國防部檔案,外交部長魏道明函國防部長黃,1970 年 9 月 7 日。檔號:59_0175.23_3750-4_1_82,總檔案號:00034437。文件號:0590016372。

94 國防部藏,國防部檔案,國防部電話記錄,外交部北美司錢司長電國防部常務次長楊紹廉,事由:撥 M-1 子彈援柬國案,1970 年 9 月 12 日。檔號:59_0175.23_3750-4_1_83,總檔案號:00034437。文件號:0590016372。

95 中央研究院近史所檔案館藏,外交部檔案,冊名:徵兵專家援棉,1973 年 11 月 3 日至63 年 7 月 19 日。董宗山電外交部,1973 年 11 月 2 日,來電專號第 895 號。檔號:080.1/0005。

96 中央研究院近史所檔案館藏,外交部檔案,冊名:徵兵專家援棉,1973 年 11 月 3 日至63 年 7 月 19 日。駐高棉代表團電外交部,1973 年 12 月 30 日,來電專號第 973 號。檔號:080.1/0005。

　　臺灣國防部在 1974 年 1 月 7 日決定派遣陸軍上校沈萬能前往高棉，協助其辦理徵兵事宜。沈上校以退役軍人名義、持用公務護照，預定於 1974 年 1 月 10 日前往高棉，為期半年。出國旅費及薪水由臺灣負擔，膳宿、當地交通及醫療由高棉負擔。其法律地位比照臺灣駐高棉代表團團員。[97]後改為預定 1 月 26 日前往高棉，但因為高棉戰爭緊急，1 月 22 日，董宗山團長建議沈萬能上校暫緩前往高棉。直至 5 月 10 日始再決定派遣沈上校前往高棉。[98]至 5 月 15 日，因為高棉大專學生到處張貼標語反對徵兵，董團長建議暫緩讓沈上校到高棉。董團長洽詢高棉國防部長塔布那宜，也同意沈上校暫緩到高棉。因為拖延時日，臺灣國防部要求高棉回覆是否該案繼續執行。5 月 20 日，臺灣外交部洽告國防部人事次長室及通知駐棉代表團決定暫緩派沈上校到高棉。

四、協訓高棉特種警衛隊

　　1973 年 3 月 23 日，高棉國防部長塔布那宜將軍對臺灣駐高棉代表團說，想成立 200 人組成的特種警衛隊，要求臺灣派遣 10 名專家前往高棉協訓。其條件與臺灣派遣之飛行教官同。[99] 3 月 26 日，龍諾總統擬請臺灣派 12 名專家於 4 月中旬前往高棉代訓特別警衛營。[100]

　　代訓秘密警衛事，是國家安全局主管範圍。國安局局長周中峰於 4 月 10-13 日訪問金邊。

---

[97] 中央研究院近史所檔案館藏，外交部檔案，冊名：徵兵專家援棉，1973 年 11 月 3 日至 63 年 7 月 19 日。國防部函外交部，1974 年 1 月 7 日，(63)睦貽字第 0029 號。檔號：080.1/0005。

[98] 中央研究院近史所檔案館藏，外交部檔案，冊名：徵兵專家援棉，1973 年 11 月 3 日至 63 年 7 月 19 日。國防部函外交部，1974 年 5 月 10 日，(63)睦貽字第 1613 號。檔號：080.1/0005。

[99] 中央研究院近史所檔案館藏，外交部檔案，冊名：援棉憲兵教官，1973 年 3 月 1 日至 62 年 4 月 28 日。駐高棉代表團電外交部，1973 年 3 月 24 日，來電專號第 335 號。檔號：023.5/0001。

[100] 中央研究院近史所檔案館藏，外交部檔案，冊名：援棉憲兵教官，1973 年 3 月 1 日至 62 年 4 月 28 日。駐高棉代表團電外交部，1973 年 3 月 28 日，高(62)字第 204 號。檔號：023.5/0001。

5 月 24 日，外交部以特急加密電駐高棉代表團董團長，詢問其目前高棉情況變遷，派遣專家教官有無實施必要。[101]董團長答覆以當前高棉政局在 6 月底前似可澄清，至於是否要派專家至高棉，請與國安局洽商。龍諾總統受到美國之壓力，共黨之威脅，綏靖歸順部部長龍農（隆）（為龍諾之弟）在 4 月 4 日辭職，5 月 1 日前往巴黎，轉往美國旅行二個月，龍諾總統在 5 月 20 日同意反對黨領袖英丹組閣後，就前往金磅遜港休養。由於龍農地位變遷，其部隊亦遭重編，因此是否宜在此時派遣專家到高棉，殊有疑義。[102]

臺灣國防部為了是否派遣代訓憲兵教官到高棉，在 5 月 28 日召集了外交部、國家安全局、總統府侍衛室、憲兵司令部、總政戰部等機關代表開會，決議由外交部洽詢董宗山意見後再行決定。在未獲董團長意見前，仍按計畫準備，其項目為：僅為其訓練幹部（高棉要求訓練部隊）、分批訓練、為期三個月到六個月、草擬課程內容大綱、計算時間及進行梯次、講授時有棉語翻譯。[103]

最後因為高棉情勢之關係，臺灣並未派遣專家代訓其特別警衛人員。

第四節　結　論

1975 年 4 月初，波布（Pol Pot）「赤色高棉」（Khmer Rough）軍隊推進至金邊城外，高棉龍諾總統於 4 月 1 日下臺離開金邊流亡印尼，4 月 10 日轉往美國夏威夷定居。臺灣駐高棉代表團人員也在 4 月 2 日撤出高棉，將辦公室遷至泰國曼谷，而結束了臺灣與高棉的雙邊關係。金邊在 4

---

[101] 中央研究院近史所檔案館藏，外交部檔案，冊名：援棉憲兵教官，1973 年 3 月 1 日至 62 年 4 月 28 日。外交部電駐高棉代表團董團長，1973 年 5 月 24 日，去電專號第 650 號。檔號：023.5/0001。

[102] 中央研究院近史所檔案館藏，外交部檔案，冊名：援棉憲兵教官，1973 年 3 月 1 日至 62 年 4 月 28 日。外交部電駐高棉代表團董團長，1973 年 5 月 26 日。檔號：023.5/0001。

[103] 中央研究院近史所檔案館藏，外交部檔案，冊名：援棉憲兵教官，1973 年 3 月 1 日至 62 年 4 月 28 日。外交部趙興平參事報告（關於出席國防部作戰次長室召開的帶代訓高棉特別警衛幹部座談會），1973 年 6 月 2 日。檔號：023.5/0001。

月 17 日淪陷，在淪陷前三週，王昇應龍諾總統之緊急邀請前往商討對策，並接受贈勳。4 月 15 日，代理總統蘇金奎（Major-General Saukham Khoy）協調由美軍飛機載送王昇至曼谷。[104]

歸納分析，臺灣和高棉這兩個沒有邦交卻發展出特別的軍事、安全和經貿關係的國家，有如下之因素所促成：

第一，龍諾之取得政權，背後獲得美國之支持，且同屬美國戰略同盟國，共同對抗越共和棉共。臺灣也屬於美國集團，所以在獲得美國之同意後，臺灣展開對高棉的軍援。在美國之主導下，高棉的陸軍由泰國協訓，高棉的空軍和砲兵由臺灣協訓。

第二，美國軍援高棉的飛機和大砲，也同樣援助臺灣，所以臺灣擁有這類相似武器的專業人才，可以協助訓練高棉的人才。

第三，臺灣之所以積極協助高棉，是想跟高棉建交，龍諾也有此一想法，但美國勸其務應嚴守中立，暫時不宜與臺灣建交。其實應該是臺灣在 1971 年退出了聯合國，而且美國想與中國關係正常化，所以要求高棉暫緩跟臺灣建交。

第四，除了美國能援助高棉外，其他國家能提供援助者有限。泰國面臨國內泰共的叛亂活動，左派學生發動街頭抗爭活動。南越亦陷入和越共的戰爭，沒有力量援助高棉。唯有臺灣有此意願軍援高棉。

第五，龍諾健康狀況不佳，求助臺灣醫生治療。龍諾在 1971 年 2 月 10 日中風，導致半身麻痺。2 月 13 日，他赴美國檀香山就醫。4 月 12 日返回高棉。5 月 12 日，中國針灸學院院長吳惠平醫生抵達金邊後即為龍諾總理診視，可望於三個月內治癒百分之九十。[105]

---

[104] 陳祖耀，前引書，頁 259-260。該書說是龍諾總統安排王昇進出金邊，這是錯誤的，因為龍諾已在 4 月 1 日流亡印尼。

[105] 國史館藏，「外交—駐外單位之外交部收電（十四）」，蔣經國總統文物，駐高棉代表團電外交部，1971 年 5 月 14 日，來電專號第 552 號。數位典藏號：005-010205-00159-012。

「吳惠平昨飛高棉，為龍諾總理治病」，中央日報，1971 年 5 月 13 日，版 6。

資料來源：文化部國家文化資料庫，http://nrch.culture.tw/view.aspx?keyword=%E9
%BE%8D%E8%AB%BE&advanced=&s=2412169&id=0000755476&proj
=MOC_IMD_001#　2021年4月20日瀏覽。

圖6-4：1971年6月12日針灸醫師吳惠平到金邊為龍諾治療

　　高棉共和國存在的時間只有四年多，在這短暫期間，都在戰爭中，
「紅色高棉」從高棉西部和北部向金邊進逼，龍諾政府僅控制國土的一半
不到，國家已陷入兵慌馬亂中，亟需臺灣提供各種援助。惟限於高棉國情
惡化，高棉提出的許多軍援要求，臺灣實際上提供的軍援項目有：高棉派
人來臺灣受政戰訓練、「高翔專案」協訓高棉空軍飛行員、「湯山二號」
協訓高棉砲兵、協助高棉設立政戰系統、協助空投補給品、提供來臺灣就
讀政戰學校政治研究所獎學金等。有些軍援項目因為情勢限制而未能執
行，例如高棉購買臺灣軍需品、協訓特殊警衛隊人員、派遣徵兵專家援助
高棉、派員協助其研究製造7.62口徑子彈、自動投彈機與子彈檢驗機。

表 6-1：歷年來國防部援助高棉軍用物資情形

案名	實施時間	援助項目			計值（臺幣元）	備考
		品名	單位	數量		
惠遠一號	民國 59 年 7 月至民國 60 年 5 月	81 迫砲	門	50	10,822,000	一、上述物資使用 C-119 機 (30) 架次運送。二、本案由後勤參謀次長室承辦。
		V101 無線電機	部	20		
		無線電話機	部	10		
		鋼盔	頂	10,000		
		軍服	套	27,000		
		軍帽	頂	16,000		
		膠靴	雙	21,000		
		軍襪	雙	21,000		
		褲帶	條	21,000		
		藥品	項	45		

資料來源：中央研究院近史所檔案館藏，外交部檔案，冊名：駐高棉政戰團，民國 61 年 9 月 7 日至 64 年 4 月 14 日。國防部情報參謀次長室函外交部亞東太平洋司，民國 63 年 10 月 11 日，(63)統維字第 2989 號。檔號：020.2/0001。

表 6-2：國防部歷年來協助高棉訓練情形

案名	任務區分	起迄日期		期限	派遣人數	本部支付費用		備考
		起	迄			臺幣元	美元	
高翔專案	戰鬥機飛行協訓	60,12,20	62,12,24	二年	6	1,049,610	59,884	本案由人事次長室承辦。
		61,9,5	63,9,16	二年	6	1,049,610	59,884	
		62,12,15		預定 1 年	6	536,250	29,942	
		68,9,7		預定 1 年	6	536,250	29,942	
	C-47 機飛行協訓	62,11,17	63,1,31	76 天	15	4,802,151		
湯山二號	砲兵協訓	62,4,2	63,5,16	1 年	7		25,200	一、除上述津貼美金外，本部並曾支付：(一)國內薪餉及全部補給。(二)往返及每半年休假機票。二、本案由作戰次長室承辦。
		63,5,7	預定於 64,5	1 年	7		25,200	

		63,7,20	63,5,7	約 1 年	6	150,000		一、除上述津貼美金外，本部並曾支付該等人員之國內全部薪餉補給。（每人月支津貼 300 美元及往返機票費則由安全局負擔。）二、本案由作戰次長室承辦。
嘉陵專案	憲兵協訓							
合計	三專案共八批				59	8123871	230,052	

資料來源：中央研究院近史所檔案館藏，外交部檔案，冊名：駐高棉政戰團，民國 61 年 9 月 7 日至 64 年 4 月 14 日。國防部情報參謀次長室函外交部亞東太平洋司，民國 63 年 10 月 11 日，(63)統維字第 2989 號。檔號：020.2/0001。

表 6-3：國防部總政戰部援助高棉共和國資料統計表

時間	項目	使用經費	備考
62,11,10	紙張	381,000	
63,8,10	廣播電臺運費	1,646,000	含增建天線鐵塔 85 萬 1 千元、代訓棉方人員費 59 萬元，電臺設備海運費 20 萬 5 千 1 百元。
63,9,20	正聲一式喊話器四十具	45,000	原庫存品。
63,9,20	十六厘米電影機兩部	80,000	原庫存品。
63,9	手搖油印機十台	190,000	原庫存品。
63,9	電唱機二十部	60,000	原庫存品。
60,6,10-63,4,30	代訓幹部七期 327 人	2,664,620	
	合計	3,420,520	

資料來源：中央研究院近史所檔案館藏，外交部檔案，冊名：駐高棉政戰團，民國 61 年 9 月 7 日至 64 年 4 月 14 日。國防部總政治作戰部函外交部亞東太平洋司，主旨：檢送本部歷年來對高棉共和國援助資料統計表一份，請查照，民國 63 年 10 月 9 日，(63)澈涵部 11034 號。檔號：020.2/0001。

資料來源：文化部國家文化資料庫，http://nrch.culture.tw/view.aspx?keyword=%E9%AB%
　　　　　98%E6%A3%89%E5%85%B1%E5%92%8C%E5%9C%8B&s=725272&id=0005
　　　　　829675&proj=MOC_IMD_001　2021 年 4 月 20 日瀏覽。

圖 6-5：中華民國政府贈送藥品給高棉政府

　　除了國防部給予高棉軍援外，國家安全局亦給高棉軍援。國家安全局
從 1971-1974 年援助高棉統計資料如下：

一、國安局對下列高棉各單位所提供之物資援助統計如下：

　　(一) 情報局：曾贈予 SS-07A 無線電報話兩用機 8 部，及 MK3 型金
　　　　屬探測器 10 具。

　　(二) 前特別協調委員會：曾贈予 V-101 無線電機及無線電報話兩用
　　　　機各 10 部。

　　(三) 憲兵司令部：曾贈以頭盔 4 千頂，MK3 型金屬探測器 10 具及鎮
　　　　暴器材一批（含防毒面具 20 付及護衣護盔各 20 件）。

　　(四) 社會共和黨：曾贈予 20 人用露營帳篷 10 頂及運動器材一批。

　　(五) 龍農（按：為龍諾之弟）及普魯恩將軍訪臺晉見院長時，獲允援

助之裝備如下：

甲、龍農：81 迫砲 20 門、30 機槍 50 挺、V-101 無線電機 4
部、SCR-300 機 30 部、BD-72 交換機 4 部、雨衣 1 萬件、
原糖 3 千噸（原糖係由經濟部提供，本局僅支付運費）。

乙、普魯恩：81 迫砲 50 門、V-101 無線電機 20 部。

二、代訓情形

(一) 59,12,28 代訓黨政幹部 5 人。

(二) 60,2,15 代訓情報幹部 8 人。

(三) 60,6,21 代訓政黨幹部 22 人。

(四) 60,7,15 代訓情報幹部 10 人。

(五) 60,8,22 代訓政黨幹部 62 人。

(六) 61,1,3 代訓政黨幹部 4 人。

(七) 61,1,8 代訓政黨幹部 59 人。

(八) 61,1,12 代訓特戰幹部 7 人。

(九) 61,7,28 代訓憲兵幹部 32 人。

(十) 61,10,31 代訓情報幹部 10 人。

(十一)62,2,23 代訓保防偵防幹部 10 人。

(十二)62,3,1 代訓憲兵幹部 32 人。

(十三)由臺灣派教官 6 人赴棉代訓高棉總統特別警衛幹部二批，共 79
名。[106]

在冷戰時期，臺灣在東南亞扮演了積極的介入角色，在 1950-1960 年
代軍援緬甸北部國民黨殘軍對抗中共的活動、1958 年軍援印尼「革命
軍」、1964 年 10 月至 1973 年 3 月派遣軍事顧問團在越南工作。以後隨
著越南戰爭的結束，臺灣才退出東南亞事務的軍事介入。臺灣對於高棉的
軍援只限於技術訓練、空運補給品，而不是從事實際作戰。隨著龍諾政府
亡於「紅色高棉」，臺灣也退出了高棉事務。

---

[106] 中央研究院近史所檔案館藏，外交部檔案，冊名：駐高棉政戰團，1972 年 9 月 7 日至
64 年 4 月 14 日。國家安全局函外交部，主旨：檢附本局過去四年來對高棉援助統計資
料一份，請查收，(63)固誼 3609 號，1974 年 9 月 19 日。檔號：020.2/0001。

第七章　1970-90 年代
臺灣與新加坡之軍事合作關係

第一節　前　言

　　新加坡勞工陣線在 1955 年 4 月開始執政，對內採取右傾的鎮壓共黨運動的政策，也獲得英國政府的支持。1956 年 6 月 3 日，大衛·馬紹爾（David Marshall）辭去首席部長職，由林有福繼任，他在 9 月獲得立法委員會支持採取反共措施，包括逮捕左傾工會分子、學生和解散左傾組織。[1] 1957 年 2 月，勞工陣線改組，周瑞麒在選舉中擊敗馬紹爾當選黨主席。4、5 月間，臺灣新聞局駐新加坡聯絡員趙世洵因經常與勞工陣線的有關人士往來，而獲知勞工陣線黨主席、現任新加坡教育部長周瑞麒為了籌措該黨競選經費困難，有意取得外援，並樂意與臺灣合作，雙方在此情況下開始聯繫。此時該黨面臨聲勢日益高漲的左派學運和工運之威脅，尤其是代表左翼勢力的李光耀領導的人民行動黨獲得年輕人的支持，臺灣在 1957-1958 年總共給周瑞麒 24 萬美元的金援，[2] 沒有想到勞工陣線在 1957

---

[1]　蔣中正對於林有福政府的反共措施給予高度評價，他在 1956 年 10 月 6 日的日記寫道：「星加坡議會通過林有福首席部長反共之提議，而且其行動亦甚徹底，此為星馬從未有之佳兆也。」10 月 20 日又記載：「星加坡林有福之反共愈為激烈，殊足為欣慰。」10 月 28 日又記載：「新加坡林有福政府反共甚為積極，可慰。此乃亞洲反共新興之勢力，不可忽視也。」呂芳上主編，蔣中正先生年譜長編，國史館、國立中正紀念堂、中正文教基金會出版，臺北市，2014 年，第十冊，頁 620、624、627。

[2]　國史館藏，（葉公超呈蔣中正因新加坡執政黨勞工陣線主席周瑞麒定於九月來臺現擬依約匯予其一萬美元以示誠意等），「外交—葉公超周瑞麒等呈蔣中正之函件」，蔣經國總統文物，數位典藏號：005-010205-00119-001，1957 年 8 月 23 日；國史館藏，（我政府與新加坡勞工陣線黨合作經過節略：民國 46 年 5 月至 47 年 7 月 19 日止），「星

年 12 月 21 日舉行新加坡市議會選舉中敗北，1959 年 5 月舉行立法議會選舉，勞工陣線又落敗，失去政權，由李光耀的人民行動黨執政。1960 年，勞工陣線解散，以後臺灣和新加坡就斷了聯絡的盟友。勞工陣線政府曾兌現允許臺灣在新加坡設立中央信託局駐新加坡辦事處，作為商務聯繫機構。中信局派遣陳清文為首任代表。此外，外交部在新國也派有聯絡員劉壽山，新聞局在新加坡之聯絡員為趙世洵。

新加坡在 1963-65 年間與馬來亞聯邦合併，成為馬來西亞聯邦一個邦。臺灣和新加坡亦無政治往來。李光耀對臺灣態度不友善，在 1964 年與馬來西亞聯邦首相東姑阿都拉曼（Tunku Abdul Rahman）為了是否讓臺灣在吉隆坡設立領事館而發生歧見，他反對讓臺灣在馬國設立領事館，最後東姑阿都拉曼讓臺灣在吉隆坡設立了領事館。東姑阿都拉曼主張關閉在新加坡的中國銀行新加坡分行，不顧李光耀的反對，在 1965 年 8 月 5 日以馬來西亞國家銀行（Bank Negara Malaysia）接管該分行。新加坡在 1965 年 8 月 9 日脫離馬來西亞聯邦而取得獨立地位，立即恢復該分行之運作。李光耀展現了左派的治國政策。

李光耀對臺灣的冷淡在其獨立時又增添一樁。1965 年 8 月 9 日，新加坡脫離馬來西亞聯邦獨立，臺灣行政院長嚴家淦曾在 8 月 11 日致電祝賀，並表示承認之意，希望兩國友好密切，[3]但卻未獲得新國回覆。隨後 8 月 24 日新國申請加入聯合國，臺灣支持新國加入聯合國，但新國副總理杜進才在加入聯合國前後發表談話，及對中國入會聯合國案，均投贊成票。

新加坡在獨立初期倡議中立不結盟的外交路線，不想捲入東、西方集團的衝突。李光耀對美國不信任，批評美國在越南之政策。1965 年 9 月 1 日，李光耀公開發表了一封美國國務卿魯斯克（David Dean Rusk）在 1961 年 4 月 15 日寄給他的信，信中對於某些美國官員在新國從事不適當

馬雜卷（二）」，外交部，典藏號：020-010599-0003，1957 年 10 月 16 日至 1970 年 9 月 29 日。

[3] 「嚴院長致電李光耀表示我承認星政府希望兩國關係友好密切」，華僑日報，1965 年 8 月 12 日。

的行為感到遺憾。此乃由於美國國務院否認美國曾以 1 千萬元叻幣賄賂李光耀及其政黨，以及美國中情局人員曾捲入在新加坡的行動。此係指美國中情局人員想收買新加坡之情報人員，中情局人員遭新國逮捕，美國試圖透過中間人以 1 千萬元叻幣賄賂李光耀及其政黨。儘管新國和美國發生齟齬，但美國仍表示要在新國設立大使館以及給予新國經濟援助。[4]

1965 年 9 月中，新加坡副總理杜進才和外長拉惹勒南（Sinnathamby Rajaratnam）率團訪問亞、非洲及東歐 17 個國家，為時兩個月，11 月初抵達莫斯科訪問，重申其不結盟外交路線。但李光耀在 1967 年 10 月訪美，途中的談話一再支持美國對越南之政策，其與美國的關係改善，美國同意以新型 AB15 步槍 20,500 枝賣給新加坡，作為其防衛鎮暴之用。[5]新加坡改善與美國的關係，亦影響到其與美國同盟國臺灣的關係。

臺灣的外交部和國防部在近年陸續對有關臺灣和新加坡的檔案解密，讓研究者得以窺見早期兩國間關係之發展軌跡，尤其鮮為人知的早期臺灣和新加坡勞工陣線之間的金錢來往，以及臺灣和不友善的李光耀政府發展為緊密的軍事合作關係，箇中的曲折變化，都成為本文探索的焦點。

第二節　試探摸索政治關係

新加坡在沒有獨立前，臺灣行政院國際經濟合作發展委員會副主任委員李國鼎在 1964 年 2 月與新加坡簽署「臺、新技術合作協議」，由經合會和中國技術服務社擔任臺灣之聯絡機構，經濟發展局則擔任新國之聯絡機構。主要合作項目有散裝穀倉工程和協建糖廠計畫。[6]臺灣並開始在新加坡的新建工業區裕廊工業區投資設廠。

---

[4]　「美國妄想收買李總理，賴司課表歉意，國務院竟否認」，南洋商報（新加坡），1965年 9 月 2 日。「妄想賄買星總理與官員事件，美終於承認李總理指責確實」，南洋商報（新加坡），1965 年 9 月 3 日。

[5]　國防部藏，案名：國際專題研究（陸總編印），新加坡政黨與外交之研究，1968/6/6，頁 4。檔號：57_511.6015-2_1_13_00023850。

[6]　中央研究院近史所檔案館藏，外交部檔案，檔名：新加坡與我國關係，行政院國際經濟合作發展委員會函外交部，1965 年 12 月 9 日。

　　1965 年 9 月 2 日，經濟部長李國鼎、行政院國際經濟合作發展委員會秘書長陶聲洋訪新。李國鼎向新加坡國防部長兼代財政部長吳慶瑞提議由臺灣在新國設立「工業及貿易代表團」，除辦理商務外，亦可辦理簽證事宜。9 月 4 日，陶聲洋與吳慶瑞、財政部常務次長兼駐馬來西亞副高級專員沈基文、經濟發展局主席韓瑞生、經濟發展局局長林和合舉行會談。吳慶瑞表示，新國內閣會議在昨天討論對中華民國建交問題，「鑑於新加坡人民對於貴國政府之印象不甚良好，目前與貴國建立外交關係尚有困難。但敝國願與貴國在經濟方面合作，並以下列方式進行：第一，先由貴國指定工業銀行在新加坡開設分行。第二，繼由貴國在新加坡設立工業及貿易代表團（Industrial and Trade Mission）。」在這次會談中，吳慶瑞不同意臺灣之臺灣銀行和中國銀行在新國設立分行（因為中國已在新國設有一家中國銀行分行），而同意交通銀行設立分行。陶聲洋特別提及在新國設立之代表團名稱需冠以「中華民國」字樣，並希望兼辦領事事務。吳慶瑞表示可以考慮。陶聲洋又提及我國嚴院長曾祝賀新國獨立並予承認，惟迄今未獲新國回覆，請問他昨天新國內閣會議有討論此事嗎？吳慶瑞表示忘了此事，故沒有討論。陶聲洋說此為國際禮貌問題，請儘速回覆。[7]此事後來不了了之，沒有下文。

　　此外，至此時，新國給予臺灣若干友好的表示，例如，中央社駐新加坡分社獲得新國同意設立。中央信託局駐新機構、中星貿易有限公司亦獲准成立。中信局駐新代表何欽明經理之居留問題，經濟發展局主席韓瑞生及局長林和合保證協助解決。[8]

　　新加坡想派人到臺灣洽談雙邊關係，1965 年 11 月，新加坡文化社會事務部官員請馬來西亞在野黨民主（人民）聯合黨（民政運動黨）秘書長林蒼佑助手吳乃任向臺灣提出如下兩項問題。臺灣外交部希臺灣駐吉隆坡領事館伺機向林蒼佑說明臺灣之立場如下：（一）新加坡欲派遣純商業考

7　中央研究院近史所檔案館藏，外交部檔案，檔名：新加坡與我國關係，行政院國際經濟合作發展委員會秘書長陶聲洋函外交部有關其與吳慶瑞會談紀要，1965 年 9 月 7 日。
8　中央研究院近史所檔案館藏，外交部檔案，檔名：新加坡與我國關係，外交部亞東太平洋司官員胡國材簽呈，有關參加李國鼎部長訪新會談所見之報告，1965 年 9 月 11 日。

察團訪臺,臺灣原則上同意。惟此事必須新國與該館直接洽商。(二)如
新國某一部長出面邀請臺灣部長級官員率貿易代表團訪新,臺灣亦同意接
受,惟新國須先發出正式邀請函,然後臺灣再考慮組團前往。[9]後吳乃任
與新國文化社會事務部長奧斯曼握(Othman Wok)及不管部長李炯才交
換意見,獲彼同意邀請臺灣經濟部長或新聞局長訪新,惟暫以討論經貿與
文化合作為限。12 月 6 日,吳乃任又表示,奧斯曼握及李炯才再度保證
新國政府絕對可能以部長名義邀請臺灣部長級官員訪新。新國政府亦可能
派代表團赴臺北報聘,雙方可能談判互設商業專員駐節。若臺灣不信,人
民行動黨可以部長級中央委員名義備函交吳乃任親自前往臺灣解釋。至其
往返旅費由臺灣支付。臺灣外交部在 1966 年 1 月 4 日代電駐吉隆坡領事
館稱,「吳乃任君似無來臺必要,倘新方誠意邀請我經濟部長訪新,我可
同意接受。」[10]

　　新加坡總理李光耀之弟弟李金耀(業律師,為李光耀之政治聯絡人)
偕另外四名商人,於 1965 年 12 月 9 日訪問日本後前往臺灣訪問,住在林
頂力主持之國泰電影公司招待所,經合會奉經濟部長李國鼎之命與之聯
絡。由經合會吳梅村、副主任曹嶽維餐敘並舉行經濟簡報。並陪同其參觀
石門水庫、中山博物館及往淡水打高爾夫球。渠表示他及其哥哥李光耀一
直以為臺灣跟琉球一樣,係美國建設地區,今始知臺灣建設均係自主,新
加坡無法比擬,同時過去誤聽宣傳臺灣為警察國家,到訪臺灣後到處遊玩
及出入國境均無麻煩,故亦感意外。渠表示新國之所以在聯合國投票支持
中國入會,乃係因為新國需要中國市場,要增加新國對中國的商品出口。
渠又表示將於返國後向李光耀建議臺、星互設領事館及發展漁業合作,[11]
新國在該年聯合國大會投票中,對「排我納匪」案投贊成票,對重要問題

9　中央研究院近史所檔案館藏,外交部檔案,檔名:中新關係,外交部代電駐吉隆坡領事館,外(54)亞太三 20382 號,1965 年 12 月 27 日。

10　中央研究院近史所檔案館藏,外交部檔案,檔名:中新關係,外交部代電駐吉隆坡領事館,外(54)亞太三 20640 號,1965 年 12 月 30 日。但公文寄出日期為 1965 年 1 月 4 日。

11　中央研究院近史所檔案館藏,外交部檔案,檔名:中新互訪,經濟部顧問蔡孟堅函經濟部長李國鼎,1965 年 12 月 15 日。

案投反對票，對臺灣頗不友好。

　　經合會對於新國在聯合國投票中對臺灣不友善態度，曾去函外交部詢問是否要停止「臺、新技術合作協議」之執行？抑或對已辦者予以繼續？待辦者暫緩進行？或另做如何處理之處？[12]結果臺灣仍繼續維持該項協定，沒有因此而採取報復措施。

　　新加坡駐聯合國常任代表阿布巴卡（Abu Bakar Pawanchee）數度向臺灣駐聯合國陳質平大使表示對於臺灣工業進步甚為欽佩，認為足資為新國借鏡，擬在聯合國本屆會期結束後訪問日本，順道將於 1966 年 1 月 12 日以私人名義訪臺，並盼與外長會晤。渠並稱，此次（指去年）新國對於臺灣之代表權問題支持「排我納匪」案，係奉政府指示辦理，無可奈何，表示遺憾。1965 年 12 月 18 日，臺灣駐聯合國常駐代表團電外交部，建議由臺灣外交部接待其食宿及交通工具。[13]

　　1966 年 9 月 8 日及 20 日，中國國民黨中央委員會第三組主任馬樹禮代電外交部，稱新加坡兩位國會議員何振春、鄺攝治將趁到加拿大參加「大英國協」（British Commonwealth）會議，會後將從日本返國，將順道訪臺，請外交部給予簽證方便及接待。[14] 23 日，外交部函中央第三組，有關於新國有兩位國會議員何振春（國家發展部次長）、鄺攝治（文化部次長）擬訪臺，公文中說：「查新嘉坡政府對我態度惡劣，雖經我多方努力爭取，以期改善兩國間之關係，均無結果。此次該兩議員擬於會後順道訪華，本部當按一般外人訪華辦理核發簽證，惟不擬事先表示歡迎亦不擬予以接待。」[15]由於該稿文字過於嚴厲，所以外交部在 9 月 26 日奉

12　中央研究院近史所檔案館藏，外交部檔案，檔名：新加坡與我國關係，行政院國際經濟合作發展委員會函外交部，1965 年 12 月 9 日。

13　中央研究院近史所檔案館藏，外交部檔案，檔名：中新互訪，代表團電外交部，1965 年 12 月 18 日，外交部來電專號：399 號。

14　中央研究院近史所檔案館藏，外交部檔案，檔名：中新互訪，中國國民黨中央委員會第三組主任馬樹禮代電外交部，1966 年 9 月 8 日，海二(55)字第 8411 號；中央研究院近史所檔案館藏，外交部檔案，檔名：中新互訪，中國國民黨中央委員會第三組主任馬樹禮代電外交部，1966 年 9 月 20 日。海二(55)字第 8724 號。

15　中央研究院近史所檔案館藏，外交部檔案，檔名：中新互訪，外交部函中央第三組，事由：為新嘉坡議員訪華事，1966 年 9 月 23 日。

指示將之塗銷。9 月 30 日，外交部函中國國民黨中央委員會第三組稱，已分電駐加拿大及駐日本大使館給予該兩名議員來臺簽證及表示歡迎。[16] 10 月 5 日，外交部函中國國民黨中央委員會第三組稱，該兩名議員係以私人名義訪臺，婉拒我方接待及安排節目。[17]

　　新加坡獨立之初，武力薄弱，僅有第一（1957 年成立）和第二步兵營（1963 年成立）及兩艘訓練艦。這兩個步兵營的軍人都是馬來西亞人，當這些軍人因為新加坡獨立而返回馬來西亞後，新加坡就沒有自己的軍隊。李光耀先由國會在 1965 年 12 月 23 日通過「新加坡軍隊法」（Singapore Army Act），做為建軍的法律基礎。[18]起初他尋求印度和埃及協助，但未獲正面回應，於是改向以色列求援。1965 年 11 月，以色列密派亞克・埃拉札里上校率領一小隊人員至新加坡，對新加坡志願軍隊施予訓練。12 月又派 6 人至新加坡。新加坡建軍的作法是模仿以色列，在中學成立全國學生軍團和全國學生警察團，讓人民認同軍隊和警察。1965 年 12 月，新加坡建立一支志願兵組成的人民防衛軍（People's Defense Force），以取代以前的「新加坡志願團」（Singapore Volunteer Corps, SVC）。[19]

　　新國國防部長吳慶瑞決定先培養軍事幹部，在 1966 年 2 月 14 日成立新加坡武裝部隊軍訓學院（Singapore Armed Forces Training Institute，SAFTI），1967 年 7 月 16 日該學院有 117 名見習軍官結業，成為軍事養成教育的重要幹部。有了軍官後，接著就是招募一般軍人，新加坡在 1967 年實施強迫徵兵制，規定成年（年滿 21 歲）男子必須服兵役，以建立一支武裝部隊。當時新國陸軍共有四個步兵營、總兵力約 4,000 人。預定於 1970 年陸軍兵力增加至 8,800 人。新加坡聘請以色列軍官多人充任

---

[16] 中央研究院近史所檔案館藏，外交部檔案，檔名：中新互訪，外交部函中央第三組，事由：為新嘉坡議員訪華事，1966 年 9 月 30 日，(55)亞太三字第 16898 號。

[17] 中央研究院近史所檔案館藏，外交部檔案，檔名：中新互訪，外交部函中央第三組，事由：為新嘉坡議員訪華事，1966 年 10 月 5 日，(55)亞太三字第 17257 號。

[18] "The Singapore army is established," *HistorySG*, https://eresources.nlb.gov.sg/history/events/b125c943-1be5-4f98-99e1-68586e83de29　2021 年 7 月 17 日瀏覽。

[19] "The Singapore army is established," *HistorySG*, *op.cit.*

訓練顧問。

　　新加坡對臺灣表示友好的開始是 1966 年 10 月 5 日，中華民國工商界東南亞航運貿易考察團一行 8 人，由錢益率領，於 10 月 5 日下午 4:20 由檳城飛抵新加坡機場，該團人員並未獲得新加坡政府的簽證，因為從該年 6 月起持馬來西亞簽證者不得進入新加坡，新國機場移民局官員要求該團必須在 24 小時內離境。錢團長交涉稱該團此行之目的係為促進臺、星貿易而來，希能通融。移民局官員向上級請示，獲得通融允其停留至預定離境之日期。[20]

　　其次，在 10 月 26 日，聯合國科教文組織關於「中國代表權」問題投票時，新加坡代表投票支持中華民國代表權。[21]

　　1966 年 11 月 20 日，新加坡人民行動黨副組織秘書陳建仁和婦女組領袖吳書珍拜訪臺灣駐新加坡工作同志（應是中國國民黨駐新人員），[22] 對臺、星今後合作問題進行試探性洽談，臺方同志提出新方欲表示友好，需完成下述兩項條件：（一）今後在聯合國表決中國席位問題時，新方至少需棄權。（二）雖然不一定要與臺灣建交，但絕對不能與中共直接交往，以示絕對中立。（三）新政府及行動黨方面應組高級代表團訪臺，以示親善。數日後，新方答覆稱：行動黨高層會議已照建議決定在聯合國投棄權票，並考慮組團訪臺，希望臺灣政府表示更進一步友善態度。[23]

　　在該年 11 月 28 日，聯大會議對中國代表權問題投票時，新國代表稱，對阿案執行部分第二項不能接受，故對全案將棄權。他又反對義大利

[20]　中央研究院近史所檔案館藏，外交部檔案，檔名：中新互訪，「我航運考察團訪星幾被擋駕」，央秘參(55)第 1400 號，1966 年 10 月 11 日。

[21]　中央研究院近史所檔案館藏，外交部檔案，檔名：新加坡與我國關係，代表團電外交部，來電專號第 917 號，1966 年 12 月 26 日發電。

[22]　中央研究院近史所檔案館藏，外交部檔案，檔名：新加坡與我國關係，中國國民黨中央委員會第三組代電外交部魏伯聰（魏道明）同志，海二(56)字第 1408 號，1967 年 2 月 25 日。該函稱陳建仁和胡書珍又來洽晤，表示短期內訪臺，並稱已有人願贈機票。從而可知，該工作同志應即是中國國民黨駐新國之人員。

[23]　中央研究院近史所檔案館藏，外交部檔案，檔名：中新關係，外交部代電駐吉隆坡領事館，外(55)亞太三 00297 號，1967 年 1 月 9 日。

案。[24]結果新國對「排我納匪」案投棄權票，對重大問題案投反對票。以後到 1971 年為止，新國都是維持此一立場。臺灣曾派人跟新國交涉，希望它對重要問題案也採取投棄權票。「但新國外交部認為會籍問題不應視作重要問題，所以反對。同時主管聯合國事務的政務司長對我表示了兩點：第一，他說關於重要問題案臺灣所掌握的票數綽綽有餘，不在乎新加坡的一票，如果有一天到了非要新加坡的一票時，新加坡會考慮幫助臺灣。我知道這句話是外交辭令，是安慰我，不必可靠。第二，他說如果我們現在就改變立場的話，那就把事情弄得太表面化了。我認為這句話表明了新加坡的真實態度，那就是它要維持中立不結盟的外表，同時在目前這個階段，他不願意把他和我們的關係過分明朗化。它要維持那種若即若離的曖昧態度來便利他在外交上的運用，這是我個人的觀察。」[25]

1966 年 12 月 9 日，駐吉隆坡領事張仲仁電外交部稱，新加坡駐吉隆坡高級專員連瀛洲與我國政府首長多人為舊識，請外交部同意其與該專員商洽如何促進臺、新關係，並請指示方針。外交部在 12 月 15 日指示其「以加強中、新貿易及旅行便利為主，俟有進展再涉及其他問題。」[26]臺灣駐吉隆坡領事館的官員閻志恆並草擬數項談話要點供其長官作為與連瀛洲會談之備忘錄，如下：（一）歡迎新國工商業界組團訪臺，加強兩國經貿合作。（二）新國允許臺灣設立一非官方性之貿易機構，以協助解決經貿投資和商業問題。（三）基於互惠給予旅行簽證便利。（四）新加坡官員如欲公私名義訪臺均所歡迎，惟如做正式訪問，需先洽駐吉隆坡領事館。[27]

新加坡人民行動黨陳建仁再度於 1966 年 12 月 16 日訪晤臺灣聯絡

---

[24] 中央研究院近史所檔案館藏，外交部檔案，檔名：新加坡與我國關係，代表團電外交部，來電專號第 070 號，1966 年 11 月 28 日發電。

[25] 中央研究院近史所檔案館藏，外交部檔案，檔名：中新關係，「（對新加坡政情之）報告」（沒有署名），1970 年 4 月。

[26] 中央研究院近史所檔案館藏，外交部檔案，檔名：中新關係，外交部電駐吉隆坡領事館，駐吉隆坡領事館收電第 369 號，1966 年 12 月 15 日。

[27] 中央研究院近史所檔案館藏，外交部檔案，檔名：中新關係，駐吉隆坡領事館的官員閻志恆並草擬數項談話要點供其長官作為與連瀛洲會談之備忘錄，1966 年 12 月 17 日。

人，稱該黨高層已對組團訪臺事因恐遭致國際困難而告變卦，惟黨領導層仍同意由黨員以私人身分訪臺。並要求我方贈送十人來回機票。臺灣聯絡人予以婉拒，且堅持該黨必須由國會或黨代表團訪臺或至少由一位部長率領該訪問團，機票事始可以考慮。[28]

臺、新為了解決實際人民往來旅行之便利問題，雙方於 1966 年 12 月 18 日簽署航空協定，規定雙邊直航飛機將定期飛航臺灣和新加坡之間。[29]

臺灣國家安全局在 1967 年 2 月 24 日函外交部稱，新國總理親信安全委員會要員楊錦城函國安局稱渠將奉命偕同該國要員一名擬於 3 月底或 4 月初訪臺，與臺灣洽談有關問題。楊錦城曾於 1965 年冬及 1966 年春曾兩度隨新加坡總理之弟李金耀訪臺，並參觀臺灣之軍事和經濟等設施，獲致良好印象，臨行並曾透露擬於返國後促請該國高級官員訪臺，如國防部長吳慶瑞、財政部長林金山等訪臺。渠此次來談某項重要問題，渠之訪臺有益於雙邊關係，頗值重視。[30]外交部亞東太平洋司官員陳富雄在給其上級之簽呈中說：「謹查新嘉坡自今年聯合國第二十一屆大會以來，對我態度已漸趨改善。近曾數度透過我駐新工作同志，表示欲改善中、新兩國間之關係。此次楊君擬隨同另一未透露姓名之該國要員訪華，似宜予以爭取，而由本部安排渠等之訪問日程及負擔渠等訪華期間之接待費用。」[31]陳富雄在 1967 年 5 日 18 日的上呈報告中又說：「新加坡在『排我納匪』案投棄權票，在重要問題案投反對票，義大利案也投反對票。」[32]

由於剛好此時澳洲和泰國兩國總理訪臺，故請其提前或延後訪臺。後

[28] 中央研究院近史所檔案館藏，外交部檔案，檔名：中新關係，外交部代電駐吉隆坡領事館，外(56)亞太三 01001，1967 年 1 月 17 日。

[29] 「臺星直透班機短期內可通航」，南洋商報（新加坡），1966 年 12 月 19 日。

[30] 中央研究院近史所檔案館藏，外交部檔案，檔名：中新互訪，國家安全局長夏季屏函外交部，主旨：星總理親信楊錦城君近奉派偕同該國要員一人擬於近期訪華與我方洽談有關問題，擬請參辦並惠允安排彼等訪華之接待事宜，(56)啟疆 0284 號，1967 年 2 月 24 日。

[31] 中央研究院近史所檔案館藏，外交部檔案，檔名：中新互訪，亞東太平洋司呈為新嘉坡安全委員會要員楊錦城等訪華事，敬祈鑒核由，1966 年 2 月 28 日。

[32] 中央研究院近史所檔案館藏，外交部檔案，檔名：中新互訪，亞東太平洋司陳富雄呈「與新加坡總理之弟李金耀先生談話參考資料」，1967 年 5 月 18 日。

因該兩人健康出問題，該名要人動手術，故延後訪臺。

1967 月 4 日 20 日，新加坡外次阿布巴卡（Abdul Baker bin Pawanchee）及經濟發展局副局長林和合等一行三人訪臺，做私人訪問（應臺達化學公司林天明先生之邀），停留三天。其訪臺純係私人訪問，外交部未做任何官方安排。惟他曾拜會外交部楊西崑次長，並表示願促成相互交換非官方代表。[33]

1967 月 5 日 16 日，李金耀又應國泰人壽公司董事長林頂立之邀訪臺，過去他曾訪臺三次，由經合會等機關接待，外交部從旁協助。此次訪臺由部長賜予接見，並由次長賜宴一次，以示禮遇。

第三節　新加坡尋求臺灣軍事協助

臺灣和新加坡最早協商雙邊軍事合作是在 1967 年，臺灣派遣高階官員前往新加坡，會見國防部長吳慶瑞及李光耀總理。12 月，臺灣提出了協助新加坡建立空軍的建議。當時新加坡急需訓練海空軍人員，而以色列無法提供該項設施。當臺灣向新加坡提出該項軍事合作案時，曾要求新加坡在外交上承認臺灣，但並未獲新加坡同意。

1968 年 1 月，以色列更換軍備而減價出售法國製造的 AMX-13 輕型坦克，新加坡買了 72 輛，後來又買了 170 輛 V200 型四輪裝甲車。[34]以色列還協助新加坡建立海軍，紐西蘭訓練新加坡的水兵操作第一艘高速巡邏艇。為感謝以色列對新加坡建軍的貢獻，1967 年 6 月以、阿戰爭後，聯合國大會討論譴責以色列侵略案，新加坡投棄權票。1968 年 10 月，新國允許以色列設立商務處。1969 年 5 月，提升為大使館。[35]

1968 年 1 月 16 日，英國首相威爾生（Harold Wilson）和國防部長希禮（Denis Healey）宣布將在 1971 年 3 月底從蘇伊士運河（Suez Canal）

---

[33] 中央研究院近史所檔案館藏，外交部檔案，檔名：中新互訪，亞東太平洋司陳富雄呈「與新加坡總理之弟李金耀先生談話參考資料」，1967 年 5 月 18 日。

[34] 李光耀，李光耀回憶錄（1965-2000），世界書局，臺北市，2000 年，頁 15-21。

[35] 李光耀，李光耀回憶錄（1965-2000），頁 28。

以東撤軍，主要是馬來西亞和新加坡的基地，英軍駐新加坡有 3 萬兵力，撤走後影響新國之經濟和軍事防衛力量，更增加新加坡建軍的急迫性。李光耀在 1968 年 1 月中旬到倫敦遊說，希望英國延緩撤軍，向英國要求提供雷達、高射砲武器、及防空飛彈 50 枚與防空人員之訓練，期望英國能協助其建立一個中隊的空軍、建立三艘飛彈艦艇。另一方面商議籌組英、澳、紐、馬、新五國聯防，惟英國對於撤軍問題不為所動，僅答應撤軍時間從 1971 年 3 月底延長到該年底。新加坡為應付英國撤軍，加速工業化計畫、強化勞工法、吸引外資、與外國加強軍事合作、增加國防經費三倍、重新思考建軍問題。英國軍隊在 1971 年 10 月從新加坡撤出，僅留下少許兵力，最後也在 1976 年 3 月撤走。[36]

　　新加坡小國寡民，為了因應內部軍事訓練場地不足以及印支半島之變局，亟需在海外尋求軍事演習場地，以訓練其有限的兵力。另外新加坡也不願完全依賴以色列訓練其軍隊，乃與臺灣進行軍事合作協商。

　　1968 年 11 月 14 日，臺灣與新加坡達成協議，同意在彼此首都互設商務代表團，以促進貿易、觀光及其他經濟關係。此一商務機構，將代為處理一般領事業務。1969 年 3 月 6 日，臺灣在新加坡設立「中華民國駐新加坡商務代表團」，新加坡則遲至 1979 年 6 月才在臺北設立「新加坡駐臺北商務代表辦事處」。但新加坡認為雙方互換貿易代表處並不代表雙方已在政府和國家層次上相互承認，因為新加坡不願捲入中國聲稱它是中國唯一代表，臺灣是其一部分的糾紛中。[37]

　　1970 年 10 月 1 日，新加坡函請臺灣可否派遣軍事人員協助新國實施部隊訓練。臺灣請新加坡告知其所需人數若干？需具備何標準（軍種官科階級語言及其他特定條件等）？[38]雙方開始有協訓軍事人員之會商接觸，

---

[36] Marsita Omar & Chan Fook Weng, "British withdrawal from Singapore," *Singaporeinfopedia*, https://eresources.nlb.gov.sg/infopedia/articles/SIP_1001_2009-02-10.html　2021 年 7 月 7 日瀏覽。

[37] Lee Kuan Yew, *Memoirs of Lee Kuan Yew, From Third World to First: The Singapore Story: 1965-2000*, Singapore Press Holdings, Times Editions, 2000, p.620.

[38] 國防部藏，案名：國防部直屬單位軍官調派案，民國 59 年 10 月 1 日。檔號：48_0312.42_6015_2_14_63_00037629。

但似乎沒有具體進展，仍在摸索協商階段。

英國軍隊在 1971 年 10 月從新加坡撤出，僅留下少許兵力。[39]剛好此時，聯合國大會正在討論及表決中國代表權案，新加坡投票支持中國入會，對於排除中華民國的案子，則採棄權。此一投票事件多少影響了臺灣和新加坡協商軍事合作的進度，往後一年多雙方暫緩有關軍事合作的協商。

李光耀面對英軍從新加坡撤退，誰來取代英軍協助訓練其軍隊，成為其急需解決的問題。經過了一年半的考慮，新加坡主動向臺灣表示有意重啟軍事合作對話。海軍總司令宋長志上將在 1973 年 3 月 14-23 日分別訪問泰國、新加坡和菲律賓，他在返國報告中轉述新國國防部長吳慶瑞向他表示：「深願與臺灣加強經濟合作與武器生產之相互支援，並考慮應邀前來臺灣訪問。」[40]

以後臺灣透過國安局與新加坡的國防部建立了密切的聯繫管道。1973年 5 月 14 日，李光耀趁到日本訪問結束後，順道應臺灣的國安局長王永樹之邀請秘密訪臺。李光耀來臺進行 3 天的私人訪問，並會晤了行政院長蔣經國。蔣經國邀請李光耀前往南部空軍基地參觀，然後前往日月潭度假。此次訪問在李光耀要求下不對外發佈新聞，以免引起國際媒體注意。蔣經國邀請李光耀參觀空軍基地，讓其瞭解臺灣空軍的軍力和素質，反應了臺灣在 1967 年提出的協助新加坡建立空軍的建議不變。

---

[39] Marsita Omar & Chan Fook Weng, "British withdrawal from Singapore," *Singaporeinfopedia*, https://eresources.nlb.gov.sg/infopedia/articles/SIP_1001_2009-02-10.html　2021 年 7 月 7 日瀏覽。英軍最後在 1976 年 3 月撤出新加坡。

[40] 國史館藏，「軍事—毛澤東出巡與地方首長談話紀要等」，蔣經國總統文物，宋長志呈蔣中正奉令訪問泰國新加坡及菲律賓三國已於二十三日返國並報告拜會各政府有關首長軍事領袖參觀海軍主要基地外便訪僑團領袖瀏覽市區建設經過概要，1973 年 3 月 26 日。數位典藏號：005-010202-00071-004。

資料來源：國史館藏，「蔣經國照片資料輯集—民國六十二年（二）」，蔣經
　　　　　國總統文物，行政院院長蔣經國接見新加坡總理李光耀夫婦，
　　　　　1973/05/16。數位典藏號：005-030206-00006-003。
說明：左一為李光耀，左二為李光耀小女兒、左三為蔣經國。

圖 7-1：行政院院長蔣經國接見新加坡總理李光耀夫婦

資料來源：文化部國家文化資料庫，https://nrch.culture.tw/view.aspx?keyword=%
　　　　　E6%9D%8E%E5%85%89%E8%80%80&s=2324886&id=0000824806&
　　　　　proj=MOC_IMD_001#　2021 年 7 月 21 日瀏覽。

圖 7-2：1973 年 5 月 15 日蔣經國陪同李光耀遊日月潭

　　1973 年 8 月 25 日，新加坡軍事工業訪問團訪臺，與聯勤總司令部會談，新方欲委託臺灣生產之軍品中，有四項軍品與美援有關，請後勤次長室簽請美方同意，方能核定外銷。上述四項軍品（M151/A2,1/4T 吉普車、106 無座力砲、106 戰防榴彈、155 加炮全備彈）中，1/4 指揮車係照臺、美軍車合作生產協議製造，惟設備機具以及向美方採購之車材等，均係由臺灣負擔（貸款計息償還）。另外 106 無座力砲、106 戰防榴彈、155 加炮全備彈等三項，所用美援設備甚少，均係經臺灣自力以實品仿製成功，爾後始獲得美方技術資料參考。[41]

資料來源：文化部國家文化資料庫，https://nrch.culture.tw/view.aspx?keyword=%E6%9D%8E%E5%85%89%E8%80%80&s=1976516&id=0000706796&proj=MOC_IMD_001#　2021 年 7 月 21 日瀏覽。

圖 7-3：1974 年 12 月 22 日蔣經國陪同李光耀訪左營海軍軍區

　　美軍援華（臺）顧問團團長巴尼斯少將（Major General John W. Barnes）在 1973 年 11 月 13 日回覆臺灣國防部參謀總長賴名湯上將稱，臺灣前來函稱將美援生產之彈藥售給菲律賓，美國要求臺灣支付特許權使

---

[41] 國防部藏，案名：軍用物品外銷案，聯合勤務總司令部函後勤次長室，事由：請協調美方同意外銷新加坡四項軍品，俾繼續執行本案，請查照。(62)續暢字第 0161 號，民國 62 年 9 月 12 日。檔號：62_0800.33_3750-2_1_33_00045954。

用費 40,285 美元。臺灣必須先支付該款，才能申請美國核准將美援生產之軍品售賣給新加坡。美國也會對該項交易收取特許權使用費。[42]由於與美國協調，未獲美方同意，所以臺灣在 12 月 7 日取消供售新加坡 1/4 指揮車。[43]因此，除了 1/4 指揮車外，臺灣供售新國三項軍品，開啟了臺灣對新國軍售的第一步。

　　臺灣在同年亦軍售彈藥給新國，包括 81 迫擊砲砲彈、7.62 機槍子彈、7.62 步槍子彈、30 步槍子彈、30 機槍子彈，總價是 473,900 美元。[44]（參見表 7-1）

表 7-1：臺灣軍售新加坡彈藥種類和數量

單位：美元

	種類	單位	數量	單價	總價	運送日期	運送方法	出口港口
1	81 迫擊砲砲彈	發	3,000	11.86	35,580	1973,7,26	新國航機	松山
2	同上	發	12,000	11.86	142,320	1973,9,13	新國船隻	高雄
	小計	發	15,000		177,900			
3	7.62 機槍子彈	發	100,000	0.112	11,200	1973,8,23	新國航機	松山
4	同上	發	400,000	0.112	44,800	1973,9,13	新國船隻	高雄
5	7.62 步槍子彈	發	500,000	0.10	50,000	1973,9,13	新國船隻	高雄
	小計		1,000,000		106,000			
6	30 步槍子彈	發	100,000	0.09	9,000	1973,8,25	新國航機	屏東
7	30 機槍子彈	發	100,000	0.10	10,000	1973,9,13	臺灣航機，依陽光計畫進行	
8	同上	發	900,000	0.10	90,000	1973,9,13	新國船隻	高雄

---

[42] 國防部藏，案名：軍用物品外銷案，美軍援華顧問團團長 Major General John W. Barnes 在 1973 年 11 月 13 日回覆臺灣國防部參謀總長賴名湯上將。檔號：62_0800.33_3750-2_1_33_00045954。

[43] 國防部藏，案名：軍用物品外銷案，國防部函聯勤總部，事由：供售新加坡 1/4 車、106 砲、106 彈、155 彈等四項軍品中，1/4 車乙項因協調美方未獲同意，經奉核示，覆請查照。(62)雁飛字第 3301 號，民國 62 年 12 月 7 日。檔號：62_0800.33_3750-2_1_37_00045954。

[44] 國防部藏，案名：軍用物品外銷案，聯合勤務總司令部函後勤次長室，事由：請協調美方同意外銷新加坡四項軍品，俾繼續執行本案，請查照。(62)續暢字第 0161 號，民國 62 年 9 月 12 日。檔號：62_0800.33_3750-2_1_33_00045954。

9	30 步槍子彈	發	900,000	0.90	81,000	1973,9,13	新國船隻	高雄
	小計	發	2,000,000		190,000			
	總計				473,900			
說明：運送時間平均為簽約後的一個半月。								

資料來源：國防部藏，案名：軍用物品外銷案，聯合勤務總司令部函後勤次長室，事由：請協調美方同意外銷新加坡四項軍品，俾繼續執行本案，請查照。(62) 續暢字第 0161 號，民國 62 年 9 月 12 日。檔號：62_0800.33_3750-2_1_33_0 0045954。

　　1973 年 9 月，新加坡計畫委託臺灣生產四項軍品，包括 1/4T 吉普車 180 輛、106 無座力炮 100 門、106 戰防榴彈（M344A1）1 萬發、155 加炮全備彈 1 萬發。因為這批軍品涉及使用美援機器，故未予供售。[45]

　　10 月 29 日，新國副總理兼國防部長吳慶瑞訪臺，在 11 月 6 日他致函給行政院長蔣經國，感謝臺灣軍方提供新國軍官在臺灣很好的軍事訓練

資料來源：國史館藏，「民國六十二年嚴家淦副總統活動輯（十七）」，嚴家淦總統文物，副總統嚴家淦接見新加坡副總理兼國防部長吳慶瑞，1973/10/29。數位典藏號：006-030204-00027-019。

圖 7-4：副總統嚴家淦接見新加坡副總理兼國防部長吳慶瑞

---

[45] 國防部藏，案名：軍用物品外銷案，聯勤後勤四處呈參謀總長，主旨：美方函覆有關我售菲彈藥案及擬售新加坡軍品案情形，請核示，1973 年 11 月 27 日。檔號：62_0800.33_3750-2_1_32_00045954。

設施，並邀訪賴名湯將軍訪新，俾能聽取他的建言。[46]從該信函可知，臺灣已在此時之前提供軍事設施讓新國軍官使用。

1974 年 7 月，新加坡原向臺灣聯勤總部訂購 155 加砲彈 2,800 發（臺、新軍事合作案），已由聯勤生產於 7 月中旬製妥，交陸軍第五彈藥庫存，以供臺灣代訓新方砲兵幹部之用。惟根據臺灣砲校訓練計畫需要，部分加彈需更換為榴彈，故請准由陸軍存量中換發 155 榴彈 2,200 發，另 500 發仍保留為加彈。另新方要求以船運回新加坡 155 彈 100 發，以供其試射之用。[47] 8 月 2 日，後勤參謀次長室第四處處長屠○（字跡不清）海在該公文上批示：「因本案未協調美顧問意見，不宜外運，否則將困擾。」[48]從該公文可知，在臺、新兩國尚未簽署正式協議前，雙方已有軍事合作案在進行，該合作案是由臺灣代訓新國的炮兵部隊，砲彈由臺灣製造，新國購買使用。

新國為了推展在臺灣的軍購，其國防部在臺灣派駐聯絡官葉志強。1974 年 8 月 7 日，葉志強請求臺灣提供 155 榴彈樣品 100 發，撥借該國試用。臺灣同意撥給 50 發樣品，供新國試射。臺灣國防部並同時致函通報美軍顧問團助理參謀長夏博爾上校。[49]

1974 年 9 月，新加坡駐臺灣聯絡官葉志強請求臺灣提供 155 榴砲修護零件及保養工具，國防部同意陸軍總部所報由庫存供售新加坡 155 榴砲

---

[46] 國史館藏，「吳慶瑞（Goh, Keng Swee）往來函件」，蔣經國總統文物，新加坡副總理吳慶瑞函謝蔣經國撥冗與之會晤另因新加坡部分軍官刻正於臺灣受訓故擬邀請賴名湯訪新以徵詢相關意見及建議等，1973/11/06。數位典藏號：005-010502-00289-001。

[47] 國防部藏，案名：軍用物品外銷案，聯勤總司令鄭為元呈參謀總長賴上將，事由：新加坡向本部訂購 155 加砲彈 2,800 發，以供代訓新方砲兵幹部之用。現為應訓練需用，請准予換撥 155 榴彈 2,200 發，並另以 100 發船運新方使用，請核示。(63)達剛字 0155 號，民國 63 年 7 月 29 日。檔號：62_0800.33_3750-2_4_37_00045957。

[48] 國防部藏，案名：軍用物品外銷案，聯勤總司令鄭為元呈參謀總長賴上將，事由：新加坡向本部訂購 155 加砲彈 2,800 發，以供代訓新方砲兵幹部之用。現為應訓練需用，請准予換撥 155 榴彈 2,200 發，並另以 100 發船運新方使用，請核示。(63)達剛字 0155 號，民國 63 年 7 月 29 日。檔號：62_0800.33_3750-2_4_37_00045957。

[49] 國防部藏，案名：軍用物品外銷案，國防部函美軍顧問團助理參謀長夏博爾上校，事由：新加坡擬請我提供 155 榴彈（155MM Howitzer M1）樣品撥交該國試用。(63)衡征字 1947 號，民國 63 年 8 月 21 日。檔號：62_0800.33_3750-2_4_43_00045957。

修護另件 7 項、保養工具 19 項，共計 26 項，總價 3,808.58 美元。准予照辦，請聯勤總部負責簽約及協調陸軍，儘速撥交等事項。[50]

1974 年 9 月，陸軍總部供售新加坡 155 榴砲修護零件六項、工具 20 項。修護零件六項是由新航班機在 9 月 20 日運回新加坡，工具 20 項則交由海運。[51]總價款為新臺幣 144,345.18 元（3,808.58 美元）。[52]

1974 年 10 月 3 日，葉志強致函臺灣，擬訂購下述軍品：81 迫砲照明彈 100 發、5.56 雙基發射藥 15 公噸，臺灣報價為 99,782.45 美元，為虧本價，若加 10% 利潤，則為 10,9758.15 美元。[53] 10 月 29 日，國防部最後決定的報價為：81 迫砲照明彈 100 發 3,930 美元、5.56 雙基發射藥 15 公噸 86,620.5 美元、106 無座力砲 26 門 221,005.98 美元，總價為 311,556.48 美元。[54]

10 月 18 日，葉志強函請臺灣對上述軍品減價，臺灣為了支援友邦，聯勤總司令部針對 5.56 彈發射藥報價重新檢討成本，刪除管理費 22.7%，計 639.13 美元，利潤 641.38 美元，共計減除 1,280.51 美元。[55]

---

[50] 國防部藏，案名：軍用物品外銷案，國防部令聯勤總部，事由：陸軍總部所報由庫存供售新加坡 155 榴砲修護另件 7 項、保養工具 19 項，共計 26 項，總價 3808.58 美元。准予照辦。(63)衡征字 2031 號，民國 63 年 9 月 6 日。檔號：62_0800.33_3750-2_4_51_00045957。

[51] 國防部藏，案名：軍用物品外銷案，聯勤總司令部令後勤參謀次長室，(63)達剛字 0214 號，民國 63 年 9 月 19 日。檔號：62_0800.33_3750-2_4_48_00045957。

[52] 國防部藏，案名：軍用物品外銷案，聯勤總司令部函陸軍總部，事由：撥付貴總部供售新加坡 155 榴砲修護零件六項、工具 20 項，價款新臺幣 14 萬 4345.18 元，敬請查照具領。(63)達剛字 0265 號，民國 63 年 11 月 8 日。檔號：62_0800.33_3750-2_4_47_00045957。

[53] 國防部藏，案名：軍用物品外銷案，聯勤總司令部呈參謀總長賴上將，事由：檢呈本部供售新加坡彈藥報價資料表三份如附件，請鑒核。(63)達剛字 0242 號，民國 63 年 10 月 15 日。檔號：62_0800.33_3750-2_4_56_00045957。

[54] 國防部藏，案名：軍用物品外銷案，國防部令聯勤總部，事由：貴總部所報新加坡向我購買 5.56 發射藥等三項准按附表報價供售，並迅予協調有關單位辦理，希照辦。(63)衡征字 2348 號，民國 63 年 10 月 29 日。檔號：62_0800.33_3750-2_4_53_00045957。

[55] 國防部藏，案名：軍用物品外銷案，聯勤總司令部呈參謀總長賴上將，事由：檢呈本部減價供售新加坡 5.56 彈發射藥報價資料表三份如附件，請鑒核。(63)達剛字 0251 號，民國 63 年 10 月 23 日。檔號：62_0800.33_3750-2_4_54_00045957。

資料來源：國史館藏，「民國六十三年嚴家淦副總統活動輯（十三）」，嚴家
　　　　　淦總統文物，副總統嚴家淦伉儷設宴款待新加坡總理李光耀夫婦等
　　　　　人，1974/12/24。數位典藏號：006-030204-00043-022。

圖 7-5：1974 年 12 月 24 日副總統嚴家淦伉儷設宴款待
新加坡總理李光耀夫婦

資料來源：國史館藏，「民國五十五至六十六年嚴家淦先生活動輯」，嚴家淦
　　　　　總統文物，副總統嚴家淦伉儷款宴新加坡總理李光耀夫婦，
　　　　　1974/12/24。數位典藏號：006-030204-00049-017。

圖 7-6：1974 年 12 月 24 日副總統嚴家淦伉儷設宴
款待新加坡總理李光耀夫婦

1974 年 12 月 24 日，李光耀再度訪臺，參訪了海軍和海軍陸戰隊。在數月前，李光耀政府即與臺灣軍方會商在臺灣訓練軍隊的事宜。而在這次的訪問中，李光耀便向蔣經國提出在臺灣訓練新加坡軍隊的話題，獲得蔣經國的同意。

1975 年 1 月 29 日，新加坡勝利（Sheng-Li）公司向臺灣訂購 106 無座力砲 26 門、M92F 瞄準器 26 具及煙幕手榴彈 15,400 顆，總額為 287,889.98 美元。[56]本案因緊急，國外購料至今仍有部分未到，恐延誤交貨時程，影響臺灣之商業信譽，乃請准先向陸軍撥借 106 無座力砲 26 門，交聯勤總部六一廠檢整後按約交新加坡，俟料到後，如數製造歸還。[57]

1975 年 1 月，聯勤總部撥發兵工生產署六一兵工廠 1975 年度承銷新加坡軍品價款，隨文檢發農民銀行支票一紙新臺幣 102 萬 2,859.29 元。該款係臺灣銷新加坡 35 高砲彈紙筒 25,250 個軍品價款。[58] 3 月，聯勤總部撥發六一兵工廠 1975 年度承銷新加坡軍品第二次價款新臺幣 109 萬 8,027.94 元，主要銷售的是 35 高砲彈紙筒 25,250 個、紙圈 29,600 個。[59]

5 月，聯勤總部撥發兵工生產署四十四兵工廠承銷新加坡軍品（81 照明彈 100 發）價款新臺幣 149,143.5 元。[60]

6 月，聯勤總部撥發兵工生產署六一兵工廠 1975 年度承銷新加坡軍

---

[56] 國防部藏，案名：軍用物品外銷案，聯勤總司令部呈參謀總長賴上將，事由：檢呈新加坡向本部訂購 106 無座力砲及煙幕手榴彈合約影印本一份如附件，請鑒核。(64)裕保字 0169 號，民國 64 年 4 月 21 日。檔號：62_0800.33_3750-2_4_66_00045957。

[57] 國防部藏，案名：軍用物品外銷案，後勤四處簽呈參謀總長賴名湯，事由：有關新加坡向我採購 106 無座力砲 26 門乙案，請鑒核。民國 64 年 4 月 1 日。檔號：62_0800.33_3750-2_4_58_00045957。

[58] 國防部藏，案名：軍用物品外銷案，聯勤總司令部令兵工生產署，事由：撥發貴署六一廠六四年度承銷新加坡軍品價款如明細表，請即轉知照辦。(64)裕保字 0046 號，民國 64 年 1 月 27 日。檔號：62_0800.33_3750-2_4_46_00045957。

[59] 國防部藏，案名：軍用物品外銷案，聯勤總司令部令兵工生產署，事由：撥發貴署六一廠六四年度承銷新加坡軍品第二次價款如明細表，請即轉知照辦。(64)裕保字 0125 號，民國 64 年 3 月 20 日。檔號：62_0800.33_3750-2_4_60_00045957。

[60] 國防部藏，案名：軍用物品外銷案，聯勤總司令部令兵工生產署，事由：撥發貴署四十四廠承銷新加坡軍品價格明細表，請即轉知照辦。(64)裕保字 0239 號，民國 64 年 5 月 28 日。檔號：62_0800.33_3750-2_4_63_00045957。

品第三次價款新臺幣 101 萬 6,926.62 元，主要銷售的是 35 高砲彈紙筒 25,250 個。[61]

<h2 style="text-align:center">第四節　開展軍事合作關係</h2>

臺灣從 1974 年 7 月開始代訓新國砲兵幹部，並發展軍售關係，經過協商後，才在 1975 年 4 月 17 日雙方達成協議，簽署「中華民國國防部協助新加坡共和國陸軍部隊訓練協定書」（訓練協助協定）（Training Assistance Agreement），開始執行「星光計畫」（Exercise Starlight），為期 1 年。新國派遣「星光」部隊，包括步兵、砲兵、裝甲部隊和突擊隊等前來臺灣使用特定的軍事場地，每次約 6 到 8 週。臺灣只酌收微薄費用。[62]臺灣之所以在此時和新加坡發展軍事合作關係，其中一個原因是馬來西亞和中國在 1974 年 5 月 31 日建交，臺灣從馬國撤出領事館，臺灣可以不再顧慮馬國對於臺灣和新加坡發展軍事合作關係的反應。自 1989 年起，臺灣與新國海軍每年在臺灣附近海域舉行「基本戰艦訓練」，臺灣海軍協助新國海軍從事訓練項目，在「星光」部隊舉行兩棲登陸、實兵對抗等演習時，提供必要的後勤支援、登陸艦及訓練場地，但雙方不舉行聯合軍事演習。[63]

1975 年 5 月 23 日，新加坡國防部駐臺北聯絡官葉志強稱，勝利公司係新國國家經營，負責國外採購，及軍火銷售業務，現任董事長係王家國，新國國防部後勤局局長任董事。6 月 5 日，新加坡郭宏柏（Kua Hong Pak）經理致函臺灣聯勤總司令部工業服務處劉尼坤上校（Colonel Liu Ni-kung），表示有意採購四種煙幕手榴彈，灰色 48,000 顆、紅色 1,000 顆、黃色 1,550 顆、綠色 120 顆，總價為 189,408.4 美元。經聯勤總司令部估

---

[61] 國防部藏，案名：軍用物品外銷案，聯勤總司令部令兵工生產署，事由：撥發貴署六一廠六四年度承銷新加坡軍品第三次價款如明細表，希即轉知照辦。(64)裕保字 0263 號，民國 64 年 6 月 6 日。檔號：62_0800.33_3750-2_4_64_00045957。

[62] Lee Kuan Yew, *op.cit.*, p.622.

[63] 「中星在戰術戰技上有限度交流，海軍指為例行訓練，強調不會舉行聯合演習」，聯合報，民國 84 年 5 月 14 日，版 2。

價為 220,542 美元，這是無利潤的生意，若加 10% 之利潤，則總價應為 242,512 美元。[64]

1975 年 6 月，新加坡派至臺灣之第一批受訓人員屬於裝甲兵，第二批為裝甲兵和突擊兵。[65]

1975 年 7 月，新加坡國防部駐臺北聯絡官葉志強向臺灣申購煙幕手榴彈 45,670 枚，請臺灣按照含 10% 利潤離岸價（FOB）總價 189,408.4 美元銷售。副參謀總長執行官王多年於 7 月 8 日批示「不涉及美援機具，且非屬直接戰鬥用軍火，擬准如簽辦理」。[66]

臺灣對新國空軍協訓起始於 1976 年 3 月，新加坡請求臺灣空軍少將劉景泉擔任其空軍指揮官。3 月 30 日，臺灣空軍總部原則同意，請新國告知何時前往？及提供有關協助其建軍之空軍幕僚人員在新國擔任職務、時限以及所需兵科、階級、專長等資料。[67] 7 月，臺灣派空軍少將劉景泉赴星考察新國空軍現況，為期兩週。

新加坡一家經營軍品貿易的友齡公司亦充當馬國之軍品購買代理商，該公司要求臺灣提供軍品樣品及報價，供售馬來西亞。[68] 1976 年 2 月 13 日，新加坡友齡公司函聯勤總部工業服務處，稱該公司於 1975 年 12 月 10 日偕同馬國首相之特別助理卡里爾和首相署主任阿曼・尤索夫抵臺訪問，拜會外交部、國防部、總政戰部、國家安全局、聯勤總部總司令羅友倫上將。雖然馬國首相敦拉薩克（Tun Abdul Razak）於 1976 年 1 月 14

---

64 國防部藏，案名：軍用物品外銷案，聯勤總司令部呈參謀總長賴名湯上將，(64)裕保字 0309 號，民國 64 年 7 月 1 日。檔號：62_0800.33_3750-2_4_62_00045957。

65 國防部藏，案名：星光演習，內政部臺灣警備總部函國防部，主旨：呈送「星光演習」星方來臺受訓第一批裝甲兵及第二批裝甲兵及突擊兵人員名冊，分配如附表，請查照。1975 年 6 月 20 日。檔號：63_0631_6010-1_32_00045013。

66 國防部藏，案名：軍用物品外銷案，後勤四處簽呈參謀總長賴名湯，事由：新加坡擬向我訂購煙幕手榴彈案，簽請鑒核。民國 64 年 7 月 2 日。檔號：62_0800.33_3750-2_4_61_00045957。

67 國防部藏，案名：駐國外官兵調職人令，民國 65 年 3 月 30 日。檔號：65_0312.5_7031_1_8_00037964。

68 國防部藏，案名：軍火外銷案，國防部函外交部亞太司，事由：供售馬來西亞軍品案，本部已請聯勤總部即經由新加坡友齡公司提供樣品及報價，請查照，(64)山峰字第 1364 號，民國 64 年 11 月 20 日。檔號：55_0800.33_3750_5_39_00045953。

日病逝，但新首相仍維持對臺軍購，原向臺訂購之 25 萬枚手榴彈，約在4 月上旬簽約。並擬增購 556 子彈 5,000 萬發、A6 子彈夾 30 萬個、槍榴彈發射器及槍榴彈、60 迫擊砲及砲彈、81 迫擊砲及砲彈、120 迫擊砲及砲彈、0.38 手槍及子彈、機關槍及子彈、野戰用通訊器材、心戰裝備、防水地圖之印製、指北針、以及一般經理品。[69]

聯勤總部聯四在 1975 年 12 月 11 日簽請總司令羅友倫上將核示，該簽呈說，馬國首相之特別助理卡里爾及研究處長阿瑪德由外交部亞太司副司長沈仁標及聯勤楊上校、宋上校等陪同訪問國防部，由次長董中將接見。馬國兩位官員來訪之主要目的為瞭解臺灣聯勤兵工廠生產情形，並欲續購部分軍品。此次會談要點如下：

(1) 已核定售予馬來西亞之 25 萬顆手榴彈，即由聯勤速按前令洽馬方辦理。但須馬方於協議簽約時提供授權與使用保證。

(2) 聯勤所提供 40 顆手榴彈樣品之測試，由我方送馬政府（國防部）測試，並由聯勤與之協調辦理。

有關馬方欲向我方續購軍品，經協議以下列原則辦理：

(1) 我方聯勤生產之軍品主要支應國軍，若干生產線因部分機具係為美援裝備，基於臺、美雙方協定，凡美援機具生產之軍品不能外售，故可予供售者限於我國機具生產之軍品。

(2) 馬方欲續購軍品，請於返國後提出需求品量，再由我方檢討答覆。

(3) 售予案之進行，必須以政府與政府為基礎，馬方政府如指定其合法代理機構，National Trading Corp，我方可以考慮接受。

(4) 供售軍品必須為馬方自用，不得轉售。

(5) 所有售予之軍品，我方不作標記，以資保密。

(6) 全案均須全程保密，不使第三者獲悉。

(7) 運輸問題由聯勤與馬方詳為協調辦理。由馬方自理或由我方負責

---

[69] 國防部藏，案名：軍火外銷案，新加坡友齡公司函聯勤總部工業服務處，民國 65 年 2 月 13 日。檔號：55_0800.33_3750_5_32_00045953。

運往，惟均需注意包裝掩蔽。

(8) 請外交部亞太司副司長為協議聯絡人。[70]

臺灣提供馬國測試手榴彈樣品 40 顆由新加坡友齡公司代理洽辦運交馬國，於 12 月 26 日 12 點 50 分交中華班機運出。

1978 年，是星光演習第四年，星國派遣 LST 船運載彈藥、車輛、槍械和一般所用的補給品，於 6 月 19 日抵達高雄港，演習一週，在 6 月 26 日離臺。[71]在該年 7 月 10 日起至 8 月 9 日止，臺灣為新國辦理四個梯次的特戰訓練，每個梯次由新國指派教官 10 人、學員 40 人參加。由臺灣陸軍特種作戰學校負責行政和後勤支援，派遣聯絡官協助與輔導，管理與安全由星方自行負責。臺灣收取的費用是，第一梯次為 202,342 元新臺幣，第二、三、四梯次各為 173,230 元新臺幣。[72]

根據 1979 年度中華民國國防部協助新加坡共和國陸軍部隊訓練協定書，臺灣國防部動員的勤務單位包括砲訓部、裝訓部、特戰學校、陸戰隊、陸勤部、兵工署、運輸署、經理署、通信署、軍醫署、工兵署、本部政戰部、後勤署、作戰署等十五個單位。[73]可見此一代訓工作，要耗費大量人力和物力。

1980 年 11 月 6 日，有關「中華民國七十年度中華民國國防部協助新加坡共和國陸軍部隊黎明演習協議書草案」，國防部情報參謀次長室提出

---

[70] 國防部藏，案名：軍火外銷案，國防部聯四簽呈，事由：馬來西亞總理特別助理卡里爾等兩員來部協調軍火會談情形簽請核示，民國 64 年 12 月 11 日。檔號：55_0800.33_3750_5_32_00045953。

[71] 國防部藏，案名：星光演習（後勤供應），星光演習星方指揮部函陸總星光演習執行組（後勤署），主旨：星光演習第四年度 LST 船到臺乙事，290-1/207-1 V6，1978 年 5 月 15 日。檔號：67_0631_6010_1_63_00045014。

[72] 國防部藏，案名：星光演習（後勤供應），陸軍總司令部令特戰學校，主旨：貴校所呈六十八年度支援「星光演習」特戰訓練實施計畫，准予備查。(67)伐勝字第 2457 號，1978 年 7 月 13 日。陸軍特種作戰學校六十八年度支援「星光演習」特戰訓練案實施計畫（民國 67 年 7 月 1 日）。檔號：67_0631_6010_2_1_00045015。

[73] 國防部藏，案名：星光演習（後勤供應），陸軍總司令部令後勤署，事由：令頒中華民國六十八（1979）年度中華民國國防部協助新加坡共和國陸軍部隊訓練協定書，如附件（數量如配佈表）希照辦。(67)戊勝字 2425 號，民國 67 年 7 月 12 日。檔號：67_0631_6010_1_106_00045014。

兩點修改意見，第一，第九條修改為：「中方同意……其中地圖及空照資料，新方需按成本價購，並負責嚴格管制，於……。」第二，附件三修訂為：「中方同意新方申請價購下列地圖與空照資料，供黎明演習時使用。」[74]

1981 年 5 月 16-22 日，新加坡國防部長侯永昌夫婦、貿易工業兼衛生部長吳作棟、國防部政務部長楊林豐訪臺，並視察星光部隊演習、赴金門訪問、拜會國安局長王永樹、參觀空軍航發中心，並晉見蔣經國總統。

1982 年 8 月 22 日，「星光演習」新國指揮官吳來春上校來函略謂「敝國國防部與汶萊君主共和國有協議允許少數有為之汶萊軍官與新加坡軍官一起受訓，共 10 人，將於 9 月 23 日與 10 月 14 日隨同敝國受訓軍官來臺，在恆春基地進行演習。彼等視在臺演習為其課程之一部，完成後始能頒給畢業文憑。」[75]據知新加坡在汶萊設立有叢林訓練學校，兩國有軍事訓練合作關係，其建議讓汶萊軍官到臺灣一起受訓，應是因利就便之舉。

在 1985 年 11 月以前，李光耀總理曾密訪臺灣 6 次，大都以私人身分訪臺。1985 年 11 月 6 日，李光耀正式公開訪臺，蔣經國總統親自前往機場迎接。1986 年 5 月 8 日，新國國防部長李顯龍率高級軍官訪臺，除參觀星光部隊軍事演習外，並和我國高級官員會晤及參觀軍事設施。

隨著新加坡工業化之發展，亦開始自行製造軍品外銷，例如 5.56 公釐 Ultimax 100 輕機槍、V-150 輪型甲車。就國防部公佈的檔案，臺灣只有在 1979 年 5 月向新國購買 V-150 輪型甲車兩輛作為實驗之用。[76]

「星光協約」是一年一簽，每年由新國國防部長來函請求延長一年，臺灣為了維持兩國友好關係，同意續約一年。1989 年 7 月，「星光協約」改為三年期限，故以後每三年一簽。

---

[74] 國防部藏，案名：軍圖補給，國防部情報參謀次長室函陸總情報署，(69)超宜字第 3384 號，民國 69 年 11 月 9 日。檔號：69_0453.3750_2_38_00041630。

[75] 國防部藏，案名：協助友邦訓練部隊，1982 年 9 月 22 日。檔號：69_0600.4402_1_4_00 044177。

[76] 國防部藏，案名：軍用物品外銷案，陸軍總司令部計畫署函兵工署，(68)佐萬 0805 號，民國 68 年 5 月 12 日。檔號：68_1973.2090_5_33_00057360。

　　新國星光部隊在臺演習期間所需之支出經費，是由新國先預撥經費給臺灣，然後由臺灣依據協議規定，向新國報支，包括：餐費、車輛運輸、器材維修、汽油消耗、醫療、購置軍服費、各基地協訓費等。若有由臺灣支付者，再從新國預撥專款內撥付。[77]新國各年預撥款項不等，例如 1976 年 7 月 23 日，新國預撥 650 萬元新臺幣，1977 年 11 月 20 日，新國預撥 100 萬元新臺幣，到了 1978 年 8 月，新國支出超過原預撥款，故臺灣請求新國續撥 150 萬元新臺幣。[78]新國請求臺灣支援演習之車輛，由新國負責保險、油料及車輛折舊費用，[79]臺灣派遣之駕駛人員自行負擔主副食。[80]至於消耗品如文具、口糧、一般用品都是每月由新國空運來臺，每期都無剩餘，空彈殼則由新國運回。[81]演習時新國部隊向臺灣軍方借用野戰夾克和棉被，洗滌清潔後歸還。[82]演習時臺灣還需要提供給新國通訊頻道、潮汐表、氣候表、訓練地區及訓練地區的地圖。[83]在已公布的國防部檔案中，

---

[77] 國防部藏，案名：星光演習（後勤供應），陸軍總司令部令運輸署，主旨：所呈北部地區運指部等單位墊付「星光演習」經費計 8 萬 7266 元 50 分，准由主計署就星方預撥款內撥發歸墊，請照辦，(67)任慧 2414 號，1978 年 6 月 23 日。檔號：67_0631_6010_1_82_00045014。

[78] 國防部藏，案名：星光演習（後勤供應），陸軍總司令部後勤署函星方郭文榮先生，主旨：貴部星光演習預撥經費先後共 750 萬元新臺幣，現已用完，附收支明細表如附件，請即續撥臺幣 150 萬元，以利作業，請查照。(67)任慧 3100 號，1978 年 8 月 11 日。檔號：67_0631_6010_2_5_00045015。

[79] 國防部藏，案名：星光演習（後勤供應），陸軍總司令部令兵工署，主旨：貴署呈特戰學校支援「星光演習」使用車輛折舊費 1 萬 307 元，核如說明，請查照。(67)任慧 1977 號，1978 年 5 月 24 日。檔號：67_0631_6010_1_66_00045014。

[80] 國防部藏，案名：星光演習（後勤供應），陸軍總司令部令後勤署，主旨：星光演習部隊行政用車輛派遣如附表，請照辦，(67)惠立 00764 號，1978 年 1 月 28 日。檔號：67_0631_6010_1_51_00045014。

[81] 國防部藏，案名：星光演習（後勤供應），星光演習星方指揮部指揮官陳合成函陸總星光演習執行組（後勤署），主旨：星光演習軍品，290-1/207-1，1978 年 1 月 25 日。檔號：67_0631_6010_1_4_00045014。

[82] 國防部藏，案名：星光演習（後勤供應），陸軍後勤司令部經理署函後勤署，主旨：星光演習各基地借用野戰夾克及棉被品量如附表（一）請於 7 月 8 日前派員收回，請查照。(67)恩嚴 09445 號，1978 年 6 月 30 日。檔號：67_0631_6010_1_88_00045014。

[83] 國防部藏，案名：星光演習（後勤供應），星光演習星方指揮部指揮官陳合成函陸總星光演習執行組（後勤署），主旨：星光演習於恆春基地旅級訓練的需要，懇請協助辦理，290-1/11，1978 年 5 月 25 日。檔號：67_0631_6010_1_94_00045014。

沒有看到新國支付演習場地使用費之文獻資料。

第五節　高層軍官互訪頻繁

　　新加坡為了獲取臺灣協訓其部隊，發展出頻密的高層軍方領導人的相互訪問。1985 年 5 月 20-25 日，新加坡國防暨貿工部政務部長李顯龍准將一行三人訪臺，拜會國防部長宋長志、參觀陸軍湖口基地枋山靶場火力示範、參觀政戰學校、參觀故宮博物院、拜會行政院長俞國華、參謀總長郝柏村、並晉見蔣經國總統。臺灣陸軍總司令部計畫署少將副署長郝慶麟在 1985 年 12 月 13 日赴新加坡參加會議。

　　針對星光演習雙方亦在 1990 年設立有「星光支援委員會議」。1991 年 12 月 8-14 日，臺灣派遣副總長夏甸上將率隊赴星參加第二屆星光支援委員會議，討論雙方軍事科技合作事宜。[84]原訂 1992 年 12 月 6-12 日舉行「第三屆星光支援委員會議」，因故取消。1993 年 2 月 28 日至 3 月 5 日，海軍副參謀總長顧崇廉上將率團至新加坡參加「第四屆星光支援委員會議」，除討論雙方合作項目執行現況外，並拜會新加坡軍事首長及參訪軍事科技與工業機構。1994 年 10 月 17-21 日，副參謀總長伍世文中將赴新加坡參加「第六屆星光支援委員會議」。[85] 1996 年 2 月 2-7 日，副參謀總長伍世文中將率團赴星參加「第八屆星光支援委員會議」。

　　另外，為了協調臺、新雙方的協訓進展順利，1991 年起在新加坡舉行「第一次聯合協訓會議」。1993 年 1 月 4 日至 1 月 8 日，陸軍副總司令李楨林上將赴新加坡參加「臺、新第三次聯合協訓會議」。

---

[84] 國防部藏，案名：出席各種國際會議，蔣仲苓簽呈李登輝總統，事由：第二屆星光支援委員會議預於 80 年 12 月 9 日在新加坡召開，討論雙方軍事科技合作事宜。本部副總長夏甸上將自 12 月 8 日至 12 月 14 日率團出席會議。民國 80 年 11 月 29 日。檔號：41_0420_2277_3_4_00041351。

[85] 國防部藏，案名：國軍軍官赴各國參觀訪問考察，陳廷寵簽呈總統，事由：本部副參謀總長伍世文中將訂於本 83 年 10 月 17 日至 10 月 21 日率團赴新加坡參加「第六屆星光支援委員會議」討論雙方決議合作項目執行現況。民國 83 年 10 月 5 日。檔號：45_0641_6015_4_33_00045209。該公文記載的屆期有誤，應是第五屆。以後的屆期都因此算錯。

　　新加坡邀訪臺灣軍方高層領導人亦極為熱絡，從 1978 年以來至 1996
年，每年都有邀訪活動，大都由新加坡參謀總長出面邀請。（參見表 7-
2）這類邀訪顯示新加坡的禮數周到，屬於禮貌性訪問。

　　真正負有工作任務的訪問，在國防部公佈的檔案中只發現兩件。第
一，1985 年 5 月，戰發中心廖志群上尉等四人赴星接受 L-10 引擎熟悉訓
練。第二，1991 年 5 月，空軍總司令林文禮上將訪新，返國後建議若新
國提出派遣 F-16 機參與我國空軍 ACMI（空戰演練儀）訓練要求，如介
面可連接，建議接受，並可與我空軍實施 DACT（不同機種對抗）訓練，
以提升戰力。在該年 8 月下旬新國空軍參謀長宋恩文上校回聘訪臺，討論
該項訓練合作案。

表 7-2：新加坡邀請臺灣軍方高層領導人往訪（1978-1996 年）

時間	受邀人	邀請人
1978 年 9 月	陸軍總司令郝柏村上將	
1979 年 5 月	空軍總司令烏鉞上將	
1980 年 2 月 25-29 日	副參謀總長（執行官）馬安瀾	新加坡參謀總長朱維良少將
1980 年 3 月 10-23 日	聯勤總部總司令王多年上將、後勤署署長劉乃功少將	新加坡國防部常務次長楊烈國
1981 年 4 月 13-18 日	聯勤總部總司令蔣緯國率本部後勤署署長商柏齡少將、軍品鑑定測試處副處長楊正華上校、作戰參謀官關播上校	
1983 年 3 月 7-13 日	陸軍總司令蔣仲苓上將	新加坡國防部參謀總長朱維良少將
1983 年 11 月 14-18 日	參謀總長郝柏村夫婦	新國國防部長吳作棟
1984 年 2 月 6-10 日	空軍總司令郭汝霖上將	
1984 年 5 月 28 日至 6 月 3 日	警備總司令陳守山夫婦	
1985 年 1 月 21-26 日	警備總部陸軍中將副總司令劉戈崙、後勤次長室陸軍中將次長劉傳榮、陸軍總部後勤署署長馮濟民少將、陸軍總部作戰署副署長鄧克榮少將、警備總部保安處四組中校副組長曾民	

	同等，參加「星光演習」應邀訪星。	
1985 年 3 月 25-29 日	陸軍裝甲兵上校旅長汪國楨、陸軍裝甲兵上校副師長林天賞、陸軍砲兵中校裁判組長程忠實、警備總部中正國際機場協調中心上校政戰主任林步超、警備總部總司令辦公室中校聯絡官陳錦麟等五人參加協訓「星光演習」訪星。	
1985 年 3 月 14-19 日	海軍總司令劉和謙上將夫婦	新加坡國防部參謀總長朱維良少將
1985 年 10 月	王文燮中將等四人	
1985 年 12 月 9-14 日	聯勤總司令溫哈熊上將夫婦	新加坡國防部參謀總長朱維良少將
1987 年 2 月	劉衛中上校	
1987 年 3 月	陸養仲上校等六人	
1987 年 9 月 9-12 日	泰國最高統帥部三軍參謀長端通上將邀請警備總司令陳守山上將偕夫人並率隨員訪問泰國，陳總司令返國時順道訪問新加坡安全局等單位，並瞭解我駐星漁事單位工作情形。	
1988 年 12 月 2-8 日	海軍總司令葉昌桐上將夫婦	新加坡國防部參謀總長朱維良中將
1989 年 11 月	周正之少將	
1991 年 6 月 10-17 日	國防部副部長陳守山上將夫婦、副總長陳堅高上將夫婦	新加坡國防部三軍總長朱維良中將
1991 年 12 月 9-14 日	陸軍總司令陳廷寵夫婦	新加坡國防部三軍總長朱維良中將
1992 年 3 月 18-23 日	總政戰部主任楊亭雲上將夫婦	新加坡國防部三軍總長朱維良中將
1992 年 12 月 9-14 日	副參謀總長（執行官）黃幸強上將夫婦	新加坡國防部三軍總長朱維良中將
1993 年 3 月 7-12 日	空軍副參謀總長趙知遠上將夫婦	新加坡三軍總長黃維彬少將
1993 年 11 月 13-20 日	參謀總長海軍一級上將劉和謙應泰國三軍統帥哇拉納上將暨新加坡三軍總長黃維彬少將之	

	邀，於 11 月 13-16 日訪問泰國，於 11 月 17-20 日訪星。劉和謙並謁見李光耀資政、拜會吳作棟總理、楊林豐國防部長，接受王鼎昌總統頒勳。	
1994 年 2 月 17 日至 3 月 1 日	陸軍總司令李楨林上將夫婦率隨員 5 人訪問新加坡和南非	
1994 年 3 月 7-11 日	空軍總司令唐飛上將夫婦	新加坡三軍總長黃維彬少將
1994 年 6 月 18 日至 7 月 7 日	聯勤總司令王文燮夫婦參訪南非和新加坡，期間並計畫前往法國參觀「北大西洋國家 1994 EUROSATORY 陸軍軍備展」。	
1995 年 2 月 13-17 日	海軍總司令顧崇廉上將夫婦	新加坡三軍總長黃維彬少將
1995 年 5 月 28 日至 6 月 1 日	副參謀總長（執行官）羅本立上將接受頒贈軍功勳章	新國國防部長李文獻博士
1995 年 11 月 20-25 日	副參謀總長伍世文中將夫婦	新加坡三軍總長馬仕強少將
1996 年 1 月 15-20 日	空軍總司令黃顯榮上將夫婦	新加坡三軍總長馬仕強少將
1996 年 2 月 20-25 日	副參謀總長李建中上將夫婦	新加坡三軍總長馬仕強少將

資料來源：筆者整理自國防部藏檔案。

第六節　結　論

　　從 1967 年 12 月臺灣提出了協助新加坡建立空軍的建議，並希望新加坡在外交上承認臺灣起，開展了雙邊軍事合作的對話，惟新加坡並未採取正面的回應。以後新加坡和臺灣發展的是經貿關係。1970 年 10 月 1 日，新加坡函請臺灣可否派遣軍事人員協助新國實施部隊訓練，才開展兩邊軍事合作的第一步。此乃新加坡面臨英國即將從新加坡撤軍所帶來的國防安全壓力，亟需尋求外國協助加強其國防武力，臺灣才被新加坡看中。此後從 1973 年以後，新加坡派遣軍官到臺灣受訓及向臺灣採購軍品，1975 年派遣一般部隊到臺灣受訓，利用臺灣基地作為訓練其軍隊之用。臺灣成為新加坡部署其國防戰略網之一環。新加坡在海外有許多基地，包括在泰國和汶萊的叢林學校；早期在菲律賓美軍克拉克空軍基地（Clark Air Base）

接受美軍之飛行員培訓，1992 年美國退出菲律賓基地後移轉到美國亞利桑那州空軍基地；在澳洲新南威爾斯和昆士蘭空軍基地部署戰鬥機；在印尼蘇門答臘島租借空軍轟炸場；另外在印度、德國和中國海南島亦有訓練場地等。

　　新加坡是一小島國，有高度危機感，懷疑周邊的印尼和馬來西亞的馬來人政權對它有敵意，所以積極發展軍力，以圖自保。新加坡在建國後就採取強制徵兵制，役期三年，為東亞國家中少見的兵役制度。基於臺灣的善意和慷慨，給予新加坡很多的協訓便利，所以發展出特別的軍事關係。此跟李光耀後來轉為反共的立場有關，李光耀公開宣稱新加坡將在印尼之後與中國建交，此一聲明不僅使印尼蘇哈托總統感到高興，亦使臺灣感到放心地與新加坡發展軍事合作關係。

　　柬埔寨和南越相繼在 1975 年 4 月亡國，臺灣遂中斷與它們的軍事合作關係。隨之在 7 月與新加坡簽署「星光協約」，填補了臺灣在東南亞軍事關係的空檔，同時也讓臺灣久經訓練的軍隊有燒火爐鍛磨劍的機會，不過這次不再是輸出政戰經驗，而是實戰演練和後勤支援。臺灣和新加坡各得其所，相互砥礪論劍。

　　新加坡和臺灣沒有外交關係，李光耀以前對臺灣也不友善，卻因緣際會和蔣經國成了好友，為了促成兩國的友好關係，而開展軍事合作，此跟美國的圍堵政策無關，也沒有事先取得美國的同意或支持，完全是兩國的自主行動。臺、新關係成為一般國際關係理論上的例外，臺灣軍援新加坡，不在尋求新加坡的外交承認、不在聯合對抗某一敵人、不在獲取臺灣的軍售利益，而是國際政治上少有的協助其建軍的友誼。蔣經國為了維護兩國的友誼，甚至在 1986 年 3 月派遣其次子蔣孝武為駐新副代表，尤可見蔣經國的刻意經營和新加坡的關係。

資料來源：文化部，國家文化資料庫，https://nrch.culture.tw/view.aspx?keyword
=%E6%9D%8E%E5%85%89%E8%80%80&s=2419530&id=000076283
7&proj=MOC_IMD_001#　2021 年 8 月 23 日瀏覽。

圖 7-7：李光耀夫婦於 1988 年 1 月 31 日參加故總統蔣經國追思禮拜

第八章　1950-70年代
臺灣與泰國之軍事關係

第一節　前　言

　　1946 年 1 月 23 日，李鐵錚與暹羅國務首相兼外長蒙納洽王賽尼卜拉摩（即社尼‧巴莫（M. R. Seni Pramoj））簽署「中、暹友好條約」，3 月 28 日，中國和泰國兩國政府代表在重慶互換批准書，條約生效。6 月 17 日，兩國正式建交。9 月，李鐵錚為首任駐泰大使，到曼谷赴任。12 月 15 日，在聯合國大會上，中國駐美大使顧維鈞表示：「中、暹為鄰邦，文化結合及傳統關係，尤望大會一致同意接納暹羅為會員國，印度、菲律賓附議，一致通過。」[1]由於泰國獲得中國及其他國家的支持，所以在 12 月 16 日加入聯合國。

　　12 月 28 日，泰國首任駐華特命全權大使沙愿‧都拉力至南京呈遞國書。中國除在曼谷設立大使館外，亦設立駐曼谷總領事館、駐柯叻領事館、駐百欖坡領事館、駐清邁總領事館、駐宋卡領事館。

　　1949 年 10 月，中共取得中國大陸控制權後，泰國雖未關閉與中華民國的外交關係，仍維持雙方的大使館，但卻關閉了中華民國在泰國的 4 個領事館。在僑校懸掛中華民國國旗，亦引起爭議。泰國亦限制華校數目，逮捕親中華民國的僑民，將華人移民泰國的配額從每年 1 萬人減為 200

---

[1]　國史館藏，外交部檔案，檔名：暹羅加入聯合國，目錄號：172-1，案卷號：0680，民國 35 年 12 月 27 日，外交部電駐暹大使館，電字第 10865 號。事由：將我代表在聯合國大會主張接納暹為會員國詳情電知。

人，並重新辦理外僑登記。[2]面對中國的變局，泰國採取了雙管齊下的政策，一方面減少從中國移入的移民配額，以降低北京政權可能對其境內華人的影響；另一方面，壓抑中華民國使館在泰國的影響力，目的則是在降低其境內華人的勢力，以維護其本身的安全。

　　中國的變局，導致其南方之軍隊退至緬甸和越南，以避開中共軍隊之追擊。這些退入印度支那半島的國民黨殘軍，在越南者遭法軍繳械，並被拘禁。兩年後才被解送臺灣。留在緬甸者，則遭緬軍之攻擊，甚至向聯合國提告，迫使該批游擊隊一部分撤至臺灣，一部分留在緬甸、泰國和寮國之邊界地區，進行反共游擊戰。有些則退至泰國北部邊界，對於他們的去留，臺灣和泰國進行了長期的協商，才將他們的一部分人遣送臺灣。其他大部分留在泰北的國民黨殘軍則獲泰國政府同意，以支持泰國的反泰共作戰而換取居留權。

　　臺灣和泰國從 1951 年後繼續維持邦交，基於反共立場，雙方發展的軍事合作關係有別於臺灣跟越南和馬來西亞的關係，主要以警察教育訓練和軍售為主。

第二節　緬、泰之「雲南省反共救國軍」

　　1951 年 1 月，在緬甸東部之國民黨游擊隊改編為「雲南人民反共救國軍」，由李彌中將兼任總指揮。[3]此時反共救國軍力量日增，在緬甸境內有基地和訓練營，並在景棟西南方 50 英里的猛撒建有機場，[4]可讓四引擎飛機起降。反共游擊隊之軍需裝備，部分購自泰國，部分從臺灣運來。[5]該年 3 月，該反共游擊隊開始接受臺灣起飛的飛機空投供應的武器補

2　Russell H. Fifield, *The Diplomacy of Southeast Asia: 1945-1958*, Harper & Brothers, Publishers, New York, 1958, pp.261-262.

3　傅應川、陳存恭、溫池京訪問，滇緬邊區風雲錄──柳元麟將軍八十八回憶，國防部史政編譯局，臺北市，民國 85 年，頁 88。

4　F. S. V. Donnison, *Burma*, Praeger Publishers, New York, 1970, p.146.

5　John F. Cady, *A History of Modern Burma*, Cornell University Press, Ithaca, New York, 1958, p.621.

給。從 1950 年 9 月起至 1951 年底，美國按月援助該反共救國軍 7 萬 5 千美元。[6] 1951 年 10 月，李彌率 700 人從猛撒撤回臺灣，留下劉國全（Liu Kuo-chwan）擔任反共游擊隊指揮官。[7]

　　1951 年 2 月 12 日，臺灣運補雲南反共救國軍之軍品一批（步槍 1 千枝、腰皮帶 1 千條），由基隆裝船運至曼谷，[8]再轉運至泰、緬邊境。

　　臺灣國防部在淡水設立「游幹班」，專門訓練中國大陸外圍地區的反共救國軍，其中包括雲南省反共救國軍。1952 年 3 月，高級隊 10 人，中級隊 62 人、宣傳隊 5 人，共 77 人，「雲南省反共救國軍」總部建請美國派機運送該批游擊隊至泰北清邁，以便迅速轉防至緬境內游擊區。另外建議中級隊受訓學員從 60 人增加至 80 人或 100 人。通信人員現有 30-40 人，擬請准予開班受訓，並請縮短其受訓期間，俾能早日返防工作。還有結業返防人員可否每人配以隨身武器以資保護。[9]

　　「游幹班」獲得美國西方企業公司（Western Enterprises Inc.）[10]的協

6　傅應川、陳存恭、溫池京訪問，前引書，頁 89。

7　*Keesing's Contemporary Archives*, Keesing's Publications Limited of London, March 28-April 4, 1953, p.12837.

8　國防部藏，案名：雲南反共救國軍軍品撥補案，國防部代電聯勤總部黃總司令，(40)韓輸字第 214 號，1951 年 1 月 31 日。檔號：40_780_1073_1_4_00030654。

9　國防部藏，案名：雲南反共救國軍軍品撥補案，雲南反共救國軍總指揮部代電兼處長鄭轉總長周，(41)臺炳字第 0143 號，1952 年 3 月 8 日。檔號：40_780_1073_1_83_00030654。

10　西方企業公司簡稱西方公司，為美國中央情報局的外圍機構，專門負責協助臺灣從事反共游擊戰。該公司成立於 1951 年 2 月 13 日，董事長是查理‧詹斯頓（Charles S. Johnston）。詹斯頓在 1950 年 11 月 22 日來到臺北，會見蔣經國，討論美方將派遣 6-7 人駐臺，協助臺灣在中國大陸沿海進行游擊活動及提供武器裝備。國史館藏，「其他—西方企業公司卷」，蔣中正總統文物，蔣經國鄭介民呈蔣中正美國查理詹斯所談美軍保衛臺灣之計畫暨我應採取的實際行動，1950 年 11 月 22 日。數位典藏號：002-080106-00080-001。
　　西方公司在 1952 年 2 月 19 日派遣首批駐臺人員 8 人，代理主任為伍慈（Donald B. Woods），以及運來卡柄槍 680 支、手提機槍 380 挺、火箭筒 70 支、手槍 2 箱、輕機槍 20 箱、高度爆炸藥 1,740 包、卡柄子彈 379,000 顆、刺刀 8 箱、無線電各種器材 25 箱等武器裝備。國史館藏，「其他—西方企業公司卷」，蔣中正總統文物，劉士毅呈蔣中正美方支援我大陸游擊工作派來之聯絡人員名單及空運到臺之械彈及器材表，1952 年 3 月 17 日。數位典藏號：002-080106-00080-004。

資料來源：國史館藏，「總統蔣中正照片集（七）」，蔣中
正總統文物，1954 年 3 月 6 日。數位典藏號：
002-050101-00124-002。

圖 8-1：蔣中正總統巡視淡水「游幹班」

助，除了提供軍事裝備外，亦協助游擊部隊之訓練。[11]關於培訓泰、緬邊
境游擊隊的「游幹班」可能一直存續到 1961 年從泰、緬撤軍為止。中間
發生了緬甸在聯合國控告臺灣入侵案，因為 1952 年初，蘇聯駐聯合國代
表維辛斯基（Andrei Vishinsky）在聯大指控美國運送國民黨軍隊進入泰
國和緬甸，以對抗中共。緬甸駐聯合國代表烏密登（U Myint Thien）的反
應謹慎。他認為只有臺灣政府介入維持在緬甸境內的國民黨軍隊，否認有
其他國家捲入。[12]

　　據 1953 年 1 月的估計，在緬甸的國民黨軍隊約有 16,000 人，緬甸若
要採取軍事行動，可能難以對抗國民黨軍隊。因此，緬甸政府宣稱要訴請
聯合國解決。為了向聯合國提出解決案，指控美國在背後協助國民黨軍
隊，因此緬甸請求美國終止對緬甸之經濟援助。[13]美國在緬甸之抗議壓力
下，只有減少對緬境反共游擊隊之援助。

---

[11]　國史館藏，「蔣經國演講稿（九）」，蔣經國總統文物，蔣經國在 1953 年 3 月 27 日對
　　　國防部游幹班全體官員致詞，1953 年 3 月 27 日。數位典藏號：005-010503-00009-
　　　021。

[12]　Evelyn Colbert, *Southeast Asia in International Politics, 1941-1956*, Cornell University Press,
　　　Ithaca and London, 1977, p.182.

[13]　*Ibid.*, p.182.

第三節　泰境國民黨游擊隊撤至臺灣

從中國南境撤入緬甸，再從緬甸撤入泰北，從泰北撤至臺灣的國民黨殘軍，前後有四批。

一、第一批

1950 年 2 月 19 日，空軍第三軍區司令部副司令易國瑞、烏鉞隊長、副主任程大千等人從滇省蒙自退入緬甸大其力，易國瑞先至泰國曼谷，並向駐泰領事館報到，其他人仍留在大其力。空軍總司令周至柔轉請外交部電告駐泰大使館協助他們搭船前往臺灣。[14]

國防部二廳劉處長到外交部面稱：「現有由滇入越之軍官 68 人（26軍余程萬部），擬經泰國返國。經駐泰謝保樵大使與泰國交涉，向泰方提出兩個辦法：(1)為友邦軍官過境。(2)以觀察團名義至泰國觀光。泰國國務院長（即首相）鑾披汶（Pibun Songgram）表示，因泰國政治關係未便接納，並建議先行入境，由泰政府以未經簽證為由，暫予看管。並望我方設法遣送回國。」[15]泰國同意他們以私人資格偷進暹境，再以非法入境名義遞解出境。國防部對於「遞解」兩字不願接受，並擬派遣空軍飛機接運。駐越大使袁子健表示：「對於自派軍機一節，恐不易得暹方同意。擬以不提出為是，至於遞解於法若認有未妥，可電謝大使再與暹方接洽。」[16]

1951 年 1 月，泰國政府同意派代辦及武官各一人駐臺，而該代辦由泰國駐日代表團團長尼堪軒（Sanga Nilkamhaeng）兼理。[17]同年 2 月，經

---

[14] 中央研究院近代史研究所藏，外交部檔案，檔名：協助由滇撤入泰境空軍人員返國及泰擬組華僑反共志願軍，空軍總司令部呈國防部總長顧、副本代電外交部，(3)勇萬發第124 號，1950 年 3 月 4 日；中央研究院近代史研究所藏，外交部檔案，檔名：協助由滇撤入泰境空軍人員返國及泰擬組華僑反共志願軍，空軍總司令部代電外交部，(39)勇巒發第 166 號，1950 年 3 月 9 日。館藏號：11-29-04-03-002。

[15] 中央研究院近代史研究所藏，外交部檔案，檔名：協助由滇撤入泰境空軍人員返國及泰擬組華僑反共志願軍，駐泰代辦孫碧奇電外交部，收電第 1533 號，1950 年 3 月 18日。館藏號：11-29-04-03-002。

[16] 同上註。

[17] 「外交部四十年一月份施政進度報告表」，載於周琇環編，戰後外交工作報告（民國

中華民國外交部的協商，勸使泰國政府撤回去年 12 月 28 日由泰國國會議員乃通奔抑他康所提出的恢復外僑禁區的法案。該案將禁止外僑在京畿、吞武里等 18 府居住、逗留或旅行，對當地華僑有嚴重影響。[18]

1953 年 3 月 25 日，泰國鑾披汶首相接受美國駐泰大使之建議，允許緬境國民黨軍隊假道泰國撤返臺灣，惟過境時需解除武裝。[19]此一模式類似在越南的法國當局的作法，所以前述入境泰國的國民黨軍隊平安撤至臺灣。

二、第二批

在臺、美、緬、泰四國於 1953 年 10 月簽署協議後，依此協議從泰北撤出軍隊總人數有 6,986 人，武器 1,323 枝，其中武器有 822 枝槍枝運至臺灣。繳出的武器總數有：49,252 件小型武器、157 件 HE 迫擊砲、40 顆手榴彈。[20]

根據中央日報之報導，第二批從泰國撤至臺灣的泰境反共義民是從 1954 年起，歷時 8 個月，總數有 4 千人，花費 1 千萬銖以上。[21]其實撤出的人數將近 7 千人。

三、第三批

1953 年 10 月 16 日，臺、美、泰三國在曼谷簽署「撤退緬邊反共軍計畫」，並送交緬甸考慮。17 日，曼谷方面宣布，緬甸已表示同意該項計畫，將對反共軍游擊隊暫停進攻，直至 11 月 15 日為止。10 月 26 日，臺灣代表遞交了一份臺灣外長在 10 月 8 日發表的有關李彌領導的非正規軍撤退聲明給四國聯合軍事委員會。該項文件說明臺灣自從接受 1953 年

三十九年至四十二年），國史館出版，臺北縣，民國 90 年，頁 79。

[18] 「外交部四十年二月份施政進度報告表」，載於周琇環編，前引書，頁 96。

[19] 「緬境國民黨軍，泰國已准假道撤返臺灣」，星暹日報（泰國），1953 年 3 月 26 日。

[20] *Yearbook of the United Nations 1954,* Department of Public Information, United Nations, New York, 1955, p.53.

[21] 「杭立武大使拜會泰當局，對泰協助義民撤退向泰國致謝」，中央日報，1961 年 4 月 8 日，版 1。

4 月 22 日聯大決議案以來，已盡遊說影響力，勸使他們儘可能撤退至臺灣。但大多數李彌軍隊係由中、緬邊境土著組成，他們受到共黨的迫害，而團結在李彌旗下，來對抗共同的壓迫者。臺北政府無權迫使這批軍隊離開其居住地，與其家眷撤往臺灣。儘管有許多困難，在過去數個月，中華民國政府與四國聯合軍事委員會充分合作，已成功地勸服 2 千多軍隊及數百名眷屬撤往臺灣。中華民國將繼續努力撤出那些保證要離開緬甸的人，並請求四國聯合軍事委員會繼續開會以完成撤軍計畫。聲明中亦譴責緬甸空軍轟炸那些同意撤往臺灣的軍隊集結區，嚴重影響撤軍行動。中華民國仍將準備簽署泰國、美國和中華民國同意的撤軍計畫。[22]

　　1954 年 2 月 6 日，設在曼谷的聯合國軍事委員會宣布，滇緬區中國志願反共游擊隊及軍眷的撤離工作，定 2 月 14 日恢復。自 14 日起，每天將有 150 人撤至緬境大其力附近的第一個接待站，然後由民航隊飛機自泰北之南邦或清萊空運臺北。[23] 3 月 24 日，緬甸軍隊密集攻擊反共游擊隊，控制猛撒機場。撤軍工作繼續進行，於 5 月 30 日宣布解除李彌將軍的司令職。至 9 月 1 日，結束撤軍工作，共撤出 5,742 名軍隊，881 名眷屬，177 名戰犯，186 名難民，都接運至臺灣。可能還有 3 千多名軍隊留在緬甸，他們拒絕前往臺灣，臺灣政府拒絕對他們負責。1955 年，在緬甸軍的壓力下，他們有些人逃至泰國境內。[24]

　　因此，在該撤軍協議之後撤至泰國的國民黨殘軍就遭到麻煩，他們無法順利轉送至臺灣。1954 年 9 月，從緬境撤退進入泰國的國民黨游擊隊員 78 人，泰國基於與臺灣的友好關係，擬將他們遣送回臺灣。但臺灣外交部在該年 9 月 22 日以東二字 8657 號代電頒附沈錡次長有關此事所發表之聲明，其中重申「留緬游擊部隊非我影響力量所能及，我政府對於彼等將不維持任何關係，或予任何援助支持，對於彼等繼續留緬及任何行為不

[22] *Yearbook of the United Nations 1953*, Department of Public Information, United Nations, New York, 1954, p.170.

[23] 賴暋、任念祖編，中華民國史事紀要（初稿）—民國 43 年 1 至 6 月份，2 月 6 日，國史館，臺北縣，1988 年，頁 312-313。

[24] Russell H. Fifield, *op.cit.*, p.209.

再擔負責任。」[25]

1955 年 8 月，臺灣駐泰大使館對於這批游擊隊應如何處理，請示外交部。外交部在 9 月 9 日函請國防部就應如何處置該批進入泰境的 78 名游擊隊員表示意見，該函同時做出建議：「查此批撤入泰境人員，泰方既視為非法入境，自與上年 9 月撤退緬境外軍辦法結束以前進入泰國之游擊人員身分不同，我方如就爭取僑心及人道立場而言，接受遣送准其返臺自亦無不可。」[26]但國防部沒有回覆，所以外交部又在 9 月 22 日函催國防部核示意見。國防部還是沒有回覆。外交部在 10 月 6 日再函催國防部核示意見。可能因為公文往返耽擱，國防部情報局已於 10 月 5 日函覆外交部，內文稱：

> 「查泰國移民局扣留滇緬邊境游擊人員一案始於本年四、五月間，初泰方同意交由我方處置，秘密遣送回部隊，旋因被緬方所發覺，且泰、緬報章對此事均有所報導，泰方為顧慮緬方交涉，以致推翻前議，表示願將該批人員遣送來臺，幾經交涉，泰政府曾允遣送邊境碧差汶（Petchaboon）暫住後，秘密轉送回部隊。惟迄今仍未實施，茲復據報泰政府可能將此案移請聯合國處理。
>
> 唯該批人員泰方既認為係緬境國軍，並係我政府屬員非法入泰境者，如接受遣送來臺，則與我前發表聲明之立場似有不合，且可能因此而引起緬方之再控指責我政府與該部隊仍有關係，否則何以接受其遣送來臺。至如泰方提請聯合國處理，則我有聲明在前，今又無指揮此部隊之證據，自無責任，如經聯合國判定遣送來臺，則我再為接受，似較適妥。至爭取僑心乙節，旅泰僑團

[25] 中央研究院近代史檔案館藏，外交部檔案，檔名：滯泰緬境游擊隊員 78 人遣送碧差汶，中華民國駐泰大使館代電外交部，大字第 1224 號，1955 年 8 月 31 日。館藏號：11-01-08-08-03-001。

[26] 中央研究院近代史檔案館藏，外交部檔案，檔名：滯泰緬境游擊隊員 78 人遣送碧差汶，外交部代電國防部，外(44)東二字 008825，1955 年 9 月 9 日。館藏號：11-01-08-08-03-001。

均對本案早有瞭解，諒無此顧慮。」[27]

葉公超部長在看過該公文後，批說：「所復各節亦不無理由，該局與泰方接洽情形，過去毫未獲悉，可照該局意見復駐泰大使館。」[28]

駐泰大使館於 11 月 4 日覆外交部稱：「(1)我國防部與泰方交涉經過事屬秘密，泰方報紙並無報導，僑團對此有無瞭解，不得而知。(2)被羈押之官兵 78 人現被分押於曼谷移民局、挽陽警署、挽卿警署三處，久繫囹圄，生活艱苦，情緒惡劣，間有來函、或電話訴苦。二月前曾聞有絕食抗議之舉，經告知該部隊負責人前往勸慰，始得寢息。(3) 10 月 13 日，在泰國警察日酒會中，泰公安局長秘密告知，本案原已由警總監乃砲批准遣赴碧差汶，嗣泰國務院長披汶元帥改批遣配出境等語。此點目前職館並無所知。惟查數月來泰國發生政潮，乃砲失勢以前，乃砲所決定之案件多數被披汶元帥翻案，確屬事實。(4) 10 月下旬，羈押於曼谷移民局之陳運長一名，原係第 93 師辦事室事務長，在獄罹疾經遷往警察醫院醫治無效斃命。(5)該部隊總指揮柳元麟、副總指揮彭程常川來往泰、緬間，行蹤秘密，其駐曼谷辦事處亦非公開。(6)緬甸駐泰大使館對此事非常注意，並致力於阻止該部隊人員回緬，緬大使巫北京在泰非常活躍，泰國務院長已定年內訪緬報聘。(7)現因雨季終止，緬方對我部隊將開始掃蕩，泰內政部已公布封鎖泰、緬邊境，將來此項類似事件或將層出不窮。謹一併奉聞。」[29]

1956 年 1 月 26 日，臺灣駐泰大使館回報外交部稱：「(1)上年 8 月中，泰公安局長警准將叻越塔那瑪哈來函，要求設法將潛入泰境之游擊隊員遣返臺灣，經呈奉指示：我方對留緬游擊隊早已不維持任何關係，故不

---

[27] 中央研究院近代史檔案館藏，外交部檔案，檔名：滯泰緬境游擊隊員 78 人遣送碧差汶，國防部情報局函外交部葉部長，(44)新勇華字第 1120 號，1955 年 10 月 5 日。館藏號：11-01-08-08-03-001。

[28] 同上註。

[29] 中央研究院近代史檔案館藏，外交部檔案，檔名：滯泰緬境游擊隊員 78 人遣送碧差汶，中華民國駐泰大使館代電外交部，大字第 2127 號，1955 年 11 月 4 日。館藏號：11-01-08-08-03-001。

同意遣返臺灣，請泰政府基於人道立場將彼等遣往碧差汶開荒。(2)職館經以我方之意答覆泰公安局長去後，聞泰警察總監乃砲上將本已有意將彼等遣往碧差汶，惟尚未正式答覆我方，嗣乃砲去國，國務院長披汶元帥對遣往碧差汶之議不予批准。(3) 9 月中，該批游擊隊員曾聞有絕食抗議之舉，經告知該部隊負責人前往勸慰，始得寢息。10 月中，羈押於曼谷移民局陳運長一名，原係第 93 師辦事室事務長，在獄罹疾，送醫無效斃命。經此變故，群情益顯激憤。(4)嗣乃砲返國，職館於 12 月中逕函請其從速將該批游擊隊員遣往碧差汶或由中華總商會擔保外出，乃砲因礙於披汶元帥不予批准，而將本案擱置。(5)傳聞乃砲有意將該批游擊隊員遣往羅勇（Rayong）自立村。另傳聞左派分子滲透該批游擊隊員，遊說彼等不要遣往碧差汶或羅勇，而要遣往中國大陸。」[30]

　　4 月 21 日，國安局函外交部稱，泰國已在 3 月 30 日將該批游擊隊員遣往曼谷南方靠近暹羅灣的羅勇自立村。[31]被移往羅勇的游擊隊員共 74 人，他們僅能在村內活動，如欲外出村外，每週需向當地警署報告一次，泰國政府資助每人每天生活費 4 銖，直至他們能自立謀生為止。臺灣的中國大陸災胞救濟總會亦給予每名游擊隊員救濟金 15 美元，76 人共 1,140 美元。[32]

　　臺灣外交部據中央社曼谷 24 日法新社報導稱，1956 年 5 月 16 日，國軍第 93 師部分軍隊從緬甸進入泰國西北部清萊省，佔據兩村莊，強迫

---

[30] 中央研究院近代史檔案館藏，外交部檔案，檔名：滯泰緬境游擊隊員 78 人遣送碧差汶，中華民國駐泰大使館代電外交部，中字第 0122 號，1956 年 1 月 26 日。館藏號：11-01-08-08-03-001。

[31] 中央研究院近代史檔案館藏，外交部檔案，檔名：滯泰緬境游擊隊員 78 人遣送碧差汶，國家安全局函中央委員會第六組張主任炎元，副本送外交部，(45)制果 96 號，1956 年 4 月 21 日。館藏號：11-01-08-08-03-001。

[32] 中央研究院近代史檔案館藏，外交部檔案，檔名：滯泰緬境游擊隊員 78 人遣送碧差汶，中國大陸災胞救濟總會代電中央委員會第三組，副本送外交部，(45)貳字第 3188 號，1956 年 3 月 27 日。館藏號：11-01-08-08-03-001；中央研究院近代史檔案館藏，外交部檔案，檔名：滯泰緬境游擊隊員 78 人遣送碧差汶，中國大陸災胞救濟總會代電中華民國駐泰大使館，副本送外交部，(45)貳字第（字跡不清楚）號，1956 年 4 月 26 日。館藏號：11-01-08-08-03-001。

村民遷離家鄉。同時緬軍二團越界進入泰國，佔據附近第三個村莊，雙方準備在泰國境內作戰。由於國民黨游擊隊人數較泰國邊防軍還多，故無法加以繳械。泰內閣於 5 月 24 日曾討論此一情勢。由於臺灣即將派遣訪問團至泰國，此一事態之發展可能給臺、泰關係帶來不良觀感，故請國防部盡快查明。[33]

1956 年 10 月，泰國華僑回國觀光團團長張蘭臣報告政府有關機關稱，泰國政府擬將該批人員遣送回中國大陸，請政府迅予接運來臺。所以內政部在 19 日，針對如何接運滯泰 78 名反共游擊隊員一事舉行跨部會會議，有行政院秘書處、外交部、內政府、國防部、僑委會、中央六組、經濟部、財政部、臺灣省保安司令部、大陸災胞救濟總會等單位派人出席。最後決議：

(1) 該批反共救國軍 78 人准以難胞身分由救總出面接運來臺。
(2) 以搭乘我國參加泰國工業展覽會工業產品便輪回臺為原則，由救總逕洽外匯貿易審議委員會辦理。如不可能，則改搭飛機，分批返臺。
(3) 機票費由內政部轉呈行政院核撥，其他接運費由救總負擔。
(4) 到臺後一個月內由救總接待，並由國防部情報局派員輔導考核一個月後交由國防部負責安置。
(5) 入境手續依照過去成案，由救總洽商保安司令部辦理。[34]

由於泰國政府對於是否遣送該批反共游擊隊至臺灣遲不決定，救總秘書長方治卯在 1957 年 4 月 7 日致函駐泰杭立武大使稱：「羅勇難胞四月份伙食費泰幣 7 千元業經電匯，請向泰政府交涉，遣送泰東或泰北墾荒，否則嗣後伙食費仍請泰政府供應。」[35]

---

[33] 中央研究院近代史檔案館藏，外交部檔案，檔名：滯泰緬境游擊隊員 78 人遣送碧差汶，外交部代電國防部，外(54)東三 005632 號，1965 年 5 月 28 日。館藏號：11-01-08-08-03-001。

[34] 中央研究院近代史檔案館藏，外交部檔案，檔名：滯泰緬境游擊隊員 78 人遣送碧差汶，內政部代電外交部，事由：抄附接運被拘泰京反共難胞來臺會議錄電請查照，臺(45)內社 101108 號，1956 年 10 月 30 日。館藏號：11-01-08-08-03-001。

[35] 中央研究院近代史檔案館藏，外交部檔案，檔名：滯泰緬境游擊隊員 78 人遣送碧差

6 月 20 日，杭立武大使電外交部稱，泰政府已初步決定於該月底將該批反共游擊隊遣送碧差汶。[36]曼谷星泰晚報在 6 月 22 日刊登泰政府決定在 6 月 29 日將羅勇自立村的游擊隊員移送碧差汶開墾。[37]

該批游擊隊員於 6 月 29 日被送至碧差汶以北 18 公里之塔蓬一小學校舍，三個月後再自行建造住所。彼等原有 78 人，由於中間逃亡 7 人，在臺灣駐泰大使館孫碧奇代辦任內留館任工友者 3 人，另有 2 人患病住院，1 人因罪判刑，故實際到碧差汶者有 65 人。[38]前在羅勇自立村因腦部受傷之馬學志在當地無法醫治，經泰政府同意送返臺灣就醫。

1957 年 11 月 30 日，該批反共游擊隊員由楊子光領導 30 人離營欲返回雲南游擊區，12 月 9 日彼等走到難府（Nan）之那蓮縣（Na-Noi）遭泰警方扣留，經駐泰使館聯絡泰國公安局長乃叻准將，乃叻准將以口頭下令當地警察將楊子光等 30 人送往泰北邊境，任彼等越界而去。[39] 1958 年 4 月 3 日，他們越過泰北邊界，11 日，抵達甫南嘎，分批前往游擊區。[40]

1959 年 2 月 6 日，泰國駐臺大使館致函臺灣外交部備忘錄略稱：「依據 1958 年 12 月 7 日調查結果，現住碧差汶之前中國游擊隊員尚有 23 人，泰政府擬請中國政府接受來臺。泰國政府根據國際法原則，任何國家之公民居住在他國，而他國拒絕其居住，則負有責任將他們帶回。拒

汶，中國大陸災胞救濟總會代電駐泰杭大使，1957 年 4 月 7 日。館藏號：11-01-08-08-03-001。

36 中央研究院近代史檔案館藏，外交部檔案，檔名：滯泰緬境游擊隊員 78 人遣送碧差汶，駐泰杭大使電外交部，外交部收電：4038 號，1957 年 6 月 20 日。館藏號：11-01-08-08-03-001。

37 「羅勇自立村游擊隊員警決送碧差汶開墾，啟程日期訂於本月 29 日」，星泰晚報（泰國），1957 年 6 月 22 日。

38 中央研究院近代史檔案館藏，外交部檔案，檔名：滯泰緬境游擊隊員 78 人遣送碧差汶，駐泰大使館代電外交部，興字第 1742 號，1957 年 7 月 4 日。館藏號：11-01-08-08-03-001。

39 中央研究院近代史檔案館藏，外交部檔案，檔名：滯泰緬境游擊隊員 78 人遣送碧差汶，駐泰大使館代電外交部，復（收）字第（不清楚）號，1958 年 1 月 15 日。館藏號：11-01-08-08-03-001。

40 中央研究院近代史檔案館藏，外交部檔案，檔名：滯泰緬境游擊隊員 78 人遣送碧差汶，駐泰大使館代電外交部，復（收）字第 191 號，1958 年 4 月 28 日。館藏號：11-01-08-08-03-001。

絕帶回其本國公民返回其領土內，不能用來對抗其自己的公民，縱使該公民被禁止居住在其國內。當他國拒絕這些人居住時，則其國家應將他們帶回。」[41]

臺灣外交部要求駐泰大使館說明，以前報告稱該批游擊隊員自行建造房屋，生活情緒尚屬安定，事隔一年半，為何不能繼續居留？[42]

2月22日，駐泰大使館回覆外交部稱，「當杭立武大使來泰就任之初，政府原已決定接受該項游擊隊遣臺，惟杭大使為求保存該隊力量，減少政府負擔，並避免開一先例計，經迭次向泰外交部及其前院長鑾披汶與前警總監乃砲洽妥，將該游擊隊由羅勇自立村遷居碧差汶（附陳致泰外交部私函一件、照會一件、及外部復照一件、抄本各一份）。迨抵達碧差汶兩月後，其中30餘人即秘密離去，間道返回游擊隊部（進行時曾取得泰警方之秘密諒解）。餘下32人（泰駐臺使館致鈞部備忘錄謂為23人）。該等留下之人員均有職業，並與泰婦結婚成家，生活均尚無問題，並不增加泰政府之負擔。」又說：「至於此次泰國要求臺灣接回該批游擊隊員，乃係泰國之遣送非法入境者之一般政策，並非專對臺灣，例如遣送非法居留之5萬名越南人出境。又泰、緬關係日趨密切，故對於該批游擊隊員較認真處理。」[43]

最後杭大使認為我方不能隨意接受泰方之請求將此23人遣臺。他認為撤軍案早已結束（1954年9月），唯有婉辭泰方，又鑑於臺灣現值非常時期，仍准這23人繼續居留碧差汶。[44]

---

[41] 中央研究院近代史檔案館藏，外交部檔案，檔名：滯泰緬境游擊隊員78人遣送碧差汶，外交部代電駐泰大使館，外(48)東三字第2074號，1959年2月13日。館藏號：11-01-08-08-03-001。*The Aide-Memoire of the Royal Thai Embassy*, Taipei, Taiwan, to the Foreign Ministry of the Republic of China, February 6, 1959.

[42] 中央研究院近代史檔案館藏，外交部檔案，檔名：滯泰緬境游擊隊員78人遣送碧差汶，外交部代電駐泰大使館，外(48)東三字第2074號，1959年2月13日。館藏號：11-01-08-08-03-001。

[43] 中央研究院近代史檔案館藏，外交部檔案，檔名：滯泰緬境游擊隊員78人遣送碧差汶，駐泰大使館代電外交部，(48)字第574號，1959年2月22日。館藏號：11-01-08-08-03-001。

[44] 中央研究院近代史檔案館藏，外交部檔案，檔名：滯泰緬境游擊隊員78人遣送碧差

面對臺灣拒絕接受該批游擊隊員，泰國政府只好與緬甸政府接洽，請求緬甸將那些非法從緬甸入境的難民接回。這些難民分佈在泰北的夜柿、清萊及其他邊境地區，紮營而居。緬甸於 1959 年 3 月中旬派遣一個代表團到泰國進行鑑別難民身分。[45]

1959 年 11 月 24 日，泰國駐臺大使宋達宏奉其政府之命謁見臺灣外長黃少谷，面遞備忘錄一件，要求我方將該 23 人接運來臺。外交部將此備忘錄電送杭大使。杭大使在 12 月 15 日電復外交部稱，「從緬甸撤軍案早在 1954 年 9 月結束，泰國大使館備忘錄中所稱 Chinese soldiers 似未便承認。該 23 人原亦可不接受，惟泰方一再要求，鑑於臺、泰友好關係，恐難即予拒絕，似可在原則上表示考慮接受。只能視為個案，不能構成先例。尤其不能涉及泰北難僑。該 23 人均已安家立業，若予遣臺，將來究竟有多少人前往，尚難預料。在我方決定接受前，關於渠等志願及現職業等，似可請泰方先作一調查。」[46]

為解決該一遣臺案，外交部於 12 月 30 日召開跨部會會議。查外交部沈姓官員在其草擬之簽呈上曾建議：「本案似可授權駐泰杭大使向泰國外交部表示，我在原則上可考慮接受該批難胞來臺，惟在決定接運之前，應請泰方會同我方人員調查該批難胞之志願及現職業等；一面密飭杭大使與地方負責人士多方聯繫，儘量設法拖延。」[47]從而可知，外交部已有接受該遣臺案之傾向，但仍想拖延。

最後跨部會會議的結論如下：

(1) 我方原則上同意將這批難胞接來臺。

(2) 關於旅費分三方面進行：

汶，駐泰大使館代電外交部，(48)字第 574 號，1959 年 2 月 22 日。館藏號：11-01-08-08-03-001。

[45] 「泰國政府接治遣返自緬流亡來泰華僑，緬甸代表團本週來泰進行甄別」，世界日報（泰國），1959 年 3 月 10 日。

[46] 中央研究院近代史檔案館藏，外交部檔案，檔名：滯泰緬境游擊隊員 78 人遣送碧差汶，杭立武電外交部，外交部收電第 6779 號，1959 年 12 月 15 日。館藏號：11-01-08-08-03-001。

[47] 中央研究院近代史檔案館藏，外交部檔案，檔名：滯泰緬境游擊隊員 78 人遣送碧差汶，外交部沈姓官員簽呈，1959 年 12 月 22 日。館藏號：11-01-08-08-03-001。

(甲) 由內政部和外交部會呈行政院核撥專款。

(乙) 由駐泰使館密請僑領設法捐助，避免公開募捐方式。

(丙) 請杭大使密洽美方援助。

(3) 安置問題。依照成例，由內政部轉呈行政院分派工作。

(4) 該批人員入境手續及抵臺後之接待事宜由大陸災胞救濟總會（簡稱救總）負責。

(5) 有關該批人員之資料，除由國防部情報局提供外，由駐泰使館會同泰方調查具報。[48]

原本預定在 1960 年 5 月 23 日趁臺灣空軍專機運返來臺觀光之泰國青年之際，從曼谷回臺時是空機，該批難胞即可搭乘該專機至臺灣。但泰方說由於時間緊迫，故無法在該日前準備好遣臺人員調查表，泰籍眷屬隨其夫遣臺，需填寫書面同意書。該批難胞中，有眷屬者 16 人，單身者 7 人，一歲以下幼兒 11 人，故難民及其眷屬總數為 50 人。

四、第四批

從 1960 年 11 月起緬軍和中共軍聯合攻擊在緬東的「中國人民反共救國軍」，迫使他們進入泰北和寮北，泰國內政部在 1961 年 3 月 3 日宣布該批約一千多人的反共救國軍需在三天內離境。並通知臺灣駐泰大使杭立武。美國官員也告知臺灣、緬甸和寮國，美國願意協助使中國反共游擊隊與其他中國難民撤離緬甸北部和寮北。據稱美國正在調查關於臺灣是否曾空投美製武器給那些反共游擊隊。美國政府擔心如有美式武器被該批游擊隊使用，將會影響其與緬甸的關係。[49]

副參謀總長賴名湯在 1961 年 3 月 10 日率一代表團抵泰，此行最大的目的是與泰國協商撤退在泰境的「中國人民反共救國軍」的問題。[50]

---

[48] 中央研究院近代史檔案館藏，外交部檔案，檔名：滯泰緬境游擊隊員 78 人遣送碧差汶，商討旅泰國碧差汶知前中國游擊隊員 23 人遣臺事會議記錄，1959 年 12 月 30 日。館藏號：11-01-08-08-03-001。

[49] 「匪軍五萬入緬聲中 泰國逐我反共難民 美國政府表示關切 泰政府曾邀杭立武大使會談 傳美亦曾與我使館官員磋商」，中央日報，1961 年 3 月 4 日，版 2。

[50] 「我與泰國商討 撤退難民事宜」，中央日報，1961 年 3 月 11 日，版 2。

4 月 9-12 日，賴名湯再度訪泰，拜會泰國國防部長他儂（Lt. General Thalnom Kittikachorn）元帥，他儂表示，泰國政府自沙立（Sarit Thanarat）首相以來均對臺灣此次撤退反共義民的「國雷」作業感到滿意。賴名湯感謝泰國政府的協助與合作。他在 10 日前往清邁，瞭解泰北國民黨游擊隊撤退的狀況。[51]

從 1961 年 3 月起進行「國雷」作業，總共撤退 4,349 人，花費 70 萬銖。[52]該批人員是從寮國和緬甸退入泰國的「中國人民反共救國軍」。[53]

五、第五批：拒撤出者

在泰境的前國民黨軍隊前後分四批遣送至臺灣，尚有第五批，是由段希文和李文煥所率領之部隊。臺灣和泰國曾與該段、李部會商，臺灣政府希望將他們遣送至臺灣，經過數年交涉，終因段、李不同意而未能將他們遣送至臺灣。

1966 年 1 月 31 日至 3 月 12 日，臺灣國防部情報局派遣副局長李天山前往菲律賓、越南、寮國、泰國、新加坡和馬來西亞視察。李天山在泰國時會見泰國中央情報廳廳長雷沙米上將，渠主動提出希望臺灣政府對段希文和李文煥部隊能密予支援之意見。[54]段希文部隊指揮部設在泰北米梭羅，轄五個師、三個縱隊、三個獨立支隊總兵力約 1,700 人，較兩年前 700 人，約增加 1 千人。該部散駐緬北部隊約 1 千人。其部隊幹部都為大陸籍，士兵則多為滇邊少數民族。其經費來源為經營特貨（按指鴉片）、抽取特稅、武裝護運等手段開關財源。李文煥部隊之指揮部設在唐峨（唐窩），轄三個師、四個縱隊、二個總隊、四個獨立團，總兵力約 1,700

---

[51] 「賴名湯拜訪泰國防部長」，中央日報，1961 年 4 月 13 日，版 2。

[52] 「杭立武大使拜會泰當局 對泰協助義民撤退 杭氏向泰國致謝意」，中央日報，1961 年 4 月 8 日，版 1。傅應川、陳存恭、溫池京訪問，滇緬邊區風雲錄——柳元麟將軍八十八回憶，國防部史政編譯局，臺北市，民國 85 年，頁 275。

[53] 「撤退緬邊反共義民 傳中泰獲原則協議 泰國將為中心地點」，中央日報，1961 年 3 月 13 日，版 2。

[54] 國史館藏，「敵後工作（二）」，蔣經國總統文物，國防部情報局長葉翔之呈部長（蔣經國），事由：關於建立大陸西南邊區游擊武力計畫綱要及對段希文、李文煥兩部處理之研究兩案，1966 年 3 月 22 日。數位典藏號：005-010100-00103-007。

人，較兩年前 1,100 人，約增加 600 人。該部散駐緬北部隊約 1,400 人。
官兵三分之一為滇西人，三分之二為滇邊少數民族。其經費來源跟段希文
部隊同。情報局為了與該兩部聯繫，在 1965 年 5 月以協助部隊訓練為掩
護，在段、李兩部各派出一個聯絡組。當時情報局在緬、泰邊境設立下述
的聯絡據點：(1)泰北清邁設立 1920 區本部。(2)受 1920 區督導的滇西行
動縱隊，司令為馬俊國少將，駐地分佈在泰北格致灣、緬北孟新、緬北丹
陽。(3) 4012 站龍波邦組，地點在龍波邦（琅勃拉邦），負責跟寮國軍方
聯繫。(4)另有中二組領導指揮的反共救國軍第五支隊（在中、緬邊境活
動）和反共救國軍第六支隊（在中、緬、寮邊境活動）。[55]

資料來源：國史館藏，「領袖照片資料輯集（三十九）」，蔣中正總統文
　　　　　物，總統蔣中正接見柳元麟部隊段希文合影，1960 年 12 月 9
　　　　　日。數位典藏號：002-050101-00041-046。

圖 8-2：1960 年 12 月 9 日蔣中正總統與段希文合影

　　情報局長葉翔之 1966 年 3 月 22 日給國防部長蔣經國之報告中，曾
對段、李兩部的情況作了詳細的說明，在報告中說：「據觀察段、李經營
特貨，歷年從中中飽自肥，視部隊為運輸工具，如非形勢逼人，當不致輕
易放棄其特貨暴利，故如我予兩部補給，必須掌握控制措施，並應逐步進

---

[55] 國史館藏，「敵後工作（二）」，蔣經國總統文物，國防部情報局長葉翔之呈部長（蔣
經國），事由：關於建立大陸西南邊區游擊武力計畫綱要及對段希文、李文煥兩部處理
之研究兩案，1966 年 3 月 22 日。數位典藏號：005-010100-00103-007。

行，以視其反應與轉變，遽予全部整編或令交出部隊，恐均不易，且非所宜。」結論中提及「依據現行『運用段、李兩部緬北部隊從事大陸工作』之政策為基礎，以該兩部之緬北部隊為對象採取逐次點驗、整編、督訓辦法，酌予工作番號（避免使用部隊番號）及根據工作成果酌予局部之補給，以能逐步轉移掌握控制為原則；然後依工作進展與績效，再行決定全面整編部隊之進度與幅度。對泰方則保持對此問題之聯繫與商討，在拖延時間原則下不遽作決定，以視情勢之演變，保留彈性運用之餘地，並保留隨時可開闢臺、泰間秘密輸補路線之契機，以配合我『建立大陸西南邊區游擊武力』計畫之進行。」[56]

　　儘管臺灣試圖拖延處理段、李問題，泰國則因國內輿論之批評，而急謀解決。泰國參謀總長他威（Dawee Chullasapya）上將在 1966 年 12 月 1日邀請臺灣駐泰大使彭孟緝，討論留泰反共游擊隊問題，他說：1.反共游擊隊在山地聚居，他日情形轉變，可以相機向匪區推進，泰方瞭解並已同意。但這批游擊隊建造牌坊、張貼標語、懸掛中華民國國旗、且糾集當地泰國青年入伍受訓，極易引起國際，尤其是緬甸之誤會，目前實無必要。2.游擊隊子女固可在家自授中文，而不宜開設學校，3.泰國行憲在即，倘不在行憲前妥善處理上述情形，當地議員恐會在議會上提出，使政府為難。4.軍方尚未將此事向國務院長及國家安全會議提出報告，渠想就此與彭大使交換意見。彭大使回覆稱，游擊隊與我方並無正式關係，我方亦未給予補給，管制自屬不易，將轉報我方政府，設法勸誘改善。[57]

　　1967 年 12 月 9 日，國防部長蔣經國電駐泰大使彭孟緝，表示臺灣同意泰國儘速處理段、李兩部，過去所以遲延，乃因為「國雷」演習該兩部拒不撤臺，且又經營鴉片生意，恐一旦給予補給，仍不遵約束，屆時對泰國政府無法交代。他提議由中（臺）、泰組成聯合小組處理段、李兩部問

---

[56] 國史館藏，「敵後工作（二）」，蔣經國總統文物，國防部情報局長葉翔之呈部長（蔣經國），主旨：關於建立大陸西南邊區游擊武力計畫綱要及對段希文、李文煥兩部處理之研究兩案，1966 年 3 月 22 日。數位典藏號：005-010100-00103-007。

[57] 國史館藏，「中泰關係」，蔣經國總統文物，張羣呈蔣中正檢送外交部抄呈彭孟緝電陳應泰國參謀總長他威之邀談論有關留泰游擊隊問題附抄電二件，1966 年 12 月 1 日。數位典藏號：005-010100-00077-003。

題，處理原則有三：(1)志願返臺者，由我方政府派機、船接運來臺。(2)老弱婦孺或自願留居泰境者，請泰方劃定地區予以安置。(3)精壯而志願繼續擔任游擊工作者，由我方政府選訓後進入緬北地區。此外，段、李兩人返臺後，由我政府優予安置。如段、李兩人對於上述三項處理原則不同意時，我方同意由泰方對該兩部做適當之處理，並與我方協調。泰方希望我方馬俊國部勿攜帶武器進入泰境，並不在泰國設立訓練基地一節，我方政府原則同意。今後如有武裝部隊必須進入泰境時，當於事前通知泰方，希望泰方予以便利。至於格致灣訓練基地之推進緬北，希能予以 6 個月之準備時間。但希望仍保留格致灣基地作為後勤、補給聯絡之基地。[58]

　　關於臺、泰組織聯合小組處理段、李問題，直至 1969 年 7 月 5 日臺灣才派遣易瑾中將等三員至泰國，分別拜會他儂院長及他威總長，渠與泰方代表會談多次，泰方建議以前彭孟緝大使與泰方所取得之三項協議為商談指導原則，即：(1)願撤退者，接運來臺。(2)不願來臺之老弱婦孺由泰方撥地屯墾。(3)不願來臺又不願充難民，而願繼續從事反共游擊工作者，則予整訓後除非泰方願意聽其留駐泰境，則應向泰邊以北推進。其次，泰方建議在未商談前由臺、泰聯合進行現場調查訪問，瞭解現況。我方已同意雙方代表預定 22 日出發，訪問單位為段希文、李文煥和馬俊國三部，及難民村二個。第三，泰方堅持要求對各個游擊隊作全盤商討，包括段、李及鄧文襄與中二組沈銓四個單位，尤對鄧、沈二部提出兵力駐地、主官姓名、活動情形等具體資料。易中將當場表示，鄧、沈二部非其任務範圍，手頭亦無他們的資料。會後駐泰大使沈昌煥經與易中將及駐泰大使館人員數度研商，獲如下結論：(1)據觀察泰方主要興趣在臺、泰未來合作，段、李問題次之。(2)泰方認為國民黨（KMT）問題應包括中國所有游擊隊段、李、鄧、沈等部在內。(3)泰方所提鄧、沈二部資料詳盡，足見地方軍警對該兩部充分瞭解。而鄧、沈二人均為駐泰大使館專

<hr>

58 國史館藏，「任副總統時：副總統訪泰參考資料（一）」，嚴家淦總統文物，國防部長蔣經國函致中華民國駐泰國大使彭孟緝對段希文及李文煥兩部處理問題意見，1967 年 12 月 9 日。數位典藏號：006-010704-00016-013。

員，列入外交官名錄。[59]

7 月 21 日，蔣經國電沈大使稱，(1)段、李問題可依前彭大使與泰方達成之三次協議為商談之基礎，務求根本解決。(2)鄧、沈問題可承認與我方有關，但應申明鄧、沈在泰境內並無部隊，而僅負責情報工作。泰方如願與我方進行情報合作與交換，我方竭誠歡迎。具體辦法可另行商談。[60]

易中將等三員、駐泰大使館陳專員、泰方坤瑟中將、作戰及情報兩廳長等會同清邁省長於 7 月 22-25 日訪問段、李、馬部及段、李蠻映和光武兩眷村。據易中將報告稱：(1)段、李表示竭誠擁護政府，接受整編，惟表示羅漢清少將前次來泰時曾與彼等達成協議，政府迄未履行，不無微詞。事後經坤瑟中將解釋，所謂達成協議一節，實屬誤解，蓋彼等當時提出之整編要求，我方未做任何承諾。(2)馬部舉行簡報時，曾將其在此間基地任務、編組人數、設施加以說明。據馬告稱，其所提資料與以往泰方要人訪問時所報告者相同。泰方私下表示，願進一步瞭解其活動情形。(3)訪問兩眷村時，由臺、泰共同進行，咸以為應向地方政府列舉眷屬和非眷屬住戶名冊，並嚴格遵守泰國政府法令，各村負責人均表示願意遵辦。後由沈大使邀集易中將等人再度詳商，研判泰方態度如下：(1)盼我方對段、李整編補給，有效控制，以期減少泰方困擾，鞏固邊防。(2)同意沈大使之建議，將鄧、沈改稱馬部，或其他代號。並希望瞭解其活動狀況，與其交換情報。(3)盼清查眷村戶口，加強管制，確保治安。(4)雙方約定一切商談以秘密友好方式進行。除段、李問題仍繼續共同正式研討外，有關鄧、沈合作部分，由坤瑟中將與易中將兩員交換意見。[61]

8 月 18 日，中（臺）、泰兩國代表達成對段、李部處理原則協議，

59 國史館藏，「一般資料—各界上蔣經國文電資料（二十）」，蔣中正總統文物，沈昌煥電蔣經國據易瑾報告與泰方會談結果泰方建議以彭孟緝前與泰方所取得的三項協議為商談指導原則又在未商談前由中泰聯合進行現場調查訪問瞭解現況等，沈昌煥大使電行政院副院長蔣經國，1969 年 7 月 18 日。數位典藏號：002-080200-00667-059。

60 國史館藏，「沈昌煥蔣經國往來函電」，蔣經國總統文物，行政院副院長蔣經國電沈昌煥大使，1969 年 7 月 21 日。數位典藏號：005-010205-00032-001。

61 國史館藏，「沈昌煥蔣經國往來函電」，蔣經國總統文物，沈昌煥大使電行政院副院長蔣經國，1969 年 7 月 31 日。數位典藏號：005-010205-00032-001。

其內容如下：

1. 凡願返國者，由中華民國政府接運返臺，並由泰國政府依以往撤退方式協助之。

2. 凡老弱婦孺願繼續留泰者，由泰方選地屯墾，使其以難民身分繼續居留泰境。

3. 凡不願返國亦不願留泰境當難民而願繼續從事反共工作者，由中（臺）、泰政府聯合予以整編，至人員之挑選與訓練，由中國（臺）政府負責，由泰國政府協助，其原則如左：

   (1) 凡思想忠貞，身體健壯，適合在志願非正規軍服役之人員，以中隊、大隊為單位實施點編，並自點編之日起，由中國（臺）政府予以後勤補給。

   (2) 段、李部現有之武器、馬匹、彈藥、裝備由中（臺）、泰政府派員清點，交由中國（臺）政府代表接收。凡接收之武器、馬匹、彈藥、裝備由中國（臺）政府按點收數量與堪用程度酌予補助。

   (3) 點編準備完成時，段、李本人必須離泰返臺，以示接受整編之誠意，並聽候妥善安置。

   (4) 段、李現有營區及訓練地區，均交由整編後之部隊使用之。

   (5) 整編後之部隊對泰境日用品與中國（臺）政府補給品之獲得，均由泰國政府予以便利。

4. 為實施右述原則，由中（臺）、泰組成聯合小組共同辦理之。

5. 本原則一經協調同意後，由兩國政府代表分呈兩國政府核定之。[62]

中（臺）、泰雖然達成處理段、李部處理原則協議，但 8 月 25 日沈大使電蔣經國稱，易中將與段、李會談五天，得悉目前段、李部隊分散在泰北和緬東，整編需要兩個月時間，也需要政府補給。原由政府撥給之武器、彈藥、馬匹和裝備由政府收回，至於私人購置者，以市價補貼收回。

---

[62] 國史館藏，「沈昌煥蔣經國往來函電」，蔣經國總統文物，中（臺）、泰兩國代表達成對段、李部處理原則協議，1969 年 8 月 18 日。數位典藏號：005-010205-00032-001。

現有營房願無代價由政府接收。段希文願隨時遵命返臺，但請保留在泰合法居留證，爾後在臺退役後，並請准返泰定居。李文煥則願留泰，渠承認過去難免有措置失當，請予免究。並獲得臺、泰政府之書面保證。李文煥還說為了維持官兵生活，負債 380 萬銖，請求政府補償。段希文也說，負債甚多，請政府補助。段、李對沈大使說，對於政府九年來未予補給，頗有微詞，且表示不願撤運返臺。沈大使回覆稱，九年前撤運返臺時，鈞座等言明與政府脫離關係，自願留泰謀生，政府已昭告世界，自不能再予補給。[63]蔣經國接此電文後，頗為不高興，認為段、李兩人提出枝節問題，他向沈大使說我方應設法獲致泰方同意採取一致立場，堅持協議原則，促使段、李就範。[64]

　　9 月 1 日，沈大使將其處理段、李問題向蔣經國報告，泰方已同意沈大使所提雙方應採取一致立場之說法，並做成如下建議：(1)關於自點編開始，無論在泰、在緬之部隊，均請由政府補給武器、彈藥、馬匹和裝備，核實予以補助，營房設施移交政府接收等三項，與原處理原則相符，自可予以同意。(2)自接受政府整編命令至點編開始，約需兩個月準備時間，在此準備期間官兵主副食及整編準備所需行政費用，如仍由段、李自籌，確有困難，似可考慮由我政府予以補助。據估計，段、李各約需 35 萬銖。(3)段、李必須按照原則規定，離此返臺。李文煥要求不究既往，並由中（臺）、泰政府書面保障，其不究既往部分，似可予以同意，由政府書面保障，則殊屬不合。但求加強其返臺之決心，似可由中（臺）、泰首席代表簽名保證。又段、李返臺後盼能再來泰定居，擬原則同意。(4)段、李所提私人債務，無論所持理由為何，均不予考慮。[65]蔣經國僅表示需等候部隊整編完成，並經我方政府認可後，返臺後之段、李兩人才能返

[63] 國史館藏，「沈昌煥蔣經國往來函電」，蔣經國總統文物，沈昌煥大使電行政院副院長蔣經國，1969 年 8 月 25 日。數位典藏號：005-010205-00032-001。

[64] 國史館藏，「沈昌煥蔣經國往來函電」，蔣經國總統文物，行政院副院長蔣經國電沈昌煥大使，1969 年 8 月 29 日。數位典藏號：005-010205-00032-001。

[65] 國史館藏，「沈昌煥蔣經國往來函電」，蔣經國總統文物，沈昌煥大使電行政院副院長蔣經國，1969 年 9 月 1 日。數位典藏號：005-010205-00032-001。

回泰國定居。其他各項可照來電意見辦理。[66]

12 月 20 日，泰國副國務院長兼陸軍總司令巴博（或譯為普拉帕斯）（ Lt. Gen. Praphat Charusathira, Prapass Charusathiara, Praphas Charusathian）上將接見臺灣駐泰國大使館武官龐祖戡，表示據報載段、李近日向加拿大購入武器，泰國會議員頗多不滿。泰方為顧念臺、泰友誼，並未採取強硬態度。惟本案拖延已久，亟盼雙方政府迅謀解決。[67]

駐泰大使沈昌煥在 1970 年 2 月 4 日致電行政院副院長蔣經國，段希文和李文煥曾會晤泰國參謀總長他威上將，段希文在該日上午會見沈大使，僅表示感謝沈大使安排他返臺，至於其與他威上將和副參謀總長堅塞（或譯為克里安薩）（General Kriangsak Chomanan）會談內容，則未談及。[68]

8 月 3 日，段希文會見沈大使，表示泰國安全指揮部坤瑟中將與他本人和李文煥曾數度會談，達成下述協議:(1)最近坤瑟中將偕同清邁和清萊兩府尹赴段、李兩部營區視察，於本年 7 月 28 日商訂具體辦法。(2)泰方為應付內外觀感計，原則上將以難民問題處理本案，凡段、李部隊現在泰境者，由泰方撥地屯墾（一人一華里，約需 4 百坪），提供木屋，並在屯墾土地未獲生產之前撥給每人所需主副食。至於在緬境人員，其願來泰者，可按實際人數核實計算。(3)初希望將段、李部移往泰北黎府與難府兩地屯墾，為段、李所拒，但最後同意抽調一部分到昌孔附近駐紮。由於上述地區已有苗共滲透，抽調多少人員尚待研究。(4)接受安置者之械彈在形式上必須集中移交泰方，而實際上仍由段、李集中保管。(5)泰方同意撥給接受安置者之身分證，並希望於定居後歸化泰籍。(6)段君一再表

66 國史館藏，「沈昌煥蔣經國往來函電」，蔣經國總統文物，行政院副院長電蔣經國沈昌煥大使，1969 年 9 月 2 日。數位典藏號：005-010205-00032-001。

67 國史館藏，「一般資料—各界上蔣經國文電資料（二十一）」，蔣中正總統文物，沈昌煥大使電行政院副院長蔣經國，1969 年 12 月 19 日。數位典藏號：002-080200-00668-009。

68 國史館藏，（沈昌煥電蔣經國為段希文由陳家任陪同來見對安排其返臺與家人團聚表示謝意至其與泰國最高統帥部參謀他威晤談情形隻字未提），「沈昌煥蔣經國往來函電」，蔣經國總統文物。數位典藏號：005-010205-00032-004。

明其效忠國家，擁護領袖之立場。惟因年歲已高，有高血壓，需要長期休養。對於多年追隨之部屬，不忍棄之，乃只有接受泰方所提之辦法。[69]

1970 年 10 月 14 日，駐泰沈大使致電蔣經國，談及他威上將所提出之問題，蔣經國請沈大使答覆如下：(1)對他儂院長與他威等泰方官員之友好態度表示誠摯謝意。(2)我方人員在泰北地區之活動，僅限於情報工作與幹部訓練，並無部隊駐紮，今後自當避免公開活動，並與泰北地區之泰方軍警機構保持密切聯繫。(3)我方決尊重泰國主權，並盼望泰方繼續予以協助，因我方在泰北地區之一切活動，均以反共為目標。[70]

1970 年 11 月 2 日，駐泰大使沈昌煥、情報局駐滇邊工作區杜區長、泰國參謀總長他威和副參謀總長堅塞舉行會談，他威說據他儂院長初步瞭解，臺灣僅派少數情報人員在泰北活動，其後派遣大量人員及裝備由寮國經泰國送前方，院長及泰政府對於臺灣如此親密友好，而臺灣始終未將經過詳情坦告泰方，院長極感苦惱。希望臺灣將人數、駐地、裝備種類及數量以及工作性質等詳告泰方。院長希望臺灣在清邁和清萊之辦事處必須立即關閉，在未商談以前可酌留少數人員在格致灣基地從事聯絡補給工作，但此僅為過渡時期之安排。[71]泰方表示，請臺灣在清邁和清萊城之辦事處移至邊境三不管地區，糧食補給可予我方以協助；雙方重新建立合作關係。[72]

為了因應泰國要求臺灣撤出在泰北的辦事處，11 月 7 日，情報局局

---

[69] 國史館藏，〈沈昌煥電蔣經國據段希文稱最近泰國安全指揮部坤瑟中將赴段李兩部營區視察及泰方為應付內外觀感原則上將以難民問題處理該案由泰方撥地屯墾〉，「沈昌煥蔣經國往來函電」，蔣經國總統文物，沈昌煥大使電行政院副院長蔣經國，1970 年 8 月 5 日。數位典藏號：005-010205-00032-006。

[70] 國史館藏，〈蔣經國電沈昌煥關於泰國參謀總長他威約談之問題擬請婉覆尊重泰國主權我方在泰北活動以反共為目標僅限情報工作與幹部訓練並無部隊駐紮仍希續告泰方反應〉，「沈昌煥蔣經國往來函電」，蔣經國總統文物。數位典藏號：005-010205-00032-007。

[71] 國史館藏，「沈昌煥蔣經國往來函電」，蔣經國總統文物，沈昌煥大使電行政院副院長蔣經國，1970 年 11 月 3 日。數位典藏號：005-010205-00032-007。

[72] 國史館藏，「沈昌煥蔣經國往來函電」，蔣經國總統文物，情報局長葉翔之簽呈蔣經國，主旨：謹將與泰方商談有關我在泰境問題之研議意見呈請鑒核，1970 年 11 月 7 日。數位典藏號：005-010205-00032-007。

長葉翔之給蔣經國之簽呈文內建議臺、泰談判的五項原則如下：(1)我方在清邁、清萊城內之單位與人員均可撤離。(2)我駐泰境之武裝部隊一律北上。(3)格致灣基地繼續供我作後方聯絡補給使用，並酌配少量自衛武力，儘可能減少對外直接活動。(4)如泰方堅持我必須撤出格致灣時，則請求指定我方於泰、緬邊境適於生存地區，建立新基地，並待布置完成後再行遷移。(5)建立進一步之正常合作關係。[73]

行政院副院長蔣經國在 11 月 9 日將前述葉局長之建議轉請駐泰沈昌煥大使敬覆泰方：(1)我方在清邁、清萊城內之單位與人員均可撤離。(2)我方駐泰境之武裝部隊一律北上。(3)格致灣基地繼續供我作後方聯絡補給使用，並酌配少量自衛武力，儘可能減少對外直接活動。(4)如泰方認為格致灣不適宜，則請另行指定地點，待布置完成後再行遷移。(5)建立進一步正常合作關係。如泰方對於上述五點表示同意而須作細節商談時，我方願正式邀請堅塞中將訪臺面商等。[74]

蔣經國在 12 月 4 日再度電沈大使稱，決於 12 月 20 日前將清邁之辦事處（清萊並無機構）撤至格致灣。[75]臺灣在 1971 年 2 月 3 日派遣情報局長葉翔之與他威參謀長就臺灣在泰北之機構遷移問題進行會談。

儘管臺、泰雙方經過協商並訂定解決原則協議，段、李仍決定留泰，並沒有透過該項協議而遣返人員至臺灣。

在 1975 年 7 月泰國和北京政權建交前一個月，即在 6 月 3-7 日泰國最高統帥部參謀總長堅塞上將訪臺，在與行政院長蔣經國會談時，蔣經國提及「對泰國過去給予我在支援在緬情報部隊之合作，表示感謝。該情報部隊之未來，則視泰政局之變化而定，此一部隊過去對中（臺）、泰共同

[73] 國史館藏，「沈昌煥蔣經國往來函電」，蔣經國總統文物，情報局長葉翔之簽呈蔣經國，主旨：謹將與泰方商談有關我在泰境問題之研議意見呈請鑒核，1970 年 11 月 7 日。數位典藏號：005-010205-00032-007。

[74] 國史館藏，「一般資料—蔣經國致各界文電資料（十八）」，蔣中正總統文物。數位典藏號：002-080200-00646-087。

[75] 國史館藏，「沈昌煥蔣經國往來函電」，蔣經國總統文物，蔣經國電沈昌煥大使，1970 年 12 月 4 日。數位典藏號：005-010205-00032-007。

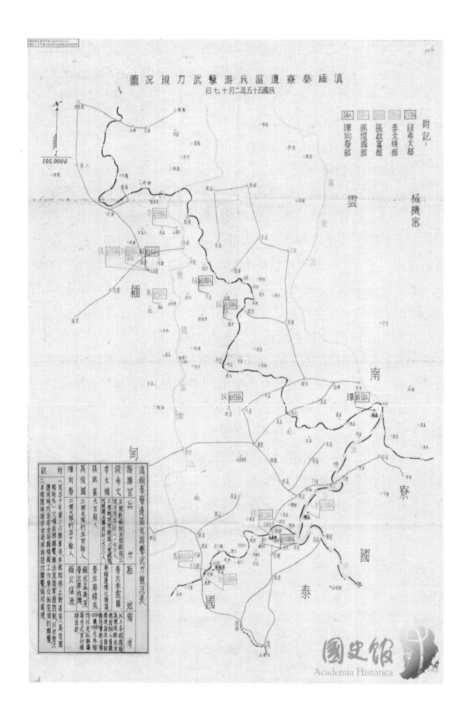

資料來源：國史館藏，「情報—中共廣東省三屆三次人代政協會議國內外形勢報告等」，蔣經國總統文物，1966 年 2 月 17 日。數位典藏號：005-010206-00090-006。

圖 8-3：1966 年臺灣在滇緬泰寮邊區游擊武力分布概況

反共大業頗有貢獻，今後歡迎泰國利用此一力量。」[76]

　　事實上，隨著泰國和北京政權建交，臺灣在泰北的聯絡單位也從泰北淡出。沒有撤返臺灣的段、李兩部也被泰國收編，協助泰國剿滅泰共，保衛泰國的邊防安全。

第四節　臺灣與泰國軍事合作關係

一、臺灣代訓泰國軍官

　　1959 年 4 月，泰國請臺灣代訓其海軍官員，由臺灣海軍陸戰隊代訓泰國海軍軍官。[77] 5 月 1 日，美軍顧問團團長杜安將軍致函臺灣國防部建

---

[76] 國史館藏，「堅塞（Kriangsak, Chomanan）往來函件」，蔣經國總統文物，蔣經國接見泰國最高統帥部參謀總長堅塞就泰國局勢與中泰關係交換意見談話歷時一小時賴名湯陪同在座等，1975 年 6 月 5 日。數位典藏號：005-010502-00399-001。

[77] 國防部藏，案名：外國學生代訓案，人事次長室簽呈國防部長，主旨；簽請核復海軍總

議泰國皇家海軍中尉蘇宜巴拿葛一員至臺灣接受海軍陸戰隊 LVT（為兩棲履帶車）部隊之在職訓練。而該員已於 4 月 28 日抵臺。[78] 6 月，泰國海軍軍官一人蘇宜巴拿葛中尉接受 LVT 車輛使用及保養之在職訓練。[79]

1961 年 5 月，泰國請求派人員到臺灣電池製造廠實習。8 月，泰國準備派遣兩名軍官至電池製造廠接受在職訓練。[80] 1962 年 4 月，泰國電池組組長彭初（又名宋同深、彭楚）上校在聯勤電池製造廠接受在職訓練，渠要求增列參觀節目與變更訓練進度。[81]

1962 年 1 月，泰國請求臺灣代訓空軍噴射發動機督導士二員。[82] 4 月 2 日，臺灣代訓泰國空軍噴射發動機檢驗員開訓。[83] 11 月，臺灣代訓泰國士官二員，約需經費新臺幣 1 萬元。[84]

部所呈報陸戰隊代訓泰國軍官訓練計畫大綱祈核示由，1959 年 5 月 2 日。檔案：45_410.5_2320_1_17_00022971。

[78] 國防部藏，案名：東南亞各盟國互派留學及參觀在職訓練原則及實施情形，主旨：為簽報泰國海軍軍官在臺接受我陸戰隊 LVT 部隊之在職訓練恭請核備由，炳機字第 030 號，1959 年 5 月 9 日。檔案：46_0420_5090_1_5_00041397。

[79] 國防部藏，案名：外國學生代訓案，參謀總長王叔軍一級上將呈總統，主旨：為呈代訓泰國海軍軍官在職訓練計畫請鑒核由，1959 年 6 月 3 日。檔案：45_410.5_2320_1_18_00022971。

[80] 國防部藏，案名：外國學生代訓案，參謀總長彭孟緝呈總統，主旨：為呈報泰國軍官派至電池廠接受在職訓練日程進度表恭請鑒核由，1961 年 8 月 22 日。檔案：45_410.5_2320_3_13_00022973。

[81] 國防部藏，案名：外國學生代訓案，參謀總長彭孟緝呈總統，主旨：為呈報泰國電池組組長彭初上校現在本部電池廠在職訓練擬增列參觀節目及變更訓練進度請鑒核由，1962 年 4 月 11 日。檔案：45_410.5_2320_3_15_00022973。

[82] 國防部藏，案名：外國學生代訓案，參謀總長彭孟緝呈總統，主旨：為呈報泰國代訓泰國噴射發動機督導士二員訓練計畫綱要由，1962 年 1 月 8 日。檔案：45_410.5_2320_3_15_00022973。

[83] 國防部藏，案名：外國學生代訓案，參謀總長彭孟緝呈總統，主旨：為呈報代訓泰國空軍噴射發動機檢驗員開訓日期由，1962 年 3 月 14 日。檔案：45_410.5_2320_3_4_00022973；國防部藏，案名：外國學生代訓案，空軍總司令部函聯勤總部，主旨：覆代訓泰國空軍噴射發動機檢驗員二員定 4 月 2 日開訓準備審查，1962 年 3 月 23 日。檔案：45_410.5_2320_3_5_00022973。

[84] 國防部藏，案名：外國學生代訓案，空軍總司令部呈國防部，主旨：代訓泰國士官二員訓練費核撥（1）萬元，文件號：0510000952，1962 年 11 月 14 日。檔案：45_410.5_2320_3_2_00022973。

二、泰國軍警留臺學習

1956 年 7 月 18 日，臺灣駐泰大使館武官呈報，泰國政府因鑑於臺灣警察學校教育優良，且預期臺、泰兩國邦交日趨親密，泰警有意每期選送略諳中文之下級警官及警士 10 人至該校受訓。其次，如泰方學員之中文程度未能達到受訓水準時，可否請警官學校設班予以補習，俟彼等中文程度可接受正式教育時，再准予進入正規班受訓。第三，上述二項倘臺灣政府能予同意時，泰方即將循正式途徑向臺灣政府請求，並請依照本國學生給予公費待遇，以示友好。[85]

於是臺灣內政部擬定泰國軍警到臺灣學習辦法，外交部表示同意，認為有助於促進兩國邦交。

1956 年 12 月，曼谷亞洲協會負責人施谿德（Ward Smith）推薦泰國警察總署中國科幹員李書明中校（Lt. Colonel Pradian Pepcharak）到臺中美國華語學校就讀半年，學習中文，其旅費由亞洲協會負擔。[86]惟因美國華語學校不願接受非美國籍學生，故改讀中央警官學校一至二個月，參觀刑警總隊、警察局及警察學校約三週，研究反間諜工作（司法行政部調查局）約二至三週。其他時間為遊覽觀光及自由活動。[87]後來因未便讓其學習中文，故改在師大國語訓練中心上課。李春明中校在 1957 年 3 月 12 日抵臺。後延長兩個月，於 11 月 6 日從基隆搭乘四川輪到香港，返回泰國。

1959 年 12 月 2 日，泰國公安局副局長巴塞上校函臺灣駐泰大使館，

85 中央研究院近代史檔案館藏，外交部檔案，檔名：泰國軍警來臺留學等（一），行政院交辦案件通知單，案由：內政部呈為泰國擬分批選送警察幹部前來我國警察教育機關留學請鑒核由，臺(45)內字第 10874 號，1956 年 7 月 24 日。館藏號：11-29-04-03-004。

86 中央研究院近代史檔案館藏，外交部檔案，檔名：泰國軍警來臺留學等（一），外交部函內政部，事由：關於泰國警察總署官員擬來臺學習中國語文事，函請查照核辦，並見復由，外(46)東三，000240 號，1957 年 1 月 8 日。館藏號：11-29-04-03-004。

87 中央研究院近代史檔案館藏，外交部檔案，檔名：泰國軍警來臺留學等（一），外交部函內政部，臺灣省警務處函外交部，事由：關於泰國警官皮加雷克中校來臺學習中國語言一案復請查照，(47)警亞東第 16286 號，1958 年 1 月 10 日。館藏號：11-29-04-03-004。

擬派遣兩名諳中文之警上士素越・施瑪沙功和警中士威才・蓬詩巴戌前往臺灣受訓和考察一年。往返川資自理，在臺期間之膳宿及其他由臺灣給予同等級之待遇。[88] 1960 年 5 月 9 日，臺灣駐宋卡總領事館代電外交部稱：「據報泰南特別部警察中士乃威猜（Vichai），能講華語，前駐勿洞時與共幹（按應為馬共）陳開正經常來往，在合艾時與共幹楊裕昌、謝寶昌、王祿珊等往還甚密。近經泰政府保送前往我警官學校進修二年等語。查該中士是否前往我國進修報導一節，似可注意。」[89]臺灣外交部在 5 月 14 日回覆駐泰大使館稱，駐宋卡總領事館代電所稱之乃威猜警中士與泰方擬派之乃威才警中士似為同一人，關於據報該警士與共幹來往是否屬實，請駐泰大使館設法查明內情。[90]據泰國公安局副局長巴薩上校稱，威才警士思想純正、忠於職守，他係受到未能保送到臺灣的蘇拉集警中士之惡意中傷。[91] 6 月 12 日，兩警士抵臺受訓，進中央警官學校就讀，1961 年 8 月 4 日返泰。

　　1959 年，為加強臺、泰雙方對於偵剿及預防共黨活動的合作，由臺灣資助泰國公安局李書明警中校來臺受訓和考察。該年 12 月 11 日，泰國又致函給臺灣內政部，擬派警上士素越・施瑪沙功和警中士威才・蓬詩巴戌前往臺灣受訓和考察 1 年，其來回川資自備，而由臺灣供應在臺的食宿費用。[92]此後，泰國陸續派遣警員來臺受訓或讀警校課程。

---

[88] 中央研究院近代史檔案館藏，外交部檔案，檔名：泰國軍警來臺留學等（一），外交部函內政部，中華民國駐泰國大使館代電外交部，(48)往字第 2319 號，1959 年 12 月 11 日。館藏號：11-29-04-03-004。

[89] 中央研究院近代史檔案館藏，外交部檔案，檔名：泰國軍警來臺留學等（一），中華民國駐宋卡總領事館代電外交部，宋(49)字第 0167 號，1960 年 5 月 9 日。館藏號：11-29-04-03-004。

[90] 中央研究院近代史檔案館藏，外交部檔案，檔名：泰國軍警來臺留學等（一），外交部函內政部、代電駐泰大使館，事由：關於泰公安局擬派警士來臺受訓事，外(49)東三008642 號，1960 年 5 月 19 日。館藏號：11-29-04-03-004。

[91] 中央研究院近代史檔案館藏，外交部檔案，檔名：泰國軍警來臺留學等（一），中華民國駐泰大使館代電外交部，泰使(49)字第 1224 號，1960 年 5 月 29 日。館藏號：11-29-04-03-004。

[92] 國史館藏，外交部檔案，檔名：泰國公安局擬派警員來臺接受訓練，目錄號：475，案卷號：037。民國 48 年 12 月 26 日，臺灣省警務處函外交部，事由：關於泰國公安局擬

1960 年 12 月 29 日，泰國又準備派警士二人到臺灣接受一年的訓練和考察。泰國派遣的是巴實・潘比拉警上士、威差・劊派汶警下士。他們於 1961 年 8 月 20 日抵臺，進中央警官學校就讀。

1961 年 9 月，泰國公安局擬派警察少尉大旺・基里也信來臺考察防止共黨文教滲透業務及接受半年或一年之訓練，來回機票費自理，由臺灣負責其在臺之膳宿費。

泰國公安局副局長巴薩上校在 9 月 7 日函臺灣駐泰大使館，稱該局第五科負有檢查華文說明與華語發音之電影、戲劇、舞蹈、唱片、小說、雜誌書刊等任務。近發現共黨應用種種詭計，以致檢查人員對含有共黨毒素之電影、戲劇、舞蹈、唱片、教科書等，偶有忽略遺漏情事，此乃因缺乏專才人員和完整資料。所以決定派遣大旺・基里也信到臺灣接受相關的訓練。[93]大旺・基里也信 1962 年 2 月 28 日抵臺，進入中央警官學校就讀。

1962 年 6 月 6 日，泰國國防部擬派遣 Somkuan Diloksampan、Sombath Phanichewa、Somkiath Greethong 三名軍官到臺灣接受中國石油公司煉油廠之訓練，為期 90 天。

1962 年 6 月，泰國公安局副局長巴薩上校再函請臺灣同意其加派諳識華文警士四人：警上士蘇集、警中士怡昌恩、警下士查地里、警下士宗功赴臺接受訓練，待遇如前兩批受訓警士，時間為期一年，來回旅費自理，在臺灣之膳宿由臺灣負擔。他們在 10 月 22 日抵臺，在中央警官學校受訓。

1962 年 7 月，泰國公安局擬再派警員乃黎越屏貼到臺灣中央警官學校受訓。渠為朱拉隆功大學附中之高中部理化科畢業，具有初小四年級之中文程度。其來回旅費自理，在臺膳宿由臺灣負擔。[94]臺灣同意其與前述

派警員來臺接受訓練事。

[93] 中央研究院近代史檔案館藏，外交部檔案，檔名：泰國軍警來臺留學等（一），中華民國駐泰大使館代電外交部，泰使(50)字第 2359 號，1961 年 9 月 16 日。館藏號：11-29-04-03-004。

[94] 中央研究院近代史檔案館藏，外交部檔案，檔名：泰國軍警來臺留學等（一），中華民國駐泰大使館代電外交部，泰使(51)字第 2042 號，1962 年 7 月 24 日。館藏號：11-29-04-03-004。

蘇集等四人一併入中央警校受訓一年。

由於泰國派遣警察多名到臺灣受訓，所以行政院在 1962 年頒佈臺 51 內字第 5478 號令核定「外國警察人員來臺研習警政辦法」，以後就依此辦法處理泰國留臺警察。

泰國警察廳認為臺灣代訓泰國警官成效不錯，惟每年申請到臺灣接受警政訓練相當麻煩，而於 7 月 12 日請求臺灣中央警官學校是否每年保留三個名額給泰國警官。內政部認為基於反共業務需要、加強臺、泰兩國友誼以及與泰國警界中華裔具聯誼之功、中央警官學校尚有餘額，且與「外國警察人員來華研習警政辦法」第二條規定沒有違背，故予以同意。[95]行政院亦予同意。

9 月，泰國警察人員蘇集（Suchit Ratanataya）、宗功、查地里、怡昌恩、來逸屏貼等五人入中央警官學校就讀，於 1963 年 7 月畢業。除查地里一員因事提前返國外，其餘蘇集等四員自 8 月 28 日起由內政部派員陪同環島參觀警政及臺灣文物設施、工業進步實況，為期兩週，於 9 月 10 日結束。[96]蘇集提出申請擬在中央警官學校結業後續留一年，並於本年 10 月 20 日左右入政工幹校及情報局幹部訓練班接受訓練。又泰國駐臺大使館於 10 月 3 日致送臺灣外交部節略稱：泰國公安局警官蘇王‧羅查納翁（Suwan Rojanavoongse）擬於 10 月 20 日入政工幹校及情報局幹部訓練班續行學習。[97]上述兩名泰國警官入政工幹校初級班第 53 期，受訓開學

---

95 中央研究院近代史檔案館藏，外交部檔案，檔名：泰國軍警來臺留學等（一），內政部呈行政院，事由：為泰國警方擬請我中央警官學校每年保留名額三名以便派遣警官來臺受訓案，請鑒核示遵，51.10.19 臺內警字第 01210 號，1962 年 10 月 19 日。館藏號：11-29-04-03-004。

96 中央研究院近代史檔案館藏，外交部檔案，檔名：泰國軍警來臺留學等（一），內政部函外交部，事由：為泰國來談臺研究考察我國警政之警察人員蘇集等五員已研究考察完畢即將陸續返國，函請查照轉知，52.9.30 臺內警字第 126409 號，1963 年 9 月 30 日。館藏號：11-29-04-03-004。

97 中央研究院近代史檔案館藏，外交部檔案，檔名：泰國軍警來臺留學等（一），外交部函國防部和內政部，事由：關於泰國公安局警官一名、擬繼續在華接受訓練事函請查照併案卓辦見復由，外(52)東三 014086 號，1963 年 10 月 7 日。館藏號：11-29-04-03-004。

日期為 1964 年 1 月 13 日，為期 24 週。他們在學校之膳宿費用由臺灣予以優待。其餘生活費均由該二員自行負擔。至該員請求入臺灣情報局幹部訓練班受訓一節，因該班無適當班次可予容納，則予婉卻。[98]該兩人在 1 月 11 日向政工幹校報到入學，於該年 4 月底結業。他們亟想繼續進入中央警官學校第十八期補修班受訓，該班將於 4 月 14 日開學。臺灣外交部函內政部說：「查中、泰兩國關係友好，雙方警察當行合作無間，擬請惠予協助，並望玉成其事。」[99]

惟中央警校稱該班訓練期間只有三個月，現正舉辦之第十八期補修班開訓課程將逾半數，中途插入難獲實益，俟該校 9 月間開學後參加各班期較宜。[100]

泰國駐臺大使館於 1962 年 10 月 18 日致函臺灣外交部節略稱，泰國文官委員會欲取得臺灣司法行政部訓練委員會正式課程一份，作為考核泰國警務人員在該委員會受訓成績之用。[101]司法行政部在 11 月 10 日函外交部，該部調查局對於泰國警官之訓練課程分為認識敵人及反共鬥爭經驗與技術兩部分，其細目為：(1)大陸共匪黨務、政治、教育、經濟、文化、社會情況。(2)共匪對東南亞赤化陰謀分析。(3)共匪統一戰線工作及特工活動。(4)共匪滲透顛覆陰謀與對策。(5)反間工作。(6)偵防工作。(7)破案實例。(8)保密防諜工作。其講授時間為一個月，研究資料時間為五個月。[102]

[98] 中央研究院近代史檔案館藏，外交部檔案，檔名：泰國軍警來臺留學等（一），國防部函外交部，事由：為泰國公安人員請求在華受訓案，復請查照由，（62）年 11 月 21 日。館藏號：11-29-04-03-004。

[99] 中央研究院近代史檔案館藏，外交部檔案，檔名：泰國軍警來臺留學等（一），外交部函內政部，事由：關於泰國公安局人員二員擬續入我中央警官學校補修班受訓事，函請查照惠辦由，外(53)亞太三 007246，1964 年 4 月 23 日。館藏號：11-29-04-03-004。

[100] 中央研究院近代史檔案館藏，外交部檔案，檔名：泰國軍警來臺留學等（一），內政部函外交部，事由：准函為泰國公安局人員二員擬入我中央警校補修班受訓案復請查照轉知，53.4.30.臺內警字第 143237 號，1964 年 4 月 30 日。館藏號：11-29-04-03-004。

[101] 中央研究院近代史檔案館藏，外交部檔案，檔名：泰國軍警來臺留學等（一），外交部函司法行政部，事由：關於泰國駐華大使館請提供訓練課程事函請查照惠辦見復由，外(51)東三，字第 16489 號，1962 年 10 月 20 日。館藏號：11-29-04-03-004。

[102] 中央研究院近代史檔案館藏，外交部檔案，檔名：泰國軍警來臺留學等（一），外交部

　　1963 年 2 月，臺灣同意泰國公安局派遣警察少尉巴實・邦石龍
（Police Sub. Lieutenant Prasith Pancharern）（華名張秋明，祖籍中國廣東
潮安縣人）至政工幹校，為社會青年專設之初級班受訓。[103]

　　7 月，泰國提出要求選派 5 名警員到臺灣受訓一年，包括警下士尼
蓬、警員吉滴蓬、蘇逸、宗叻、宋鵬。惟 1962 年 11 月間曾核准中央警官
學校為泰國保留名額 3 名，並轉致泰國警方知曉。內政部表示，基於防共
需要以及中央警官學校尚有餘額，備供受調，故同意泰方派遣 5 名警員至
臺灣受訓。[104]

　　8 月 8 日，泰國警察少尉巴實・邦石龍進入政工幹校第 49 期初級班
受訓。11 月，泰國警察廳外事局華裔警官胡錦珊（泰名舒德・歌沙南
（Sutus Kosanan））擬入中央警校補修班第 18 期受訓 1 年，旅費自理，
膳宿由臺灣負擔。胡錦珊係曼谷越素讀泰文高中畢業，臺灣省立師範大學
社會教育系三年級肄業，現在泰國警察廳外事局任職。[105]

　　泰國警察廳在 1962 年派蘇集至中央警校學習一年，於 1963 年 7 月間
結業，又申請入政工幹校受訓。1964 年 5 月 22 日，泰國駐臺大使館致函
臺灣外交部，稱蘇集（或稱施集・叻打那他耶）擬入政工幹校高級班深
造，該班已於 5 月 16 日開班。[106]蘇望（蘇王・羅查納翁）在政工幹校初

　　函泰國駐華大使館，外(51)東三字第 17689，1962 年 11 月 11 日。館藏號：11-29-04-03-004。

[103] 中央研究院近代史檔案館藏，外交部檔案，檔名：泰國軍警來臺留學等（一），中華民國駐泰大使館代電外交部，泰使(52)字第 0559 號，1963 年 2 月 20 日。館藏號：11-29-04-03-004。

[104] 中央研究院近代史檔案館藏，外交部檔案，檔名：泰國軍警來臺留學等（一），內政部呈行政院，事由：為泰國擬續派警察人員五名入我中央警官學校受訓案呈請鑒核，52.8.9，臺專字第 120539 號，1963 年 8 月 9 日。

[105] 中央研究院近代史檔案館藏，外交部檔案，檔名：泰國軍警來臺留學等（一），中華民國駐泰大使館代電外交部，事由：泰國警察廳外事局派警察胡錦珊赴臺受訓由，泰領(52)字第 3352 號，1963 年 11 月 5 日。館藏號：11-29-04-03-004。

[106] 中央研究院近代史檔案館藏，外交部檔案，檔名：泰國軍警來臺留學等（一），外交部函國防部，事由：關於泰國警員施集擬入政工幹部學校高級班深造事，函請查照惠辦見復由，外(53)亞太三字第 009292 號，1964 年 5 月 27 日。館藏號：11-29-04-03-004。

級班畢業後，亦同時申請入該校高級班深造。[107]

　　1964 年 5 月，泰國國防部官員阿席特（Athit Na Chianamai）申請進入臺灣省立師範大學國語教學中心研習中文，一切費用自理。該中心係個別教學，故不受學期限制，每月均可開課，亦無寒暑假，學費則依每小時新臺幣 40 元計算。[108]

　　5 月，泰國警察廳外事局派警中士巴爾實至臺灣受訓，臺灣同意其至中央警校受訓。

　　5 月，泰國警察廳公安局擬派遣警員地沙蓬、巴爾差；泰移民局警上士沙邁（Samai Daruthayan）至中央警校受訓一年。[109]

　　8 月 12 日，行政院同意泰國派遣警察人員地沙蓬、巴爾差、沙邁、巴爾實等四員來臺受訓。外交部在 8 月 24 日通知駐泰大使館速辦該四人之中文程度測驗，合格者速抵臺入學，因為中央警校定於 8 月 26 日開學。該四員於 10 月 3 日乘美援總署專機抵臺入學。1965 年 7 月 10 日，地沙蓬、巴爾差、巴爾實三人修滿兩學期，考試成績及格，給予結業證書。

　　1965 年 1 月 8 日，泰國駐臺大使館致函臺灣外交部稱，沙邁違反泰國公務員服務法，未經許可擅自離開泰國，請速通知他立即回國。[110] 1 月 26 日，沙邁搭機返泰。渠在 3 月重新申請來臺續學。

　　2 月，泰國也希望臺灣派遣警員前往泰國留學，臺灣內政部調查現職警員並無熟諳泰語人員，無法保送泰國警官學校受訓，此事遂罷。

---

[107] 國防部藏，案名：泰國警官警員來華入政工幹校高級班受訓，參謀總長彭孟緝簽呈總統，主旨：為泰國警官蘇望及警員施集等二員入政工幹校高級班受訓恭請鑒核示遵由，1964 年 7 月 4 日。檔號：53_0420_5013_1_1_00041396。

[108] 中央研究院近代史檔案館藏，外交部檔案，檔名：泰國軍警來臺留學等（一），臺灣省立臺灣師範大學函外交部亞東太平洋司，(53)師大教字第 2085 號。1964 年 5 月 15 日。館藏號：11-29-04-03-004。

[109] 中央研究院近代史檔案館藏，外交部檔案，檔名：泰國軍警來臺留學等（一），中華民國駐泰大使館代電外交部，泰使(53)字第 1156 號，1964 年 5 月 4 日。館藏號：11-29-04-03-004。

[110] 中央研究院近代史檔案館藏，外交部檔案，檔名：泰國軍警來臺留學等（一），泰國駐臺大使館致中華民國外交部節略，1965 年 1 月 9 日。館藏號：11-29-04-03-004。

12 月，泰國警察廳公安局長警察少將卜皮卡南函臺灣駐泰大使館稱，該局職員尼蓬・叻察望、蘇逸・武岩兩員前曾在中央警校正科第 31 期受訓，結業後返泰，擢升少尉，派公安局第四科服務。據聞中央警校在 1966 年 4 月將開設補修班，故擬派前述兩員入中央警校補修班第 20 期受訓，來往旅費自理，在臺灣之膳宿由臺灣負擔。[111]

1968 年 8 月，由曾留臺的泰國警察捐助新臺幣 3 萬元成立「泰國留學生獎學金」，目的在提供給泰籍清寒學生到臺灣讀書之用，這些捐款之留臺生包括謝大旺、黃才智、蘇越、陳蘇逸、莊頌蓬、巴爾差、賴逸、舒德、吉滴蓬、孟同平等 11 位校友。他們將該筆錢交給中央警校。[112]

9 月，泰國警察廳派遣警察下士儲齊普、勒薩、阿津入臺灣中央警校第 37 期受訓。

1969 年 3 月，泰國學生文宗、季拉薩、康寧等 3 人申請入中央警校第 36 期行政警察學系肄業，託轉呈院核備，並准於 1967 學年度第一學期入學在案，教育部同意補行分發備查。嗣後類似此等學生之申請案件，擬請轉知先由臺灣駐泰大使館核轉本部（副本抄送內政部或中央警校）按一般外國學生申請手續辦理為宜。[113]

1972 年 4 月 25 日，泰國警察廳公安局高級官員向臺灣駐泰大使館稱：「鑑於目前情勢，匪共遲早必將派人來泰出席亞洲經濟會議及其他各種有關會議。由於泰國治安當局目前尚缺乏有經驗對付匪共之人員，素仰臺灣與匪鬥爭經驗豐富，為未雨綢繆計，請臺灣有關機關開設一短期特別訓練班，專門訓練泰國此一方面之工作人員，該局目前構想為：(1)一次派警官 20 人赴臺灣接受此種特別訓練。(2)訓練科目以匪情、保防及反情

---

[111] 中央研究院近代史檔案館藏，外交部檔案，檔名：泰國軍警來臺留學等（一），中華民國駐泰大使館代電外交部，泰使(54)字第 2354 號，1965 年 12 月 16 日。館藏號：11-29-04-03-004。

[112] 中央研究院近代史檔案館藏，外交部檔案，檔名：泰國軍警來臺留學等（二），中華民國駐泰大使館代電內政部，泰使(57)字第 1501 號，1968 年 9 月 12 日。館藏號：11-29-04-03-005。

[113] 中央研究院近代史檔案館藏，外交部檔案，檔名：泰國軍警來臺留學等（二），教育部函內政部，事由：函覆泰國學生文宗等三名入中央警校案請查照由，臺(58)6363 號，1969 年 4 月 4 日。館藏號：11-29-04-03-005。

報為主。(3)訓練期限暫訂 3 週，其中 2 週上課聽講，1 週參觀訪問。(4)通譯由泰方自備。(5)往返機票由泰方負擔。(6)訓練期間一切費用，由臺灣負擔。(7)開訓日期暫訂為本年 10 月底或 11 月初。」[114] 6 月，國安局請中央警校代辦泰國警官 20 人訓練事。獲中央警校同意。

　　但泰國警方在 8 月間捕獲共黨分子，審訊工作繁重，函告臺灣駐泰大使館暫緩派遣警官到臺灣受訓。[115]

　　泰國政府保送中央警校 1972 學年度第一學期行政警察學系肄業的學生宋傑，於 2 月 7 日陳報以其父患肺病，需返泰國照料家務，請休學一年。

　　1975 年，臺灣和泰國斷交，以後泰國就沒有派遣警察人員到臺灣留學受訓。

三、對泰國軍售

　　在泰國的協助下，反共救國軍及其眷屬順利在 1961 年運送至臺灣安頓。臺灣為了感謝泰國的善意回應，在 1962 年 1 月 10 日運交泰國政府一批裝備，協助泰國邊境巡邏警察及居民裝備物資，代號為「惠友一號」。[116]總金額為新臺幣 729 萬 8,940 元，裝備項目包括刺槍護具、彈藥、陸軍航空維護費、艦艇肇事賠償費、醫藥器材、衛生補給品等。[117]

　　從 1966 年起，泰國政府開始向臺灣採購軍品。2 月，泰國政府警察

---

[114] 中央研究院近代史檔案館藏，外交部檔案，檔名：泰國軍警來臺留學等（二），中華民國駐泰大使館代電外交部，泰使(61)字第 0636 號，1972 年 5 月 3 日。館藏號：11-29-04-03-005。

[115] 中央研究院近代史檔案館藏，外交部檔案，檔名：泰國軍警來臺留學等（三），中華民國駐泰大使館代電外交部，來電專號第 261 號，1972 年 10 月 11 日。館藏號：11-29-04-03-006。

[116] 國防部藏，案名：支援泰國物資案（惠友演習），外交部代電駐泰馬大使親密啟，事由：密，民國 62 年 1 月 10 日，外(62)亞太三，第 00447 號。檔號：61_0175.23_4040_1_17_00034441。

[117] 國防部藏，案名：支援泰國物資案（惠友演習），國防部令主計局、軍醫局、後勤參謀次長室，主旨：惠友一號演習（支援泰國物資案）本部墊款應即照核定項目預算內列支歸墊希照辦，民國 63 年 3 月 21 日，(63)衡得字 548 號。檔號：61_0175.23_4040_1_38_00034441。

廳經由中華貿易開發公司採購司登式衝鋒槍一批，聯勤總部請示可否以
44 廠製存 9 公釐司登式衝鋒槍 1 千枝內供售 400 枝？每枝單價 20 美元，
400 枝總價為 8 千美元。[118]蔣中正總統於 7 月 1 日批可。

　　5 月，中華貿易開發公司代表泰國向臺灣採購司登式衝鋒槍 400 枝，
蔣中正總統在 5 月 18 日核示：「泰國此槍可由美國供給，似無對我國購
買之必要，此案實情應詳查細情為要。」[119] 6 月 18 日，參謀總長黎玉璽
呈報總統有關泰國向臺灣購買此一武器之原因，「據中華貿易開發公司略
以，該公司代理獲知泰國警察廳需採購武器一批，美國、日本、比利時、
西德等廠商均有意爭取此項訂貨，因該公司泰國代理商與泰國警方關係密
切，甚盼我方能獲得該項訂貨，特向本部詢價等情。」[120]

　　1967 年 8 月，泰國新興機器公司（Pioneer Engineering Co.）代表泰
國軍方向臺灣洽購軍品一批，依據「國軍軍火輸出政策」之規定，必須由
泰國政府與臺灣國防部直接簽訂採購合約。[121] 9 月 2 日，聯勤總部呈覆
該部接獲泰國皇家陸軍兵工署代署長瑞瑪素塔上校（Colonel Ramasuta）
致該部並經泰國外交部及臺灣駐泰大使館簽證之函件，其要點為：「渠代
表泰國皇家陸軍向我聯勤說明該國對武器彈藥之採購法規，係規定在其國
內招標辦理，由陸軍出具證明，而由得標商向外國進口，並不直接與外國

---

[118] 國防部藏，案名：軍火外銷案，參謀總長黎上將呈總統府，1966 年 2 月 26 日。檔號：
55_0800.33_3750_1_61_00045949；國防部藏，案名：軍火外銷案，聯勤總部呈參謀總
長黎上將，(55)絃成 0059 號，1966 年 2 月 26 日。檔號：55_0800.33_3750_1_62_00045
949；國防部藏，案名：軍火外銷案，國防部令聯勤總部，主旨：所報泰國警察廳向我
購買司登式衝鋒槍 400 枝一案准予照辦所得價款美金 8000 元依規定報繳希遵照，(55)
建忠字第 767 號，1966 年 7 月 11 日。檔號：55_0800.33_3750_1_54_00045949。

[119] 國防部藏，案名：軍火外銷案，總統府代電參謀總長黎玉璽，主旨：泰國此槍可由美國
供給，似無對我國購買之必要，此案實情應詳查細情為要，(55)臺統二正字第 0314
號，1966 年 5 月 18 日。檔號：55_0800.33_3750_1_60_00045949。

[120] 國防部藏，案名：軍火外銷案，參謀總長黎玉璽簽呈總統，主旨：呈報泰國警察廳向我
購買司登式衝鋒槍詳情恭請鑒核，(55)建忠字第 712 號，1966 年 6 月 18 日。檔號：
55_0800.33_3750_1_56_00045949。

[121] 國防部藏，案名：軍火外銷案，外交部函國防部，主旨：泰商 Pioneer Engineering Co.
代泰國軍方向我洽購軍品一批，依據「國軍軍火輸出政策」之規定，必須由泰國政府與
本部直接訂定採購合約，請惠予協助辦理是荷，1967 年 8 月 22 日。檔號：55_0800.33_
3750_1_24_00045949。

談判採購事宜。」[122]該函確實證明新興機器公司向臺灣採購之兩種彈藥，即係代表泰國政府辦理者；且曾經臺灣駐泰武官處及泰國陸軍情報廳長查詢證實。因此臺灣請駐泰大使館協助辦理訂約手續，國防部同意予以供應。10 月 4 日，臺灣國防部依據前述情況簽呈總統稱：「泰國陸軍兵工署長瑞瑪素塔上校代表政府申明，因泰國彈藥採購法規規定，在國內採購，再由得標商取得政府證明，向國外進口，並不直接與外國談判採購，故新興機器公司向我國訂購彈藥，實為代表政府行為，請准銷售等情。」以上泰國兵工署長瑞瑪素塔上校申明意見，經由泰國外交部及臺灣駐泰大使館簽證，認為真實。本案銷泰彈藥兩種，似可准予辦理。[123] 10 月 17 日，蔣中正總統批悉照辦。

11 月 30 日，臺灣將 30 卡柄槍彈 45,900 發（總價為 2,914.65 美元）、45 手槍槍彈 50,200 發（總價為 26,250 美元）從基隆由興華輪運往曼谷。[124]

12 月，國防部後勤參謀次長室請外交部協調泰國陸海空軍及警察部隊派遣兵工軍需人員訪臺參觀國防部軍需生產工廠一週。[125]

12 月 30 日，泰國新興機器公司續代泰國軍方增購軍火一批，45 手槍槍彈 30 萬 3 千發及 MK-2 手榴彈 2 千顆（為試用性質，如試用合意，將

---

[122] 國防部藏，案名：軍火外銷案，物力司簽呈總統，主旨：賚呈聯勤銷泰彈藥二種泰國陸軍正式函件簽請核示，1967 年 9 月 4 日。檔號：55_0800.33_3750_1_53_00045949。

[123] 國防部藏，案名：軍火外銷案，國防部簽呈總統，主旨：聯勤銷售泰國彈藥兩種恭請鑒核，(56)炘牧字第 411 號，1967 年 10 月 4 日。檔號：55_0800.33_3750_1_52_0004594 9；國防部藏，案名：軍火外銷案，聯勤總部呈參謀總長高魁元，主旨：本部外銷泰國彈藥兩種擬請准照泰國政府建議方式辦理敬祈鑒核，(56)OO 字第 0800 號，1967 年 9 月 2 日。檔號：55_0800.33_3750_1_53_00045949。

[124] 國防部藏，案名：軍火外銷案，後勤參謀次長室呈參謀總長，主旨：銷泰國皇家陸軍 45 手槍彈 50200 發，請裝四份 19 箱，其中一至 418 箱，每箱內裝 1200 發，第 419 箱僅裝 400 發。於 11 月 30 日在基隆港裝興華輪（Hsing Hwa）運泰國曼谷，預計 12 月 6 日左右可以到達，1967 年 12 月 1 日。檔號：55_0800.33_3750_1_42_00045949。國防部藏，案名：軍火外銷案，聯勤總部函國防部，主旨：請發給本部外銷泰國彈藥輸出許可證以利裝船輸出，(56)怡悅綏字第 0002 號，1967 年 11 月 1 日。檔號：55_0800.33_3750_1_47_00045949。

[125] 國防部藏，案名：軍火外銷案，國防部後勤次長室函外交部，1967 年 12 月 2 日。檔號：55_0800.33_3750_1_43_00045949。

來可能大量訂購）。[126]

　　1968 年 3 月 1 日，泰商及泰國駐臺武官吉地（Kitti Nakages）海軍上
校代表泰國政府向臺灣洽購 45 槍彈 30 萬 3 千發及 30 槍彈 86 萬發，聯勤
總部同意供售。[127] 3 月 20 日，該武官函臺灣聯勤總部稱：「3 月 1 日函
洽採購彈藥乙案，因泰國皇家海軍總部無法於短時間內獲得泰國防部批
准，所以無法採取更進一步行動，本人非常抱歉通知貴方取消此項訂貨，
但仍請貴方惠准以後再行訂購。」臺灣駐泰武官曾就此查證，諒係泰國國
內原因而取消此一訂貨。[128]

　　4 月，泰商新興機器公司代表泰國皇家空軍軍備廳向臺灣採購 MK2
手榴彈 724 顆，因數量過少，故聯勤總部不賣，免議。[129]

　　4 月 15 日，泰國商家新興機器公司代表泰國軍方向臺灣洽購軍品一
批，依據「國軍軍火輸出政策」之規定，積極拓展外銷軍火，惟必須泰國
政府與臺灣國防部直接訂定採購合約，故請駐泰大使館協助辦理訂約手
續，其主要內容應包括：泰國政府需保證所購軍火係供其本國政府之需，
絕不轉讓與第三者。[130]

　　但根據泰國軍方向外採購軍用品均按照泰政府採購程序辦理，本案因
格於泰國法令，不能代辦訂約手續，似可由國防部逕洽泰國駐臺大使館辦

---

[126] 國防部藏，案名：軍火外銷案，聯勤總部呈參謀總長高一級上將，主旨：泰商 Pioneer
　　　Engineer Co. Ltd. 續代泰國軍方增購軍火一批擬請續供應謹請鑒核，1967 年 12 月 30
　　　日。檔號：55_0800.33_3750_1_40_00045949。

[127] 國防部藏，案名：軍火外銷案，參謀總長高魁元令聯勤總部，主旨：所呈泰商及泰國駐
　　　華武官代泰國政府向我洽購四五槍彈 30 萬 3 千發，及 30 槍彈 86 萬發乙節准予銷售希
　　　遵照，1968 年 3 月 13 日。檔號：55_0800.33_3750_1_30_00045949。

[128] 國防部藏，案名：軍火外銷案，聯勤總部總司令劉廣凱呈後勤次長室轉呈參謀總長高魁
　　　元，主旨：謹將泰國駐華海軍武官洽購 30 槍彈 86 萬發，及泰商洽銷 45 手榴彈 30 萬 3
　　　千發案辦理情形，報請鑒核，(57)行鈇 0076 號，1968 年 4 月 3 日。檔號：55_0800.33_
　　　3750_1_38_00045949。

[129] 國防部藏，案名：軍火外銷案，聯勤總部轉呈參謀總長高魁元一級上將，1968 年 4 月
　　　12 日。檔號：55_0800.33_3750_1_37_00045949；國防部藏，案名：軍火外銷案，聯勤
　　　總部呈參謀總長高魁元，主旨：所請外銷泰國 MK2 手榴彈 724 顆一案，因數量過少不
　　　宜出售，免議，1968 年 8 月 9 日。檔號：55_0800.33_3750_1_36_00045949。

[130] 中央研究院近代史檔案館藏，外交部檔案，檔名：泰擬購我軍用品，國防部函外交部，
　　　(57)壯字第 9776 號，1968 年 8 月 21 日。館藏號：11-01-08-08-02-010。

理訂約手續。[131]

臺灣駐泰武官與泰國軍方接洽，泰國軍方告知：(1)目前泰國軍方向外採購軍品除臺灣外，尚有美、瑞、德、日等國，均按照泰國政府採購程序辦理。(2)泰內閣規定，凡駐泰各國使館及具有外交官身分人員均不得投標，故亦不能代辦訂約手續。(3)泰軍方每次向外採購所發給代理商之證明書中均已書明其採購軍品之用途，並經泰國外交部簽證證明，故不再另行保證。因此，駐泰大使館在 10 月 8 日電外交部稱，我方政府如無類似泰國對各國使館及外交人員投標訂約之限制，則似可由國防部逕洽泰國駐臺大使館辦理訂約手續。[132]臺灣外交部在經過詳細研議後，認為似應由泰軍方透過泰駐臺大使館正式通知臺灣外交部，代表其政府與臺灣國防部洽辦為宜。[133]

6 月 12 日，泰商新興機器公司代泰國軍方洽購軍品一批，聯勤總部擬予供售。[134]

泰國軍火商新興機器公司於 8 月 7 日函聯勤總部稱，泰國陸軍部亟需 MK2 手榴彈 2 萬 2 千顆。8 月 9 日臺灣駐泰大使館武官韓大志電聯勤總部稱，泰國軍方擬向臺灣洽購之 MK2 手榴彈 2 萬 2 千顆，係供陸軍部隊剿共之急需，祈儘速予以辦理。聯勤總部鑑於泰國很少採用政府間簽約方式辦理軍火交易，而係透過商人媒介交易，故建議在訂約之前先行輸出。泰國增購之 MK2 手榴彈 2 萬 2 千顆，擬請准予前報每顆「船上交貨」（FOB）1.7 美元報價供應（總價款為新臺幣 1,496,000 元），並俟泰軍方證明文件提出後，即行輸出。[135]後勤參謀次長室在 9 月 26 日簽呈給參謀

---

[131] 中央研究院近代史檔案館藏，外交部檔案，檔名：泰擬購我軍用品，外交部函國防部，外(57)亞太三 22507 號，1968 年 11 月 24 日。館藏號：11-01-08-08-02-010。

[132] 中央研究院近代史檔案館藏，外交部檔案，檔名：泰擬購我軍用品，中華民國駐泰大使館代電外交部，泰使(57)字第 1678 號，1968 年 10 月 8 日。館藏號：11-01-08-08-02-010。

[133] 中央研究院近代史檔案館藏，外交部檔案，檔名：泰擬購我軍用品，外交部函國防部，沒有文號和日期。館藏號：11-01-08-08-02-010。

[134] 國防部藏，案名：軍火外銷案，後勤次長室轉呈參謀總長高魁元一級上將，1968 年 6 月 12 日。檔號：55_0800.33_3750_1_26_00045949。

[135] 國防部藏，案名：軍火外銷案，聯勤總部呈國防部後勤參謀次長室轉呈參謀總長高魁元

總長高魁元一級上將稱，缺乏泰國軍方證明文件，要求泰商檢呈有效證明。但該泰商表示如無我方交貨承諾，則無法提出軍方證明。上次向臺灣採購之軍品，因臺灣至今未交貨，致遭到泰軍方罰款。後勤參謀次長室認為依據慣例，係事先由買方出具有效證明外，並須於我方核定後簽約方可成交，現泰國之要求，于我國之政策相去甚遠，似無考慮之餘地。泰商既不願接受我方要求，乃建議免議。10 月 9 日，國防部令聯勤總部該案免議。[136]

10 月 14 日，參謀總長高魁元頒佈「國軍械彈外銷作業規定」，說明外銷軍火之目的是為利用國軍生產工廠之剩餘能量，藉械彈之外銷以促進工廠設備之更新，及達成「以廠養廠」之目標。其次，載明外銷軍火之基本政策如下：(1)外銷對象需為邦交國，或雖未建交，但為反共之國家，惟後者需咨請外交部研討後再做最後決定。(2)外銷之械彈需為我軍事工廠剩餘能量所能負荷且不影響我之戰備者。(3)外銷械彈之品質需符合規定標準，以維持我在國際間之信譽。(4)械彈外銷需為政府對政府間之交易，其辦理方式需符合左列情形之一：1.由兩國政府正式換文簽約，不經商人之手者。2.限於對方政府械彈採購規定，需經由商人做媒介者，如雙方同意交易時，仍須由兩國政府直接簽約、運輸，並在我駐外使館（武官處）或相等機構監督下，交與買方政府驗收。[137]

11 月，在未簽署臺、泰軍火銷售協定之前，先行外銷泰國硝化纖維 6 公噸及指北針 300 個，以普通商品程序出口，並以提貨單交由臺灣駐泰武

一級上將，主旨：泰國陸軍部急需 MK-2 手榴彈 2 萬 2 千顆擬請准予報價供應，謹請鑒核，(57)行銖字第 0218 號，1968 年 8 月 23 日。檔號：55_0800.33_3750_2_9_0004595 0。

[136] 國防部藏，案名：軍火外銷案，後勤次長室轉呈參謀總長高魁元一級上將，主旨：泰商洽購 MK2 手榴彈 22,000 個請核示案，1968 年 9 月 26 日。檔號：55_0800.33_3750_2_12_00045950；國防部藏，案名：軍火外銷案，國防部令聯勤總部，主旨：所請外銷泰國 MK2 手榴彈 22,000 個一案，免議，(57)壯言字 11702 號，1968 年 10 月 9 日。檔號：55_0800.33_3750_2_12_00045950。

[137] 國防部藏，案名：軍火外銷案，國軍械彈外銷作業規定，總長(57)壯言字 11896 號，1968 年 10 月 14 日。檔號：55_0800.33_3750_2_34_00045950。

官處逕交泰國皇家陸軍接收，不得經由商人之手。[138]

1969 年 1 月，泰商新興機器公司代表泰國皇家陸軍部和皇家空軍部向聯勤總部洽購 45 手槍彈 785,780 發、MK-2 手榴彈 5,125 顆。聯勤總部認為應遵照「國軍械彈外銷作業規定」由雙方相對單位訂約後才可出售。該公司以泰國國防部副部長瓦博上將願意出面訂約，請聯勤總部提供合約草案，以便辦理。聯勤總部草擬了軍品售賣合約草案。[139]

3 月 20 日，泰商新興機器公司將臺、泰兩國「買賣軍火協定草案」送交聯勤總部。經外交部研究後，以泰方合約較為合適。隨後催請泰方循外交途徑正式送請我方簽約。5 月 9 日，泰國駐臺大使館陸軍武官西特拉育特（Sittrayute）上校奉其大使之命，至聯勤總部面交臺、泰「買賣軍火協定」（Agreement for the Purchase and Sale of Armaments）。後勤參謀次長室聯絡局將該協定定名為「軍備買賣協議書」，並徵詢外交部意見，擬定「中華民國國防部與泰國國防部間軍火買賣協議書」中英文稿，且將部分文字略做修改潤飾。[140]後勤參謀次長室認為修訂之協議書符合一般國際協定狀況，且較具彈性，對原則性事宜悉列入協議書內，由雙方政府決定。至執行細節，如裝運、付款等事項，則留待執行單位洽商訂定。[141]

9 月 2 日，聯勤總部呈後勤參謀次長室轉呈參謀總長高魁元稱，將繼續催辦軍火買賣協議之簽署，今後在該協議書未簽訂前，不再向泰政府及商號報價。為了順利辦理輸出，及泰國為東南亞反共中堅分子，該批彈藥實為目前局勢所急需，對泰國輸出該批軍火，直接或間接均有助於反共戰爭；檢呈泰國陸軍部採購申請書及該證明書經泰國外交部及臺灣駐泰大使館之簽證，恭請准予辦理輸出。並請依照過去慣例由臺灣駐泰國大使館武

---

[138] 國防部藏，案名：軍火外銷案，聯勤總部函外交部，1968 年 11 月 29 日。檔號：55_0800.33_3750_1_29_00045949。

[139] 國防部藏，案名：軍火外銷案，聯勤總部呈國防部後勤參謀次長室轉呈參謀總長高一級上將，主旨：謹檢呈外銷泰國械彈合約草案一份恭請核備，1969 年 1 月 21 日。檔號：55_0800.33_3750_2_20_00045950。

[140] 國防部藏，案名：軍火外銷案，後勤參謀次長室簽呈參謀總長高一級上將，主旨：外銷泰國械彈協議書案，1969 年 8 月 30 日。檔號：55_0800.33_3750_2_28_00045950。

[141] 國防部藏，案名：軍火外銷案，後勤參謀次長室簽呈參謀總長高一級上將，主旨：外銷泰國械彈協議書請核示，1969 年 6 月 18 日。檔號：55_0800.33_3750_2_22_00045950。

官監督交貨給泰國政府。[142]

國防部在 9 月 19 日令聯勤總部應儘速與泰國完成買賣協議書之簽署，再行辦理輸出。[143] 10 月 6 日，泰商新興機器公司總經理持泰國國防部副部長霍普上將來函晉見臺灣國防部副部長馬紀壯上將，請求准予輸出 45 槍彈 120 萬 9110 發。泰方對於臺灣所擬合約原則上已同意，惟泰國會計年度終於 9 月底，其付款時限僅能延長二個月（即至 11 月底），逾期則取消預算，並影響新年度之預算，因此請求准予先行輸出。後勤參謀次長室仍堅持需先簽約再行輸出，並催請泰國儘速在 11 月底前完成簽約。[144]

至 1969 年 10 月，臺灣聯勤總部 60 兵工廠外銷泰國第三批彈藥 30 卡柄槍彈及 45 手槍彈總價款為新臺幣 3,403,242.98 元，44 兵工廠外銷泰國 MK-2 手榴彈總價款為新臺幣 373,700 元。此兩兵工廠合共售款為 3,778,942.98 元。[145]

1970 年 2 月，泰商新興機器公司擬代泰國軍方續向臺灣洽購 45 手槍彈 121 萬 4630 發。3 月 6 日，國防部令聯勤總部稱，所呈向泰國報價 45 手槍彈 121 萬 4630 發，每發臺幣 2 元 1 釐 6 毫（2.016 元），准予照辦，但爾後正式訂約則應按臺、泰軍火買賣協議書辦理，並先將協議書簽字生效，希遵照。[146]

---

[142] 國防部藏，案名：軍火外銷案，聯勤總部呈後勤參謀次長室簽呈參謀總長高一級上將，主旨：銷泰 45 槍彈 121 萬 9,110 發，謹檢呈泰國陸軍採購證明，該證明經該國外交部及我駐泰大使館之簽證，懇請准予辦理輸出，恭請鑒核，(59)詣普 0210 號，1970 年 9 月 2 日。檔號：55_0800.33_3750_2_40_00045950。

[143] 國防部藏，案名：軍火外銷案，國防部令聯勤總部，主旨：所呈泰國向我洽購 45 槍彈及 M1 刺刀等案，希速協調泰方先行完成「中華民國國防部與泰國國防部間買賣軍火協議書」之簽署後，再行辦理。(59)祥雲字第 2809 號，1970 年 9 月 12 日。檔號：55_080 0.33_3750_2_41_00045950。

[144] 國防部藏，案名：軍火外銷案，後勤參謀次長室簽呈參謀總長高一級上將，主旨：泰國向我洽購 45 槍彈 120 萬 9110 發一案請核示，1970 年 10 月 6 日。檔號：55_0800.33_37 50_2_41_00045950。

[145] 國防部藏，案名：軍火外銷案，聯勤總部兵工生產管理署令第 44、60 兵工廠，主旨：查貴廠外銷泰國第三批彈藥價款經已撥付計署茲隨令轉發列如附表，其中利潤部分應專戶儲存未經核准不得支用外餉應按統一收支規定辦理，希知照。(58)颿銖署 09722 號，1969 年 10 月 15 日。檔號：55_0800.33_3750_2_32_00045950。

[146] 國防部藏，案名：軍火外銷案，聯勤總部呈國防部後勤參謀次長室轉呈參謀總長高陸軍

　　1970 年 8 月，泰國駐臺海軍武官榮耀上校（Capt. Yongyudt）向聯勤總部洽購 M1 刺刀連刀鞘 1 千把，並請求報價，聯勤總部以每把 7.5 美元報價，總價為 7,500 美元。泰國海軍總司令差榮將軍致函沈昌煥大使及沈昌煥大使函確認有該批採購，[147]然而後勤參謀次長室在 8 月 24 日給參謀總長高魁元之簽呈中說，「軍火外銷屬於軍援行為，而且稍一不慎，有流入不法分子或敵手之危險，故本部於外銷作業規定中明文規定：『必須兩國政府直接簽約，始可辦理。』泰國 58 年（1969 年）度曾向我洽購槍彈一批，奉前部長批示：『必須由我國防部與泰政府直接訂約，不可經過商人，否則不同意。』經洽外交部擬定合約一份轉發聯勤，飭其徵詢泰方意見報核。聯勤總部後又呈稱，前項合約泰方正研究中，惟因泰方受年度預算限制，請求將該批彈藥先行輸出，奉部長核定：『為顧及泰方實際困難，准在未完成簽約前先行輸出，下次不得援例。』上述彈藥輸出後，迄今已有一年，泰國政府尚未與我簽約，而其軍方最近又提出洽購槍彈及刺刀之請求，依據本部先後規定以及實際狀況，似宜俟正式簽約後再行辦理。」國防部乃因此令聯勤總部依此辦理。[148]

　　1972 年 12 月 16 日，臺灣為協助泰國充實邊境巡邏警察及居民裝備（代號為「惠友一號」演習），由國防部和外交部、農復會協商援助事宜的原則如下：

　　(1)　凡臺灣能予援助者，則儘量支援；有此項目而存量不多者，則逐

一級上將，(59)詣普字第 0041 號，1970 年 2 月 16 日。檔號：55_0800.33_3750_2_33_00045950；國防部藏，案名：軍火外銷案，國防部令聯勤總部，(59)祥雲字第 618 號，1970 年 3 月 6 日。檔號：55_0800.33_3750_2_34_00045950。

[147] 國防部藏，案名：軍火外銷案，聯勤總部呈國防部後勤參謀次長室，主旨：泰國海軍總部向我採購 M-1 刺刀連刀鞘 1 千把，並經我駐泰大使館 8 月 3 日(59)泰使字 1157 號函證明，確係該國海軍使用，俟信用狀到達後請准予辦理輸出，恭請鑒核，(59)詣普字第 0200 號，1970 年 8 月 19 日。檔號：55_0800.33_3750_2_38_00045950。

[148] 國防部藏，案名：軍火外銷案，後勤參謀次長室呈參謀總長高一級上將，主旨：聯勤呈請外銷泰國 45 槍彈及刺刀案，請核示，1970 年 8 月 24 日。檔號：55_0800.33_3750_2_39_00045950；國防部藏，案名：軍火外銷案，國防部函聯勤總部，主旨：泰國向我洽購 45 槍彈及 M1 刺刀等案，仍請貴總部協調泰方先行完成「中華民國國防部與泰國國防部間買賣軍火協議書」之簽署後再行辦理，(59)祥雲字第 2611 號，1970 年 8 月 31 日。檔號：55_0800.33_3750_2_39_00045950。

次分批支援；限於財力技術，而無法支援者，則不予考慮。

(2)　有關裝備物質及必要之軍事訓練項目，由國防部統一籌辦。

(3)　屬於農業技術者，俟其所需之細部項目決定後，請農復會辦理。

(4)　對泰國方面之聯絡協調工作，由外交部與駐泰大使負責。

另外，對於臺灣擬予援助項目及所需預算，亦訂定原則為：就各援助項目，研究分析後，除通信器材及各型車輛不能支援外，其他項目，均可一部或全部予以支援，援助項目包括武器彈藥、爆破器材、阻絕器材及警報器、民運活動所需物質、必要之軍事訓練。至於臺灣亦擬贈予泰國邊防警察服裝，但不能轉發給段希文、李文煥單位。[149]

臺灣於 1973 年 1 月船運前述援助物資給泰國，噸位數如下：(1)已整備完成者為 166 噸；(2)可於 2 月份完成者為魚、肉罐頭及孵卵器共 143 噸；(3)於 3 月份完成者為藍色汗衫共 8 噸。以上總重量為 300 噸（藥品另計），體積噸 317 噸。1 月 27 日「東發輪」啟航先運送重量噸 237.6 噸，體積噸 171 噸。[150]第二梯次援泰物資於 5 月 20 日啟運。

以上為第一批援泰裝備物資。復據駐泰大使馬紀壯請支援泰國第二批物資包括彈藥、山胞手工藝品及農業用品等。農業用品由農村復興委員會辦理，至於彈藥部分，包括 30 卡柄槍彈 100 萬粒、30 輕機槍彈 50 萬粒，約值新臺幣 200 萬元。[151]

上述「惠友一號演習」，整備物資於 1 月 10 日左右完成，確洽泰國，並運交完成。[152]該項軍援物資包括採購刺槍護具、彈藥、陸軍航空

[149] 國防部史政編譯局藏，國軍檔案，支援泰國物資案，總長辦公室，民國 61 年 12 月至 63 年 3 月止，民國 61 年 12 月 21 日。檔號：0715.23/4040。按：段為段希文將軍，李為李彌將軍。

[150] 東發輪原訂 25 日啟航，後延至 27 日啟航。參見國防部史政編譯局藏，國軍檔案，支援泰國物資案，檔號：0715.23/4040，民國 62 年 1 月 19 日；國防部致外交部函，民國 62 年 1 月 25 日，(62)雁集字 194 號；外交部致駐泰國大使，事由：極機密，民國 62 年 1 月 29 日，外(62)亞太三 01680 號。

[151] 國防部史政編譯局藏，國軍檔案，支援泰國物資案，國防部民國 62 年 6 月 18 日簽呈行政院長蔣經國。檔號：0715.23/4040。

[152] 國防部藏，案名：支援泰國物資案（惠友演習），外交部電駐泰國大使館，外(62)亞太三 00447 號，1973 年 1 月 10 日。檔號：61_0175.23_4040_1_17_00034441。

維護、艦艇肇事賠償等，總額為新臺幣 729 萬 8940 元 67 分。[153]

　　1975 年 1 月，臺灣供售泰國聯合顧問（Associated Consultants）公司炸藥（TNT flake）100 公噸，報價為 2,159.55 美元。[154]

　　2 月，泰國國際貿易公司透過其在臺北之代理商英洲貿易公司函請聯勤總部供售 30 卡柄槍彈、5.56 槍彈、45 手槍彈，共約 5 百萬發。該項彈藥將經由泰國國際貿易公司銷售泰國軍警使用。泰國國際貿易公司和英洲貿易公司曾數度與聯勤總部洽談。聯勤總部提供報價資料，最後國際貿易公司獲得標案。泰國國情特殊，對彈藥採購向由民間公司透過公開招標方式辦理。故近年泰國彈藥供應均由新加坡、英國和西德得標供售。國防部長高魁元在 1974 年 8 月 12 日到聯勤總部主持座談會指示：為擴大軍品銷售，可仿照以色列和新加坡以公司名義外銷軍品。此次英洲公司和泰國國際貿易協力得標供售該項彈藥，誠非易事。且泰國彈藥銷路年約千萬美元左右，實屬我方積極爭取銷售之最佳市場。上項得標彈藥中，45 手槍彈第一批 28,445 發之信用證，泰國已開出並由英洲公司妥收。聯勤總部對該批供售彈藥之報價為：5.56 槍彈 3,940,000 發，報價為 325,050 美元；30 卡柄槍彈 880,000 發，報價為 56,320 美元；45 手槍彈 380,000 發，報價為 32,072 美元。總金額為 413,442 美元。[155] 3 月，國防部令准聯勤總部所申報供售泰國陸軍彈藥准由聯勤總部直接與泰國國際貿易公司簽約辦理，其價格准按所報資料有利潤報價銷售，所供售彈藥之本身及包裝應無臺灣製造之任何標誌。[156]

---

[153] 國防部藏，案名：支援泰國物資案（惠友演習），國防部令主計局，(63)衡得字第 548 號，1974 年 3 月 21 日。檔號：61_0175.23_4040_1_38_00034441。

[154] 國防部藏，案名：軍用物品外銷案，聯勤總部工業服務處函中華民國駐泰大使館武官處，主旨：檢送本部供售泰國 Associated Consultants 公司 TNT 報價資料表暨規格包裝資料表各乙份如附件，請查照，(64)裕保字第 0011 號，1975 年 1 月 8 日。檔號：62_0800.33_3750-2_3_64_00045956。

[155] 國防部藏，案名：軍火外銷案，聯勤總部呈後勤參謀次長室轉呈參謀總長賴名湯上將，主旨：檢呈本部供售泰國陸軍彈藥成本分析報價資料表三份如附件一、泰國陸軍函國際貿易公司要求簽約事宜函影印本各一份如附件二、三，信用證影印本乙份如附件四請鑒核，(64)裕保字第 061 號，1975 年 2 月 6 日。檔號：55_0800.33_3750_4_53_00045952。

[156] 國防部藏，案名：軍火外銷案，國防部令聯勤總部，主旨：貴總部報請透過貿易商銷售

　　1975 年 3 月，泰國商業聯合公司（Commercial Associates Company）先後來函及電報，要求臺灣協助泰國政府建設手榴彈製造廠，請聯勤總部報價及迅速提供手榴彈樣品 50 顆，於 3 月 31 日前送交泰駐臺大使館武官處，再空運泰國曼谷兵工部門。[157]由於泰國政府正在與北京政權交涉建交事宜，故臺灣外交部認為此時應緩議協助泰國建手榴彈製造廠，至於贈送手榴彈樣品則表示同意。臺灣國防部在 4 月 17 日令聯勤總部，對於協助泰國建手榴彈製造廠一案暫予緩議，至於提供手榴彈樣品 50 顆，准予辦理。[158]

　　5 月，陸供部供售泰國 U-17A 飛機零件 94 項（FOB 報價為 33,140 美元）由基隆船運泰國。[159]

　　5 月，臺灣銷售泰國第一批彈藥由高雄港運交泰國，該批彈藥包括：45 槍彈 4 萬 260 粒。[160]

　　6 月 6 日，泰國最高統帥部參謀總長堅塞上將訪臺，與臺灣國防部後勤參謀次長董萍中將舉行會談，堅塞上將曾提出採購軍品多項，董中將表

泰國彈藥案，准予照辦，(64)山峰字第 267 號，1975 年 3 月 7 日。檔號：55_0800.33_3750_4_57_00045952。

[157] 國防部藏，案名：軍火外銷案，聯勤總部呈後勤參謀次長室轉呈參謀總長賴名湯上將，主旨：檢呈泰國商業聯合公司（C.A.C.），請本部協建手榴彈廠並提供手榴彈樣品 50 顆，函電影印本各一份如附件，請鑒核，(64)裕保字第 0126 號，1975 年 3 月 21 日。檔號：55_0800.33_3750_4_70_00045952。

[158] 國防部藏，案名：軍火外銷案，國防部令聯勤總部，(64)山峰字第 451 號，1975 年 4 月 17 日。檔號：55_0800.33_3750_4_65_00045952。

[159] 國防部藏，案名：軍用物品外銷案，國防部令陸軍總部，主旨：泰國擬向我洽購貴總部 U-17A 飛機另件 97 項，准由貴總部所報以 FOB 總價 3 萬 3140 美元（內含 8% 運費及 1.5% 作業費）供售泰國該型飛機另件 94 項（如附表），希照辦，(64)山峰字第 076 號，1975 年 1 月 16 日。檔號：62_0800.33_3750-2_4_85_00045957；國防部藏，案名：軍火外銷案，聯勤總部函陸供部運輸署，主旨：貴部供售泰國 U-17A 飛機零件 94 項，請轉知貴屬即將該項零件託運基隆，交聯勤基隆國外物資接收處接收，負責辦理有關接轉事宜，請查照，(64)裕保字第 0250 號，1975 年 5 月 31 日。檔號：55_0800.33_3750_4_79_00045952。

[160] 國防部藏，案名：軍火外銷案，聯勤總部令兵工生產署、物資署，主旨：泰國透過英洲貿易股份有限公司向本部訂購各式槍彈約五百萬發，第一批交貨 45 手槍彈 4 萬 260 發，希即完成交貨準備，請照辦，(64)裕保字第 0200 號，1975 年 5 月 9 日。檔號：55_0800.33_3750_4_91_00045952。

示受軍援及合作生產限制，臺灣能供售項目僅有 20 項，[161]基於雙方反共之立場，所有軍品都以無利潤方式報價，全按成本計算。董中將強調，萬一泰國政治立場有所改變，臺灣將停止對泰國一切軍火供應。堅塞上將答覆稱：「對於貴官所談各節，本人均甚瞭解，於返國後將迅速辦理。」[162]參謀總長賴名湯上將對本案核示：本案合約書上應註明：「……如泰國政治上有變化，則所訂合約自動作廢。」泰方特別表示此案應以秘密方式進行，不希望美國知道此事。[163]

　　7 月 14 日，由於泰國政治立場改變，擬與北京建交，臺灣國防部函請外交部對於已與泰方簽約而尚未繳清之輕兵器彈藥計有：5.56 步槍彈 5,693,548 發、30 卡柄槍彈 1,085,253 發、45 手槍彈 745,677 發，是否仍應依約繼續供售？[164]

　　7 月 17 日，臺灣和泰國斷交，外交部函知國防部，雙方為互設新機構事，要求聯勤總部延遲軍火交貨，藉資配合運用。聯勤總部於 8 月 2 日呈報國防部後勤參謀次長室，副本致送外交部亞太司，說明由於延遲交貨，致承購之曼谷國際貿易公司將受違約罰款處分，而聯勤在法理上和道義上亦應負違約責任。且引起國際糾紛，影響我國信譽，對今後軍品外銷發生不良影響。彈藥銷售泰國有西德、新加坡和南韓等國，與我國有競爭，延期交貨，不僅恐難達成外交手段，且易為競爭者攻擊我方聲譽之口

---

[161] 這 20 項軍品包括：5.56 步槍彈、0.30 卡柄槍彈、0.45 手槍彈、60 迫砲彈、81 迫砲彈、42 迫彈 M329、155 榴彈頭 M107、M3 發射藥、M4A1 發射藥、MK2 手榴彈、1/2 磅炸藥、1 磅炸藥 TNT、炸藥 TNT、8 號底火、0.45 手槍、M16 步槍刺刀、M18 地雷、0.30 步彈、0.30 彈帶、0.30 曳光彈。國防部藏，案名：軍火外銷案，參謀總長賴明湯上將簽呈行政院長，1975 年 6 月 6 日。檔號：55_0800.33_3750_4_73_00045952。

[162] 國防部藏，案名：軍火外銷案，後勤參謀次長室簽呈參謀總長賴名湯上將，1975 年 7 月 4 日；國防部藏，案名：軍火外銷案，次長董中將與泰國堅塞上將會談紀要，1975 年 6 月 6 日下午 18:20-18:50。檔號：55_0800.33_3750_4_80_00045952。

[163] 國防部藏，案名：軍火外銷案，國防部參謀總長賴名湯上將令聯勤總部，主旨：泰國最高統帥部參謀長堅塞上將訪華並與我治談械彈銷售事項如說明希照辦，(64)山峰字第 708 號，1975 年 6 月 9 日。檔號：55_0800.33_3750_4_72_00045952。

[164] 國防部藏，案名：軍火外銷案，國防部函外交部亞太司，主旨：請對已簽約並收信用狀之供售泰國彈藥案惠賜卓見，(64)山峰字第 885 號，1975 年 7 月 14 日。檔號：55_080 0.33_3750_4_80_00045952。

實，本案數量不多，如期交貨，可維持我國與泰國軍方友誼。[165]

　　據外交部亞太司 8 月 6 日復稱：「對於已簽約並收信用狀供售泰國之彈藥，仍請在不違約之範圍內，儘量拖延交貨。」[166]

　　參謀總長賴名湯上將對於前述外交部之意見，解讀為：「關於已簽約並收信用狀供售泰國之彈藥，本部同意如期交貨。」[167] 8 月 21 日，國防部令聯勤總部關於已簽約並已收到信用狀供售泰國之彈藥，准予即行交貨。[168]

　　9 月，臺灣銷售泰國第二批彈藥由高雄港運交泰國，該批彈藥包括：30 卡柄槍彈 797,519 粒、45 槍彈 146,918 粒。[169]同月，臺灣銷售泰國第三批彈藥由高雄港運交泰國，該批彈藥包括：30 卡柄槍彈 287,734 粒、45 槍彈 259,312 粒和 5.56 槍彈 4,078,406 粒。[170]

　　1976 年 3 月，臺灣銷售泰國第四批彈藥由高雄港運交泰國，該批彈藥包括：5.56 槍彈 160 萬粒和 45 槍彈 30 萬粒。[171]

---

[165] 國防部藏，案名：軍火外銷案，聯勤總部函後勤次長室、外交部亞太司，主旨：檢送本部供售泰國彈藥品名、數量及交貨日期統計表三份如附件，請同意如期交貨，請查照，(64)裕保字第 0371 號，1975 年 8 月 6 日。檔號：55_0800.33_3750_4_86_00045952。

[166] 國防部藏，案名：軍火外銷案，外交部亞太司函國防部後勤參謀次長室，亞太(64)字第 2075 號，1975 年 8 月 6 日。檔號：55_0800.33_3750_4_87_00045952。

[167] 國防部藏，案名：軍火外銷案，參謀總長賴名湯上將呈行政院長，主旨：聯勤總部前奉准簽約，供售泰國軍方之彈藥，應否按約交貨，簽請核示，1975 年 8 月 26 日。檔號：55_0800.33_3750_4_92_00045952。

[168] 國防部藏，案名：軍火外銷案，國防部令聯勤總部，主旨：關於業已簽約並已收到信用狀供售泰國之彈藥，准予即行交貨，希照辦，(64)裕保字第 0371 號，1975 年 8 月 21 日。檔號：55_0800.33_3750_4_92_00045952。

[169] 國防部藏，案名：軍火外銷案，聯勤總部令兵工生產署、物資署，主旨：檢送本部銷售泰國彈藥第二批交貨 30 卡柄槍彈 79 萬 7,519 發、45 手槍彈 14 萬 6,918 發，希即完成交貨準備，請照辦，(64)裕保字第 0408 號，1975 年 9 月 5 日。檔號：55_0800.33_3750_4_91_00045952。

[170] 國防部藏，案名：軍火外銷案，聯勤總部令兵工生產署、物資署，主旨：檢送本部銷售泰國彈藥第三批交貨資料一份如附件，請即完成準備，希照辦，(64)裕保字第 0432 號，1975 年 9 月 25 日。檔號：55_0800.33_3750_4_90_00045952。

[171] 國防部藏，案名：軍火外銷案，聯勤總部令兵工生產署、物資署，主旨：檢送本部銷售泰國彈藥第四批交貨資料一份如附件，請即完成準備，希照辦，(65)裕保字第 1003 號，1976 年 3 月 6 日。檔號：55_0800.33_3750_4_88_00045952。

截至 1975 年 9 月，聯勤總部供售泰國彈藥總價款為 458,920 美元（成本加運費（C&F））。[172]

表 8-1：截至 1975 年 9 月聯勤總部供售泰國彈藥品名、數量及交貨日期

品名			單位	L/C 金額	L/C 截止日期	備考
45 手槍彈	30 卡柄槍彈	5.56 槍彈				
40,260			發	3,500(C&F)	1975/5/21	已交貨
	235,513		發	15,490(C&F)	1975/7/31	
		279,270	發	24,290(C&F)	1975/7/4	
		2,000,000	發	173,380(C&F)	1975/8/31	
256,519	256,616	1,738,348	發	189,580(C&F)	1975/8/31	
100,000	390,000		發	34,180(C&F)	1975/8/9	
20,931			發	1,910(C&F)	1975/7/15	
1,982	32,118	3,350	發	2,700(C&F)	1975/8/27	
25,987	172,006		發	13,890(C&F)	1975/9/30	
300,000		1,672,580	發			已簽約信用證開發中
合計 745,679	1,085,253	5,693,548	發	458,920(C&F)		

資料來源：國防部藏，案名：軍火外銷案，聯勤總部函後勤次長室、外交部亞太司，主旨：檢送本部供售泰國彈藥品名、數量及交貨日期統計表三份如附件，請同意如期交貨，請查照，(64)裕保字第 0371 號，1975 年 8 月 6 日。檔號：55_0800.33_3750_4_86_00045952。

四、剩餘武器外運泰國

臺灣陸軍在 1960 年代初實施前瞻計畫改制，前各師編裝之 75 山砲逐漸淘汰，共超編 308 門，除目前代用 M2-105 榴砲（年限未到）及作防衛及訓練用火砲外，庫存尚餘 27 門。1961 年 3 月 26 日，美軍顧問團通知臺灣軍方，以美太平洋總部急電調撥 75 山砲 24 門及彈藥 1 萬發運往泰國。本案因需要孔急，且係軍援超量物資，美國有權請求調撥其他地區之美製武器使用。陸軍總部已如數連同配件於 1961 年 3 月 27 日運至松山機

---

[172] 國防部藏，案名：軍火外銷案，聯勤總部函後勤次長室、外交部亞太司，主旨：檢送本部供售泰國彈藥品名、數量及交貨日期統計表三份如附件，請同意如期交貨，請查照，(64)裕保字第 0371 號，1975 年 8 月 6 日。檔號：55_0800.33_3750_4_86_00045952。

場，再由來自琉球的美軍飛機於 28 日運往泰國。[173]該山砲係美援物資，故臺灣淘汰後，美國將之軍援泰國。

第五節　雙邊高層軍官互訪

　　臺灣和泰國有正式邦交關係，故兩國軍官交流屬於正常化交流關係。1953 年 9 月 3 日，泰國海軍總司令鑾育（Litano Yuthastr Kosat）上將偕妻女及海軍考察團團員 4 人搭丹麥商輪抵臺訪問，4 日上午晉謁蔣中正總統。[174]

　　1953 年 9 月 21-26 日，戰略顧問鄭介民訪泰，進行情報合作之協商。與僑領三十餘人座談有關反共事業。渠與泰國警政當局協商組織華僑志願軍，以對抗共黨之入侵，惟因泰軍方反對，而功敗垂成。[175]

　　1954 年 9 月 4 日，泰國皇家軍事訪問團由察柴上校（Chartichai Choonhavan）（其夫人同行）率領，一行 8 人訪臺。他是副首相兼陸軍總司令乃屏（Phin Choonhavan）上將之子，警察總監乃砲將軍之姻兄弟。察柴上校現為泰國裝甲兵學校助理校長。[176]該團拜會行政院長俞鴻鈞、國防會議秘書長周至柔、外交部長葉公超、國防部副部長黃顯榮、兼代參謀總長彭孟緝、陸軍總司令黃杰，並參觀軍事基地。蔣中正總統在 10 日中午設宴款待該團。[177]

---

[173] 國防部藏，案名：美援彈藥獲得與分配案，國防部參謀總長彭孟緝簽呈總統，主旨：簽報 75 山砲 24 門外運案，1961 年 4 月 1 日。檔號：45_0884_8043_1_23_00046445；國防部藏，案名：美援彈藥獲得與分配案，國防部參謀總長彭孟緝簽呈總統，事由：准美方請求調撥 75 山砲 24 門空運泰國，謹將辦理情形簽報鑒核，1961 年 4 月 3 日。檔號：45_0884_8043_1_20_00046445。

[174] 國防部藏，案名：泰國軍事首長鑾育等訪華，參謀總長周至柔簽呈總統，主旨：為泰國海軍總司令來臺訪問擬請晉謁鈞座致敬由，1953 年 9 月 1 日。檔號：42_0420_5013_1_1_00041394。

[175] 中央研究院近代史檔案館藏，外交部檔案，檔名：鄭介民訪泰，中華民國駐泰大使館代電外交部，谷字第 1486 號，1953 年 9 月 27 日。館藏號：11-17-13-02-021。

[176] 「泰軍事訪問團今啟程來臺，由察柴上校率領將在華觀光一週」，中央日報，1954 年 9 月 4 日，版 1。

[177] 「總統昨款待泰軍訪問團，該團今將離臺返泰」，中央日報，1954 年 9 月 11 日，版 1。

　　1956 年 6 月下旬，由外長葉公超率賴名湯、蔣緯國、柳鶴圖等訪泰，並分訪泰國三軍及警察首長。返國後，葉部長懇請國防部妥為研究加強臺、泰軍事聯繫。總統府秘書長張群認為有加強臺、泰軍事關係之必要，擬請外交部照會泰國政府，以總長名義正式邀請泰國陸軍總司令乃沙立元帥、空軍總司令乃芬元帥、海軍總司令鑾育元帥、及警察總監乃砲上將訪臺，並於 7 月內發出請柬。[178]

　　1957 年 3 月 23 日，臺灣空軍總司令王叔銘將軍率其他團員 5 人訪泰，參加泰國空軍節慶典，為期 6 天。訪問團參觀泰國重要空軍基地和飛行表演。所有團員均獲贈泰國空軍的飛行紀念章。同年 11 月 26 日至 12 月 6 日，泰國國防部長他儂中將率其他團員 9 人訪臺，拜會參謀總長王叔銘、馬紀壯副部長、參觀國防大學、昆陽演習、金門、68 兵工廠、國防醫學院、湖口陸空聯合演習、空軍特技表演、左營軍港。他儂在 1958 年 1 月 1 日出任首相。

　　1958 年 5 月 1 至 9 日，參謀總長王叔銘率陸海空將領鄭為元、蔣經國、柳鶴圖、衣復恩等訪泰，王叔銘代表政府贈勳給泰國八位將校，包括庫拉比齊特中將、基雅羅克拉少將、巴雅南達少將、巴他曼南達少將、班蓬斯准將雅業力甫准將等獲贈特等領綬雲麾勳章；納宇塔雅上校、布察隆上校則獲贈領綬雲麾勳章。[179] 6 月 3 日，空軍總司令陳嘉尚前往曼谷參加遠東區各空軍首長聯誼會，參加者除臺灣外，另包括南韓、南越、寮國、緬甸、巴基斯坦、新加坡、美國等九國。陳總司令此次訪泰，贈送泰國霍亂疫苗 4 千人份，後又因旅泰僑胞也需要該疫苗，乃急電空軍總部再運去 1 萬人份疫苗，贈予僑胞。[180]

　　1959 年 1 月，孔令晟上校等三員訪泰。3 月，派遣王龍德等三員赴泰

[178] 國防部藏，案名：泰國軍事首長鑾育等訪華，參謀總長彭孟緝簽呈總統，主旨：葉部長率團訪泰，返國後葉部長懇請國防部研究邀請泰國軍警首長訪臺，1956 年 7 月 20 日。檔號：42_0420_5013_1_4_00041394。

[179] 賴暋、謝雄玄編，中華民國史事紀要（初稿）─民國 47 年 4 至 6 月份，5 月 9 日，國史館，臺北縣，1991 年，頁 361。

[180] 賴暋、謝雄玄編，中華民國史事紀要（初稿）─民國 47 年 4 至 6 月份，6 月 9 日，頁 611。

國參觀東南亞聯防機構聯合演習。[181]

　　1960 年 1 月 21 日，參謀總長彭孟緝率副參謀總長賴名湯中將等 7 員應泰國國防部長他儂上將之邀訪泰。4 月 14 日，泰國前空軍總司令查林傑等 18 人搭乘專機到臺灣訪問，回程時在松山機場東南方的五指山永春坡墜毀，機上人員無一生還。[182]

　　9 月 13 日，泰國空軍副總司令哈林中將率團訪臺，團員包括空軍作戰司令部參謀長斯惠司帝中將、後勤署署長司里中將、作戰署副署長派瓦拉上校、工程處處長宋桑上校，拜會空軍總司令陳嘉尚，並晉謁蔣中正總統。[183] 11 月 26 日至 12 月 2 日，三軍聯合參謀大學教育長龔愚中將等 6 員訪泰。

　　12 月 17 日，泰國心戰學校校長譚龍上校訪臺一週。[184]

　　1961 年 4 月 5 日，臺灣駐泰大使杭立武拜會泰國外長他納（Thanat Khoman）及國防部長他儂 2 人，對泰國給予從緬甸撤退經由泰國轉運臺灣之反共義民之協助，表示謝意。6 月 26 日，泰國國防部以泰國最高皇冠一級勳章一座贈給臺灣空軍總司令陳嘉尚上將，另以泰國最高白象勳章一座贈給臺灣空軍副總司令徐煥昇中將，以酬謝臺灣空軍對維護世界和平、促進臺、泰友誼以及對促進臺、泰兩國空軍密切合作的貢獻。[185] 11 月 8 日，泰國政府以泰國一等最高皇冠勳章一座贈給臺灣國防部副參謀總長賴名湯，贈勛典禮在泰國駐臺大使館舉行，由宋達宏大使主持。[186]

---

[181] 國防部藏，案名：國外考察與參觀案（四十八），參謀總長王上將呈總統，主旨：為已遴派王龍德等三員赴泰國參觀東南亞聯防機構聯合演習請核備一案經呈奉批悉敬請查照，文件號：0480000843，1959 年 3 月 2 日。檔號：47_411.1_6015-2_2_35_00022973。

[182] 國防部藏，案名：泰國空軍總司令查林傑座機失事，失事調查組簽呈空軍總司令部，主旨：一、茲隨函抄送「泰國前空軍總司令差林傑上將之座機在臺北失事罹難後泰國一般之反應情形」情報一件（如附件）。二、請參考。三、副本抄送空軍總部。1960 年 4 月 28 日。檔號：49_600.7_5013_1_1_00029446。

[183] 「泰國空軍副總司令 哈林中將率團訪華 將在華停留三天參觀我空軍」，中央日報，1960 年 9 月 14 日，版 1。

[184] 「泰國心戰學校 校長譚龍 抵華訪問」，中央日報，1960 年 12 月 18 日，版 5。

[185] 「陳嘉尚、徐煥昇明受泰國頒勳」，中央日報，1961 年 6 月 25 日，版 3。

[186] 史事紀要編輯委員編，中華民國史事紀要（初稿）—民國 50 年 9 至 12 月份，11 月 8 日，國史館，臺北縣，1982 年，頁 412。

資料來源：文化部，國家文化資料庫，http://nrch.cca.gov.tw/ccahome/search/search_meta.j
　　　　　sp?xml_id=0005829895&dofile=getImage.jsp?d=1377587492771&id=000642104
　　　　　2&filename=cca100069-hp-0100430409-0001-w.jpg　2021 年 10 月 2 日瀏覽。

圖 8-4：拉瑪九世及王后訪問臺灣

資料來源：文化部，國家文化資料庫，http://nrch.cca.gov.tw/ccahome/search/sear
　　　　　ch_meta.jsp?xml_id=0000812037&dofile=getImage.jsp?d=13775877923
　　　　　86&id=0000969816&filename=cca220001-hp-hjm0140584-0001-i.jpg
　　　　　2021 年 10 月 2 日瀏覽。

圖 8-5：泰國蒲美蓬國王伉儷與蔣中正總統伉儷會談

　　1963 年 5 月 9 日，泰國國務院首相他儂夫人威集達他力女士來臺訪問，隨行的有其胞妹宗功尼女士、國務院秘書婉尼女士、尼拉婉女士、最高統帥部高級軍官巴隆少將夫婦及最高統帥部醫官沙拉耶少將，他們獲蔣中正總統接見，以及晚宴款待。

　　泰王拉瑪九世蒲美蓬在 1963 年 6 月 5 日偕王后詩麗吉訪問臺灣 5 天。

　　12 月 4-10 日，泰國國務院院長兼國防部長他儂為酬答年來泰軍方人員訪臺所受款待，邀請臺灣參謀總長彭孟緝、副參謀總長馬紀壯、次長羅英德及皮宗敢校長等四人訪泰。1964 年 3 月 12-18 日，彭總長一行 8 人訪泰，拜會院長他儂元帥，同時代表總統晉謁泰王及代蔣總統致送問候信函，代行政院長嚴家淦致送問候信函給他儂院長。[187]彭總長在 13 日上午率馬紀壯上將、羅英德中將、皮宗敢中將、裴毓荃少將、吳炳鍾上校晉謁泰王，杭立武大使陪同。彭總長此行又拜會泰外長他納、陸軍總司令巴博上將、空軍總司令班楚上將、吉滴上將、他威上將、海軍副總司令丹瑞上將，參觀泰國特種部隊訓練中心、步兵訓練中心（華富里）、砲兵訓練中心、騎兵訓練中心、總商會。剛好沙立元帥葬禮於 3 月 17 日舉行，彭總長以私人名義參加。[188]

　　1964 年 10 月 8 日，泰國國務院副院長兼三軍副統帥、兼內政部長巴博上將訪臺，並參加雙十國慶。渠並晉謁蔣中正總統、拜會嚴家淦院長、國防部長俞大維、外長沈昌煥、內政部長連震東、參謀總長彭孟緝、參觀軍事設施、土地改革和農村建設。總統頒給巴博特種大綬（一等）雲麾勳章一座。[189]

---

[187] 中央研究院近代史檔案館藏，外交部檔案，檔名：彭孟緝總長訪泰，外交部電駐泰杭大使，事由：關於彭總長訪泰事，機要室發電第 2196 號，1964 年 3 月 10 日。館藏號：11-01-08-05-02-025。

[188] 中央研究院近代史檔案館藏，外交部檔案，檔名：彭孟緝總長訪泰，中華民國駐泰大使館代電外交部，泰使(53)字第 0750 號，1964 年 3 月 24 日。館藏號：11-01-08-05-02-025。

[189] 國防部藏，案名：泰國軍事首長鑾育等訪華，彭孟緝總長簽呈總統，主旨：為泰陸軍總司令巴博上將訪華擬請賜見並予授勳由，1964 年 9 月 7 日。檔號：42_0420_5013-1_13_00041394。

1965 年 1 月 23 日，空軍總司令徐煥昇率團訪泰，並攜蔣中正總統問候泰國他儂院長函。

3 月 4 日，泰國皇家海軍派遣海軍考察團，參觀臺灣海軍設施和兵工廠，搭乘 HU-16/1264 號飛機飛抵松山機場，5 日返回泰國，在臺北西南方 60 浬中央山脈失事，機上 11 人罹難。[190]

1966 年 8 月 4-12 日，泰國國防部次長巴潘上將（General Praphan Kulapichitr）率團員 7 人訪臺，晉謁蔣中正總統，拜會國防部長蔣經國、聯勤總司令賴名湯、聯勤 61 兵工廠、新竹玻璃工廠、中山博物院、聯勤 60 兵工廠、聯勤第二被服廠、遊覽澄清湖、參觀石油公司煉油廠、遊覽花蓮太魯閣和天祥、拜會警總陳守山總司令。[191]

10 月 9-15 日，泰國國防部副參謀總長瓦博（General Ouab Asanarong）上將率隨員等一行共 4 人訪臺。

1967 年 3 月 27 日至 4 月 2 日，泰國首相他儂率團訪臺，會見蔣中正總統。

6 月 29 日至 7 月 4 日，泰國海軍總司令差倫上將忼儷及隨員訪臺。

9 月 10-13 日，泰國空軍總司令汶趨（Acm. Boon Choo Chandrubeksa）上將及隨員等共 5 人訪臺，晉見蔣中正總統，拜會賴名湯總司令、高魁元總長、蔣經國部長、參觀空軍聯盟作戰中心、參觀臺南空軍第一聯隊。[192]

10 月 4 日至 10 月 11 日，泰國國防部副部長、最高統帥部參謀長他威上將忼儷及隨員一行 5 人訪臺，晉見蔣中正總統。

---

[190] 國防部藏，案名：泰國飛機失事處理案，失事調查組簽呈空軍總部，主旨：呈報三月五日泰國皇家海軍 HU-16/1264 號失事經過調查報告，1965 年 3 月 13 日。檔號：54_600.7_5013-2_1_1_00029447；國防部藏，案名：泰國飛機失事處理案，空軍總司令部呈參謀總長彭孟緝上將，主旨：呈報三月五日泰國皇家海軍 HU-16/1264 號失事經過調查報告請核備由，1965 年 3 月 17 日。檔號：54_600.7_5013-2_1_1_00029447。

[191] 國防部藏，案名：外賓晉見，參謀總長黎玉璽簽呈總統，主旨：為泰國國防部次長巴潘上將率團訪華擬請晉見由，1966 年 8 月 5 日。檔號：55_0460_2320_1_5_00041649。

[192] 國防部藏，案名：外賓晉見，參謀總長高魁元簽呈總統，主旨：為泰國空軍總司令汶趨上將訪華擬請賜件由，1967 年 8 月 29 日。檔號：55_0460_2320_1_34_00041649。

資料來源：國史館藏，「領袖照片資料輯集（六十六）」，蔣中正總統文
物，1967 年 10 月 9 日。數位典藏號：002-050101-00068-155。

圖 8-6：1967 年 10 月 9 日總統蔣中正伉儷接見
泰國最高統帥部參謀長他威夫婦

　　1968 年 1 月 4-10 日，嚴家淦副總統訪泰，隨行人員有經濟部長李國
鼎、行政院秘書長謝耿民伉儷、外交部政務次長沈錡伉儷、國防部副部長
馬紀壯、行政院新聞局長魏景蒙、外交部亞東太平洋司司長田寶岱、禮賓
司長夏功權、行政院第二組組長金作鎮、第七組參議陳崇昌、臺電醫院院
長劉浩泉、外交部秘書章德惠、新聞局攝影員朱正祺共 14 人。嚴家淦副
總統與他儂院長簽署「臺、泰兩國政府經濟技術合約」、「臺、泰交換專
家協議書」，加強兩國經濟社會合作。嚴家淦並獲贈朱拉隆功大學政治學
名譽博士學位。

　　1968 年 3 月 8-14 日，泰國副國務院長巴博上將一行 8 人訪臺。3 月
9 日，巴博一行晉謁蔣中正總統，贈送蔣總統寶劍一把和蔣夫人襟花一
盒。隨後拜會國防部長蔣經國、參謀總長高魁元及參觀桃園農會和石門水
庫。巴博之所以前往參觀桃園農會，主因是他在公餘時自營一家農場，飼
養乳牛。[193] 11 日中午，巴博會見行政院副院長黃少谷，晉見嚴家淦副總
統。他贈給嚴副總統一座泰國兵工廠製造的大砲模型，並代表其夫人贈給

---

[193]「總統接見巴博上將 國防部蔣部長會見巴博 交換中泰有關問題意見」，中央日報，
　　1968 年 3 月 10 日，版 1。

嚴副總統夫人一件首飾。蔣中正總統以晚宴款待巴博等人，並頒贈雲麾勳章。嚴副總統並頒贈雲麾勳章給來臺訪問的泰國騎兵司令巴觸少將、陸軍總部情報廳廳長仙格蒂少將、禮賓處副處長柯威上校、內政部助理次長馬萊博士；頒贈陸海空軍獎章一座給泰國陸軍總部助理侍衛官班托上尉。[194]

資料來源：國史館藏，「領袖照片資料輯集（六十七）」，蔣中正總統文物，（總統蔣中正接見泰國副國務院長兼陸軍總司令巴博上將），1968 年 3 月 9 日。數位典藏號：002-050101-00069-240。

圖 8-7：泰國副首相巴博上將會見蔣中正總統

　　為了加強臺、泰的反共盟友情誼，泰國國務院長他儂元帥在 1969 年 5 月 12 日邀請國防部長蔣經國以特使身分訪泰，泰國給予高規格歡迎，隨行人員有外交部常務次長沈劍虹、國防部政治作戰部主任羅友倫上將、國防部副參謀總長海軍中將俞柏生、空軍總司令部參謀長空軍中將陳依凡、國防部參謀海軍上校鄧湖濱。12 日下午，特使一行向七世皇后及皇太后簽名致敬，拜會他儂院長。蔣經國及隨行人員在 14 日上午由他儂院長伉儷、外長他納伉儷陪同搭乘直昇機到華欣夏宮晉謁泰王蒲美蓬及王后，並獲泰王賜宴。17 日，結束訪問返臺。此行雙方達成協議，對安全問題資料交換情報。他儂對新聞記者說，其方式與泰、馬交換「馬共」情

---

[194]「總統款宴巴博上將　親自頒贈雲麾勳章　嚴副總統贈勳泰國訪華五官員」，中央日報，1968 年 3 月 12 日，版 1。

報相同。[195]

1969 年 8 月 14-19 日，泰國陸軍總部參謀長蘇拉吉（General Surakit Mayalarp）上將一行 6 人訪臺，考察臺灣軍隊對中共政治作戰經驗及陸軍戰備情形以為借鏡。渠晉見蔣中正總統，拜會行政院副院長蔣經國、國防部長黃杰、參謀總長高魁元、陸軍總司令于豪章、國安局長周中峰、參觀政工幹校、陸軍特戰基地。[196]

1970 年 1 月 7-9 日，泰國三軍統帥部參謀總長他威上將率隨員一行 7 人訪臺，主要目的是與臺灣磋商泰北邊境段希文和李文煥部隊問題。[197] 1 月 8 日，他威上將晉見蔣中正總統。

1 月 28 日，陸軍總司令于豪章上將應泰國副首相兼陸軍總司令巴博上將邀請，率同隨員 5 人，前往曼谷作為期 1 星期的訪問。4 月 22 日，臺、泰簽訂臺、泰空運臨時協定。5 月 13 日，臺灣海軍五九敦睦艦隊，由指揮官楊松泉海軍少將率領，抵達曼谷孔堤碼頭，訪問 4 天。[198]

11 月下旬，臺灣三軍大學將官班 1970 年（冬）班訪泰，泰國陸軍總司令巴博上將曾建議兩國互派陸軍軍官一員，進入相對陸軍指參學院，進行交換教育。後三軍大學呈報擬派遣陸軍軍官一員赴泰國陸軍指參學校受訓，並歡迎泰國亦派陸軍軍官一員來臺進三軍大學陸軍指參學院留學。[199]

1971 年 8 月，堅塞訪臺，會見蔣經國院長，會商雙邊情報合作、小型機器之製造及後勤修護，泰國將派員至臺灣考察。[200]

---

[195] "Govt makes pact with Taiwan," *Bangkok Post*, May 18, 1969.

[196] 國防部藏，案名：外賓晉見，參謀總長高魁元簽呈總統，主旨：為泰國陸軍總部參謀長蘇拉吉上將訪華請准晉謁並賜予贈勳恭請鑒核由，1969 年 8 月 11 日。檔號：55_0460_2320_2_20_00041650。

[197] 國防部藏，案名：外賓晉見，參謀總長高魁元簽呈總統，主旨：為泰國三軍統帥部參謀總長他威上將訪華恭請賜見由，1970 年 1 月 6 日。檔號：55_0460_2320_2_22_00041650。

[198] 郭鳳明、高明芳編，中華民國史事紀要（初稿）—民國 59 年 1 至 6 月份，5 月 13 日，國史館，臺北縣，2002 年，頁 594。

[199] 國防部藏，案名：與友邦國家互換留學生，參謀總長賴名湯簽呈總統，主旨：呈報我與泰國互派陸軍軍官交換留學案恭請鑒核，1971 年 2 月 2 日。檔號：55_0460_7780_1_10_00041692。

[200] 國史館藏，「一般資料—各界上蔣經國文電資料（二十一）」，蔣中正總統文物。數位典藏號：002-080200-00668-037。

　　1972 年 5 月 22 日，參謀總長賴名湯率團訪泰，拜會他儂元帥，獲頒勳章。24 日，前往華欣晉謁泰王，談話逾 40 分鐘。26 日返國。

　　11 月 29 日，泰王蒲美蓬（H. M. Bhumibol Adulyadej）以一級白象勳章頒贈臺灣退除役官兵輔導委員會主任委員趙聚鈺，對趙聚鈺在開發泰北山地部落和促進臺、泰雙邊友好關係方面的貢獻表示嘉勉。

　　泰國左派學生和工人受到越南戰爭之影響，美國和北越在 1973 年 1 月在巴黎簽署和平協議，給泰國左派很大的鼓舞，反政府示威活動日益增強。1973 年 10 月 13 日，有 40 萬名學生和群眾在民主紀念碑前示威，要求立即釋放被捕的示威分子及起草新憲法。14 日，軍警以武力驅散人群，造成衝突，有 80 人死亡，數百人受傷。他儂首相下令陸軍總司令克立特將軍（General Krit Sivara）鎮壓學生運動，遭到拒絕。泰皇蒲美蓬為避免流血及無政府狀態，乃商請他儂、副首相巴博和國家保安副首長那隆（Narong Kittikachorn）（為他儂的兒子、巴博的女婿）出國，泰皇並在電臺廣播宣布禍首已出國，要求學生及示威者回家，而平息此次動亂。[201]巴博和那隆於 16 日搭機抵臺，外間頗多揣測，臺灣外交部發言人柳鶴圖於 10 月 30 日發表聲明，內容如下：

「(1)　中華民國政府係應泰國政府要求，同意巴博將軍和那隆上校入境。渠等搭乘泰國國際航空公司專機來臺。據中華民國政府瞭解，渠等來臺係作短暫停留。

(2)　巴博將軍等來華（臺）並不發生政治庇護問題，此項問題亦從未被提出，更不發生享有特權問題。

(3)　中華民國政府從不干涉他國內政。至關於巴博將軍和那隆上校事，中華民國政府係基於維持中（臺）、泰兩國間傳統友誼之考慮，並諮商泰國政府後辦理。巴博等抵臺後即被明白告知，不得從事任何政治活動。

(4)　中華民國政府對在華（臺）留學之外籍學生，包括泰國學生，所

---

[201] 關於此次學生運動，請參閱陳鴻瑜，「泰國的軍人與政治變遷」，東亞季刊，第 24 卷第 3 期，民國 82 年 1 月，頁 1-35。

能給與之優厚待遇，泰國駐華（臺）大使館知之甚稔。中華民國
政府對此等留學生之親切照應乃一舉世共知之事實。」[202]

1973 年 1 月，陸軍二級上將張國英應邀訪問泰國，順道訪問新加
坡。3 月 14-24 日，海軍總司令宋長志應邀訪問泰國和菲律賓。

3 月 14-23 日，海軍總司令宋長志訪問泰國、新加坡及菲律賓三國。
在泰國訪問 5 天，拜會泰國海軍總司令甲蒙上將、艦隊司令沙雅上將，參
觀海軍基地色桃邑、烏特帕空軍基地，此處距離高棉僅有百餘哩，駐有美
空軍 B-52 型飛機，空地勤均顯示頗為緊張。15 日，晉見泰王、他儂元
帥、他威總長。泰王對於我方輔導會支援之山地計畫，極感興趣，並伸謝
忱。[203]

1975 年 6 月 3-7 日，泰國最高統帥部參謀總長堅塞上將（或譯為克
里安薩）伉儷、男女公子各一及隨員一行 12 人訪臺，拜會參謀總長、總

資料來源：國史館藏，「蔣經國照片資料輯集—民國六十五年至六十
　　　　　六年（一）」，蔣經國總統文物，1976 年 11 月 14 日。數
　　　　　位典藏號：005-030206-00020-002。

圖 8-8：行政院院長蔣經國接見泰國副統帥堅塞

[202] 史事紀要編輯委員編，中華民國史事紀要（初稿）—民國 62 年 7 至 12 月份，10 月 30
日，國史館，臺北縣，1986 年，頁 736-737。
[203] 國史館藏，（宋長志呈蔣中正奉令訪問泰國新加坡及菲律賓三國已於二十三日返國並報
告拜會各政府有關首長軍事領袖參觀海軍主要基地外便訪僑團領袖瀏覽市區建設經過概
要），「軍事—毛澤東出巡與地方首長談話紀要等」，蔣經國總統文物，海軍總司令宋
長志簽呈總統，事由：檢呈奉令訪問泰國、新加坡及菲律賓等三國經過概要報告，1973
年 3 月 26 日。數位典藏號：005-010202-00071-004。

政戰部、羅總司令、情報局、外長沈昌煥，參觀陳列館和 61 兵工廠、武器基地處，謁蔣公陵寢。渠來臺主要是洽談將來臺、泰斷交後，臺灣是否繼續供售軍火給泰國的問題。

　　1976 年 11 月 14 日，泰國副統帥堅塞再度訪臺，會晤行政院長蔣經國。

　　1977 年 5 月 14 日，泰國副統帥堅塞再度訪臺，會晤行政院長蔣經國。1982 年 1 月 19 日，蔣經國總統接見泰國前首相堅塞。

第六節　結　論

　　泰國從 1938 年起就有排華運動，對於境內大量的華人有所疑懼，因此透過法律將這些華人融入其社會內，進行同化政策，華人要改用泰式姓名、關閉華文學校和華文報紙。二戰結束後，華文報紙和華文學校慢慢恢復。1949 年中國發生大變局，泰國防止共黨中國對其影響，禁止人民匯錢至中國，最重要的，限制中國人移民人數。因此，當國民黨殘軍退入其境內時，泰國以非法入境看待，並不因為其與中華民國還有外交關係而給予特別禮遇。

　　泰國對於非法入境的國民黨殘軍，按照其法律是要將他們遣送回國，但泰國與共黨中國沒有邦交，無法將他們遣送回中國大陸。因此就跟臺灣商量，第一批入境泰國的國民黨殘軍順利轉運至臺灣。第二批國民黨殘軍是依據 1953 年 10 月四國撤軍協議而撤至臺灣。第三批是在 1954 年進入泰國，臺灣認為他們是在國際撤軍協議生效後才進入泰國，臺灣不承認他們是其影響力所及的軍隊，故不願接受他們遣送至臺灣，反而向泰國政府建議由泰國收留他們在偏遠地區開荒。泰國政府的作法也是很奇特，將該批國民黨殘軍 78 人先安置在曼谷南方的羅勇。過著半開荒的生活，由臺灣給予救濟生活所需。泰國的作法可能係模仿法國將國民黨殘軍安置在越南南方外海的富國島的作法。後來經過臺灣駐泰大使館的建議，又將他們移至泰國北邊的碧差汶，他們可以開荒自由過活，其實就是有意讓他們逃回緬甸東部。果然，有三十多人離開碧差汶前往緬東。其餘留在碧差汶者

有半數娶泰國婦女。最後臺灣同意接受他們遣送臺灣。

　　第四批是從緬東和寮北撤入泰北，他們有些是國民黨殘軍，但大部分是後來從中國大陸逃出者，再加上緬東的少數民族，他們組成「中國人民反共救國軍」，臺灣媒體稱他們是「義民」。他們是在美國的要求和壓力下，臺灣同意在 1961 年 3 月起將他們撤至臺灣。

　　在 1961 年 3 月後留在泰北和緬東的國民黨殘軍，由段希文和李文煥領導，人數從三、四百人增加到一、二千人，還有軍情局派在緬、泰邊境的聯絡人員，他們形成一股特別的武力集團，引發泰國媒體的注意和抗議，所以泰國政府就與臺灣談判促請該批部隊遣送至臺灣。經過數年的談判，沒有獲致成果，段、李決定留在泰北，最後被泰國政府收編，成為泰國邊防剿共的部隊。

　　由於談判和遣送這些國民黨殘軍的關係，臺灣和泰國軍方有了軍事交流的經驗和認識，當然最重要者，美國從中協商，及泰國軍政府和美國的密切關係，都是促成臺灣和泰國成為反共的同盟國家的原因，以後臺、泰就發展出密切的軍事關係。

　　泰國總人口中具有華裔背景者佔 11.3%，[204]泰國政府擔心共黨滲透其社會，特別是中共和泰國華裔之間的關係，急需要有一套懂得防止共諜滲透其社會的機制，因此就想到頗具防共經驗的臺灣，乃在 1957 年起開始派遣警察人員到臺灣接受中央警校和政工幹校的訓練。早期派至臺灣的泰國警察人員都略懂中文，他們回泰後在公安局專門負責有關共黨滲透和調查的業務。臺、泰軍事關係跟臺灣和其他東南亞國家發展出的軍事合作關係不同，此也是其較為特別的合作項目。

　　泰國向臺灣採購軍品主要是臺灣製造的衝鋒槍、手槍和步槍子彈、手榴彈及其他軍品，泰國軍購的主要目的是用來打擊泰共。相較而言，泰國向臺灣軍購的數量不大，比馬來西亞向臺灣的軍購數量少。儘管臺灣頒佈有軍售的作業辦法，規定必須透過政府間協定進行，但綜觀臺、泰間的軍

---

[204] 依據中華民國僑委會之推估，2008 年泰國總人口為 63,389,730 人，華裔人口為 7,163,039 人，約佔總人口的 11.3%。參見中華民國僑委會編，各國華人人口專輯，第三輯，中華民國僑委會編印，臺北市，民國 98 年 12 月，頁 40。

售關係，臺灣此一規定和泰國國內法規不同，泰國政府是招商標得其所需之軍品，泰商公司再向外國採購軍品，泰國政府並不直接與外國政府簽約，解決辦法是經由泰國政府和臺灣駐泰大使館之簽證證明。

　　基於臺、泰兩國有邦交，且同為反共盟友，因此兩國高層軍官交流熱絡，泰王拉瑪九世曾在 1963 年訪臺，蔣中正總統則在 1969 年派遣其子國防部長蔣經國以特使身分訪泰，使兩國關係達到最高峰。其他諸如副總統、首相、副首相、陸軍總司令、空軍總司令、參謀總長、副參謀總長等高層政府首長和軍官亦交流頻繁。

　　臺、泰之軍事關係是在正常邦交架構下的友好交流，無論是軍售或人員交流都跟美國沒有關係。臺灣亦沒有以軍售影響泰國的對內或對外關係，也沒有結成同盟對抗第三國。因此，臺、泰之軍事關係是基於兩國獨立自主和反共的立場而發展出友誼的，由於泰國有剿共之需要，臺灣才對泰國提供軍援。隨著臺、泰兩國在 1975 年斷交，雙方的軍援關係就中斷了。

第九章　1960-80 年代
臺灣和馬來西亞之軍事關係

第一節　前　言

　　臺灣在二戰結束後，恢復在英屬馬來亞設立領事館。後來英國在 1950 年 1 月承認北京政權，所以臺灣就關閉了在吉隆坡的領事館。馬來亞聯邦在 1957 年 8 月脫離英國獨立，由巫統、馬華公會、印度國大黨組成的「國民陣線」（National Front）執政，建立一個三個族群聯合的跨種族政權。因此，馬來亞獨立時，臺灣也因為跟馬來亞沒有邦交，所以沒有大使館。臺灣和馬來亞透過回教組織發展關係，1958 年 11 月 14 日，馬來亞回教友好訪問團，應臺灣的中國回教協會之邀，由拿督奧瑪率 4 名團員來臺訪問，除拜會陳誠副總統外，並參觀臺灣工業建設和農村狀況，農村復興委員會贈送馬國首相東姑阿都拉曼（Tunku Abdul Rahman）打草繩機和打穀機各一架，請他們轉送。他們在臺訪問 10 天，於 23 日離臺。[1]

　　1962 年 6 月 19 日下午，馬來亞聯邦雪蘭莪州蘇丹王偕后及隨行人員一行 15 人抵臺北訪問一週，參觀中華民國的土地改革、橫貫公路及軍經建設。6 月 20 日，陳誠副總統接見蘇丹王偕后。雪蘭莪州是聯邦首都所在地，州蘇丹訪臺，以示對臺灣友好。

　　馬來亞聯邦和新加坡、砂拉越和沙巴在 1963 年 9 月 16 日聯合組成馬來西亞聯邦，標榜外交路線是中立不結盟。不過，馬國首相東姑阿都拉曼

---

[1]　蕭良章、謝雄玄編，中華民國史事紀要（初稿）—民國 47 年 10 至 12 月份，11 月 22 日，頁 658-659；11 月 23 日，國史館，臺北縣，1993 年，頁 676。

資料來源：文化部，國家文化資料庫，http://newnrch.digital.ntu.edu.tw/nrch/query.php?keyword=%E9%A6%AC%E4%BE%86%　2021 年 10 月 12 日瀏覽。

圖 9-1：蔣中正總統於 1958 年 11 月 21 日在總統府接見來訪的馬來西亞聯邦回教友好訪問團

資料來源：文化部，國家文化資料庫，http://newnrch.digital.ntu.edu.tw/nrch/query.php?keyword=%E9%A6%AC%E4%BE%86%E8%A5%BF%E4%BA%9E&advanced=　2021 年 10 月 12 日瀏覽。

圖 9-2：馬來亞聯邦蘭莪州蘇丹王偕后訪臺

因為面臨境內馬共的叛亂活動，所以內政和外交採取反共政策。他在1964 年 11 月 26 日同意臺灣在吉隆坡設立領事館，開始發展半官方關係。另外為了發展馬國的經濟，歡迎臺灣廠商前往馬國投資，加強雙邊的經貿交流。馬國在此一外交政策下，逐漸和臺灣發展特殊的軍事合作關係，臺灣也透過這種特殊的軍事合作關係，而開展雙邊的政治關係。

近期外交部和國防部將一部分臺灣和馬國之間的軍事合作關係的檔案解密，筆者耙梳這批檔案，發現其中有少為人知的兩國軍事交流內幕，而這類軍事交流卻影響著雙方的政治關係。這是臺灣和其他東南亞國家少見的特徵。

第二節　開啓領事關係下的軍事交流

1964 年 9 月，前外長沈昌煥訪問吉隆坡，東姑阿都拉曼首相曾向渠表示，希望臺灣能在情報、心戰和軍事方面協助馬國，以抵禦印尼對馬國之侵襲。印尼蘇卡諾總統因為反對成立馬來西亞聯邦而在 1963 年發動「對抗」活動，進行武裝干預。馬國除了獲得英國和澳洲的軍援外，亦尋求臺灣軍援。沈前外長表示原則可同意。後馬國派聯盟黨（Alliance Party）（指國民陣線）秘書長陳東海與臺灣聯絡，希望臺灣協助訓練馬國軍事人員、供應馬國軍備、修護裝備與兵工廠、協助馬國情報與心戰等工作。該案呈奉行政院，除供應軍備、修護裝備與兵工廠等節應從長計議外，餘均宜優予考慮，並奉總統核准同意辦理。

臺灣曾協助馬國設立一電臺，用以偵察印尼之軍事活動，因為印尼從1963-66 年反對砂拉越和沙巴併入馬來西亞聯邦，對馬國進行「對抗」行動，派遣軍隊入侵馬國。後兩國在 1966 年 6 月 1 日簽署曼谷協議，結束對抗，恢復友好關係，臺灣在 1968 年將該電臺贈送給馬國，由馬國接管。[2]

---

[2] 國史館藏，外交部檔案，檔名：馬來西亞向我採購軍火（一），駐吉隆坡領事張仲仁電告外交部，來電專號第 578 號，1969 年 10 月 1 日。數位典藏號：020-010603-0001。

資料來源：文化部，國家文化資料庫，http://newnrch.digital.ntu.edu.tw/nrch/query.php?ke
　　　　　yword=%E9%A6%AC%E4%BE%86%E8%A5%BF%E4%BA%9E&advanced=
　　　　　2021 年 10 月 14 日瀏覽。
說明：沈昌煥外長（左三）、劉宗翰（左二）、陶聲洋（左）、謝森中（右二）、廖碩
　　　石（右）與拉曼（中）。

圖 9-3：1964 年 9 月 12 日東姑阿都拉曼接見沈昌煥外長

資料來源：文化部，國家文化資料庫，
http://newnrch.digital.ntu.edu.tw/nrch/query.php
?keyword=%E9%A6%AC%E4%BE%86%E8%
A5%BF%E4%BA%9E&advanced=　2021 年
10 月 14 日瀏覽。
說明：首任領事張宗仁（右）和外交部長亞
東太平洋司司長劉宗翰（左）。

**圖 9-4：1964 年 11 月中華民國駐
吉隆坡領事館開館**

　　馬國在 1965 年 1 月派遣地方政府與屋務部長許啟謨訪臺，曾三度拜會國防部長蔣經國商討臺、馬軍事合作問題，及聽取十六組前主任陳建中之心戰報告。後來國安局長陳大慶訪馬，密商此事。馬國亦派遣軍方高級官員訪臺，商討雙方軍事合作事宜。10 月 24 日，駐吉隆坡領事張仲仁電告外交部稱：「東姑首相面詢我方有無高速巡邏艇出售，或由我方貸款為馬國建造，俾在沙巴海岸使用。由於此事牽涉菲律賓，擔心菲國提出抗議。據美方密告，菲國正向我洽購軍火，且此事或將公布等語。故請將菲國擬向我方洽購之軍火數量、交貨期及我方答覆賜知。倘不公布此一消息最佳，否則擬請准將我方答覆密請馬方參考。」[3]當時臺灣和菲律賓有邦交，擔心馬國利用臺灣軍援對抗菲律賓，所以有所顧慮。馬國因為沙巴領土主權問題和菲律賓交惡，菲國主張沙巴為其領土，反對沙巴被併入馬來西亞聯邦，菲、馬雙方在 1963 年 9 月斷交。

資料來源：文化部，國家文化資料庫，http://newnrch.digital.ntu.edu.tw/nrch/query.php?keyword=%E9%A6%AC%E4%BE%86%E8%A5%BF%E4%BA%9E&advanced=　2021 年 10 月 13 日瀏覽。

圖9-5：嚴家淦院長接見屋務部長許啓謨

---

[3]　國史館藏，外交部檔案，檔名：馬來西亞向我採購軍火（一），駐吉隆坡領事張仲仁電告外交部，來電專號第 423 號，1968 年 10 月 24 日。數位典藏號：020-010603-0001。

資料來源：文化部，國家文化資料庫，http://newnrch.digital.ntu.edu.tw/nrch/quer
y.php?keyword=%E9%A6%AC%E4%BE%86%E8%A5%BF%E4%BA
%9E&advanced=　2021 年 10 月 13 日瀏覽。

圖 9-6：嚴家淦院長接見屋務部長許啓謨一行人

　　1965 年 5 月 22 日，馬國馬士蘭准將來臺，與國防部副部長馬紀壯會
晤，他請求臺灣給予其軍援協助，臺灣為表示友誼，願贈送馬國 90 式衝
鋒槍 1,000 枝及彈藥 10 萬發。該案於 9 月 23 日奉總統核准，軍援計畫稱
為「明駝計畫」。12 月 4 日，由基隆港運送馬國，由馬國國防部後勤司
運輸科科長哈密德賓‧卡瑪儒丁少校代表簽收。[4]馬國國防部長卡迪爾
（Abdul Kadir bin Shamsuddin）於 1966 年 3 月致函國安局長夏季屏表示
感謝臺灣在其對抗印尼和共黨勢力時給予軍事上的協助。[5]臺灣贈給馬國
武器用以對抗印尼蘇卡諾政權，這是臺灣自 1958 年軍援印尼革命軍後，
再度以支援馬國之方式，遂行其反共的國策，支援反共的盟友。

---

[4]　國防部史政編譯局藏，總長辦公室檔案（民國 54 年 6 月至 55 年 7 月），檔名：軍援馬
　　來西亞案（明駝計畫），檔號：0175.23/3750.3，民國 54 年 9 月 30 日，國安局函國防
　　部後勤次長室，(54)伯猷 1452 號。民國 54 年 12 月 11 日，國安局函國防部後勤次長
　　室，(54)伯猷 1979 號。
[5]　國防部藏，案名：軍援馬來西亞案（明駝計畫），國家安全局函國防部，事由：茲隨函
　　檢送馬來西亞國防部為「明駝計畫」致我方謝函影本一份，敬請查照為荷，(55)長策字
　　第 0343 號，1966 年 3 月 3 日。檔號：54_0175.23_3750_3_1_9_00034436。

　　1968 年 9 月，由於馬國華裔左傾日益嚴重，尤其是檳榔嶼為甚，許多華裔參加馬來亞共黨，馬國首相東姑阿都拉曼深以為憂，盼臺灣能派專家前往馬國，協助馬國爭取華裔及防共工作，所派遣專家之費用由馬國政府負擔。[6]

　　英國在 1968 年宣布將在 1971 年以前從東南亞撤軍。1968 年 11 月，馬國內閣曾討論英軍撤離後馬國之擴軍問題，許啟謨提及臺灣訓練軍隊之方式可作為馬國借鏡，故內閣傾向於請臺灣協助。臺灣外交部認為馬國有可能提出此一提議，在行文給國防部時特別提請注意：「目前新、馬兩國關係微妙，如我不顧新方反應，貿然與馬來西亞單獨研討軍事合作，可能引起新方誤會，並請密參。」[7] 11 月 21 日，駐吉隆坡領事張仲仁即電告外交部，馬國內閣已做成決議，將向臺灣請求軍事合作。

　　12 月中旬，馬國教育部長左哈里訪臺，渠奉東姑阿都拉曼首相之命請臺灣協訓馬國空軍之軍事合作、反滲透及農業技術合作。渠並晉謁蔣中正總統。外交部在 1969 年 1 月 3 日向國防部長蔣經國解釋有關臺、馬軍事合作目前不適宜之理由，該函說：「事實上，在軍事合作方面，亦有困難。馬國軍機與我所用者不同，對其人員無法予以適合之訓練。事屬舊案，馬國主管方面當早獲悉，惟左哈里部長今復提出，顯示其高階層或不盡瞭解。鑑於馬國與新加坡關係微妙，與菲律賓因沙巴之爭亦不睦，故在此時派遣軍事代表團赴馬似不甚宜。」不過，為了加強與馬國之關係，渠建議國防部派遣一名高級人員單獨或隨中華民國文化經濟友好訪問團前往，逕與東姑首相或其指定之高級官員商談。[8]

---

[6]　國史館藏，國民政府抗戰史料，檔名：我駐馬來西亞大使館請協助馬來西亞防共反共等工作情形，目錄號：0611.20，案卷號：7027.01-02，民國 57 年 9 月 10 日，我國駐吉隆坡公使館電呈外交部，來電專號第 384 號。

[7]　國史館藏，外交部檔案，檔名：馬來西亞向我採購軍火（一），外交部函國防部和國家安全局，外(57)亞太三 22938 號，1968 年 11 月 29 日。數位典藏號：020-010603-0001。

[8]　國史館藏，外交部檔案，檔名：馬來西亞向我採購軍火（一），外交部函國防部蔣經國部長，外(58)亞太三 00071 號，1969 年 1 月 3 日。數位典藏號：020-010603-0001。

資料來源：文化部，國家文化資料庫。http://newnrch.digital.ntu.edu.tw/nrch/quer
　　　　　y.php?keyword=%E9%A6%AC%E4%BE%86%E8%A5%BF%E4%BA
　　　　　%9E&advanced=　2021 年 10 月 14 日瀏覽。

圖 9-7：嚴家淦副總統接見馬國教育部長左哈里

　　迄 1968 年 12 月中，馬國都未向臺灣請求軍事合作，國安局長周中峰
特別函請外交部留意，如馬國近期與臺灣駐吉隆坡領事館提出此事，請外
交部告知張領事復告馬方，請其與國安局駐馬代表李筱堯上校聯繫。然而
此函很難理解，因為它說「除已電告李同志此係重大政策問題，不必主動
向馬方提議，如馬方提出商討，亦不可作任何承諾，應適時函報請示。」[9]
既然是臺灣的重大政策，若不告知對方，對方怎會知道臺灣有此政策？

　　臺灣派駐馬國之張仲仁領事在 1969 年 1 月 4 日給外交部的電文稱，
馬國外交部秘書長加薩里告訴他說，馬國擬在一年半至二年間籌建一攔截
及轟炸兩用機隊，為數約 10 架，駐紮在沙巴，以嚇阻菲律賓之侵犯沙
巴。加薩里詢問臺灣能否租借飛機及人員（到馬國後著馬國軍裝），如臺
灣同意，當向臺灣正式提議。外交部給蔣經國的函中說，此事甚難保密，
請馬國另提協助辦法。[10] 1 月 7 日，張仲仁領事電外交部稱，馬國副首相

---

[9]　國史館藏，外交部檔案，檔名：馬來西亞向我採購軍火（一），國家安全局函外交部，
　　(57)展承 1994 號，1968 年 12 月 19 日。數位典藏號：020-010603-0001。
[10]　國史館藏，外交部檔案，檔名：馬來西亞向我採購軍火（一），駐吉隆坡領事張仲仁電

本有意雇請外國空軍雇傭兵，但徐啟謨部長認為他曾與蔣經國部長商訂由臺灣協助訓練馬國空軍人員，此事應向臺灣求助。如我方原則同意，則馬國將派他前來臺灣商討。馬國財政部長陳修信已注意到請臺灣協助訓練軍隊，可節省軍費。[11]

　　張仲仁領事在 1 月 8 日給外交部的電文稱，他與徐啟謨繼續討論雙邊軍事合作案，徐部長告訴他說，蔣經國部長曾答應給予馬國飛機，惟馬方需洽得美國之同意（因為該飛機係購自美國）。至於人員方面係以臺灣空軍人員作為中華航空公司人員，然後受聘至馬國工作。其次，英國遠東機隊係輪流巡防新加坡、北海（Butterworth）、香港、沙巴，並未常駐東馬，致無法阻止菲國可能之空中擾亂。第三，英軍撤退後可能有一部分飛機留給馬國。為表示我方對於馬國友好及對此一區域之安全及反共做更大之貢獻，可邀馬國派團至臺灣商討軍事合作之可行辦法。[12]

　　國防部伯公（按指馬紀壯，字伯謀）副部長對於與馬國軍事合作案特別請國安局長周中峰進行研究，周局長在 1 月 9 日致函馬副部長，認為我國若協助馬國，將有損我國與菲國之友誼，得不償失。其次，馬國飛機採用英國製造，與我國不同，在訓練上會有困難。第三，1968 年，馬、新、英、澳、紐簽署五國防衛協定，英國對於星、馬仍具有重大影響。基此原因，此時派員參加文化經濟訪問團或派遣高級將領前往馬國討論軍事合作，目前均非所宜。可請外交部婉告對方請其與本局駐馬國聯絡代表李篍堯磋商，或請馬國派高級將領來臺研商。[13]

　　當時臺灣和菲律賓有邦交，若協助馬國強化其對沙巴的控制，以對抗菲律賓，臺灣將會得罪菲律賓，故臺灣不宜在此時協助馬國強化其在沙巴

告外交部，來電專號第 461 號，1969 年 1 月 4 日。數位典藏號：020-010603-0001；外交部函國防部長蔣經國，外(58)亞太三 00407 號，1969 年 1 月 9 日。數位典藏號：020-010603-0001。

[11] 國史館藏，外交部檔案，檔名：馬來西亞向我採購軍火（一），駐吉隆坡領事張仲仁電告外交部，來電專號第 462 號，1969 年 1 月 7 日。數位典藏號：020-010603-0001。

[12] 國史館藏，外交部檔案，檔名：馬來西亞向我採購軍火（一），駐吉隆坡領事張仲仁電告外交部，來電專號第 463 號，1969 年 1 月 8 日。數位典藏號：020-010603-0001。

[13] 國史館藏，外交部檔案，檔名：馬來西亞向我採購軍火（一），國安局長周中峰函伯公副部長，1969 年 1 月 9 日。數位典藏號：020-010603-0001。

部署軍力。若是協助馬國在馬來半島對付馬共，基於同是反共立場，則臺灣就樂於協助。

1969 年 2 月 6 日，馬國空軍參謀長蘇來曼准將訪臺一週，謁見蔣中正總統及拜會蔣經國部長。渠此行之主要目的是瞭解 F5 戰機之作戰性能及臺灣協助其訓練空軍人員之可行性，馬國擬向臺灣租借全天候戰鬥機 10 架以及協助其進行反滲透作戰等，臺灣基於外交上之考慮及本身之困難，已予婉拒，僅告以關於協助進行反滲透一節，當樂予提供意見及經驗。[14]

資料來源：文化部，國家文化資料庫，http://newnrch.digital.ntu.edu.tw/nrch/query.php?keyword=%E9%A6%AC%E4%BE%86%E8%A5%BF%E4%BA%9E&advanced=　2021 年 10 月 13 日瀏覽。

圖 9-8：蔣經國接見馬國空軍參謀長蘇來曼

　　儘管臺灣和馬國在軍事方面的合作進展有限，但經濟合作卻有重大突破。1970 年 8 月 8 日，臺灣和馬國在臺北舉行經濟會議，並由臺灣經濟部長孫運璿和馬國商工部長加哈里（Inche Mohamed Khir Johari）簽署經濟合作協議，馬國將派遣一個觀摩團前往高雄加工出口區考察，而臺灣將

14　國防部藏，案名：邀請友邦將領訪華，參謀總長高魁元簽呈總統，1969 年 1 月 28 日。檔號：55_0460_3830_1_31_00041668。

派遣一個技術團，協助馬國設立一個類似的加工出口區。[15]

　　1973 年 6 月，馬來西亞委託楊子開發股份有限公司向臺灣聯勤總部洽購軍品一批，包括 60 迫砲高爆彈 245,000 顆、60 迫砲煙幕彈 78,000 顆、60 迫砲照明彈 80,000 顆。[16]由於馬國正在與中國洽談建交，外交部認為「此時以軍火售予馬國，不可能對兩國關係之維繫有任何幫助。」[17]所以不同意軍售馬國。

　　1974 年 1 月，馬國內政部長告訴張仲仁領事，該國逮捕或投降之馬共分子有 800 人，擬派官員一名至臺灣學習如何予匪諜（指馬共分子）再教育之制度和方法，安全局與警備總部同意代訓，所需訓練預算為新臺幣 64,108 元。訓練時間從 5 月 6 日到 5 月 23 日，計教育時間 18 日。

　　4 月，馬國政府子彈製造廠邀請臺灣企邁股份有限公司參加投標供應製造 7.62 公釐子彈原料，臺灣國防部以「因與本部軍火外銷政策規定不符，未便同意」理由加以拒絕，[18]臺灣外交部遂以馬國正與中國積極商談建交，我方此時以軍火原料供應馬國，不可能對兩國關係之維繫有所裨益，而加以婉拒。[19]

　　5 月 31 日，馬來西亞與中華人民共和國建交，臺灣乃宣布與馬國斷絕領事關係。臺灣外交部之聲明如下：

　　　「馬來西亞的承認共匪偽政權，不僅足以助長馬共的聲勢，
　　使馬來西亞遭受共黨顛覆之危險更為加深，而且為毛共敞開了繼

---

[15] *The Straits Times*, 8 August 1970.

[16] 國防部藏，案名：軍用物品外銷案，聯勤總司令部呈參謀總長賴上將，(62)績暢字第 0112 號。檔號：55_0800.33_3750-2_1_61_00045954；國史館藏，外交部檔案，檔名：馬來西亞向我採購軍火（一），外交部函國防部，外(62)非一第 14174 號，1973 年 8 月 17 日。數位典藏號：020-010603-0001。

[17] 國防部藏，案名：軍用物品外銷案，外交部函國防部，外(62)亞太第 14174 號，1973 年 8 月 17 日。檔號：62_0800.33_3750-2_1_56_00045954。

[18] 國史館藏，外交部檔案，檔名：馬來西亞向我採購軍火（一），國防部函經濟部國貿局、國家安全局，副本送外交部，央貳字第 094 號，1974 年 4 月 8 日。數位典藏號：020-010603-0001。

[19] 國史館藏，外交部檔案，檔名：馬來西亞向我採購軍火（一），外交部函經濟部國際貿易局，外(63)亞太二第 05186 號，1974 年 4 月 11 日。數位典藏號：020-010603-0001。

續擴張的道路，對東南亞和平與安全，自將發生極為嚴重的損害。……

中華民國與馬來西亞雖無外交關係，惟兩國人民間之文化經濟關係頗為密切。馬籍留華學生人數不斷增加，而雙方貿易數額也逐年提高。

中華民國是一向尊重自由民主的國家，對在我國居留的馬來西亞的僑民，仍將依照國際慣例給予公平的待遇與保障。同時，我們也要求馬來西亞政府今後對繼續居留馬來西亞的中華民國僑民，也給予充分保障及公平待遇，並防止毛共企圖採取任何迫害華僑的措施。」[20]

臺灣關閉了駐馬國總領事館。8 月 24 日，臺灣派駐馬國的機構名稱改為「駐吉隆坡遠東貿易旅遊中心」，該中心之活動受到限制。1977年，馬國政府同意派移民官駐臺，並以馬來西亞航空公司臺北分公司名義辦理簽證業務及與臺灣聯繫。1982 年，馬國派駐臺北的機關是在馬來亞航空公司臺北分公司內增設行政部，負責雙邊的經濟貿易關係。1983年，馬國在臺灣另設「馬來西亞文化貿易交流中心」。1987 年，馬國將前述駐臺兩機構合併為「馬來西亞友誼及貿易中心」。

1988 年，「駐吉隆坡遠東貿易旅遊中心」升格為具大使館性質的駐馬來西亞臺北經濟文化中心，1992 年 7 月 13 日改為駐馬來西亞臺北經濟文化辦事處。

第三節　開展軍售關係

自馬國和北京政權建交後，內政依然採取反共政策，與馬共的戰爭仍持續進行。在此情況下，臺灣對馬國的軍售政策有所調整，開始放寬對馬國的軍售。1975 年 4 月 21 日，馬國雷迅（Raytheon）公司洽詢臺灣是否

---

[20] 賴暋、高明芳、蕭良章編，中華民國史事紀要（初稿）—民國 63 年 1 至 6 月份，5 月 31 日，國史館，臺北縣，1988 年，頁 749。

可供售軍品一批，總共有 16 項軍品，國防部聯勤總部評估後認為可以供售者有第一項 105 榴彈、第二項 105 空爆彈、第三項 81 迫擊炮炮彈、第六項 60 迫擊砲砲彈、第十二項 5.56 槍彈、第十五項降落傘，但外交部認為馬國政府對臺灣不甚友好，經審慎考慮，宜予緩議。[21]

10 月，馬國政府擬向臺灣購買軍火，為免引起新加坡懷疑，臺灣請外交部駐新加坡代表張彼德密詢李光耀總理之意見，張代表在 10 月 8 日面謁李光耀總理，李總理表示不反對臺灣對馬國提供軍火，因為馬國確遭馬共莫大之困擾，無理由懷疑其用途。[22]

10 月 19 日，馬國派首相特別助理卡里爾（Khalil Akabah）訪臺，拜會外交部，洽談軍購問題。

11 月 11 日，外交部亞太司副司長沈仁標以電話告知國防部後勤參謀次長室，表示「供售馬來西亞 MK2 手榴彈 25 萬顆案，已報奉院長同意。」11 月 18 日，外交部正式函告國防部後勤參謀次長室，此案獲得外交部沈部長同意，並報請行政院長核可，並已面告參謀總長賴名湯。[23]國防部表示，如馬國決定採購，則應請馬國補送委託友齡公司代理採購證明，以及軍品不轉售他國之證明。[24]

馬國政府透過友齡公司在 11 月 25 日致函聯勤總部工業服務處，馬國政府擬派遣執政黨執行秘書柯利爾（前譯為卡里爾）（Khalil Akabah）及

21　國史館藏，外交部檔案，檔名：馬來西亞向我採購軍火（一），外交部亞太司函國防後勤參謀次長室，亞太(64)字第 142 號，1975 年 5 月 23 日。數位典藏號：020-010603-0001。

22　國史館藏，外交部檔案，檔名：馬來西亞向我採購軍火（一），駐新代表張彼德電外交部，來電專號第 656 號，1975 年 10 月 8 日。數位典藏號：020-010603-0001；國史館藏，外交部檔案，檔名：馬來西亞向我採購軍火（一），外交部亞太司官員周彤華簽呈，1975 年 10 月 13 日。數位典藏號：020-010603-0001。

23　國史館藏，外交部檔案，檔名：馬來西亞向我採購軍火（一），國防部後勤參謀次長室函外交部亞太司，(64)山峰字第 1342 號，1975 年 11 月 14 日。數位典藏號：020-010603-0001；國史館藏，外交部檔案，檔名：馬來西亞向我採購軍火（一），外交部亞太司函國防部後勤參謀次長室，亞太(64)字第 1896 號，1975 年 11 月 18 日。數位典藏號：020-010603-0001。

24　國防部藏，案名：外銷軍火案，聯四四處簽呈參謀總長，1975 年 11 月 19 日。檔號：55_0800.33_3750_5_37_00045953。

首相特別助理猶瑟夫（Usoho）預定於 12 月 1 日至臺灣，洽購手榴彈 25
萬顆及續購械彈、服裝及製圖，並參觀有關設施。聯勤總部已向友齡公司
報價，並備妥樣品，供馬國人員來臺測試。[25] 11 月 28 日，國防部後勤參
謀次長董萍中將召開該案之協調座談會，達成下述結論：

第一，我方供售手榴彈 25 萬顆，已獲院長核可定案，自將透過原途
徑新加坡友齡公司（負責人夏長風）辦理。惟今後馬方向我方
洽購軍火應洽馬方循「政府對政府」途徑辦理，如能由馬方透
過我國駐吉隆坡遠東貿易旅遊中心辦理，對強化該中心在馬國
之地位及活動當有裨益。

第二，本案重點在於外交運用，國防部當密切配合外交部辦理。馬國
首相特別助理柯利爾訪臺，聯勤總部應與外交部密切配合，提
供必要之協助與支援。[26]

這是一次重大的軍品外銷政策的確定，自從馬國和北京建交後，經過
一年多，臺灣改變對馬國的關係，馬國開始透過新加坡友齡公司向臺灣採
購軍品。臺灣與馬國沒有邦交，雖然臺灣外交部和國防部都說軍售要「循
政府對政府途徑辦理」，但馬國一方無法做到這一點，故最後仍以新加坡
友齡公司作為中介，先從臺灣取得軍品報價，再去投標馬國軍品需求案，
該一模式一直維持到 1979 年 9 月才改變。

馬國政府又於 12 月 15 日透過新加坡友齡公司向臺灣採購軍品一批
（如表 9-1）。外交部基於政治上之考慮，擬請國防部後勤參謀次長室同
意。[27]

---

[25] 國史館藏，外交部檔案，檔名：馬來西亞向我採購軍火（一），聯合勤務總司令部函外
交部亞太司，(64)山峰字第 1363 號，1975 年 11 月 20 日。數位典藏號：020-010603-
0001。

[26] 國史館藏，外交部檔案，檔名：馬來西亞向我採購軍火（一），外交部亞太司官員周彤
華報告，1975 年 11 月 29 日。數位典藏號：020-010603-0001。

[27] 國史館藏，外交部檔案，檔名：馬來西亞向我採購軍火（一），外交部函國防部後勤參
謀次長室，外(64)亞太二字第 20847 號，1975 年 12 月 30 日。數位典藏號：020-
010603-0001。

表 9-1：新加坡友齡公司代理馬國擬購軍品清單

1	105 公釐無後座力炮（油壓型）
2	81 公釐迫擊砲
3	60 公釐迫擊砲
4	手榴彈（標準型）
5	手榴彈（小型）
6	5.56 公釐口徑彈藥
7	M-16 步槍彈匣（裝填 30 發）
8	通訊設備使用之乾電池（各種類型）
9	帶子裝備（腰帶、背包、彈帶、水壺袋等）
10	通信設備（各種類型）
11	防水地圖
12	指南針

資料來源：國史館藏，外交部檔案，檔名：馬來西亞向我採購軍火（一），
　　　　　外交部函國防部後勤參謀次長室，外(64)亞太二字第 20847 號，
　　　　　1975 年 12 月 30 日。數位典藏號：020-010603-0001。

　　12 月 9-15 日，馬國首相特別助理卡里爾（Khalil bin Asakar）和首相府副秘書長（研究處處長）阿瑪德（Ahmad bin Mohd Yusof）訪臺灣洽購軍火，他堅持在目前情況下，不宜以「政府對政府」方式辦理，而應透過第三者（新加坡友齡公司）進行，並對外交部與董次長等堅持應循「政府對政府」途徑辦理表示不滿，而另逕行與聯勤總部及國防部總政戰部接觸。他此次訪臺，對臺灣之進步印象深刻，他表示將向敦拉薩（Dato Abdul Razak）首相建議雙方將在軍事、情報、經濟和文化等方面進行合作。合作初期，雙方宜採低姿態。臺灣認為可透過友齡公司報價及提供樣品，惟仍應由馬國政府簽約，若馬方仍堅持由友齡公司簽約，則應由卡里爾親自來臺見證，卡里爾勉強同意。[28]

　　馬來西亞天時公司在 1976 年 1 月 22 日發函給臺灣國防部聯勤總司令部，副本給外交部，擬替馬國內政部警察機構採購軍火，請聯勤總司令部報價。2 月，臺灣外交部認為仍應透過新加坡友齡公司辦理，不宜假手其

---

[28] 國史館藏，外交部檔案，檔名：馬來西亞向我採購軍火（一），外交部亞太司官員周彤華簽呈（研擬中、馬來西亞關係方案），1975 年 12 月 16 日。數位典藏號：020-010603-0001。

他途徑。[29]

　　4 月，新加坡友齡公司請臺灣先提供 5.56 空包彈 500 發供馬國軍方試射，外交部認為仍宜由馬國政府透過臺灣駐新加坡商務代表團辦理。[30]後友齡公司透過臺灣駐新加坡商務代表團請求洽購上述軍品，臺灣國防部在 9 月 23 日同意供售馬國軍方 5.56 空包彈樣品 500 發。[31] 9 月 30 日，外交部同意與報價。

　　6 月 17 日，臺灣外交部基於政治上考慮，同意馬國首相府副秘書長阿瑪德及內政部秘書長代表阿里（Mohd, Ali bin Yusof）向臺灣洽購軍火，包括 5.56 公釐 N195 槍彈 1 千 5 百萬發、155 公釐榴彈砲和砲彈、105 公釐榴彈砲和砲彈、106 公釐無後座力砲和砲彈、步兵反坦克武器、4.24、81、60、120 迫擊砲、殺傷人員手榴彈、小型手榴彈、30 卡柄（賓）槍、50 卡柄槍、7.62 公釐、5.56 公釐、9 公釐彈藥、殺傷人員地雷（包括闊刀地雷（claymore）和小型塑膠類型）。[32] 28 日，臺灣國防部同意馬國首相府及內政部向臺灣洽購軍火一案。[33]

　　7 月，臺灣國防部正式向友齡公司報價，該公司洽購 MK2 手榴彈 25 萬發以及 5.56 槍彈 1,500 萬發。另馬國增購 155 榴彈等多項軍品。[34]該案

29　國史館藏，外交部檔案，檔名：馬來西亞向我採購軍火（一），外交部函國防部後勤參謀次長室，外(65)亞太一字第 01722 號，1976 年 2 月 6 日。數位典藏號：020-010603-0001。

30　國史館藏，外交部檔案，檔名：馬來西亞向我採購軍火（一），外交部函國防部後勤參謀次長室，亞太(65)字第 0992 號，1976 年 8 月 24 日。數位典藏號：020-010603-0001。

31　國史館藏，外交部檔案，檔名：馬來西亞向我採購軍火（一），國防部函外交部亞太司，(65)山峰字第 1106，1976 年 9 月 23 日。數位典藏號：020-010603-0001。

32　國史館藏，外交部檔案，檔名：馬來西亞向我採購軍火（二），外交部函國防部後勤參謀次長室，外(65)亞太二字第 09485 號，1976 年 6 月 17 日。數位典藏號：020-010603-0002。

33　國史館藏，外交部檔案，檔名：馬來西亞向我採購軍火（二），國防部後勤參謀次長室函外交部亞太司，(65)山峰字第 717 號，1976 年 6 月 28 日。數位典藏號：020-010603-0002。

34　國史館藏，外交部檔案，檔名：馬來西亞向我採購軍火（二），國防部聯合勤務總司令部函友齡公司，(65)裕保字第 3258 號，1976 年 7 月 9 日。數位典藏號：020-010603-0002。

最後獲院長核可，5.56 槍彈報價 FOB 臺灣港口單價每發 0.082 美元，總價 138 萬 3 千美元，由聯勤總部與友齡公司簽約供售。至於增購 155 榴彈，請馬方敘明數量再續辦。[35]

馬國在 1977 年 2 月 22 日派內政部助理次長哈林（Abdul Halim）抵臺，洽簽去年 6 月同意供售馬國的案子，即馬國內政部透過新加坡友齡公司擬向臺灣洽購 5.56 槍彈 1,500 萬發，外交部擬請國防部後勤參謀次長室同意簽約供售。哈林並參觀聯勤總部 205 廠設施。但該案經簽奉行政院長蔣經國批示「暫緩辦理」。[36] 6 月 7 日，外交部長沈昌煥呈行政院長蔣經國稱，基於馬國內政部已原則改善臺、馬關係，馬國同意臺灣駐吉隆坡遠東貿易旅遊中心可辦理簽證業務，我方可增派人員，本中心可以密碼與外交部通信，同意外交部派遣楊西崑次長於近期內訪馬，與馬方作高階層接觸等理由，顯示馬國對臺灣已漸趨積極，請蔣院長對於上述軍火案給予重新考慮，准予核可。[37] 6 月 29 日，國防部後勤參謀次長室通知外交部亞太司，該案按機密方式辦理供售。

然而，後勤參謀次長室對於馬國為何透過新加坡友齡公司向臺灣洽購 5.56 槍彈 1,500 萬發感到不解，因為新加坡亦可生產該類子彈，故特函請外交部惠賜卓見。[38]外交部回覆稱，經我方多方努力，馬國前首相敦拉薩改變對臺灣之印象和關係，後經駐新國代表張彼德和夏長風之安排，敦拉薩於 1975 年 12 月派遣其特別助理卡里爾訪臺，請我方供售軍火，並指定

[35] 國防部藏，案名：軍火外銷案，國防部令聯勤總部，主旨：供售馬來西亞政府軍品案，請照辦，(65)山峰字第 716 號，1976 年 6 月 28 日。檔號：55_0800.33_3750_5_43_0004 5953。

[36] 國史館藏，外交部檔案，檔名：馬來西亞向我採購軍火（一），國防部後勤參謀次長室函外交部亞太司，(66)山峰字第 250 號，1977 年 3 月 5 日。數位典藏號：020-010603-0001。

[37] 國史館藏，外交部檔案，檔名：馬來西亞向我採購軍火（二），外交部部長書函呈行政院蔣經國院長，秘抄(66)字第 772 號，1977 年 6 月 7 日。數位典藏號：020-010603-0002。

[38] 國史館藏，外交部檔案，檔名：馬來西亞向我採購軍火（二），國防部後勤參謀次長室函外交部亞太司，(66)山峰字第 718 號，1977 年 6 月 30 日。數位典藏號：020-010603-0002。

夏長風為其代理人。此事並向李光耀總理詢問，李光耀表示不反對之意。外交部楊西崑次長在本年 6 月下旬在曼谷會晤馬國內長加沙里，後者表示請我方儘速供售軍火，目前仍應透過夏長風代理馬國軍方洽購。[39]

1977 年 4 月 22 日，馬國華人貿易商透過臺北市之永生國際有限公司擬申請外銷馬來西亞軍品，外交部亞太司回覆以「我軍品不外銷」。[40]外交部不想讓其他公司參與軍火交易，以免消息外洩。

8 月，馬國內政部警政司長哈林（Abdul Halim）等一行四人抵臺，參觀聯勤 205 廠 5.56 子彈生產線，並實施 0.30 卡柄槍彈之測試（內容包括膛壓、初速、底火敏感度、包裝、水壓、及防潮等）。[41]

由於馬國內政部年度預算關係，首批僅訂購 800 萬發子彈，該批貨已於 8 月底交清。友齡公司提出申請續購剩餘的 700 萬發子彈。1978 年 12 月，國防部對於馬國購買的 5.56 槍彈 1,500 萬發的最後的 700 萬發給予優惠價格，按製造成本加銷管費 5%，再加利潤 10% 計價。[42]

1979 年 4 月，馬國沒里瓦貿易公司（Melewar Trading）向臺灣洽購降落傘 1 萬具。5 月 16-22 日，馬國內政部次長（副秘書長）賈比（Abdul Jabid）、兵工廠廠長巴士里（Hassan Basri）、兵工管制官沙勒（Mohd Salleh）及技術人員奧士曼（Wan Othman）訪臺。洽購輕武器中小型火砲及發射藥包，並參觀有關軍用品生產過程試驗情形（參觀聯勤 202、203、205、206 廠）。

5 月，馬國前後勤參謀長馬穆將軍（General Mahmood Sulaiman）擬

---

[39] 國史館藏，外交部檔案，檔名：馬來西亞向我採購軍火（二），外交部亞太司函國防部後勤參謀次長室，亞太(66)字第 1617 號，1977 年 7 月 8 日。數位典藏號：020-010603-0002。

[40] 國史館藏，外交部檔案，檔名：馬來西亞向我採購軍火（一），外交部函永生國際有限公司，副本送國防部後勤參謀次長室、聯勤總司令部，亞太(66)字第 0366 號，1977 年 4 月 27 日。數位典藏號：020-010603-0001。

[41] 國史館藏，外交部檔案，檔名：馬來西亞向我採購軍火（二），國防部後勤參謀次長室函外交部亞太司，(66)山峰字第 999 號，1977 年 8 月 30 日。數位典藏號：020-010603-0002。

[42] 國史館藏，外交部檔案，檔名：馬來西亞向我採購軍火（二），國防部函外交部亞太司，(67)山峰字第 1246 號，1978 年 12 月 4 日。數位典藏號：020-010603-0002。

訪臺洽購軍品，外交部對此頗有疑慮，蓋臺灣與馬國內政部進行之軍售，係遵行「政府對政府」間途徑辦理為原則。馬穆將軍與我方接觸，是否引起馬內政部不良反應，宜審慎考慮，於是請駐吉隆坡閻志恆主任研擬意見。閻主任回覆稱：「馬穆將軍為馬國軍方頗具影響力人物，與臺灣交往為一極具價值和意義，渠願於 6 月 15 日訪臺。若其訪臺時屆時提及軍品外銷，我方自可以外銷軍品之原則相告，重要關鍵似仍繫於供需。若果該國需求殷切，則設法迎合我方原則上之要求並非不可能。」[43]外交部所擔心的是，馬國國防部和內政部爭相要求我方軍售軍品，可能導致該兩部發生衝突而衍生不可預期的後果，故儘量推辭馬穆將軍訪臺。駐吉隆坡官員的想法比較單純，是為了拉攏馬國軍方之友誼，而沒有考慮到馬國內部為了爭取對臺軍購而產生競爭和衝突的後果。

　　5 月 19 日，馬國內政部次長賈比拜訪外交部楊西崑次長，請求臺灣協助其建立兵工廠及採購輕兵器、彈藥與發射藥，外交部給予同意。[44]

　　5 月 22 日，賈比訪問後勤參謀次長室，提出請臺灣代訓特戰技能、軍事合作協助建立兵工廠（建立製造 60、81 迫砲生產線）、向臺灣申購輕兵器彈藥、發射藥（7.62 槍彈發射藥，每年需求量 120 公噸；5.56 槍彈發射藥，每年需求量 100 公噸；5.56、7.62 底火，4 千萬到 6 千萬）等軍品。[45]臺灣僅供售彈藥類軍品，並未協助馬國建立兵工廠。

　　6 月 11 日，賈比密告閻志恆說，韓國槍彈報價馬幣 25 分，較我方所報低廉，因馬方購買量高達 1 億 5 千萬至 3 億發。渠請我方考慮調整報

---

43 國史館藏，外交部檔案，檔名：馬來西亞向我採購軍火（二），駐吉隆坡遠東貿易旅遊中心主任閻志恆電外交部，來電專號第 130 號，1979 年 6 月 4 日。數位典藏號：020-010603-0002。

44 國史館藏，外交部檔案，檔名：馬來西亞向我採購軍火（二），外交部亞太司函國防部後勤參謀次長室，亞太(68)字第 1193 號，1979 年 6 月 14 日。數位典藏號：020-010603-0002。

45 國史館藏，外交部檔案，檔名：馬來西亞向我採購軍火（二），聯合勤務總司令部函外交部亞太司，(68)裕保字第 2186 號，1979 年 5 月 24 日。數位典藏號：020-010603-0002；國史館藏，外交部檔案，檔名：馬來西亞向我採購軍火（二），國防部後勤參謀次長室函外交部亞太司，(68)山峰字第 0639 號，1979 年 6 月 11 日。數位典藏號：020-010603-0002。

價，俾在 6 月 17 日決標時爭取。[46] 6 月 16 日，國防部提出報價 5.56 槍彈單價同意降低為每 1 千粒 FOB 單價 107.6 美元，交貨時程以 1 億 5 千萬粒計，訂約後 3 個月先交 1 千萬粒，此後每個月交 1 千萬粒，預計 18 個月全部交清，簽約後先收預付款 40%，報價有效期間 30 天。[47]外交部立即於當天電駐吉隆坡遠東貿易旅遊中心英文報價正副本。

　　8 月 14 日，聯勤總部提出馬國申購雙基 5.56 發射藥 20 公噸、7.62 發射藥 20 公噸、5.56 底火 1,000 個、7.62 底火 1,000 個、30 卡柄槍子彈 1,000 發、煙幕手榴彈（灰色）7,000 顆、煙幕手榴彈（黃色）7,000 顆、煙幕手榴彈（紫色）7,000 顆、煙幕手榴彈（紅色）7,000 顆、煙幕手榴彈（綠色）7,000 顆、5.56 槍彈 1 億 5 千萬粒等十一項軍品報價，總金額為 16,927,810 美元。[48]

　　8 月 18 日，賈比又提出緊急採購軍品如下：(1) 81 迫擊砲 30 門，砲彈 2,436 發。(2) 60 迫擊砲 50 門，砲彈 9,180 發。(3) 5.56 槍彈 1 百萬發。渠並建議雙方來往已有互信，希今後改為渠與閻志恆電話聯繫，不用書信，以避免落入別具用心者之手，有害於雙方。[49]後更改 81 迫擊砲彈 2,436 發為 2,496 發，並增購 30 卡柄槍彈 1 百萬發。[50]外交部亦在 8 月 22 日同意今後雙方聯繫由閻志恆與賈比副秘書長直接辦理。但 9 月 5 日，更改回原先透過友齡公司夏長風經手，因為馬國規定軍火採購需經由標購，

[46] 國史館藏，外交部檔案，檔名：馬來西亞向我採購軍火（二），駐吉隆坡遠東貿易旅遊中心電外交部，來電專號第 134 號，1979 年 6 月 12 日。數位典藏號：020-010603-0002。

[47] 國史館藏，外交部檔案，檔名：馬來西亞向我採購軍火（二），國防部後勤參謀次長室函外交部亞太司，(68)山峰字第 0665 號，1979 年 6 月 16 日。數位典藏號：020-010603-0002。

[48] 國史館藏，外交部檔案，檔名：馬來西亞向我採購軍火（二），聯勤總司令部函外交部亞太司，(68)裕保字第 3564 號，1979 年 8 月 14 日。數位典藏號：020-010603-0002。

[49] 國史館藏，外交部檔案，檔名：馬來西亞向我採購軍火（二），駐吉隆坡遠東貿易旅遊中心電外交部，來電專號第 149 號，1979 年 8 月 13 日。數位典藏號：020-010603-0002。

[50] 國史館藏，外交部檔案，檔名：馬來西亞向我採購軍火（二），外交部亞太司函國防部後勤參謀次長室，亞太(68)字第 1496 號，1979 年 8 月 25 日。數位典藏號：020-010603-0002。

而賈比為公務員，不適合為報價對象。[51]惟仍請賈比出具委託夏長風辦理之正式授權書，再將之寄交總公司（指臺灣外交部）。[52]

9 月 25 日，臺灣國防部要求馬國透過友齡公司採購各色煙幕手榴彈37,500 顆、30 卡柄槍彈 100 萬發，應請該公司取得馬國國防部次長或三軍總司令以上官員正式委託授權書，始能辦理。[53]此為軍售辦法的一大轉變，國防部長宋長志做了新規定，臺灣對馬國之軍售，交涉對象從馬國內政部改為馬國國防部。

外交部沈仁標司長為此一軍品外銷方式改變還特別於 10 月 19 日請馬國駐臺代表萬馬力趁返國之便將前述臺灣改變外銷軍品的政策轉告賈比次長。10 月 30 日，夏長風從馬國返臺時，就將馬國內政部之授權書攜至外交部。但後勤參謀次長毛道恪中將對於由馬國內政部出具經由友齡公司向臺灣採購軍火之文件，可否視為同屬國防部或三軍總司令以上官員之正式授權書？又該文件代簽者為何人？請外交部賜告卓見。[54]結果該代簽者為馬國內政部警政司長兼代秘書長哈林（Abdul Halim），據哈林說，馬國辦理類似委託文件向例不具名，僅由負責官員簽名，此次授權友齡公司文件係由其簽名。[55]臺灣外交部亞太司在 1980 年 1 月 7 日回覆國防部後勤參謀次長室稱：「查馬國內政部經由友齡公司向我採購軍火供馬國警方使

---

[51] 國史館藏，外交部檔案，檔名：馬來西亞向我採購軍火（二），駐吉隆坡遠東貿易旅遊中心電外交部，來電專號第 158 號，1979 年 9 月 5 日。數位典藏號：020-010603-0002。

[52] 國史館藏，外交部檔案，檔名：馬來西亞向我採購軍火（二），外交部函駐吉隆坡遠東貿易旅遊中心，外(68)亞太三字第 18404 號，1979 年 9 月 20 日。數位典藏號：020-010603-0002。

[53] 國史館藏，外交部檔案，檔名：馬來西亞向我採購軍火（二），國防部令聯勤總部副本函外交部亞太司，(68)山峰字第 1141 號，1979 年 9 月 25 日。數位典藏號：020-010603-0002。

[54] 國史館藏，外交部檔案，檔名：馬來西亞向我採購軍火（二），國防部後勤參謀次長室函外交部亞太司，(68)山峰字第 1363 號，1979 年 11 月 15 日。數位典藏號：020-010603-0002。

[55] 國史館藏，外交部檔案，檔名：馬來西亞向我採購軍火（二），駐吉隆坡遠東貿易旅遊中心電遠東貿易文化事業總公司，遠吉(68)字第 0680 號，1979 年 12 月 10 日。數位典藏號：020-010603-0002。

用有年，向由馬內政部警政司長代表馬方與我簽約。按，馬國警察隸屬內政部管轄，警政司長似可視同我警政署長，內政部秘書長相當於我國次長。」[56]外交部僅敘述這是過去由馬國內政部次長簽字的慣例，並沒有解釋馬內政部警政司長是否等同於國防部或三軍總司令以上官員。

1979 年 10 月 15 日，國防部長高魁元公布新修正的「國軍軍品外銷作業規定」，將 1979 年 2 月 6 日(68)山峰字第 0113 號修正之「國軍軍品外銷作業規定」予以作廢。新修訂之第二條外銷政策基本原則，第二款規定為：「以政府對政府交易為原則，如情況必要，須經貿易商完成交易時，必須具有申購國政府相當總司令部（含）以上階層主管官之授權書，且其最終使用者為對方政府。」新修訂之第十二條第二款規定為：「無邦交之友好非共國家可依狀況由其政府授權之貿易商或代表向我駐外機構（代表）申購或直接向我外交部、國防部或相關總部申購，但須有第二條第二款所述之授權書。」

駐吉隆坡遠東貿易旅遊中心在 1979 年 12 月 17 日電遠東貿易文化事業總公司（按指臺灣外交部），請示今後臺灣對馬國軍品銷售政策及方式是否將有所改變？外交部去函國防部詢問此事。國防部後勤參謀次長室在 1980 年 1 月 23 日回覆外交部亞太司說，國軍軍品外銷業務仍按「國軍軍品外銷作業規定」（1979 年 10 月 15 日(68)山峰 1234 號函送）辦理。又說：「查 66（1977）年 6 月 7 日貴部沈前部長簽報者，為關於馬來西亞內政部透過新加坡友齡公司向我採購 5.56 公釐槍彈 1 千 5 百萬發案，奉蔣前院長核准，應為個案情況，似非意指凡馬國申購軍品均透過友齡公司辦理。」[57]換言之，透過新加坡友齡公司進行軍品交易，僅是個案，其他軍品交易應不受此案之限制，亦即允許其他公司代理外國機關進口臺灣軍品。

1981 年 9 月，馬來西亞布米特拉公司（Bumitra(M) SDN BHD）獲得

---

56 國史館藏，外交部檔案，檔名：馬來西亞向我採購軍火（二），外交部亞太司函國防部後勤參謀次長室，亞太(69)字第 002 號，1980 年 1 月 7 日。數位典藏號：020-010603-0002。

57 國史館藏，外交部檔案，檔名：馬來西亞向我採購軍火（二），國防部後勤參謀次長室函外交部亞太司，(69)貫日字第 0152 號，1980 年 2 月 4 日。數位典藏號：020-010603-0002。

馬國國防部授權代理向臺北市三鑫公司（Sun Hsing Enterprise）索取無後座力砲、彈藥等樣品試驗。臺灣外交部向國防部表示，布米特拉公司主席為退休的賽德准將（Brig. General Datuk Syed Hamzah），董事主席為退休中校伊再丁（Izaidin Samsoodien），該公司為土著組成，此次能獲得馬國國防部發給證明函，殊屬不易，馬國防部將來透過該公司向臺灣採購軍品可能性極高。[58]

1981 年 10 月，馬來西亞國防部委託臺北市三鑫公司向臺灣借調 106 無後座力砲一門及提供試射彈藥。臺灣國防部同意由陸軍借調 106 無後座力砲一門運至馬國試射，試射完後即歸還。所需戰防彈 60 顆，先由陸軍借撥，彈藥費用由三鑫公司支付。[59]

馬來西亞國防學院戰略及國際關係研究所所長韓沙博士（Dr. B. A. Hanzah）曾在 1981 年來臺參加「西太平洋安全研討會」，在會上曾介紹有關臺灣製售軍火之報告，渠返國後即向其政府建議向臺灣採購軍火及合作製造軍火，故請臺灣提出此類資料。[60] 1982 年 2 月 5 日，馬國請臺灣提供可供出口之軍火種類及製造軍火之設施及技術資料。結果臺灣提出可供出口之軍品目錄（圖片共 33 張）。至於合作生產軍火，請馬國提出合作項目及構想後，再研究其可行性。關於製造軍火之設施及技術資料，因涉及軍機，故不提供。[61]

臺灣軍事情報局和馬國中央情報局在 1979 年建立秘密情報合作關係，馬國中情局高層人員巴哈魯丁（Wan Barharuddin）及國防部情報次

---

[58] 國史館藏，外交部檔案，檔名：馬來西亞向我採購軍火（二），外交部函國防部，外(70)亞太二 22218，1981 年 9 月 21 日。數位典藏號：020-010603-0002。

[59] 國史館藏，外交部檔案，檔名：馬來西亞向我採購軍火（二），國防部令聯勤總部，另函外交部亞太司，(70)貫行字第 5192 號，1981 年 10 月 2 日。數位典藏號：020-010603-0002。

[60] 國史館藏，外交部檔案，檔名：馬來西亞向我採購軍火（二），駐吉隆坡遠東貿易旅遊中心電遠東貿易文化事業總公司，遠吉(71)字第 0066 號，1982 年 2 月 5 日。數位典藏號：020-010603-0002。

[61] 國史館藏，外交部檔案，檔名：馬來西亞向我採購軍火（二），國防部後勤參謀次長室函外交部亞太司，(71)貫行字第 0619 號，1982 年 3 月 3 日。數位典藏號：020-010603-0002。

長室卡馬魯（Kamarul）兩人於 1982 年 2 月 6 日訪臺，商討電子作戰合作事宜。渠要求臺灣協助馬國在其境內建立測向據點及陣前電波干擾臺。渠表示馬國政府為了對付邊境之馬共，隨時都要準備應變，亟需電子作戰器材之建立和運用，馬國鑑於過去曾與西方國家有合作不愉快之經驗，是以採取審慎態度，請求臺灣給予協助。臺灣軍方認為雖然雙方未有邦交，但基於同為反共及爭取自由民主之目標，馬國需求之電子作戰裝備與軍情局現行電子裝備之型態有別，無法滿足馬國之需求，但將會協調有關單位給予支援。[62] 3 月 24 日，本案經總統核定如下：「電訊偵測合作部分，原則同意，請逕洽國安局辦理。有關電子戰（干擾臺）部分，其技術裝備均為國家最高機密，且國軍仍處於計畫發展階段，宜予婉拒。」[63]

2 月，馬國穆罕默德公司（Mohamed Nor Zain & Sons SDN BHD）向駐吉隆坡遠東貿易旅遊中心洽詢臺灣可否提供保安用之散彈槍（Shot Gun）及彈藥，以便參加內政部招標供應馬國地方保安部隊使用。擬採購軍品種類如下：(1) 12 口徑 30 寸長單發散彈槍 14,000 枝。(2)半自動五發氣壓散彈槍 7 千枝。(3) 12 口徑散彈槍彈藥 47 萬發。[64]

6 月 8 日，馬國首相署副秘書長阿瑪德（Datuk Ahmad Yusof）、移民局長加彼德（Datuk Jabid Momamed）及特勤署長馬穆德（Datuk Mahmood Nasir）等四人訪臺，以實現馬哈迪（Tun Dr. Mahathir bin Mohamad）首相所倡議的「東望政策」（Look East Policy）之願景，馬國希望與日本和南韓合作，亦希望與臺灣加強經濟合作關係。在這次訪問中，馬國決定在馬航臺北分公司內增派一名官員出任代表，下設移民官員二人，特勤署安調官員一人，文書人員二人。臺灣亦表示要擴大駐馬機構

---

[62] 國史館藏，外交部檔案，檔名：馬來西亞向我採購軍火（二），國防部情報局呈參謀總長郝柏村，另函外交部，(71)里通（三）字第 236 號，1982 年 2 月 15 日。數位典藏號：020-010603-0002。

[63] 國史館藏，外交部檔案，檔名：馬來西亞向我採購軍火（二），國防部令情報局，另函外交部，(71)超宇字第 0882 號，1982 年 3 月 24 日。數位典藏號：020-010603-0002。

[64] 國史館藏，外交部檔案，檔名：馬來西亞向我採購軍火（二），駐吉隆坡遠東貿易旅遊中心函中央信託局，另副本送外交部，遠吉(71)字第 0107 號，1982 年 2 月 18 日。數位典藏號：020-010603-0002。

人員編組，將經濟部派駐馬國人員納入正常編制內，馬國同意為促進兩國人民往來方便，臺灣人民前往馬國觀光簽證效期由兩週增為一個月，為貿易投資需要可申請延期至三個月或半年，發證地點則從臺北馬航一地開放增加香港總領事館、新加坡高級專員公署兩處。此外，阿瑪德亦建議與臺灣情報局每年聚會交換情報一次。[65]

臺灣退役空軍上校美籍華人羅毓昆與馬國空軍參謀長泰益中將（Lt. Datuk Mohamed bin Taib）熟識，經其從中介紹，羅毓昆在 8 月下旬拜訪臺灣空軍總司令郭汝霖和國安局長汪敬煦，經郭總司令原則同意泰益訪臺後，羅毓昆即赴馬國轉告泰益，並透過駐吉隆坡貿易及旅遊中心轉報外交部，表示渠將於 10 月 11-15 日偕部屬及機員 25 人駕駛 C-130 飛機飛臺南空軍基地，考察臺灣 F-5E 戰機維護作業。並會晤臺灣空軍總司令郭汝霖上將、外交部長朱撫松、國防部長宋長志、行政院長孫運璿，商談兩國空軍合作事宜，並盼臺灣頒予勳章作為留念。後泰益及其隨員等二人單獨搭乘馬航公司班機訪臺，其他人員搭乘 C-130 飛機。渠曾向臺灣空軍總司令郭汝霖上將表示，希望臺灣能協助其修復一架損毀的 F-5E 戰機。[66]

馬國退伍軍人協會理事韓沙博士（Dr. B. A. Hamzah）訪臺，渠受馬國國防部副部長委託研究如何加強馬國退伍軍人之輔導，且提示臺灣這一方面成效不錯，要求他對此進行研究，以資借鏡。他將拜會行政院退除役官兵輔導委員會，研究該會之組織狀況、經費來源及對退除役官兵輔導作業情形。他還探討在馬國承包建築工程及發展中小企業等方面，臺、馬合作之可能性，盼臺灣給予吉隆坡和臺北來回機票。韓沙博士在 11 月 1-7 日應中華戰略學會邀請參加「西太平洋安全與合作」研討會，因會後要趕赴印尼參加會議，故取消拜會退除役官兵輔導委員會。[67]

---

[65] 國史館藏，外交部檔案，檔名：馬來西亞向我採購軍火（三），駐吉隆坡遠東貿易旅遊中心電外交部，來電專號第 526 號，1982 年 10 月 1 日。閻志恆之報告，1982 年 6 月 12 日。數位典藏號：020-010603-0003。

[66] 國史館藏，外交部檔案，檔名：馬來西亞向我採購軍火（三），空軍總司令部函外交部亞太司，(71)築植 12125 號，1982 年 11 月 25 日。數位典藏號：020-010603-0003。

[67] 國史館藏，外交部檔案，檔名：馬來西亞向我採購軍火（三），駐吉隆坡遠東貿易旅遊中心電外交部，來電專號第539號，1982年10月24日。數位典藏號：020-010603-0003。

　　12 月 6 日，臺灣國防部決定派遣一小組前往馬國勘查受損之 F-5E 戰機，勘查團之機票費用由馬國指定之代理商負擔。如鑑定可修復，則同意協助修理。至於修理所需之器材，因受合約限制（美國對於援助之器材有限制，不可任意轉給他國）無法支援，請馬國自行準備。[68]馬國代理商馬夏哈後勤公司（Masaha Logistics）經理哈里姆（Halim bin Yom）於 1983 年 1 月 7 日訪臺，哈里姆計畫將馬國損毀之 F-5E 機交亞洲航空公司修理，委請臺灣中山科學研究院所屬之航空工業發展中心製作機翼一具。臺灣告知受合作生產合約之限制，需由馬國向美國諾斯洛普廠（Northrop）申請同意授權後，再請馬國致函臺灣當可製造。至於由代理商促成其事一節，仍以「政府對政府」立場辦理為宜。[69]

　　1983 年 4 月 12 日，馬國退伍軍人協會會長丹斯里哈密（Tan Sri General Abdul Hamid）偕夫人、副會長阿布都哈密、秘書長賽馬志其等四人訪臺，參加退除役官兵輔導委員會舉行之研討會。

　　4 月 17-23 日，馬國陸軍副總司令傑弗翁（Dato Jaffar Onn）中將夫婦、後勤司令陸軍准將江豪榮（Kong How Weng）准將、特種戰事訓練中心指揮官哈斯布拉（Hasbullah Yusoff）上校、馬國軍火商布米特拉公司老闆韓沙（Hamzah）訪臺。到屏東大武營基地參觀高空跳傘表演，國防部並頒授雲麾勳章及證書給傑弗翁中將和江豪榮准將。[70]

　　4 月 18 日，馬國吉打州州議員及馬國最大企業嘉化控股集團董事韓那非（Hanafiah），及該公司總經理阿里斯（Aris Zainuddin）訪臺，瞭解臺灣生產的突擊快艇、5.56 槍彈、An/PRC 77 無線電、降落傘、鋼盔等軍品。[71]聯勤總部安排其參觀被服工廠，並與空軍和中船洽談購買降落傘、

[68] 國史館藏，外交部檔案，檔名：馬來西亞向我採購軍火（三），外交部電駐吉隆坡遠東貿易旅遊中心孔令晟代表，亞太(71)字第 3043 號，1982 年 12 月 11 日。數位典藏號：020-010603-0003。

[69] 國史館藏，外交部檔案，檔名：馬來西亞向我採購軍火（三），空軍總司令部函外交部亞太司，(72)築植 0206 號，1983 年 1 月 18 日。數位典藏號：020-010603-0003。

[70] 國史館藏，外交部檔案，檔名：馬來西亞向我採購軍火（三），外交部電駐吉隆坡遠東貿易旅遊中心，外(72)亞太二字第 12123 號，1983 年 5 月 20 日。數位典藏號：020-010603-0003。

[71] 史館藏，外交部檔案，檔名：馬來西亞向我採購軍火（三），孔令晟函外交部次長丁懋

快艇等事宜。惟其未提出所需軍品規格及洽購數量，並未達致具體協議。

6 月 9 日，馬國首相署公民訓育局局長（Director, National Civics Bureau, Prime Minister's Department）卓齊里（Zolkipli bin Abdul）訪臺，由外交部亞太司官員和馬國駐臺代表蘇齊（A. Subki）陪同前往政戰學校參觀並聽取簡報。

8 月 1 日，馬國空軍總部派遣納威（Nawi bin Abdullah）中校、哈金（Hakim bin Sukiman）上尉和拉西德（Abdul Rabhid bin Hussein）士官等三人至臺南亞航接受技術訓練一個月。

8 月 11 日，馬國副國防部長阿邦阿布巴卡（Abang Abu Baka）率同國防部軍事情報次長加薩里中將（Lt. General Dato Mohd Ghazali bin Haji Chemat）等 7 人訪臺。

1983 年 9 月，馬國參謀總長加沙里·塞茲（Gha Zari Seth）夫婦率同軍事情報局主任阿布都拉·沙蘇丁一行 5 人訪臺。臺灣國防部情報次長室和馬國軍事情報局建立軍事情報交換關係，每年輪流主辦一次情報會議。首屆會議於 1984 年 4 月在臺北舉行。此外，臺灣也派遣空軍退役維修技術人員參與馬國空軍和馬航合組的航空工業發展中心（AIM）的維修技術服務。[72]

1984 年 10 月初，馬國首相馬哈迪前往美國參加聯合國大會，16 日歸途路經臺灣中正國際機場時，與行政院長俞國華在過境室舉行會談，就兩國問題交換意見。[73]

為促進臺、馬民間貿易往來，促進投資合作，馬國於 1986 年年初設立馬、臺經濟委員會，臺灣則於 3 月 28 日成立臺、馬經濟委員會，由中華民國工商協進會和馬來西亞全國工商總會各設一臺、馬經濟常設委員會，每年輪流在兩國召開一次年度會議，商討兩國之經貿合作問題。該委

時，1983 年 4 月 16 日。數位典藏號：020-010603-0003。

[72] 遲景德、林秋敏訪問，林秋敏記錄整理，孔令晟先生訪談錄，國史館印行，臺北市，民國 91 年，頁 313。

[73] 「俞國華會見馬國總理就兩國問題交換意見」，中國時報，民國 73 年 10 月 17 日，版 3。

員會由工商協進會理事長辜振甫出任理事長。[74]

資料來源："Tunku Abdul Rahman," *Wikipedia*, https://en.wikipedia.org/wiki/Tunku_Abdul_Rahman　2021 年 10 月 7 日瀏覽。

圖 9-9：東姑阿都拉曼

資料來源：文化部，國家文化資料庫，http://newnrch.digital.ntu.edu.tw/nrch/query.php?keyword=%E9%A6%AC%E4%BE%86%E8%A5%BF%E4%BA%9E&advanced=　2021 年 10 月 7 日瀏覽。

圖 9-10：1977 年 7 月 26 日
行政院長蔣經國接見東姑阿都拉曼

資料來源：文化部，國家文化資料庫，http://newnrch.digital.ntu.edu.tw/nrch/query.php?keyword=%E9%A6%AC%E4%BE%86%E8%A5%BF%E4%BA%9E&advanced=　2021 年 10 月 7 日瀏覽。

圖 9-11：1986 年 7 月 8 日蔣經國總統接見東姑阿都拉曼

---

[74]　「增進與馬來西亞經貿關係 中馬經委會廿八日成立」，聯合報，民國 75 年 3 月 9 日，版 2。

　　馬國首任首相東姑阿都拉曼於 1986 年 7 月 6 日來臺訪問，參加在臺北舉行的國際伊斯蘭青年夏令營開訓典禮的活動。[75]

　　1987 年 9 月 26 日，馬國國際貿易暨工業部長拉菲達‧艾濟茲（Rafidah Aziz）女士率代表團來臺，舉行馬國投資說明會，希望臺灣廠商前往馬國投資。同年 12 月 20 日，馬國吉打州州務大臣拿都奧斯華來臺，他表示歡迎臺商前往吉打州開辦先驅性工業，協助馬國發展電子工業。[76] 1988 年 7 月 18 日，馬哈迪首相率 3 名內閣部長訪臺，會商將臺灣駐吉隆坡遠東貿易旅遊中心升格並易名事宜，同時還會見臺塑公司董事長王永慶，面邀其到馬國投資設廠。

資料來源：“Rafidah Aziz,” *Wikipedia,* https://en.wikipedia.org/wiki/Rafidah_Aziz　2021 年 10 月 7 日瀏覽。

圖 9-12：
拉菲達‧艾濟茲

資料來源：「馬哈迪訪臺演講‧倡和平解決國與國衝突」，光明日報（馬來西亞），2014 年 5 月 27 日。https://guangming.com.my/%E9%A6%AC%E5%93%88%E8%BF%AA%E8%A8%AA%E5%8F%B0%E6%BC%94%E8%AC%9B%E2%80%A7%E5%80%A1%E5%92%8C%E5%B9%B3%E8%A7%A3%E6%B1%BA%E5%9C%8B%E8%88%87%E5%9C%8B%E8%A1%9D%E7%AA%81　2021 年 10 月 7 日瀏覽。

圖 9-13：2014 年 5 月 27 日馬哈迪訪臺演講

---

[75] 江偉碩，「東姑拉曼有豐富反共經驗 主張中馬應維持緊密關係」，中央日報，民國 75 年 7 月 7 日，版 2。

[76] 「鼓勵我業者前往投資設廠 馬來西亞打州 將設臺灣工業區」，中央日報，國際版，民國 76 年 12 月 23 日，版 8。

　　1988 年 9 月 2 日，馬國貿工部長拉菲達再度來臺招商，遊說臺灣商人前往馬國投資。9 月 8 日，中國對馬國陸續派官員來臺提出抗議，馬哈迪首相則強調，馬國派官員前往臺灣，主要目的是吸引臺商，不等於宣佈承認臺灣，他說：「我們並沒有承認臺灣政府，而且也沒有違反過去所達致的協議，訪臺代表團只是為了國家需要，鼓勵更多臺灣商家來馬國投資。」[77]

　　為了保障臺灣商人在馬國投資日增的資金，臺灣於 1988 年就向馬國提議簽訂投資保障協議，但馬國無意先與臺灣簽署。馬國在 1988 年 11 月與中國簽訂投資保障協議。馬國堅持「一個中國」政策，不願與臺灣官方機構簽署該類協定，並表示以馬國國內法即足以保護臺灣商人之權益。中國鋼鐵公司原先預定於 1990 年在馬國投資一項 27 億美元合資的煉鋼廠，中鋼公司將出資 40%，臺灣民間企業出資 9%，馬國 51%。1991 年初，立法院在審議中鋼投資案時，由於擔心國營企業在馬國投資缺乏保障，乃做出附帶決議，即必須先簽訂投資保障協定，才能同意中鋼公司到馬國投資設廠。同樣地，立法院在 1992 年 12 月審議中國石油公司到馬國投資 12 億 6 千萬美元設立煉油廠案，也通過須先簽訂臺、馬投資保障協定之附帶決議。馬國國際貿易暨工業部長拉菲達女士曾對此項要求認為是多此一舉；她同時認為馬國提供的勞工素質優秀，且成片開發的工業區，不怕外商不來投資，且馬國對外商提供的優惠已經足夠，何必再簽署臺、馬投資保障協定。1992 年 5 月，臺灣經濟部長江丙坤前往馬國訪問，在與臺商舉行的座談會上，臺商表示馬國投資環境惡化，許多臺商遭到勒索或搶劫、技術工人不足等問題，江部長乃對外表示馬國投資環境已惡化，並向馬國反應，他也提醒臺灣商人前往馬國投資應加注意。隨後馬國政府才讓步，於 1993 年 2 月 18 日，與臺灣簽訂投資促進及保護協定，由臺灣駐馬來西亞臺北經濟文化辦事處代表黃新璧與馬國駐臺友誼及貿易中心代表塞滿索分別代表兩國政府簽署。

　　1993 年 11 月 13-18 日，馬國國防軍總司令雅可上將（General Tan Sri

---

[77] 南洋星洲聯合早報（新加坡），1988 年 9 月 10 日，版 1；9 月 22 日，版 8。

Dato' Yaacob bin Mohamad Zain）伉儷率隨員一行 4 人訪臺，晉見李登輝總統、拜會行政院長郝柏村、參訪屏東基地、空特部、艦令部（潛艦）、聯勤 302 被服廠、遊艇工廠、太魯閣國家公園、國立故宮博物院。雅可上將曾表示馬國曾派軍官來臺灣政工幹校之遠朋班學習政戰，甚有成效。希望送訓範圍擴及陸戰及空特訓練與參觀臺灣部隊對抗演習，並先由空中特種跳傘訓練開始，臺灣表示同意，並希望擴及兩國訓練艦隊之敦睦互訪。[78]

第四節　結　論

　　臺灣和馬來亞聯邦沒有建立外交關係，1958 年透過新加坡執政黨勞工陣線主席周瑞麒與東姑阿都拉曼有所來往，馬國期望臺灣給予經援，臺灣則欲藉此建交，結果沒有成功。直至 1964 年，東姑阿都拉曼首相與臺灣建立領事關係。1974 年馬國和中國建交，才終止和臺灣之領事關係。以後臺灣和馬國發展實質關係，臺灣對馬國的投資逐漸增加，馬國為了對付境內馬共的叛亂活動，臺、馬為了反共的立場而發展出特別的軍事合作關係。

　　臺灣和馬國沒有邦交，要發展軍事合作關係，基本上都是檯面下的來往。最早臺灣提供給馬國的是電臺設備，馬國用以偵察印尼在其邊境的軍事行動，因為印尼對馬國發起「對抗」運動，反對 1963 年成立的馬來西亞聯邦。1965 年 5 月，臺灣贈送馬國 90 式衝鋒槍 1,000 枝及彈藥 10 萬發，用以對抗印尼蘇卡諾政權，這是臺灣自 1958 年軍援印尼革命軍後，再度以支援馬國之方式，遂行其反共的國策，支援反共的盟友。

　　1966 年馬國和印尼和解，把注意力轉到內部的馬共叛亂活動上。為了對付馬共，需要龐大的後勤補給和彈藥，所以馬國尋求臺灣提供軍品。臺灣基於同為反共的國家，所以即使兩國沒有邦交，亦願意提供軍品。但臺灣當時有兩點顧慮，第一，臺灣軍援馬國不得用於在沙巴對付菲律賓，

---

[78] 國防部藏，案名：友邦軍事人員訪華，總統府秘書長蔣彥士簽呈李總統，主旨：請准同意接見馬來西亞國防軍總司令雅可上將，恭請鑒核，1992 年 11 月 3 日。馬檔號：75_0460_4004_1_11_00041673。

因為臺灣與菲律賓有邦交。第二，馬國亦不得利用臺灣軍援對付新加坡，因為臺灣正與新加坡發展密切的軍事合作關係。所以臺灣就特別對於軍售馬國一事，詢問李光耀總理，讓其知道臺灣軍售馬國這件事。在消除這兩個疑慮後，臺灣才放心的跟馬國發展軍售關係，支持其對付馬共。

隨著臺灣對馬國的軍售增加，雙邊的外交關係也隨之改善，從駐外單位名稱之改變來觀察，1974 年 8 月，臺灣派駐馬國的機構名稱從領事館改為「駐吉隆坡遠東貿易旅遊中心」。1977 年，馬國政府同意派移民官駐臺，並以馬來西亞航空公司臺北分公司名義辦理簽證業務及與臺灣聯繫。1982 年，馬國派駐臺北的機關是在馬來亞航空公司臺北分公司內增設行政部，負責雙邊的經濟貿易關係。1983 年，馬國在臺灣另設「馬來西亞文化貿易交流中心」。1987 年，馬國將前述駐臺兩機構合併為「馬來西亞友誼及貿易中心」。1988 年 9 月 22 日，臺灣駐馬來西亞的「遠東貿易旅遊中心」正式易名為「駐馬來西亞臺北經濟文化中心」，雙方駐外人員互享外交人員之特權。[79] 1992 年 7 月 13 日又改為「駐馬來西亞臺北經濟文化辦事處」。從上述駐外機關名稱和特權之改變，即可看出是隨著雙邊經濟和軍事關係之強化而有著互動關係。

臺灣提供給馬國的軍援類型，提供飛機維修技術的訓練只有一件，主因是馬國使用英國式系統之飛機，與臺灣的美式系統之飛機不同，其他都是屬於軍售，主要是槍砲的彈藥和手榴彈，這些都是臺灣本身兵工廠生產的。從 1975-79 年臺灣軍售馬國的對象是內政部，是透過新加坡友齡公司中介代理。1979 年以後軍售對象改為馬國國防部，而且開放給其他私人公司接洽代理軍售業務。當時對馬國提供彈藥軍售的國家有臺灣和南韓，而臺灣的價格較南韓便宜、品質也符合國際標準，所以馬國選擇向臺灣購買。

臺灣和馬國關係的改善，經貿投資是最主要的關鍵因素，軍事合作也是重要關鍵因素，臺灣提供給馬國充足、便宜和有效的軍事援助，讓其有充分的武器彈藥對付馬共，最後在 1989 年迫使馬共投降，才解除馬國內

---

[79] 「我駐馬代表機構升格」，中央日報，民國 77 年 9 月 23 日，頁 2。

政上最大的威脅。臺灣和馬國在沒有邦交的情況下發展密切的軍事合作關係，是冷戰時期一個特例，也是基於反共的外交政策所建構的模式，它跟美國沒有關係，也沒有徵詢美國的意見，因為所提供的軍援都是臺灣自行製造的軍品。

第十章　1950-90 年代
臺灣與菲律賓之軍事關係

第一節　前　言

　　菲律賓在 1946 年 7 月 4 日獨立，8 月下旬，中華民國和菲國建立外交關係，在菲國設立公使館。10 月 3 日，中國派陳質平為首任駐菲公使。1949 年 10 月，中共取得中國大陸政權，中華民國和菲律賓並沒有斷交。將中正在 1950 年 3 月重新在臺灣就任總統，6 月 25 日爆發韓戰，美國杜魯門（Harry Truman）總統在 6 月 27 日發表聲明，宣布「臺灣海峽中立化」（neutralization of the Straits of Formosa），「臺灣未來地位之決定，必須等待太平洋安全之恢復，以及與日本和平解決，或者由聯合國加以考慮。」[1]

　　1950 年 8 月，中華民國將駐菲公使館升格為大使館，但菲國並沒有做相對的升格使館的回應，雙方也未派駐大使。

　　1951 年，美國開始研議舊金山對日和約之內容，曾徵詢菲國政府的意見，菲國政府在 1951 年 5 月底就對日和約內容提交給美國的備忘錄中提議臺灣託管，同時建議「臺灣應置於友好方面控制之下」。[2]菲國此一

---

[1]　United States, Department of State, Historical Office, *American Foreign Policy,1950-1955: Basic Documents, Department of State Publication 6446*, General Foreign Policy Series 117, Released December 1957, U.S. Government Printing Offices, Washington 25, D. C., pp.2539-2540. 蕭良章、葉忠鉅編，中華民國史事紀要，民國 39 年 4 至 6 月，6 月 28 日，國史館出版，臺北縣，1994 年 12 月，頁 913。

[2]　秦孝儀總編纂，總統蔣公大事長編初稿，卷九，中正文教基金會出版，臺北市，民國 91 年，頁 143-144。

反映有跡可尋，菲律賓官員在 1947 年 11 月 2 日發表反對琉球歸還中國，主張交由託管以及建議以民族自決方式確定臺灣地位，其論點如下：「朝鮮人民之獨立自決，目前已成為一世界性問題，且為國際政治上最為棘手問題之一，但尚未聞有人以同一自決原則施諸臺灣之言論，蓋臺灣人一如大琉球人，在戰前多年來即在日本統治之下，臺灣人如被徵詢對此問題之意見，彼等或表示願繼續列於中國行政範圍之內，但彼等從未獲有任何機會在世界性組織中對此問題表示其意見。」[3] 1949 年 10 月 14 日，「臺灣共和國臨時政府主席」廖文毅前往馬尼拉尋求當地領袖支持臺灣自治，菲律賓駐日本大使亞非利加（Bernarbe Africa）表示臺灣問題應以公民投票方式加以解決。[4]

　　1952 年 4 月 28 日，舊金山對日和約生效，確定臺灣之法律地位。8 月 16 日，臺灣軍方高層舉行第 27 次軍事會談，空軍總司令王叔銘報告，菲空軍司令建議臺、菲空軍互行訪問，藉以增進友誼。11 月，菲國空軍友好訪問團來臺訪問。12 月 30 日，一架菲律賓航空公司客機遭一名旅客劫持飛往中國大陸，在金門上空為臺灣空軍海上巡邏機發現，將其截降金門。

　　1953 年 1 月 14-18 日，臺灣空軍派訪問團飛菲國答訪，由空軍總司令王叔銘親駕 B-25 機一架，並率 C-47 一架、F-51 八架，共計 27 人。[5]

　　5 月，菲國海軍總司令佛郎西斯科將軍率艦隊訪臺。6 月 23 日，菲國防部長賈德樂訪臺。為報聘菲國海軍之盛情，臺灣派遣劉廣凱海軍少將率丹陽、太湖、太昭三軍艦於 8 月 17-22 日訪菲。

　　菲國政府於 1953 年秋宣布共和國第 1350 號法令，宣布菲國駐臺公使館將於 1953 年 12 月升格為大使館。但臺灣與菲國一直未互派大使。1954 年 12 月 11 日，臺灣派空軍軍機 F-84 噴射機 6 架前往菲國參加菲國第七

[3]　「琉球歸還我國問題，傳菲列賓竟擬表示異議，季里諾則拒絕發表意見」，中華日報，1947 年 11 月 4 日，版 2；「我國要求收回琉球，菲政府表示反對，對馬尼剌公報謠傳提出否認」，中華日報，1947 年 11 月 5 日，版 2。

[4]　國史館編，臺灣主權與一個中國論述大事記，國史館印行，臺北縣，2002 年，頁 12。

[5]　國防部藏，案名：空軍雷虎小組赴菲律賓參加航空週及戰鬥機炸射大會，參謀總長周至柔簽呈總統，1953 年 1 月 7 日。檔號：41_0420_3010_1_1_00041367。

屆航空週之飛行表演及飛機展覽。[6] 1955 年 10 月 1 日，菲國副總統兼外長賈西亞（Carlos P. Garcia）在馬尼拉宣布，菲國駐臺北公使館已升格為大使館，將派大使駐臺。臺灣先於 1955 年 12 月 9 日派陳之邁為駐菲大使，向菲國總統呈遞到任國書。菲國則遲至 1956 年 3 月初派納西索·羅慕斯（Narciso Ramos）為首任駐臺大使，3 月 15 日向蔣中正總統呈遞到任國書。[7]

從上述臺灣和菲律賓外交關係正常化之過程來看，初期菲國對於臺灣之法律地位有所猶豫，從主張臺灣自決前途，到交由國際託管，最後在舊金山和約簽字生效後，先發展兩國軍事交流，最後才決定在臺灣派駐大使。尤可見兩國之間的軍事交流，成為開創雙方外交關係的先行者。

菲律賓因為與美國維持特別的關係，美國在菲國有軍事基地，且有軍事合作協議，故臺灣與菲國發展軍事關係，多少會涉及美國的因素和影響。此外，臺、菲之間又存在著南沙群島的主權衝突和交涉。從外交部和國防部解密的檔案，即可瞭解臺、菲軍事關係明顯跟臺灣和其他東南亞國家之型態不同。

第二節　進行海空軍演習

一、臺、美、菲聯合海軍演習

1959 年 6 月，美國駐臺大使館人員至臺灣外交部面稱，美、臺、菲三國海軍聯合軍事演習擬暫訂於本年 10 月 19-24 日在高雄附近地區舉行。每國將派遣軍艦 2-6 艘參加海軍掃雷訓練演習。美、菲兩國海軍人員參加該項軍演者，或需登岸做禮貌性之訪問，擬請臺灣按照慣例劃定地區准其登岸，如有觸犯當地法令者，送請其所屬軍艦主管長官處理等由。臺灣外交部於 6 月 16 日致函國防部告知美國此項海軍聯合軍演之訊息，並

6　朱匯森主編，中華民國史事紀要（初稿）—民國 43 年 7 至 12 月份，國史館出版，臺北縣，1989 年 6 月，頁 1196。

7　蕭曦清，中菲外交關係史，正中書局，臺北市，1995 年，頁 213。

提及有關美、菲兩國演習人員在臺灣犯罪之處理辦法，該文稱：「登岸之友邦官兵，如有觸犯當地法令者，是否應受當地法權之管轄，抑由其所屬軍艦處理，則國際法學者意見不一，而各國給予友邦軍艦人員之禮遇，亦不相同。復查我國目前對於美艦登岸訪問之官兵，如有觸犯我國法令者，例由中、美憲兵會同將其送返其所屬軍艦，交其主管長官予以處理。我在原則上如同意舉行上述之中、美、菲三國海軍聯合軍事演習，則我對參加該項演習美、菲軍艦登岸訪問之官兵，似應給予同樣之禮遇。」[8]

　　由於臺灣和美國並未簽署對於美國犯罪者施行管轄權之相關協議，故當時是依據慣例執行。不過，這樣做會有風險，畢竟犯罪地若在本國，本國就有管轄權，已是當時國際通例。

二、到菲國進行空軍飛行訓練

　　1972 年 8 月，臺灣國防部請外交部治菲國政府同意臺灣空軍飛機，包括 F-104、F-100、F-5、T-33、C-119、C-47、C-2A 等機種，於 1972 年9 月到 1973 年 6 月赴菲國克拉克空軍基地實施外海戰術飛行訓練（日光演習（Sun Shine Exercise））（200 架次），參訓人員免除護照繳驗及出入境手續，僅需向降落之基地辦理離到（人員限在基地內活動）。施訓頻率每週一次，每次飛機五架，其中噴射機四架當日往返，螺旋槳機次日返臺。有關臺灣訓練機在菲國基地之後勤支援等細節問題，將於菲方原則上同意臺灣施訓後，再由雙方軍方直接協商。另菲方希望派機來臺實施類似之訓練，臺灣國防部同意其請。臺灣空軍各型飛機赴菲國克拉克空軍基地實施遠航訓練，已透過臺灣駐菲武官獲得菲空軍總司令藍可度准將（B. General Jose L. Rancudo）之同意。[9]

　　1973 年 1 月。臺灣請求菲國同意臺灣空軍在菲國基地進行外海戰術

8　國防部藏，案名：中美聯盟訓練及演習，外交部函國防部，事由：密，1959 年 6 月 16日。檔號：43_0631_5000_1_23_00044998。

9　中央研究院近代史研究所檔案館藏，冊名：中菲軍事合作，國防部函外交部，主旨：請洽菲律賓政府，同意我空軍飛機赴菲律賓實施外海戰術飛行訓練（日光演習），另菲方希望派機來臺實施類同之訓練，本部擬予同意，請提卓見，並惠復。(61)猛勇字第 3668號，1972 年 8 月 4 日。館藏號：11-01-05-10-01-001。

飛行（日光演習）訓練。1 月 16 日，菲國同意臺灣空軍五架（含噴射機四架、螺旋槳機一架）自 1973 年 1 月至 10 月期間內實施但須受下列條件之限制：(1)此項同意之有效期限為三個月，但可以書面申請續延直至十個月訓練期滿為止。(2)如菲方認為當地情況不允許實施該項演習，則該項演習應隨時結束或停止。(3)所有飛機直飛架次僅限於臺灣和菲國克拉克空軍基地之間。(4)在該項計畫下所有各架次飛行，均需按預定日程事先通知菲空軍當局。(5)每次飛行，飛機及機上人員均需遵守菲關稅、移民及防疫有關之規定。[10] 2 月，臺灣國防部請外交部循外交途徑徵求菲國政府同意臺灣空軍在菲國實施外海戰術飛行（日光演習）訓練有關事項，對於菲國政府所列之 5 項限制條件，希望澄清（或增加）三點：(1)該項訓練為每週實施五架次。(2)希望菲國以庫比（Cubi）海軍基地作為臨時備降場。(3)實施本訓練人員赴菲，避免使用護照及黃皮書，而以我方空軍之旅行命令及軍醫防疫證明代替。（施訓人員限於所降落之基地內活動。）由於菲國同意施訓期限短暫，上列三點，請惠予儘速協助解決，以利施訓。[11] 3 月 27 日，臺灣駐菲大使館電外交部稱，菲國空軍當時已同意該架次飛行，請臺灣空軍當局按預定日程事先直接通知菲國空軍當局。[12]臺灣空軍當局與菲國空軍及美國空軍當局取得協議，日光演習從 4 月 24 日起開始實施。

　　臺灣外交部於 1973 年 9 月 13 日致送菲國外交部節略稱，希望能延長日光演習期限從 1973 年 9 月 30 日到 1974 年 6 月 30 日，獲得菲國同意。[13] 1974 年 4 月 25 日，臺灣外交部又向菲國提出申請日光演習延長施訓期限至 1975 年 6 月 30 日。1974 年 6 月 29 日，駐菲大使館電外交部稱，該

10　中央研究院近代史研究所檔案館藏，冊名：中菲軍事合作，駐菲大使館代電外交部，菲政(62)字第 0180 號，1973 年 1 月 22 日。館藏號：11-01-05-10-01-001。

11　中央研究院近代史研究所檔案館藏，冊名：中菲軍事合作，國防部函外交部，主旨：空軍外海戰術飛行（日光）訓練有關事項，請循外交途徑，向菲律賓政府徵洽同意，敬請查照。(62)神登字第 828 號，1973 年 2 月 27 日。館藏號：11-01-05-10-01-001。

12　中央研究院近代史研究所檔案館藏，冊名：中菲軍事合作，臺灣駐菲大使館電外交部，來電專號第 626 號，1973 年 3 月 27 日。館藏號：11-01-05-10-01-001。

13　中央研究院近代史研究所檔案館藏，冊名：中菲軍事合作，駐菲大使館函臺灣外交部，菲政(62)字第 2492 號，1973 年 10 月 12 日。館藏號：11-01-05-10-01-001。

項演習申請延長已獲得美國駐菲大使沙利萬（William H. Sullivan）同意，但仍須獲得菲國同意。[14] 1974 年 8 月 6 日，菲國外交部以電話通知臺灣駐菲大使館，菲國政府已同意臺灣日光演習施訓期限延長至 1975 年 6 月 30 日。[15]

第三節　相互派軍官受訓

1967 年 5 月 24-25 日，經美軍顧問之建議，臺灣派遣空軍 F-100 飛行員 115 人、聯絡官 33 人，共 138 人，分 23 批前往菲律賓克拉克空軍基地接受 T-18 模擬機（長矛）訓練。[16]

5 月 19 日，派遣第四聯隊 F-100 機飛行人員上校副組長陳宿清飛行官等 60 人前往菲律賓克拉克空軍基地接受長矛訓練。[17]

7 月 9 日，派遣中尉飛行官劉伯儀等 64 人至菲國克拉克空軍基地接受長矛訓練。

8 月 27 日，空軍少將作戰署長司徒福等 7 人訪問菲國克拉克基地，並代表空軍總司令宣慰駐克拉克美空軍部隊，以酬謝對臺灣空軍之協助。

9 月 10 日，第四聯隊少將聯隊長姚兆元至菲律賓接受長矛訓練，該聯隊聯絡組長譚湘裕少校隨行翻譯。另增派作戰署訓練組上校組長賈海

---

[14] 中央研究院近代史研究所檔案館藏，冊名：中菲軍事合作，駐菲大使館電臺灣外交部，來電專號第 340 號，1974 年 6 月 29 日。館藏號：11-01-05-10-01-001；中央研究院近代史研究所檔案館藏，冊名：中菲軍事合作，外交部函國防部，外(63)亞太二字第 09915 號，1974 年 7 月 3 日。館藏號：11-01-05-10-01-001。

[15] 中央研究院近代史研究所檔案館藏，冊名：中菲軍事合作，駐菲大使館電臺灣外交部，來電專號第 402 號，1974 年 8 月 6 日。館藏號：11-01-05-10-01-001。

[16] 國防部藏，案名：空軍軍官赴菲律賓接受美軍代訓案，國防部令空軍總部，(56)克廉字第 297 號，1967 年 4 月 15 日。檔號：55_410.5_3010_1_4_00022974；國防部藏，案名：空軍軍官赴菲律賓接受美軍代訓案，9643 部隊呈總司令賴空軍二級上將，主旨：呈赴菲律賓克拉克基地 T-18 模擬機訓練檢討報告，請鑒核，(56)承傳 1536 號，1967 年 11 月 2 日。檔號：55_410.5_3010_1_21_00022974。

[17] 國防部藏，案名：空軍軍官赴菲律賓接受美軍代訓案，國防部令空軍總部，(56)祝再字第 395 號，1967 年 5 月 19 日。檔號：55_410.5_3010_1_8_00022974。

雲、考核組上校組長安迪亞和作戰參謀陳名藉、吳慰平接受長矛訓練。[18]

　　1971 年 5 月，臺灣駐菲國大使館武官呈報，菲國三軍總部建議臺灣派遣軍官一員赴菲國三軍指揮參謀大學正規班受訓。6 月 5 日，蔣總統諭可。[19]

　　1973 年 2 月，菲律賓武裝部隊參謀長伊斯皮諾（R. C. Espino）邀請臺灣派員參加該年 7 月指揮參謀大學受訓，來回旅費和生活費由參加之學員之政府負擔，當地住宿由菲國參謀指揮大學負責。參加受訓的國家有澳洲、印尼、臺灣、南越、南韓和泰國。國防部派遣呂以龍陸軍砲兵少校參訓。[20] 9 月 17 日，菲律賓駐臺大使館致送臺灣外交部節略，請臺灣遴選 17-22 歲單身人員一名赴菲國軍事學校進修，一年約需費用 7,738.9 元菲幣，由臺灣政府負擔。菲方提供免費住宿。該館請臺灣儘速提出人選，俾準備心理測驗試卷。[21]

　　1974 年 1 月 6 日，臺灣國防部派遣 23 人赴菲，參加美國第十三航空軍搜救協調中心訪問及受訓，其中 20 人訪問，3 人受訓。他們搭乘 C-47 專機赴菲國克拉克空軍基地。訪問人員搭原機於 9 日返國。受訓人員於 16 日搭華航飛機返國。[22] 4 月，菲國政府又邀請臺灣遴派學員軍官一人參加菲三軍指揮參謀大學正規班受訓，為期 44 週。11 月，菲國外交部致

---

[18] 國防部藏，案名：空軍軍官赴菲率賓接受美軍代訓案，9643 部隊長呈總司令賴空軍二級上將，主旨：謹檢呈赴菲率賓接受長矛訓練人員簡歷冊十二份及譚湘裕一員忠貞品德考核表六份如附件祈鑒核，(56)承傳 1069 號，1967 年 7 月 29 日。檔號：55_410.5_3010_1_14_00022974。

[19] 國防部藏，案名：與友邦國家互換留學生，參謀總長賴名湯簽呈總統，主旨：呈報我國擬派軍官一員赴菲率賓三軍指揮參謀大學留學案恭請鑒核，1971 年 5 月 28 日。檔案：55_0460_7780_1_12_00041692；國防部藏，案名：與友邦國家互換留學生，總統府第二局函國防部情報次長室，主旨：為復所呈擬派軍官一員赴菲率賓三軍指揮參謀大學留學一案，(60)臺統（二）局錦 0170 號，1971 年 6 月 28 日。檔案：55_0460_7780_1_12_00041692。

[20] 中央研究院近代史研究所檔案館藏，冊名：中菲軍事合作，菲律賓駐臺大使館致送臺外交部節略，文號：480/73，1973 年 2 月 8 日。館藏號：11-01-05-10-01-001。

[21] 中央研究院近代史研究所檔案館藏，冊名：中菲軍事合作，外交部函國防部，外(62)亞太二 16883 號，1973 年 10 月 3 日。館藏號：11-01-05-10-01-001。

[22] 中央研究院近代史研究所檔案館藏，冊名：中菲軍事合作，外交部函駐菲大使館，外(62)亞太二字第 21111 號，1973 年 12 月 22 日。館藏號：11-01-05-10-01-001。

送節略給臺灣駐菲大使館稱，菲國軍官學校 1979 年學生班將於 1975 年 4 月 1 日開學，菲政府特代表菲三軍邀請臺灣國民一人參加此項訓練，其所要求之學生入學資格為：(1)須係由政府推薦。(2)年齡在算至 1975 年 4 月 1 日止為 17 歲以上，22 歲以下，未婚。(3)須經於 1975 年 1 月菲駐當地使館智力測驗及格。(4)須善於英語會話及寫作。(5)須合乎其本國政府所訂體格檢查之標準。(6)須樂願在菲軍官學校受訓期間接受菲三軍所頒軍校學生應行遵守之法規。學生受訓期間所需下列費用由其政府以菲幣直接撥交碧瑤之菲軍官學校財務人員，每月津貼 290 元，每日副食費 6 元，服裝及裝具費（僅付一次）2 千元，裝具保養費每年 1 百元。住宿由軍官學校免費供應。[23]

臺灣國防部在 1975 年 2 月遴選曾念三和朱從榮兩人參加智力測驗，結果選派海軍官校學生曾念三赴菲軍官學校受訓四年。

1975 年 3 月，國防部總政治作戰部同意菲國派軍官四人來臺接受政戰學校遠朋班訓練。4 月 7 日開訓，5 月 31 日結訓，為期 8 週。菲國學員使用英語及英文教材，主要課程內容包括：政治作戰、臺灣政戰制度和政戰作法、現代政治、經濟和社會思潮、匪軍政工簡介與對策研究和反共鬥爭技術。[24]

第四節　臺灣向菲採購軍品

在 1950 年代初，臺灣處於經濟重振階段，百廢待舉，工業技術落後，軍品生產能量低落，當時外匯也不足，為了自身防衛之需要，因此向菲國購買美軍剩餘軍事用品、成為一個途徑。

1950 年 3 月，裝甲兵旅司令部稱，菲財政部禁止一切剩餘軍品出

[23] 中央研究院近代史研究所檔案館藏，冊名：中菲軍事合作，駐菲大使館函外交部，菲政(63)字第 2649 號，1974 年 11 月 26 日。館藏號：11-01-05-10-01-001。

[24] 中央研究院近代史研究所檔案館藏，冊名：中菲軍事合作，外交部函駐菲劉鍇大使，外(64)亞太二字第 04569 號，1975 年 3 月 24 日。館藏號：11-01-05-10-01-001；中央研究院近代史研究所檔案館藏，冊名：中菲軍事合作，國防部函外交部，(64)勁募部 02162號，1975 年 3 月 3 日。館藏號：11-01-05-10-01-001。

口，該部前託物資局向馬尼拉「奧爾茄運輸建設服務社」（OLAG Freight & Construction Service）所購登陸戰車 1 百輛中之 75 輛，因在菲國修整，暨有向「剩餘物資販賣商行」（Surplus Sales Company）所購無線電機一批，因缺船隻，均尚留菲，臺灣外交部請駐菲大使館向菲政府交涉取得該兩項物資出口證，俾運來臺。[25]

　　裝甲兵旅司令部代電外交部稱，「頃據本部無線電修理組組長楊明濟上校自馬尼拉來函稱，自菲政府財政部部長頒發一切剩餘軍品禁止出口令後，本部前託物資局向馬尼拉『奧爾茄運輸建設服務社』購得之登陸戰車 1 百輛及由『剩餘物資販賣商行』所購無線電機一批出口證均難獲得，勢將不能運臺等語。查本部所購登陸戰車 1 百輛中有 75 輛已運臺外，餘 25 輛因在菲整修，致未運臺。無線電機全部因缺船隻亦未起運。請外交部電飭駐菲陳質平大使向菲政府交涉取得該二項物資之出口證，俾運來臺。」[26]

　　6 月，據裝甲兵旅司令部派員稱：「據報我在菲購無線電機，賣方尚未出貨，登陸戰車菲僅准 75 輛中 45 輛出口。請向菲交涉亦准其餘 30 輛出口等語。」[27] 7 月 10 日，臺灣派遣「供儀」和「海球」兩登陸艦赴菲國聖費爾南多（San Fernado）市，裝運登陸戰車 75 輛返臺。[28] 10 月 13 日，外交部電駐菲大使館，聯勤總部前奉准由物資局在菲國代購剩餘通信器材一批，其中 SCR-300 無線電機約 70 架無法取得出口證，請迅向菲交涉簽發。[29]駐菲大使館回覆稱，請洽詢國防部何時向何人購得貨？存何

[25] 中央研究院近代史研究所檔案館藏，冊名：我在菲購軍用物資，外交部電駐菲大使館，第 3895 號，1950 年 3 月 18 日。館藏號：11-29-07-03-002。

[26] 中央研究院近代史研究所檔案館藏，冊名：我在菲購軍用物資，陸軍裝甲兵旅司令部代電外交部，事由：為請電飭駐菲陳大使向菲政府交涉本部登陸戰車及無線電機出口證由，極建字第 05911 號，1950 年 5 月 15 日。館藏號：11-29-07-03-002。

[27] 中央研究院近代史研究所檔案館藏，冊名：我在菲購軍用物資，外交部電駐菲大使館，外交部機要室發電第 3700 號，1950 年 6 月 21 日。館藏號：11-29-07-03-002。

[28] 中央研究院近代史研究所檔案館藏，冊名：我在菲購軍用物資，外交部電駐菲大使館，外交部機要室發電第 3975 號，1950 年 7 月 10 日。館藏號：11-29-07-03-002。

[29] 中央研究院近代史研究所檔案館藏，冊名：我在菲購軍用物資，外交部電駐菲大使館，事由：電希交涉准許將所購 SCR-300 無線電機約 70 架出口由，外交部機要室發電第 5329 號，1950 年 10 月 13 日。館藏號：11-29-07-03-002。

處？何人負責辦理出口手續？需瞭解情況才能進行交涉。[30]國防部稱該批無線電機係由物資局供應局委託裝甲兵旅駐菲少校參謀孫廉辦理。[31]

8 月 9 日，臺灣駐菲大使館電外交部稱，「最近我方陸軍總部購買卡車一批，本館向菲外交部交涉放行，該部復以前徇美方之請，統制運臺之軍用物資必須美方同意方可照辦。後經本館洽請美大使館照達菲外交部，乃獲放行。惟美使館僅稱卡車運臺不予反對，關於整個禁令並未提及解除，查菲政府唯美馬首是瞻。且行政缺乏效率，此事根本解決，恐須由國務院飭此間美大使館修改前令，否則菲方徒將責任推之，美方交涉不易生效。」[32]

9 月 18 日，臺灣駐菲大使館電外交部稱，最近陸軍總司令部在菲購辦卡車 150 輛，因臺灣沒有派船接運返臺，而雇用菲國船隻運送。[33]

9 月，國防部請駐菲大使館儘速代訂購 TPS-1 雷達二套。[34]

12 月，交通部民用航空局直轄空運隊向菲國馬尼拉購得價值 2 千美元之登陸艇設備零件。[35]

1951 年 1 月，交通部民用航空局直轄空運隊向菲國馬尼拉購得航空器材一批。[36]

---

[30] 中央研究院近代史研究所檔案館藏，冊名：我在菲購軍用物資，駐菲大使館電外交部，來電專號第 308 號，1950 年 10 月 14 日。館藏號：11-29-07-03-002。

[31] 中央研究院近代史研究所檔案館藏，冊名：我在菲購軍用物資，外交部電駐菲大使館，外交部機要室發電第 5581 號，1950 年 10 月 31 日。館藏號：11-29-07-03-002。

[32] 中央研究院近代史研究所檔案館藏，冊名：我在菲購軍用物資，駐菲大使館電外交部，來電專號第 66 號，1950 年 8 月 9 日。館藏號：11-29-07-03-002。

[33] 中央研究院近代史研究所檔案館藏，冊名：我在菲購軍用物資，駐菲大使館代電外交部，大字第 265 號，1950 年 9 月 18 日。館藏號：11-29-07-03-002。

[34] 中央研究院近代史研究所檔案館藏，冊名：我在菲購軍用物資，國防部代電駐菲大使館，事由：為請派員交涉優先購到 TPS-1 雷達二套由，(39)炳炘字第 724 號，1950 年 9 月 8 日。

[35] 中央研究院近代史研究所檔案館藏，冊名：我在菲購軍用物資，交通部民用航空局直轄空運隊代電外交部，事由：為請電轉菲大使館證明放行本隊登陸艇零件由，臺航亥字第 1918 號，1950 年 12 月 11 日。館藏號：11-29-07-03-002。

[36] 中央研究院近代史研究所檔案館藏，冊名：我在菲購軍用物資，交通部民用航空局直轄空運隊代電外交部，事由：請電駐菲大使館放行本隊在馬尼拉所購辦器材由，臺航供丑字第 2745 號，1951 年 2 月 16 日。館藏號：11-29-07-03-002。

4 月，國防部向菲採購修理總統座機零件。[37]

10 月，交通部民用航空局直轄空運隊向菲採購無線電零件及技術用書。[38]

在 1950-1951 年期間臺灣向菲國購買登陸戰車、無線電機、卡車、雷達、登陸艇設備零件、航空器材、飛機零件等軍品，大都是美軍的剩餘物資，賣給菲國商人，臺灣再向菲國商人購買。

臺灣在 1951 年 2 月與美國簽署「軍援協定」，由美國授權在臺灣製造軍品，臺灣也轉向美國直接購買軍品，所以此後就沒有向菲國購買軍品的紀錄。

第五節　對菲國軍援

一、軍售

臺灣對菲國之軍售時間跟對新加坡之軍售相近，都是在 1973 年。菲國總統馬可仕（Ferdinand Marcos）在 1972 年 9 月 21 日宣佈戒嚴，對左派的新人民軍（共產黨）和右派的南部回教徒叛軍進行戰爭，以及為了維持國內的治安和社會秩序，需要充足的軍備武力，所以向臺灣採購軍火。

1973 年 2 月 26 日，菲國向臺灣採購軍品 8 種，其中 106 彈、5.56 槍彈無剩餘能量，105 照明彈和 75 無力後砲彈目前不生產。臺灣同意供售的軍品包括：7.62 步槍彈 190 萬發、81 迫彈 3 千發、4.2 英吋子彈（HE M329）2 千發、60 公釐迫彈（HE M49A2）2 千發。臺灣報價總金額為 324,920 美元。[39]

---

[37] 中央研究院近代史研究所檔案館藏，冊名：我在菲購軍用物資，外交部代電國防部，事由：關於向菲購買修理總統座機缺件囑轉飭發給證明事，電復查照由，外(40)東二字第 03112 號，1951 年 5 月 7 日。館藏號：11-29-07-03-002。

[38] 中央研究院近代史研究所檔案館藏，冊名：我在菲購軍用物資，交通部民用航空局直轄空運隊代電外交部，事由：為本隊在菲購運零件請准轉請菲政府放行由，臺航供岡字第 3508 號，1951 年 10 月 2 日。館藏號：11-29-07-03-002。

[39] 國防部藏，案名：軍用物品外銷案，聯勤總部呈國防部後勤參謀次長室，主旨：檢送向菲率賓三軍總部四種彈藥報價單如附表共三份，請查照，(62)續暢 0035 號，1973 年 2

　　5 月 28 日，菲國駐臺武官艾古德羅上校（Colonel Hilario D. Escudero, JR.）致函聯勤總部工業服務處，擬向臺灣採購 7.62 機槍彈 488,000 發、7.62 步槍彈 512,000 發、81 迫彈 M43A1B1 裝 M37A1B1 引信 10,000 顆。[40]因菲國需要迫切，對各項標誌認無顧慮，臺灣國防部原則同意先由陸軍庫存撥供。[41]臺灣在 7 月 27 日以空軍飛機運送 3 千發 81 迫彈（無印記）至菲國的尼可斯基地，運費另計。[42]臺灣還是將彈藥和裝箱上的標誌消除，以免引發國際糾紛。

　　6 月 14 日，菲國駐臺大使館武官艾斯德羅上校函聯勤總部，擬向臺灣採購軍品一批，包括：30 機槍彈 1 百萬發、30 步槍彈 1 百萬發、50 機槍彈 1 百萬發。聯勤總部表示該批彈藥如在 3 個月內收到信用狀及辦理簽約，可在 1974 年 1 月底交貨。[43]

　　臺灣駐菲武官蔣天恩在 7 月 9 日電呈國防部賴名湯總長稱，菲軍方亟需 81 迫彈，請求臺灣能於近日派機先運 3 千發，降落尼可斯基地，菲國將支付現款。參謀次長汪中將於 7 月 12 日電話請示外交部長沈昌煥，據沈部長告稱，經請示蔣經國院長後，奉院長指示兩點：(1)為免爾後顧慮，外銷之彈藥，以無我方標誌者為宜。(2)本案係雙方政府間買賣，宜循外交途徑辦理。因此國防部在同一天電蔣天恩武官稱，「因菲國亟需彈

月 26 日。檔號：62_0800.33_3750-2_1_18_00045954。

40　國防部藏，案名：軍用物品外銷案，聯勤總司令部呈後勤參謀次長室轉呈參謀總長賴名湯，主旨：檢呈菲律賓擬向我採購彈藥項量及單價表一份（如附件），請核示，(62)續暢 0088 號，1973 年 6 月 5 日。檔號：62_0800.33_3750-2_1_2_00045954。

41　國防部藏，案名：軍用物品外銷案，聯勤總司令部呈國防部各單位會辦，主旨：菲律賓擬向我採購 7.62 機槍彈、7.62 步槍彈、81 迫彈 M43A1B1 裝 M37A1B1 引信三種項量如附件。因菲方需要迫切，對各項標誌認無顧慮，擬請准先由陸軍庫存撥供。我方對保留現有標誌有無顧慮及所呈單價表如附件，請核示，(62)續暢字第 088 號，1973 年 6 月 15 日。檔號：62_0800.33_3750-2_1_1_00045954。

42　國防部藏，案名：軍用物品外銷案，後勤四處簽呈副參謀總長，主旨：菲律賓急需 81 彈 3 千發擬請我先派機運菲案，請核示，1973 年 7 月 18 日。檔號：62_0800.33_3750-2_1_3_00045954。

43　國防部藏，案名：軍用物品外銷案，聯勤總部呈後勤參謀次長室，轉呈參謀總長賴名湯上將，(62)續暢字第 0107 號，1973 年 6 月 23 日。檔號：62_0800.33_3750-2_1_4_00045954。

藥，現無庫存，請轉知菲方歉難及時供應，有關本案菲方擬向我採購彈藥案，速請示劉（鍇）大使意見後見復。」[44]

依據駐菲大使劉鍇轉來菲國國防部次長沙連特斯（Manuel O. Salientes）於8月15日來函，菲國擬向臺灣採購30口徑槍彈2百萬發、60迫彈2千發及50口徑槍彈1萬發。其中30口徑槍彈及60迫彈部分，前准菲駐臺大使館節略，經呈奉院長核可在案。至於50口徑槍彈則係菲方新提洽購者。[45]

參謀總長賴名湯上將在8月15日簽呈行政院蔣經國院長稱，以前奉蔣院長核准供售菲國之彈藥計有：(1) 81迫砲彈1.3萬發（其中3千發菲已派機運回）。(2) 7.62槍彈126萬發。以上均已簽約，並由聯勤製造中。7月26日，菲國要求擬續購81迫砲彈2千發、30步槍彈2百萬發。菲國又要求上述採購彈藥中，先行緊急交運7.62機彈10萬發（由陸軍庫存供應）和30槍彈20萬發（由聯勤製交）。本案供售彈藥需使用部分美援機器及合作生產技術資料，需獲得美軍顧問團團長之同意。[46] 8月22日，蔣院長核定該增購案，由聯勤總部與菲方辦理簽約製售。[47]

8月23-25日，菲國國防部後勤局副局長萊康拉利（Col. Lacanlale）來臺觀摩兵工設施及洽購M60 7.62機槍50挺、30空包彈1百萬發、5.56彈1千萬發、105戰防榴彈2千發。其中M60 7.62機槍必須獲得美軍顧問團之同意。美國政府同意臺灣對菲國上述軍售，但要求臺灣支付權益費40,285美元。美國政府並表示今後凡經美方以優惠提供軍援計畫之設施，所生產之美國設計軍品，如欲售賣或轉讓第三國，均將無法獲得批准。[48]

[44] 國防部藏，案名：軍用物品外銷案，國防部電駐菲武官處，1973年7月12日。檔號：62_0800.33_3750-2_1_4_00045954。

[45] 國防部藏，案名：軍用物品外銷案，外交部亞東太平洋司司長周彤華函國防部次長汪奉曾，主旨：菲律賓軍方續向我洽購50口徑槍彈1萬發，請核辦，亞太(62)字第1444號，1973年8月27日。檔號：62_0800.33_3750-2_1_15_00045954。

[46] 國防部藏，案名：軍用物品外銷案，參謀總長賴名湯簽呈蔣經國院長，主旨：菲律賓向我增購彈藥案，1973年8月15日。檔號：62_0800.33_3750-2_1_9_00045954。

[47] 國防部藏，案名：軍用物品外銷案，國防部令陸空聯勤總部，(62)雁飛字第02490號，1973年8月22日。檔號：62_0800.33_3750-2_1_9_00045954。

[48] 國防部藏，案名：軍用物品外銷案，聯勤後勤四處呈參謀總長，主旨：美方函覆有關我

　　8 月 31 日，菲國要求臺灣提前交貨，將尚未交貨的 81 迫彈 12,000 發、7.62 步槍彈 90 萬發、30 槍彈 180 萬發，由菲國準備在 9 月 5 日派船一次運回。[49]

　　9 月 5 日，駐菲劉鍇大使轉來菲國軍方擬向臺灣採購軍品，經行政院長核可，並以下述原則請外交部答覆菲方，(1)海軍用 3 吋彈 1 萬發，現無生產能量，無法供售。(2) M41 戰車、M113 裝甲車及其他類型之車輛，榴彈砲及其他陸軍火砲、C-47、C-123 及 F-86 飛機之零件及其引擎之翻修，無法供售。其引擎及主件之翻修，原則同意。實施項目須待雙方作進一步之洽商。(3)供維持治安使用之裝備、車輛及補給品，原則同意供售。所需確切項目等，須待進一步之洽商。[50]

　　12 月 12 日，菲國國防部後勤次長克魯斯海軍上校向臺灣駐菲大使館武官處表示，菲國急需向臺灣軍購 81 迫砲高爆彈 3.5 萬發，菲國並獲得美國駐菲國軍事顧問團之同意。菲國請臺灣報價。[51]

　　1974 年 1 月 4 日，菲國駐臺大使館武官艾斯德羅上校函聯勤總部稱，同意上次美方所需求之權益費於下次售菲國彈藥案中併計支付，並詢價 81 迫砲高爆彈 3.5 萬發。其中 6 千發希比照上次交貨方式，儘速交貨。[52]

　　1 月 17 日，菲國駐臺大使館武官艾斯德羅上校函聯勤總部，擬採購軍品，81 迫砲高爆彈 3.5 萬發。美國要求臺灣支付該筆軍售之權益金 35,290 美元。另外，臺灣還要支付去年 8 月美國要求的權益金 40,285 美元。結

售菲彈藥案及擬售新加坡軍品案情形，請核示，1973 年 11 月 27 日。檔號：62_0800.33 _3750-2_1_32_00045954。

[49] 國防部藏，案名：軍用物品外銷案，聯勤後勤四處呈參謀總長，主旨：菲律賓向我採購彈藥要求提前交貨案請核示，1973 年 8 月 31 日。檔號：62_0800.33_3750-2_1_13_0004 5954。

[50] 國防部藏，案名：軍用物品外銷案，國防部函外交部，(62)雁飛字第 02671 號，1973 年 9 月 13 日。檔號：62_0800.33_3750-2_1_15_00045954。

[51] 國防部藏，案名：軍用物品外銷案，中華民國駐菲律賓大使館軍事武官處呈參謀總長賴名湯，(62)武字第 3233 號，1973 年 12 月 13 日。檔號：62_0800.33_3750-2_1_40_00045 954。

[52] 國防部藏，案名：軍用物品外銷案，聯勤總部呈後勤次長室，(63)達剛字第 0005 號，1974 年 1 月 11 日。檔號：62_0800.33_3750-2_1_43_00045954。

果菲國武官建議由兩國平均分攤該權益金。臺灣同意，將之列入單價計算，以便菲國報帳。臺灣在 2 月中旬、下旬各交付 3 千發，其餘 2.9 萬發在 4 月底交清。由於菲國急需該項軍品，臺灣還為此延展陸軍年度託製 60 迫彈從原訂 6 月份交貨延後一個月。[53]

　　2 月 12 日，駐菲大使劉鍇電外交部稱，菲國國防部次長沙連特斯擬向臺灣採購 30 口徑步槍子彈之彈殼、底火及彈丸各 1 百萬件。[54] 3 月 1 日，聯勤總部正式向參謀總長賴名湯呈請核准。菲國訂購 30 口徑步槍子彈 300 萬發及 30 彈之銅殼、底火及彈丸各 1 百萬件。30 口徑步槍子彈為菲方所急需，仍請由陸軍庫存調撥，嗣後由聯勤總部生產 7.62 彈歸屯。由於聯勤總部目前及下一年度均不生產 30 彈，故所需零件無法供應。[55] 菲國派船艦 TK-79 號先於 3 月 30 日至基隆，裝載 81 迫砲彈 2.5 萬發，於 4 月 1 日抵高雄港運回先撥交的 30 口徑步槍子彈 100 萬發。[56]該項軍售案涉及使用美援機器，因此美國政府同意臺灣供售菲國 30 口徑步槍子彈 300 萬發彈藥（M1 步槍用），收取權益金 22,950 美元。[57]

[53] 國防部藏，案名：軍用物品外銷案，聯勤總部呈國防部後勤參謀次長室，轉呈參謀總長，主旨：檢呈菲律賓向本部採購彈藥品名數量單價表三份如附件，請鑒核，(63)達剛字第 0015 號，1974 年 1 月 30 日。檔號：62_0800.33_3750-2_1_48_00045954。

[54] 國防部藏，案名：軍用物品外銷案，外交部函國防部，主旨：菲律賓軍方妳繼續向我購買零點三零口徑步槍子彈之彈殼、底火及彈丸各 1 百萬件，請優予考慮核辦見復以憑轉復，外(63)亞太二 02226 號，1974 年 2 月 15 日。檔號：62_0800.33_3750-2_3_31_00045956。

[55] 國防部藏，案名：軍用物品外銷案，聯勤總司令部呈後勤次長室轉呈參謀總長賴名湯上將，主旨：菲律賓訂購 30 步槍彈 3 百萬發及 30 彈零件底火、銅殼、彈頭各乙百萬發，請鑒核，(63)達剛字第 0043 號，1974 年 3 月 1 日。檔號：62_0800.33_3750-2_3_26_00045956。

[56] 國防部藏，案名：軍用物品外銷案，聯勤總司令部令兵工生產署和物資署，主旨：菲律賓向本部訂購 30 步槍彈 3 百萬發，經核定供售，並先行交貨乙百萬發由華航五一七九於 0331 往高雄接運，希於 0330 前完成交貨準備，請照辦，(63)達剛字第 0066 號，1974 年 3 月 28 日。檔號：62_0800.33_3750-2_3_46_00045956；國防部藏，案名：軍用物品外銷案，聯勤總部上校組長楊世發致電話給後勤室少校參謀吳為軍，協調情形：菲派艦來臺裝運彈藥情形，1974 年 4 月 3 日 0850。檔號：62_0800.33_3750-2_3_44_00045956。

[57] 國防部藏，案名：軍用物品外銷案，美軍援華顧問 w 團聯勤總部顧問組首席顧問函中華民國聯勤總司令鄭為元上將，來文文號：MGCSF，1974 年 3 月 22 日。檔號：62_0800.33_3750-2_3_44_00045956。

　　2 月 13 日，菲國國防部物資參謀次長艾斯匹里圖准將函聯勤總部，擬向臺灣採購 81 迫砲彈及 MK-2 之手榴彈之各項另（零）件，以及 M1A1 方片藥 60 萬份。臺灣國防部同意前兩項軍品報價，至於後者，因涉及需使用美援機器，正向美方洽請同意及詢問權益金。[58]

　　7 月 13 日，菲國駐臺大使館致函聯勤總部，擬向臺灣採購 105 榴彈 1 萬發，並請臺灣先提供榴彈供試射。[59]臺灣同意供售並提供 12 發免費試射，請菲方邀請臺灣駐菲武官參觀試射。[60]

　　由於菲國自 1972 年 9 月頒佈戒嚴令後，菲國海軍加強在其海域之巡邏任務，至 1973 年 6 月已扣留 13 艘進入其海域捕魚及採珊瑚的臺灣漁船。[61]雙方時生衝突，周書楷政務委員於 1974 年 7 月 28 日訪菲，會談有關防止越境捕魚及兩國聯合海軍巡邏事宜。他在行前預擬菲方可能提出之問題，我方之答覆，及我方視情形提請菲方注意各點。他預擬關於臺、菲海軍建立聯合巡邏問題，他在備忘錄中記載：「中（臺）、菲一水之隔，唇齒相依，蘇俄艦隊不時出入臺海及巴士海峽，而中（臺）、菲間對於中華民國漁船捕魚及採珊瑚時有糾葛，中華民國在原則上願考慮與菲海軍建立聯合巡邏之類的合作辦法。（註：安全局王永樹局長在上星期中（臺）、菲情報會議時曾告知菲方以無聯合巡邏之必要，但與菲方達成下列協議：(1)中（臺）、菲海軍各自在領域內巡邏。(2)加強情報交換。(3)發現不利於中（臺）、菲二國之目標時，雙方協同處理。(4)有進入對方領海必要之時，應先徵得對方同意後始得進入。）」[62]

---

[58] 國防部藏，案名：軍用物品外銷案，國防部參謀次長室函菲律賓國防部物資發展參謀次長艾斯匹里圖准將，1974 年 3 月 12 日。檔號：62_0800.33_3750-2_3_37_00045956。

[59] 國防部藏，案名：軍用物品外銷案，外交部函國防部，主旨：菲律賓擬向我採購 105 榴彈事，請查照，外(63)亞太二字第 10713 號，1974 年 7 月 16 日。檔號：62_0800.33_3750-2_5_4_00045958。

[60] 國防部藏，案名：軍用物品外銷案，國防部函外交部亞太司，主旨：菲律賓擬請我提供 105 榴彈樣品以供試射後再行採購乙案，請貴部惠賜卓見，請查照，(63)衡征字第 1720 號，1974 年 7 月 12 日。檔號：62_0800.33_3750-2_5_1_00045958。

[61] 「我十三艘漁船被菲律賓扣留，裕順一號沉沒船員獲救」，中央日報，1973 年 6 月 7 日，版 3。

[62] 國史館藏，〈周書楷訪菲律賓預擬菲方可能提出問題之答覆暨視情形提請菲方注意之各

他在此備忘錄中，特別提及臺灣對菲國之軍售不可針對菲國南部的回教徒，「年來中華民國售予菲國大批軍火，為避免發生上述菲方誣指（菲國誣指在叛亂地區發現中華民國所製 M14 槍枝）及在越南美方所遭遇之同樣困擾計，中方應要求菲方勿將此項軍火落入政府軍以外之手中。菲方所稱叛亂分子，倘包括南部回教少數種族在內，中方在供給菲方軍火時，應取得菲方承諾，中方所製軍火不得使用於對付上述回民。」[63]

11 月 15 日，菲國駐臺大使館武官艾斯德羅上校致函臺灣外交部稱，菲國為維持國內和平及秩序，並訓練其軍隊，擬向臺灣採購 81 迫砲彈 M37A1 型引信管 2 萬個。菲國於 12 月 6 日派波音 707 飛機一架來臺先運回 81 迫砲彈引信 2 萬個，並轉往高雄裝載以前訂購尚未提運之 30 彈。彈藥之外包裝，除了英文規格、程式、體積及重量外，均消除臺灣製造之任何標誌。[64]

12 月，臺灣駐菲大使館武官蔣天恩上校電呈臺灣國防部稱，菲國陸軍總司令沙加拉少將請臺灣贈送 81 迫砲及 M14 步槍樣品各一，俾供參考。國防部同意贈送 81 迫砲一門，但 M14 步槍因與美國訂有協議，不宜贈送及供售。[65]

12 月，菲國擬向臺灣採購 81 迫砲彈 M37A1B1 型引信 3 萬個及 30 槍彈發射藥 6 公噸。臺灣報價 81 迫砲彈引信每 1 萬個計價 18,947 美元，30 槍彈發射藥每公噸計價 4,287.012 美元。[66]

點），「蔣經國與各界往來函札（九）」，蔣經國總統文物，1974 年 7 月 28 日。數位典藏號：005-010502-00022-011。

63 同上註。

64 國防部藏，案名：軍用物品外銷案，外交部函國防部，主旨：菲律賓擬向我採購 81 迫彈 M37A1 型引信管 2 萬個，本部同意由貴部供售，請核辦見復，外(63)亞太二字第 17606 號，1974 年 11 月 18 日。檔號：62_0800.33_3750-2_5_37_00045958。；國防部藏，案名：軍用物品外銷案，聯勤總司令部令兵工生產署和物資署，主旨：菲律賓向本部訂購 81 迫砲彈 2 萬個已核定簽約供售，請即完成交貨準備，希照辦，(63)達剛字第 0306 號，1974 年 12 月 6 日。檔號：62_0800.33_3750-2_5_38_00045958。

65 國防部藏，案名：軍用物品外銷案，國防部聯勤參謀次長室函外交部亞太司，沒有發文文號，1974 年 12 月 17 日。檔號：62_0800.33_3750-2_5_39_00045958。

66 國防部藏，案名：軍火外銷案，國防部令聯勤總部，主旨：菲律賓擬購 81 迫彈 M37A1B1 引信 3 萬個及 30 槍彈發射藥 6 公噸案准按貴總部所報 81 迫彈引信每一萬個

　　1975 年 1 月，菲國國防部請臺灣儘速供售 105 榴砲砲彈 3 千發，由於該武器係使用美援機器及技術資料製造，需獲得美方同意，國防部曾請美方告知權益金數額，但美方迄未答覆。如菲方需求迫切，可請其向美國政府催請速同意我方供售該項軍品。[67]

　　3 月，臺灣贈送菲國 81 迫擊砲樣品一門運交菲國。[68]

表 10-1：聯勤總部至 1975 年 3 月供售菲國軍品數量及交貨情況統計表

品名	單位	訂購數量	已交貨數量	未交貨數量	備考
30 步槍彈	顆	3,000,000	2,393,392	606,608	已收到信用狀及簽訂協議書
81 迫砲彈引信	個	20,000	20,000		價款已收
同上	個	30,000		30,000	已簽訂協議書及收到支票
30 槍彈發射藥	公噸	6		6	已簽訂協議書，未收到信用狀
105 榴彈	發	3,000	未核定供售		已收到信用狀
30 步槍彈	顆	5,000,000			續購案件未呈報國防部
81 迫砲彈零件	套	50,000			續購案件未呈報國防部
TNT	公噸	50			
卡柄槍零件	套	1,500,000			
手榴彈引信	個	100,000			

附記：1. 105 榴彈 3,000 發乙案建議以美方未同意供售為由，退回信用狀。
　　　2. 國防部 64.1.17.(64)山峰 078 號令核定贈送菲陸軍 81 迫砲樣品乙門，應如何處理，請核示。

資料來源：國防部藏，案名：軍火外銷案，聯勤總司令部函後勤參謀次長室，主旨：檢送本部供售菲律賓彈藥交貨情況統計表三份如附件，暨不履行合約應負法律責任及本部意見如說明，函覆查照，(64)裕保字第 0140 號，1975 年 3 月 28 日。檔號：55_0800.33_3750_4_38_00045952。

計價 1 萬 8947 美元及 30 槍彈發射藥每公噸計價 4287 美元 12 美分供售，希照辦，(64)山峰字第 062 號，1975 年 1 月 14 日。檔號：55_0800.33_3750_4_25_00045952。

[67] 國防部藏，案名：軍火外銷案，國防部令駐菲武官處，(64)山峰字第 209 號，1975 年 2 月 20 日。檔號：55_0800.33_3750_4_31_00045952。

[68] 國防部藏，案名：軍火外銷案，聯勤總司令部呈後勤參謀次長室，主旨：檢送本部供售菲律賓彈藥交貨情況統計表三份如附件，暨不履行合約應負法律責任及本部意見如說明，函覆查照，(64)裕保字第 0140 號，1975 年 3 月 28 日。檔號：55_0800.33_3750_4_38_00045952。

　　3 月 24 日，菲國駐臺大使館武官艾古德羅上校致函後勤參謀室，擬向臺灣採購 81 迫砲彈 5 萬發、手榴彈 MK-2M204 引信 10 萬件。[69]

　　菲國在 4 月 30 日派遣專機一架抵達屏東機場，裝運菲國向臺灣採購的已簽約尚未提貨的 30 彈 60 萬發、81 迫彈引信 3 萬個、30 發射藥 6 公噸。此外，其餘各項停辦。[70]此乃指菲國羅慕斯將軍在 2 月要求臺灣供售 57 無座力砲及砲彈，臺灣並未生產該型火砲及砲彈。[71]

　　由於菲律賓正在與北京政權洽談建交事宜，故臺灣國防部在 4 月決定婉拒菲國採購軍品之申請。[72]

　　至 1975 年 5 月，菲國續購軍品數量如表 10-2：

表 10-2：至 1975 年 5 月菲律賓三軍繼續申購彈藥品名數量統計表

30 步槍彈	顆	5,000,000
81 迫砲彈零件	套	50,000
TNT	公噸	50
卡柄槍零件	套	1,500,000
手榴彈引信	個	100,000
30 步槍彈底火	個	2,000,000
30 卡柄彈發射藥	公噸	2
30 步槍彈	發	9,000,000
30 卡柄彈另件		訂購數量菲國駐臺武官艾斯德羅上校正查證中。
45 手榴彈另件		訂購數量菲國駐臺武官艾斯德羅上校正查證中。

　　資料來源：國防部藏，案名：軍火外銷案，聯合勤務總司令部呈後勤參謀次長室轉呈參謀總長賴名湯，(64)裕保字第 0237 號，1975 年 5 月 26 日。檔號：55_0800.33_3750_4_44_00045952。

[69] 國防部藏，案名：軍用物品外銷案，菲駐臺大使館武官處函參謀次長室，1975 年 3 月 24 日。檔號：62_0800.33_3750-2_5_48_00045958。

[70] 國防部藏，案名：軍火外銷案，臺灣駐菲大使館蔣天恩武官電後勤次長董中將，編號：A0906，1975 年 4 月 28 日。後勤次長室承辦員陸軍上尉周惠文在該公文上之簽註意見。檔號：55_0800.33_3750_4_46_00045952。

[71] 國防部藏，案名：軍火外銷案，國防部電臺灣駐菲大使館武官處，1975 年 3 月 7 日。檔號：55_0800.33_3750_4_46_00045952。

[72] 國防部藏，案名：軍火外銷案，國防部函外交部，主旨：請對已簽約並已收信用狀供售菲律賓彈藥案惠賜卓見，請查照，(64)山峰字第 403 號，1975 年 4 月 4 日。檔號：55_0800.33_3750_4_37_00045952。

6 月 9 日，臺灣與菲國斷交，兩國所簽訂的友好條約及所有其他官方的協定亦告結束。[73]此時臺灣青華企業公司致函國際貿易局稱，菲律賓兵工廠擬向臺灣採購軍需設備及軍用品一批。國防部在 6 月 19 日函經濟部國貿局稱，限於供應能量，歉難報價。[74]後勤參謀次長室承辦員陸軍上尉周惠文在該公文上簽註意見說，此案乃臺灣青華企業公司於 1974 年 5 月 17 日致函國際貿易局稱，菲律賓兵工廠擬向臺灣採購軍需設備及軍用品一批，[75]「查有關菲國向我國採購軍品案，曾奉院長第 1414 次院會中指示：『……售予菲彈藥一事，即行停辦。』且械彈交易應以政府對政府之間交易，故本案擬函覆國貿局予以婉拒。」[76]

二、代製軍品

除了對菲國有軍售外，臺灣亦代菲國製造軍品。1969 年 4 月中旬及 12 月 2 日，菲國派代表雷悅斯上校（Col. Roberto Reyes）至臺，與後勤參謀次長室上校處長董萍等協商簽署「中（臺）、菲彈藥加工協議書」，臺灣同意幫助菲國加工製造下述軍品：(1) M2-30 步機彈 5 百萬發，每發 0.0566 美元。(2) M1-30 卡柄彈 290 萬發，每發 0.02364 美元。(3) M1911-45 手槍彈 130 萬發，每發 0.03408 美元。總金額為 395,860 美元。主要生產材料由菲國負責向美國採購，運至高雄碼頭，並由美國國防部經由美軍

---

[73] 包括民國 36 年 4 月 18 日簽訂中菲友好條約，民國 39 年 10 月 23 日簽訂中菲空運臨時協定，民國 53 年 8 月 25 日簽訂的臺菲技術合作行政協定，民國 54 年 7 月 2 日簽訂的臺菲技術合作協定，民國 59 年 6 月 10 日簽訂的臺菲文化專約。

[74] 國防部藏，案名：軍火外銷案，國防部函經濟部國際貿易局，主旨：貴局函轉有關菲律賓貿易商擬向我採購軍需設備及軍用品案，因限於供應能量，歉難報價，覆請查照，(64)山峰字第 754 號，1975 年 6 月 19 日。檔號：55_0800.33_3750_4_45_00045952。

[75] 這批軍火包括：1.建一整套 5.56 公釐之子彈製造設備，生產量每年約 2 千萬發（以每天工作 8 小時計）。2.雷管需要量：(1) 9 百 50 萬個 Primers for rifle cal.30 M2 Garand。(2) 5 百 40 萬個 Primers of Carbin。(3) 1 百 10 萬個 Primers for cal.45。3.槍彈鋼模（brass strips）。4.槍彈模子。參見青華企業股份有限公司致經濟部國際貿易局汪彝定局長函。國防部藏，案名：軍火外銷案，經濟不國際貿易局函國防部，貿(64)OO 字第 10770 號，1975 年 6 月 9 日。檔號：55_0800.33_3750_4_46_00045952。

[76] 同上註。

駐臺軍事顧問團交臺灣接收。[77]該約在 1970 年 2 月 12 日由聯勤總部聯四三處處長董萍上校和菲國駐臺大使館武官范德斯上校簽字生效，基於臺、菲邦交敦睦，聯勤總部同意提前撥交 30 步機彈 3 百萬發、卡柄彈 200 萬發和 45 手槍彈 130 萬發，由菲方負責用船運回。[78]上述代工製造彈藥案在 1970 年 3 月 13 日如數交貨。[79]

三、援贈菲國軍機

菲國副國防部長吉達雅（Gedaya）於 1994 年 4 月訪臺時，提出請求，並透過外交管道向臺灣外交部申請後轉國防部辦理。此援贈案，空軍已完成整備，並經美國同意，待命飛交。惟前參謀總長劉和謙上將以菲國對臺灣不友善，批示暫緩執行。外交部則以近來菲國與臺灣實質關係尚稱密切，既已承諾，宜照案執行，以增進雙方友好關係。[80] 1995 年 9 月 2 日，李登輝總統批准援贈菲 F-5B 軍機。12 月 8 日，空軍總司令黃顯榮上將率員 7 人赴菲國參加臺灣援菲 F-5B 軍機交接典禮。[81]

第六節　未能阻止菲國入侵南沙島礁

1956 年 3 月 1 日，菲律賓海事專科學校校長克洛馬（Tomas Cloma）組探險隊前往南沙群島探險。4 月 29 日，菲律賓航海學校四號船侵入太

---

[77] 國防部藏，案名：菲律賓託製械彈協議案，外交部函國防部，外(58)亞太二字第 21957 號，1969 年 12 月 23 日。檔號：58_0800.49_4411_1_4_00046011。

[78] 國防部藏，案名：菲律賓託製械彈協議案，聯勤三處簽呈副參謀總長鄭為元，主旨：「中菲彈藥加工協議書」簽字經過，簽請鑒核，1970 年 2 月 12 日。檔號：58_0800.49_4411_1_1_00046011。

[79] 國防部藏，案名：菲律賓託製械彈協議案，臺灣警備總司令部核准彈藥出入境許可證(69)勝仲字第 1843 號，1970 年 3 月 13 日。檔號：58_0800.49_4411_1_5_00046011。

[80] 國防部藏，案名：鄭和號交艦成軍典禮，參謀總長羅本立簽呈總統，1995 年 8 月 31 日。檔號：80_1952_8742_1_5_0005730。

[81] 國防部藏，案名：國軍官兵赴各國參觀訪問考察，總統府參軍長陳廷寵函參謀總長羅本立一級上將，(84)華總（二）參建字第 0316 號，1995 年 11 月 20 日。檔號：45_0641_6015_5_21_00045210。

平島活動。5 月 11 日，克洛馬與其弟費里隆‧克洛馬（Filemon Cloma）
和 40 名船員前往南沙群島探險，在太平島等島上升菲國國旗，宣布「正
式擁有」南沙群島，並將所佔領的島嶼改名為「卡拉揚群島
（Kalayaan）」，意即「自由地群島（Archipelago of Freedomland）」。5
月 15 日，克洛馬致函菲國副總統兼外交部長賈西亞（Carlos Garcia），
表示已佔領南沙群島。在他所附的地圖上，標示的「卡拉揚群島」包括南
沙群島中重要的島嶼，如南威島、太平島、中業島、鴻庥島、南海礁等。
他強調是基於「發現和佔領之權利」而宣布「卡拉揚群島」是「自由之
地」，因為這些島嶼位在「菲律賓海域之外，不屬於任何國家管轄之
內」，他丈量這些島嶼距離巴拉望島以西 3 百海里，有 64,976 平方英
里。

　　5 月 10 日，菲國副總統兼外長賈西亞公然宣稱菲國在南海中發現
「既無所屬又無居民」的島嶼，因此菲國繼發現之後，有權予以佔領。5
月 21 日，克洛馬又向菲外長發出第二封信函，表示「此一領土主張乃係
菲公民所為，並不『代表菲政府』，因為我們並未獲菲政府授權。因為若
經菲政府授權，將可能使該群島變成菲律賓領土之一部分的後果。基此理
由，我希望及請求菲政府支持及保障我們的主張，不要在聯合國提出另一
個主張，以免招引他國的反對。」[82]

　　1956 年 5 月 30 日，臺灣外交部部長葉公超為南沙群島事第二次邀約
菲國駐臺大使雷慕士談話，葉部長稱據報柯爾馬（即克洛馬）已經離開南
沙群島，但留下 29 人繼續佔領南沙島礁，並均攜有武器，請菲政府採取
措施將全部人員撤回。雷大使稱在本月 28 日第一次會談後就電呈麥格賽
賽（Ramon Magsaysay）總統。雷大使出示該一電文，並建議兩點：第
一，菲政府公開承認中國（臺）對南沙群島之領土主權；第二，菲政府除
獲得中國（臺）政府許可外，柯爾馬（即克洛馬）所留在各島上之人員，
應儘速撤離。[83]

---

[82] Marwyn S. Samuels, *Contest for the South China Sea*, Methuen, New York and London
Methuen & Co., 1982, p.82.

[83] 國防部藏，案名：南沙巡曳計畫案，國防部令海軍總司令，主旨：茲隨令抄送外交部葉

　　6 月 7 日，臺灣派遣立威部隊巡視南沙群島，發現南威島上之菲律賓人和漁船均已離去。以後規定登陸南沙各島之前應先用各種信號彈向島發送，以便偵察島上是否仍尚有人跡。[84]

　　6 月 27 日，克洛馬派赴太平島人員返菲，攜回臺灣國旗一面，經臺灣外館人員交涉，要求其將臺灣國旗交還我方使館。6 月 29 日，克洛馬函臺灣駐菲使館，表示歉意，惟該函妄稱我方人員將彼在太平島上之標誌毀壞與移動亦屬不當。7 月 2 日，菲駐臺使館函臺灣外交部，菲國政府對克洛馬之行為事前不知情，亦未予同意，已告知克洛馬將國旗交還臺灣駐菲使館並面致歉意。

資料來源：國史館藏，「陳誠副總統數位照片—南沙群島地誌」，陳誠副總統文物，1956 年 7 月。數位典藏號：008-030800-00007-011。

圖 10-1：南威島上的石碑

部長為南沙群島事第二次正式邀約菲律賓駐華大使雷慕士談話記錄、駐菲大使館呈外交部電文及葉部長簽呈各一份，(45)崧崙字第 223 號，1956 年 6 月 14 日。檔號：44_541.5_4022_1_3_00025190。

[84] 國防部藏，案名：南沙巡曳計畫案，海軍總司令部令立威部隊姚指揮官，主旨：據報南威島之菲律賓人及漁船均已離去，俟後到各島之前，仍應先用各種信號彈向島發送，以便偵察島上是否仍尚上留有人跡，1956 年 6 月 7 日。檔號：44_541.5_4022_1_30_00025190。

資料來源：國史館藏，「陳誠副總統數位照片—南沙群島地誌」，陳誠副總
統文物，1956 年 7 月。數位典藏號：008-030800-00007-011。

圖 10-2：南威島上鳥類飛翔蔽天

資料來源：國史館藏，「陳誠副總統數位照片—南沙群島地誌」，陳誠副總
統文物，1956 年 7 月。數位典藏號：008-030800-00007-003。

圖 10-3：1956 年 7 月臺灣軍艦航抵太平島西端

7 月 6 日，克洛馬在馬尼拉表示，將在南沙群島中太平島東北方約 50
海里之中業島（Thitu Island）設立「自由地之自由領土（Free Territory of
Freedomland）」政府，首都設在中業島（菲名為 Pag-asa），自認國家最

資料來源：國史館藏，「陳誠副總統數位照片—南沙群島地誌」，陳誠副總
統文物，1956 年 7 月。數位典藏號：008-030800-00007-010。

圖 10-4：中業島西端

高委員會主席，並將立即請求將該所謂「自由邦」置於菲律賓共和國保護
之下。臺灣國防部令威遠部隊抵達太平島後前往中業島巡視，如發現克洛
馬所派人員在該島逗留，應即依照本部 6 月 28 日(45)昇昌字第 167 號令
所訂原則妥為處理。[85]

　　7 月 7 日，克洛馬率菲海事學校學員 3 人，攜臺灣國旗一面至臺灣駐
菲使館，表示歉意。[86]

　　10 月 1 日晚上 7 點 20 分，寧遠部隊支隊長胡嘉恆電特遣指揮官稱：
發現北子礁有機動船一艘拋錨，經接近，係懸掛菲律賓旗，現正派員前往
檢查。[87]

　　10 月 1 日晚上 7 點 45 分，寧遠部隊支隊長胡嘉恆電指揮官稱：(1)該
菲律賓機動船係菲海事學校訓練船 PMI-460，船主為克洛馬之弟費里隆‧

---

[85] 國防部藏，案名：南沙巡曳計畫案，國防部令海軍梁總司令，(45)崧崙字第 279 號，
　　1956 年 7 月 17 日。檔號：44_541.5_4022_1_81_00025190。

[86] 俞寬賜和陳鴻瑜主編，外交部南海諸島檔案彙編（下冊），第 III(5):007-017 號檔案，
　　外交部研究設計委員會編印，臺北市，1995 年 5 月，頁 895-903。

[87] 國防部藏，案名：南沙巡曳計畫案，寧遠部隊支隊長胡嘉恆電指揮官，來報總號：
　　0148，1956 年 10 月 1 日。檔號：44_541.5_4022_2_25_00025191。

克洛馬，即前往太平島之機動船。(2)該船有船員 17 人，上載卡賓槍 3
枝、45 手槍 1 枝，船泊北子礁之南 170 碼，發現時見有 5 人由陸地登舢
舨返船。(3)船主已允錨泊候我方處理。(4)該船究應如何處理，謹電核
示。[88]

　　寧遠部隊支隊對該船實施臨檢，並請費里隆‧克洛馬及輪機長鄧斯柯
（B. Danseco）到「太和艦」上接受偵訊，隨即將船員和船釋放，並警告
他們不得侵犯臺灣領土。船上有卡賓槍 3 枝、0.45 手槍 1 枝，由臺灣海軍
保管，以免發生不幸事件，臺灣海軍告以此非沒收。後由臺灣政府將槍械
轉交菲駐臺使館。[89]嗣後，克洛馬特為此事到紐約，希望菲國駐聯合國大
使能向聯合國提出有關此事件之議案，結果失敗。[90]

　　1957 年 5 月 13 日，克洛馬登陸南子礁（Southwest Cay）時曾在島上
遇美軍測量隊 13 人，旋即撤走。[91] 6 月 6 日，東京一家東洋貿易公司與
克洛馬合作計畫開發南沙的燐礦，準備輸往日本，曾組 8 人代表團前往南
沙，到過某島遇到在島上設立雷達站的美軍。[92] 1968 年 4 月 5 日，菲國
一艘 SF 型軍艦到南沙太平島附近，臺灣在太平島上之守軍發信號燈查
問，未獲答覆，遂對空射擊示警，菲國軍艦始離去。[93]

　　1970 年 8 月 23 日，菲國派軍艦佔領馬歡島，將之改名為「拉瓦克島
（Lawak）」，並派駐軍隊。1971 年 4 月 14 日，又侵佔南鑰島，改名為
「科塔島（Kota）」，並派駐軍隊。4 月 18 日，侵佔中業島，改名為
「巴格沙島（Pagasa）」，駐軍 30 多人。7 月 30 日，菲國派軍侵佔西月

---

[88] 國防部藏，案名：南沙巡弋計畫案，寧遠部隊支隊長胡嘉恆電指揮官，來報總號：
0173，1956 年 10 月 1 日。檔號：44_541.5_4022_2_24_00025191。

[89] 見海軍巡弋南沙海疆經過，臺灣學生書局，臺北市，1975 年，頁 170。寧遠部隊奉海軍
總部電指示，收繳菲船上武器，並轉告菲人該武器將轉交菲使館，以免其與我駐島守軍
發生誤會。海軍總部同時電示需取得菲船上任何物件及未予騷擾之證明，但山繆爾斯卻
說我海軍沒收菲船上的武器和部份彈藥，而未提及我國政府的處理方式。（見 Marwyn
S. Samuels, *op.cit.*, p.85.）

[90] Marwyn S. Samuels, *op.cit.*, p.85.

[91] 俞寬賜和陳鴻瑜主編，前引書（下冊），第 III(5):055 號檔案，頁 948。

[92] 俞寬賜和陳鴻瑜主編，前引書（下冊），第 III(5):059 號檔案，頁 953。

[93] 俞寬賜和陳鴻瑜主編，前引書（下冊），第 III(5):066-067 號檔案，頁 962-964。

島（改名為利卡斯島，Likas）和北子島（改名為帕洛拉島，Parola），並派駐軍隊。至該年 10 月，菲國在南沙佔領了 5 個島，且都派駐了軍隊。

第七節　空軍緊急撤運菲律賓和琉球計畫

臺灣國防部在 1958 年 11 月曾計畫實施代號為「飛雁計畫」。依據第三次中（臺）、美協調會議定書討論綱要 2,B,(5)，臺灣使用琉球、菲律賓基地一案，海空軍總部應即與美方協調有關借用手續，及必要預期準備事宜。空軍總司令部對此案請空軍作戰署表示意見，該署認為菲律賓有主權，使用菲國基地非經過雙方政府協商不可。應請外交部協商。[94]此「飛雁計畫」最後獲行政院批准，並預撥 11.49 萬美元作為專款備用，主要是作為當飛機移駐琉球或菲律賓基地時飛行員之生活費。[95]

為什麼臺灣的空軍飛機要移駐菲律賓或琉球的美軍基地，文件檔案說是遇到颱風時的臨時措施。不過，臺灣空軍基地都有機堡，遇到颱風時，足以防風避雨。因此，該項計畫可能有其他考量因素。從時間點來看，是否是為了因應 1958 年 8 月 23 日爆發金門砲戰？臺灣擔心空軍飛機遭到攻擊或避難，所以和美國協商在緊急情況下空軍移駐菲律賓和琉球？無論如何，此僅有計畫，而實際未執行。

第八節　海軍敦睦艦隊友好訪問

海軍官校有畢業時率艦訪問友邦的儀節。1970 年，海軍官校 59 年度（1970）暑期遠航訓練，於 4-6 月間訪問泰國、菲律賓和南韓等國，返國

---

[94] 國防部藏，案名：空軍緊急撤運（飛雁）計畫案，空軍總司令部作戰署函美顧問團空軍組，事由：為函請對本軍緊急移駐琉球菲律賓等基地使用意見由，(47)鍛鋼發 1006 號，1958 年 10 月 4 日。檔號：45_541.6_3010-5_2_5_00025231。

[95] 國防部藏，案名：空軍飛雁計畫（防颱遷琉）人員旅費案，行政院令國防部，主旨：案據該部(47)荷蒼字第 5874 號呈略以空軍飛雁計畫（即緊急撤運至沖繩及菲律賓美軍基地計畫）所需經費 11.49 萬美元請撥發專款並准結匯備用等情，臺(47)歲五字第 2383 號，1958 年 11 月 19 日。檔號：43_0251.7_3010_1_29_00035254。

時訪問琉球，官校應屆畢業生共 113 人，總共搭乘 DD、DE、PF 型三艘軍艦。[96]

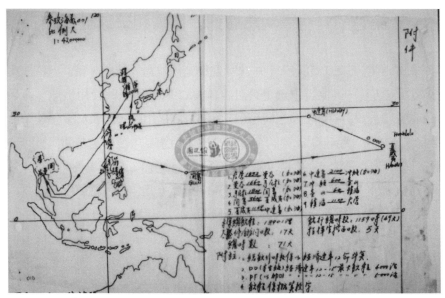

資料來源：中央研究院近代史研究所檔案館藏，冊名：我海軍官校學生艦隊敦睦演習訪
　　　　　問泰紐澳菲等，海軍總司令部函外交部，(58)賡教字第 2696 號，1969 年 12
　　　　　月 1 日。館藏號：11-29-07-03-004。

圖 10-5：「五九年度敦睦艦隊」訪問行程

　　1973 年 7 月 2 日，臺灣海軍「六二」敦睦支隊「文山」和「富陽」兩艦由沈鐸少將率領，訪問西貢、曼谷、新加坡和馬尼拉，[97]於 7 月 29 日返臺。

　　1974 年 7 月 1 日，臺灣海軍十一和四十三號軍艦及海軍官校應屆畢業生組成的「六三」敦睦艦隊由指揮官黃希賢少將率領 3 艘軍艦訪問菲國

---

[96] 中央研究院近代史研究所檔案館藏，冊名：我海軍官校學生艦隊敦睦演習訪問泰紐澳菲
　　等，海軍總司令部函外交部，(58)源教字第 2999 號，1969 年 12 月 31 日。館藏號：11-
　　29-07-03-004。

[97] 「海軍敦睦艦隊出航訪東南亞」，中央日報，1973 年 7 月 3 日，版 3。

馬尼拉、泰國曼谷、南韓鎮海和仁川，於 8 月 3 日返臺。[98]

　　1975 年，「海軍六四（1975）敦睦演習」訓練，於 7-8 月間訪問關島、菲律賓馬尼拉及新加坡等地，有應屆畢業生 163 人及有關官兵共 750 人，分乘驅逐艦及砲艇各一艘。[99]該次遠航原本計畫訪問西貢，因為西貢已淪陷為越共統治，而改至新加坡。

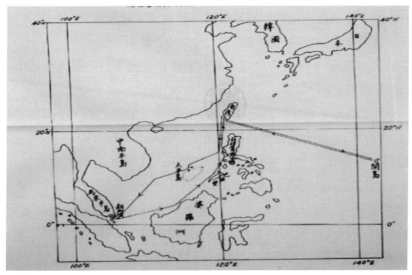

資料來源：中央研究院近代史研究所檔案館藏，冊名：敦睦艦隊，海軍總司令部函外交部，(64)源教字第 1182 號，1975 年 4 月 8 日。館藏號：11-01-05-10-01-005。

圖 10-6：「海軍六四（1975）敦睦演習」訓練行程

第九節　高層軍官互訪

　　菲律賓因為與臺灣有邦交，所以雙方高層軍官互訪頻繁，其中有些是參訪美軍在菲國之軍事基地。

---

[98] 「海軍敦睦艦隊定今載譽歸來」，中央日報，1974 年 8 月 4 日，版 3。

[99] 中央研究院近代史研究所檔案館藏，冊名：敦睦艦隊，海軍總司令部函外交部，(64)源教字第 1182 號，1975 年 4 月 8 日。館藏號：11-01-05-10-01-005。

　　1959 年 4 月，臺灣派遣海軍總司令部總務處海軍上校處長胡嘉桓前往菲國參觀美軍基地。6 月，臺灣參謀總長王叔銘邀請菲國參謀總長凱柏爾（Manuel Cabal）中將率軍事代表團訪臺一週。11 月 22-28 日，菲國民航局邀請空軍副總司令徐煥昇中將等三人前往菲國參加第 12 屆航空週慶祝大會，臺灣派 F100F 機參加表演。

　　1960 年 2 月 7 日，參謀總長彭孟緝應菲國參謀總長凱柏爾的邀請訪菲。3 月，臺灣派遣國防部總務局副局長總務軍官儲雲程上校等 7 人訪菲，參觀美軍營區設施，並將該項人選通知美軍顧問團。[100]

　　4 月 4-9 日，臺灣警備總司令黃杰應菲全國警察總監康波（Isagani Campo）邀請訪菲。

　　5 月 2 日至 7 日，菲國總統賈西亞應蔣中正總統之邀，偕同第一夫人訪臺。隨行的官員有眾院議長羅莫德茲（Daniel Romualdez）夫人、外長塞拉諾、新聞部長尼貝爾（Jose C. Nable）、國防部長聖多士（Alejo Santos）、商務部長李姆（Manuel Lim）、國會參議院外交關係委員會代主席參議員普雅（Gil Puyati）、國會眾議院外交委員會主席密特拉（Ramon Mitra）。雙方在會後的聯合公報中說：「雙方認為中（臺）、菲兩國是自由世界安全體系中重要的一環，決心要繼續改善雙方的防衛力量，藉以對抗共黨侵略的共同威脅。」雙方並強調將加強增進雙邊貿易。[101]他參觀聯勤兵工生產。

---

[100] 國防部藏，案名：國外考察與參觀案（四十九年），國防部令總務局人事行政局、連絡局、陸海空總部，主旨：核定儲雲程上校等七員赴菲率賓參觀由，(49)祺禧字第 155 號，1960 年 2 月 20 日。檔號：48_411.1_6015-2_4_33_00022997；48_411.1_6015-2_4_34_00022997。

[101] 「中菲政府發表聯合公報決心增強防衛實力，共同抵制共產侵略」，中央日報，1960 年 5 月 7 日，版 1。

資料來源：國史館藏，「領袖照片資料輯集（三十六）」，蔣中正總統文物，1960 年 5 月 2 日。數位典藏號：002-050101-00038-062。

圖 10-7：蔣中正總統接見菲國總統賈西亞（一）

資料來源：國史館藏，「領袖照片資料輯集（三十六）」，蔣中正總統文物，1960 年 5 月 2 日。數位典藏號：002-050101-00038-074。

圖 10-8：蔣中正總統接見菲國總統賈西亞（二）

7 月 14 日，菲律賓軍事訪問團參觀金門前線。

11 月 25-29 日，菲國民航局邀請臺灣空軍副總司令王衛民中將、情報署長空軍少將依復恩、上尉隨從參謀羅輔聞等三人乘空軍專機前往菲國參加第 13 屆航空週慶祝大會。國防部並另派情報軍官空軍上尉黃孫育隨機前往負責蒐集各國新機種之技術情報資料。[102]

12 月 4 日，菲國總統馬嘉柏皋（Diosdado Macapaqal）伉儷訪臺，會晤蔣中正總統。

資料來源：國史館藏，「領袖照片資料輯集（一〇一）」，蔣中正總統文物，1960 年 12 月 4 日。數位典藏號：002-050101-00103-246。

圖 10-9：蔣中正總統接見菲國總統馬嘉柏皋

1961 年 10 月 24-27 日，菲國國防部副部長楊戈夫婦訪臺，會見蔣中正總統、副參謀總長賴名湯。

1962 年 11 月 19-25 日，菲國政府在馬尼拉舉行國際航空表演及太空問題座談會，邀請臺灣派遣飛行隊前往表演。臺灣派遣 F-104 機 4 架前往

---

[102] 國防部藏，案名：國外考察與參觀案（四十九年），空軍總司令部呈參謀總長彭孟緝，主旨：為改派副總司令空軍中將王衛民率隨員三員應邀參加菲律賓航空週衹鑒核由，(49)陶陸發字第 248 號，1960 年 11 月 15 日。檔號：48_411.1_6015-2_6_39_00022999。

參加作飛行通過表演。[103]

　　1963 年 3 月 20-23 日，陳誠副總統應馬嘉柏皋總統之邀訪菲，隨員包括陳誠夫人、外長沈昌煥、財長嚴家淦、國防部副部長梁序昭、新聞局長沈劍虹、農村重建聯合委員會主委沈宗翰、經濟部顧問李國鼎。在會後的聯合公報中，雙方同意加強土改合作，交換經驗，並同意竭盡一切努力維護兩國安全與亞洲和平。

　　美國邀請臺灣派遣海軍兩棲部隊司令部副司令陳振夫少將等 5 人於 1964 年 2 月 21 日赴琉球及蘇比克灣基地參加「枕戈演習」作業與觀察聯絡，為期 21 天（不含往返途程）。[104]

資料來源：國史館藏，「副總統陳誠訪問菲律賓新聞圖片選輯（一）（52年）」，陳誠副總統文物，1963 年 3 月 20 日。數位典藏號：008-030604-00041-001。

圖 10-10：陳誠副總統伉儷訪問菲律賓

---

[103] 國防部藏，案名：空軍雷虎小組赴菲律賓參加航空週及戰鬥機炸射大會，總統府第二局函國防部作戰次長室，事由：為所呈應邀派機參加菲律賓航空表演一案已奉批准復請查照由，(51)局沅 0579 號，1962 年 9 月 27 日。檔號：41_0420_3010_1_5_00041367。

[104] 國防部藏，案名：國軍軍官赴沖繩島參觀訪問考察，參謀總長彭孟緝簽呈總統，事由：擬准海軍兩棲部隊司令部副司令陳振夫少將等五員赴沖繩及菲律賓蘇比克參加「枕戈」演習作業與觀察聯絡，恭請鑒核示遵由，1964 年 2 月 18 日。檔號：46_0641_6015_1_3_8_00045223。

資料來源：國史館藏，「副總統陳誠訪問菲律賓新聞圖片選輯（一）（52
　　　　　年）」，陳誠副總統文物，1963 年 3 月 20 日。數位典藏號：
　　　　　008-030604-00041-001。

圖 10-11：菲國總統馬嘉柏皋親至機場迎接陳誠副總統

　　1964 年 9 月，臺灣駐菲武官空軍上校盧茂吟報稱，菲國參謀總長仙
道斯上將（General Alfredo M. Santos）擬率領軍事人員 7 人於 10 月 3 日
來臺參訪，並擬參加雙十節國慶大典，嗣後將轉赴泰國參加東南亞公約組
織會議。9 月 5 日，蔣總統諭准。[105]但因菲總統賈西亞擬於 10 月 5 日訪
美，故仙道斯上將伉儷及隨員一行 9 人改在 1965 年 2 月 10 日至 15 日訪
臺，他在 12 日獲蔣總統接見，另由駐菲大使代頒給二等大綬雲麾勳章一
座。[106]他拜會國防部部長蔣經國、婦聯分會、先烈獻花、飛彈營、參謀
總長彭孟緝歡宴、參觀桃園土地改革館、石門水庫、傘兵部隊、訪問日月
潭、博物院、歷史館、公館基地和省府。

---

[105] 國防部藏，案名：菲律賓總統賈西亞及軍事人員訪華，總統府第二局函情報次長室，主
　　旨：為復所呈擬邀請菲律賓參謀總長訪華，局敏 0596 號，1964 年 9 月 7 日。檔號：
　　40_0420_4411_1_12_00041385。

[106] 國防部藏，案名：菲律賓總統賈西亞及軍事人員訪華，總統府第二局函情報次長室，主
　　旨：為復所呈菲律賓參謀總長訪華請賜見並授勳一案，局敏 0114 號，1965 年 2 月 12
　　日。檔號：40_0420_4411_1_12_00041385。

1964 年 9 月 29 日，美國太平洋總司令夏普上將函臺灣國防部稱，該總部將於本年 11 月 28 日至 12 月 5 日在菲律賓和琉球地區舉行新兵器演習，擬邀請參謀總長彭孟緝率海軍副總司令劉廣凱中將、空軍副總司令雷炎均中將共三人前往參觀。

1965 年 7 月 2 日，臺灣駐菲前武官盧茂吟上校電空軍總部稱，菲國空軍總司令狄榮准將（B/G Victor H. Dizon）擬於今秋訪臺，可否由我方空軍總部出面邀請。蔣中正總統在 8 月 13 日諭可。[107]

1966 年 7 月 28-30 日，菲律賓參謀總長馬他上將訪臺，拜會參謀總長黎玉璽。7 月，臺灣駐菲大使館武官空軍上校蔣貽曾報稱，菲國保安軍總部第二署署長沙巴隆尼斯中校來函，請求安排該部總司令范納斯可准將於本年 7 月下旬左右訪臺，藉以觀摩我方保安部門工作情形做為借鏡。蔣中正總統於 7 月 9 日批可。[108]

1968 年 5 月 27-31 日，菲國國防部副部長米爾喬伉儷等 27 人率 F-5 戰鬥機 4 架、C-47 運輸機乙架來臺作軍事友好訪問。渠此次來訪係代表菲國政府答謝我國對促進臺、菲友好之努力，並與臺灣空軍交換特技飛行之經驗。渠拜會菲駐臺大使、蔣經國部長、高魁元參謀總長、馬紀壯副部長、外交部沈昌煥次長、空軍總司令賴名湯，參觀聯勤總部、金門及行政院退除役官兵輔導委員會、臺灣水泥公司高雄廠、高雄加工出口區、港務局及硫酸亞廠和日月潭。[109]

7 月 12 日，菲律賓國防部軍事訪問團拜會國防部總政治作戰部執行官王昇，由副主任阮成章簡報。

[107] 國防部藏，案名：菲律賓總統賈西亞及軍事人員訪華，總統府第二局函情報次長室，主旨：為復所呈空總請邀菲律賓總司令狄榮准將來華訪問一案，局正 0664 號，1965 年 8 月 16 日。檔號：40_0420_4411_1_13_00041385。

[108] 國防部藏，案名：邀請友邦將領訪華，參謀總長黎玉璽簽呈總統，主旨：菲律賓保安軍總司令范納斯可准將訪華恭請鑒核，1966 年 7 月 7 日。檔號：55_0460_3830_1_6_0004 1668。

[109] 國防部藏，案名：邀請友邦將領訪華，參謀總長高魁元簽呈總統，主旨：為菲律賓國防部副部長米爾喬夫婦訪華恭請鑒察由，1968 年 5 月 24 日。檔號：55_0460_3830_1_27_ 00041668。

資料來源：國史館藏，「領袖照片資料輯集（三十七）」，蔣中正總統文物，1960/07/16。數位典藏號：002-050101-00039-102。

圖 10-12：蔣中正總統與菲律賓訪臺軍事團人員合影

資料來源：國史館藏，「臺灣新生報底片民國六十二年（十）」，臺灣新生報，1973 年 6 月 19 日。數位典藏號：150-031200-0010-045。

說明：左一為狄亞士准將。

圖 10-13：1973 年 6 月 19 日菲律賓保安軍第一軍區司令狄亞士准將訪臺

1970 年 8 月，菲國海軍總司令巴巴准將對臺灣駐菲大使館武官稱，渠夫婦願於本年 9 月間訪臺。蔣中正總統於 9 月 5 日諭可。[110]

1972 年 3 月 14-24 日，海軍總司令宋長志應泰國皇家海軍總司令甲蒙上將及菲國海軍總司令瑞茲准將邀請，率隨員 5 人訪問泰、菲，回程順便考察新加坡海軍。

1973 年 3 月 1-4 日，臺灣警備總司令陸軍二級上將尹俊應菲律賓保安軍司令羅慕斯准將邀請，率隨員 5 人訪菲。

5 月 14-18 日，聯勤總司令鄭為元應菲國三軍參謀長艾斯比諾上將之邀，率隨員 4 人訪菲。

1974 年 7 月 28 日至 8 月 13 日，參謀總長賴名湯應美國和菲律賓邀請，率隨員 3 人參訪菲國三軍後勤作業。

臺、菲在 1975 年 6 月 9 日斷交，菲國要求臺灣在菲國的官方代表在一個月內撤除。菲國教育部在 6 月 4 日宣佈所有在菲國的華僑學校從 1976 年 1 月起要改為菲校。7 月 7 日，臺灣正式關閉駐菲大使館。7 月 17 日，菲國派遣原任駐臺大使拉普斯（Ismael Lapus）來臺，商討斷交後兩國繼續維持密切關係的相關問題，最後雙方同意互設經濟文化中心，並同意互派的主任人選。8 月，臺灣在馬尼拉設太平洋經濟文化中心駐馬尼拉辦事處，並在原設有領事館的宿務與納卯，設立分處。菲國則於 12 月在臺北設立亞洲交易中心外，將來如有需要可在其他地區（如高雄）設立分處。

由於臺灣和菲國斷交，菲國外交部通知美國駐菲大使館，自 6 月 9 日起菲政府不准臺灣使用在菲美軍基地各種設施，所以臺灣國防部在 1975 年 6 月 25 日令陸、海、空軍各總司令部召回派赴菲國各軍事學校班受訓（實習）及入亞洲管理學院進修人員，這些人員包括在菲國三軍官校受訓

---

[110] 國防部藏，案名：邀請友邦將領訪華，參謀總長賴名湯簽呈總統，主旨：邀請菲律賓海軍總司令訪華恭請鑒核，1970 年 8 月 31 日；國防部藏，案名：邀請友邦將領訪華，總統府第二局函國防部情報次長室，主旨：為復所呈擬邀請菲律賓海軍總司令巴巴准將訪華一案，(59)臺統（二）局錦 0216 號，1970 年 9 月 7 日。檔號：55_0460_3830_2_7_00 041669。

之薛朝勇、曾念三，菲蘇比克灣美海軍修船廠許陶鑾、陳自勝，菲律賓情報學校高級軍官班的張旭東、菲律賓亞洲管理學院的陳文雄、婁天仲、張子能、韓金昆、楊蓉昌、龍文馨、周惠俊等 12 人。[111]

　　儘管臺、菲斷交，但以後還有高層軍官互訪，例如，1983 年 3 月，聯勤總司令蔣緯國接到菲國前駐臺大使納西索‧羅慕斯（Narciso Rueca Ramos）之函，謂菲國國防部長恩里烈（Juan Ponce Enrile）邀請他訪菲國。

　　1988 年 10 月 21-25 日，臺灣國防部長鄭為元邀請菲國國防部長羅慕斯（Fidel V. Ramos）將軍暨夫人一行 3 人訪臺，拜會國防部長鄭為元、國防部參謀總長郝柏村、警備總司令陳守山、外長連戰、國安局長宋心濂、俞國華院長，並晉見李登輝總統。[112]

　　1990 年 10 月 2-4 日，臺灣國防部長陳履安邀請菲國國防部長羅慕斯將軍暨夫人一行 5 人訪臺，並獲李登輝總統接見。[113]

第十節　結　論

　　菲律賓與臺灣鄰近，在冷戰的反共氛圍下，雙邊維持了外交關係，同時也因為美國在菲國有軍事基地，所以臺灣和菲國的軍事往來關係亦很密切。在 1950 年代初，臺灣的經濟還沒有起飛，工業技術也還在起步階

---

[111] 中央研究院近代史研究所檔案館藏，冊名：中菲軍事合作，國防部令陸、海、空軍各總司令部、函外交部，主旨：貴總部派赴菲律賓各軍事學校班受訓（實習）暨入亞洲管理學院 r 進修人員（詳如附冊），因我國已與菲方中止外交關係，應即全部召回，希照辦，(64)道達字第 1944 號，1975 年 6 月 25 日。館藏號：11-01-05-10-01-001。

[112] 國防部藏，案名：友邦軍事人員訪華，國防部長鄭為元簽呈李登輝總統，1988 年 10 月 18 日。檔號：75_0460_4004_1_7_00041673；國防部藏，案名：友邦軍事人員訪華，總統府代電國防部鄭部長，(77)華總（二）志字第 0085 號，1988 年 10 月 22 日。檔號：75_0460_4004_1_7_00041673。

[113] 國防部藏，案名：友邦軍事人員訪華，國防部長陳履安簽呈李登輝總統，1990 年 10 月 1 日。檔號：75_0460_4004_1_8_00041673；國防部藏，案名：友邦軍事人員訪華，總統府代電國防部陳部長，(79)華總（二）恕字第 0083 號，1990 年 10 月 2 日。檔號：75_0460_4004_1_8_00041673。

段。為了獲取美國的新進軍事科技，所以臺灣和美國在 1951 年 2 月簽訂軍援協定，由美國協助臺灣建設軍品製造機器，並獲美國授權在臺灣製造。美國本以臺灣自行使用為目的，沒有想到東南亞國家相繼向臺灣軍購，因為臺灣軍品報價較他國為低，所以爭相向臺灣採購。菲國向臺灣軍購的 81 迫砲彈、105 榴砲砲彈、30 口徑步槍子彈（M1 步槍用）是由美國授權製造，所以美國要收取權益金。基於臺、菲友好關係，所以該筆權益金由臺、菲各負擔一半。

菲國總統賈西亞曾在 1960 年 5 月訪臺，接任的總統馬嘉柏皋亦於 1960 年 12 月訪臺，1963 年 3 月 20 陳誠副總統應馬嘉柏皋總統之邀訪菲，為兩國高層訪問最高峰，總統以下的高層軍官亦互訪頻繁。儘管如此，臺、菲之間隔著巴士海峽和南海，菲國竟然在 1958 年 5 月意圖染指蘭嶼，對外宣稱蘭嶼為菲國領土，[114] 1970 年也意圖染指南沙群島，宣稱南沙群島為其領土，1971 年 4 月佔領中業島與附近的 7 個小礁嶼，使得臺、菲關係蒙上陰影。最令人扼腕的是，菲國出兵佔領南沙島礁時，正是菲國積極向臺灣購買軍品，而臺灣如數同意其購買。

菲國軍校實施美式教育和訓練，為增進臺、菲軍事關係，菲國特別邀請臺灣派遣軍校學生前往受訓。臺灣曾數次派遣空軍飛機前往參加菲國飛行通過表演和海軍官校學生率艦前往菲國進行敦睦訪問。

臺灣在 1975 年與菲國斷交，對菲國的軍售也就停止。以後雙方軍方高層偶爾還有互訪。菲國副國防部長吉達雅於 1994 年 4 月訪臺時，請臺灣贈送菲國一架 F-5B 戰機，基於友好關係，外交部堅持贈送，國防部持保留態度，最後李登輝總統還是批准同意贈送。孰料 1995 年南沙群島情勢緊張，3 月 31 日臺灣保七總隊派巡護一、二、三號三艘巡護船從高雄出發前往南沙護漁。菲國三軍參謀總長恩里烈在同一天表示，菲國海軍準備和進入南沙群島中菲國聲稱擁有主權地區的任何臺灣船隻對抗。[115] 4

---

[114] 瞿韶華主編，中華民國史事紀要（初稿）—民國 47 年 4 至 6 月份，5 月 9 日，國史館出版，臺北縣，1991 年 12 月，頁 359-360。

[115] 「保七三艘巡護船昨啟航赴南沙」、「若臺灣船隻進入南沙菲主權地區，菲海軍宣稱將與我對抗」，中央日報，1995 年 4 月 1 日，版 4。

月 3 日，警政署長盧毓鈞表示，巡護船航行到東沙群島已完成本次巡護任務，為了人船安全及避免引發更複雜的國際衝突，巡護船就折回澎湖，不到南沙群島護漁了。[116]在此次事件後，臺灣在同年 12 月 8 日將 F-5B 戰機運交菲國，讓人疑惑，到底外交部所講的為了維護雙方關係所為何來？雙方既已斷交，臺灣對菲國的善意卻被糟蹋。

---

[116] 「南沙不去了，保七航向澎湖，盧毓鈞：置保警與隨船人員於險境是不負責作法」，中央日報，1995 年 4 月 4 日，版 1。

第十一章　結　論

一、東亞冷戰圍堵網的形成

冷戰是一種權力或勢力集團之間的對峙，他們彼此之間利用各種手段進行競爭、對抗和衝突，其目的在宣揚自己集團之政治、經濟、社會和文化各方面的表現皆優於對方集團。以美國為首的西方集團，自詡其政治民主、尊重人權及經濟繁榮，貶低對手集團為專制、沒有自由和人權、經濟發展落後。在東亞地區，基於意識形態不同而進行的對峙，長達將近四十年，在該一時段，很多不同意識形態的國家之間，除了沒有邦交外，人民亦沒有來往，商品亦沒有交流。

不同意識形態國家之間的戰爭起源於德國希特勒政權，它初期僅是針對週鄰小國的波蘭、捷克等入侵，隨後聯合法西斯主義國家的義大利和日本發動第二次世界大戰，很快地其勢力席捲整個西歐，除了英國之外。面對法西斯主義及國家資本主義集團國家，西歐的民主資本主義國家不是其對手，美國乃與蘇聯等社會主義國家聯合對抗法西斯主義，從而可看出一個明顯的態勢，就是資本主義集團聯合社會主義集團對抗法西斯主義集團。

在東亞地區，蔣中正在 1936 年 12 月 12 日西安事變後，改變對中共的態度允許國共合作聯合抗日，此也符合當時美國和蘇聯的期望，希望中國國共兩黨合作抗日，以後直到二戰結束為止，蔣中正領導的重慶政府暫停剿共，其結果就是讓中共的勢力在國際大環境下日益茁壯。

社會主義集團和資本主義集團首度爆發對立，是始自於朝鮮半島。1945 年 8 月 9 日，蘇聯軍隊攻下了北朝鮮，9 月 7 日美國佔領了南朝鮮。1947 年 10 月 17 日，美國將朝鮮問題提交聯合國大會，11 月 14 日，通過

朝鮮獨立方案，設立聯合國朝鮮臨時委員會，由中華民國、加、澳、薩爾瓦多、法、印度、菲、敘利亞、烏克蘭等九國為委員。聯大決議朝鮮半島在 1948 年 5 月以前，在該委員會觀察下舉行普選。普選完成後，召開國民大會，組成統一的政府。蘇聯認為聯大該項決議違法，不允許該委員會人員入境北朝鮮行使觀察。

1948 年 2 月 26 日，聯大通過南韓先行單獨選舉，成立政府並保留三分之一的國會代表額，以待北韓參加。5 月 10 日，南韓舉行普選。30 日，組成制憲會議。7 月 17 日，公布大韓民國憲法。20 日，選出李承晚為大統領，李承晚當時為韓國海外臨時政府駐美代表。12 月 12 日，聯合國以 48 票對 1 票通過大韓民國政府為合法政府。

事實上，由蘇聯「共產國際」支持的叛亂活動，最早是中共在 1931 年 11 月 7 日在中國江西瑞金的叛亂，成立「中華蘇維埃共和國」，這是東亞地區第一個共黨政權，1934 年 10 月遭政府軍擊潰。

「共產國際」在印度支那的代表胡志明在 1930 年在香港成立越南共產黨，後「共產國際」認為越南共產黨僅限於越南一地，無法包括寮國和柬埔寨等地，所以要求其改名為「印度支那共產黨」。1941 年，胡志明在越北成立「越南獨立同盟」（越盟），1945 年 9 月 2 日趁日本投降之際，成立越南民主共和國，這是第二個在東亞地區成立的共黨國家。

蘇聯見到美國在南韓成立政府，也在 1948 年 8 月 25 日在北韓舉行選舉，27 日通過憲法，選出金日成為內閣總理。9 月 9 日，成立朝鮮民主主義人民共和國。這是東亞地區成立的第三個共黨政權。以美國為首的資本主義集團和以蘇聯為首的共產集團，開始在朝鮮半島對峙。

受「共產國際」指揮的印尼共黨在 1920 年成立。1946 年 3 月 17 日，印尼共黨主席陳馬六甲在茉莉芬發動叛亂、1948 年 9 月 17 日，印尼共黨在蘇拉卡達發動暴動，由蘇卡諾領導的共和國軍隊加以鎮壓，共黨軍隊退入東爪哇的茉莉芬，號召民眾推翻印尼共和國政府，成立「印尼人民共和國」（Indonesian People's Republic），這是東亞地區成立的第四個共黨政權。9 月 30 日，共和國軍隊佔領茉莉芬，逮捕陳馬六甲，1949 年 2

月將之處死。[1]

1930 年 11 月，菲律賓共產主義者伊凡吉利斯塔（Crisanto Evangelista）退出勞工黨，另組親莫斯科的菲律賓共產黨（Partito Kommunista ng Pilipinas，PKP）。[2]菲共一直從事反政府的叛亂活動，沒有成立政府組織。

1949 年 10 月，中國發生巨大的變動，國民黨政權垮臺，中共控制整個中國大陸。這是東亞成立的第五個共黨政權，也是最具威脅性的。

從前述東亞各地相繼出現的共黨政權可知，其背後都是蘇聯在支持，美國雖然感受到這些此起彼伏的共黨政權和游擊隊活動對當地民主政府構成嚴重威脅，但美國並未採取聯合對抗的行動。直至 1950 年 6 月，北韓軍隊越過 38 度線入侵南韓，美國才感覺事態嚴重，北韓是在蘇聯和中國的支持下發動南侵行動。因此美國透過聯合國組織 17 國的維和軍隊進駐朝鮮半島，才阻擋共黨勢力南下。

接著，印度支那半島爆發戰爭，法國在 1954 年奠邊府戰役中落敗，雖然日內瓦和約規定南北越以北緯 17 度線為界，越南的「越盟」的軍隊應撤出柬埔寨和寮國，然而「越盟」軍隊不僅沒有撤出，還在 1960 年後滲透進入南越，企圖從南部瓦解南越政府，越南戰爭從北越和法國之間的戰爭轉變成北越和美國之間的戰爭。同樣地，柬埔寨和寮國再度陷入共黨叛亂的困境。美國為了應付越戰，也採取聯合多國之力量防堵北越共黨勢力南下之策略。北越也形成一個集團力量，它背後獲得蘇聯、中國和東歐國家集團的支持。

為了強化西方集團之力量，美國相繼分別與東亞國家簽署雙邊或多邊的共同防禦或安全條約，構成一個對共產勢力外擴的「圍堵（containment）」網。臺灣剛好位在該張美國所構織之「安全網」的紐帶

---

[1] M. C. Ricklefs, *op.cit.*, 2001, pp.260-263. 但 Bernhard Dahm 的書說陳馬六甲在 4 月 16 日在東爪哇的布里塔（Blitar）被共和國軍隊殺害。參見 Bernhard Dahm, *History of Indonesia in the Twentieth Century*, Praeger Publishers, London, New York, 1971, p.140.

[2] David A. Roseberg, "Communism in the Philippines," *Problems of Communism*, Vol.XXXIII, No.5, September-October, 1984, pp.24-46; Richard F. Staar (ed.), *Yearbook on International Communist Affairs 1976*, Hoover Institution Press, 1976, p.359.

地位，在冷戰時期扮演了支持美國「安全網」的角色。

二、臺灣與東南亞國家之軍事關係的特點

　　歸納言之，臺灣對東南亞國家發展之軍事關係，有下述幾種類別：軍售、代訓軍警人員、贈予軍品、協助訓練飛行員、協助訓練海軍人員、政戰和心戰訓練、空投和運補、提供訓練場地、支援船艦運輸、派駐軍事醫療隊、合作建據點、敦睦艦隊訪問、軍事人員互訪、參觀軍事設施和基地等。

表 11-1：臺灣與東南亞國家之軍事關係類別

類別＼國別	軍售	代訓軍警人員	贈予軍品	協助訓練飛行員	協助訓練海軍人員	政戰和心戰訓練	空投和運補	提供訓練場地	支援船艦運輸	派駐軍事醫療隊	合作建據點	敦睦艦隊訪問	軍事人員互訪	協助國民黨軍隊撤至臺灣	參觀軍事設施和基地
印尼革命軍	v	v		v			v								
越南		v	v	v	v	v	v		v	v		v	v		v
束埔寨		v	v	v		v	v						v		
寮國			v				v				v				
新加坡	v	v		v	v				v			v	v		
馬來西亞	v	v											v		
泰國	v	v										v	v	v	v
菲律賓	v	v										v	v		v

資料來源：筆者整理。

　　在 1950-80 年代，臺灣對東南亞國家提供軍售的時間不一，分別為對印尼革命軍之軍售是在 1958 年、對泰國之軍售是在 1966 年、對新加坡和菲律賓之軍售是在 1973 年，對馬國之軍售是在 1975 年。對於越南、束埔寨和寮國三國則沒有軍售，而是軍援。臺灣具有自製武器之能力，諸如無

後座力砲、迫擊砲、機關槍、步槍、手榴彈和這類武器之砲彈和子彈。臺灣出售這類武器和彈藥的價格低廉，亦極具國際競爭力，因此頗受東南亞國家歡迎。總的來看，因為軍品售價低，臺灣從中賺的外匯亦不豐厚。何況臺灣製造的軍品若涉及使用美國製造的器具和專利，則需受到臺灣和美國在 1951 年 2 月簽訂的軍援協定之約束，涉及美援物資，均需事前獲得美國同意，才能轉讓、出售或處理。美國可從中收取權益金。

　　分析言之，臺灣對外軍售制訂有下述幾項原則，第一，需為有邦交關家；第二，若無邦交，需為反共國家。第三，需透過「政府與政府」關係簽約，亦可透過民間公司代理，而由政府授權。第四，為了保密，民間公司需獲得外交部和國防部信任者。第五，軍售對手國家，不得以臺灣之武器和彈藥對付第三國或與臺灣友好之國家。第六，採購臺灣軍品之國家，僅能將之用於對付共黨分子，不得用於對付境內反政府的回教勢力。第七，臺灣對外軍售以小型武器和彈藥為主，很少出售大型武器。第八，對外軍售以臺灣自製武器和彈藥為限，若是美援武器則需獲得美國同意。關於美援武器外銷他國係受到 1951 年臺、美所簽訂之「軍事援助協議」之規範，其中規定由軍事援助或軍援售予方式轉移臺灣之裝備或技術資料所生產之軍品，應先獲得美國同意，始能外銷。[3]第九，臺灣對外軍售非常注意受援國與周邊國家之關係，不以引發周邊國家情勢緊張為考慮，例如，臺灣在 1970 年 6 月準備軍援高棉時，就派駐泰大使沈昌煥告知泰國政府，以免引起懷疑。其次，臺灣自 1975 年開始對馬國軍售，擔心馬國利用該軍品對付新加坡，而此時臺灣和新加坡正在發展軍事合作關係，所以派員詢問李光耀的意見，得到不反對的意見後，臺灣才對馬國軍售。

　　臺灣對於越南和柬埔寨提供政戰和心戰訓練，是受到美國的支持，因為美國在這兩個國家所進行的戰爭遭到困難，這兩國的軍人缺乏堅定的反共民族主義，所以希望臺灣能協助改善軍心。然而，在越南實施的政戰訓

3　參見國防部藏，案名：軍火外銷案，聯勤總司令部呈後勤參謀次長室轉呈參謀總長賴名湯，主旨：謹呈本部首席顧問夏博爾上校就本部外銷菲律賓 M37A1B1 迫砲引信案洽談記錄一份如附件，請核備，(64)裕保字第 0202 號，1975 年 5 月 9 日。檔號：55_0800.33_3750_4_49_00045952。

練效果不佳，少壯派軍官連續發動政變，導致政局不穩，軍心動搖。在柬埔寨，臺灣提供的政戰訓練時間很短，只有三年多左右，最後龍諾政權就垮臺了。

臺灣對於「印尼革命軍」之軍援，原係受到美國之暗中要求提供的，後來蘇卡諾政府擊落美國人波普駕駛的飛機，美國介入印尼內政之事跡敗露，美國遂停止軍援印尼革命軍，但蔣中正總統卻欲罷不能，亟欲推翻親北京之蘇卡諾政權，繼續以自己的力量軍援印尼革命軍，最後在美國之壓力下才告停止。

同樣地，蔣中正總統對於緬東反共游擊隊，剛開始時也是獲得美國之支持，後來緬甸在 1953 年向聯合國控告，而且也揭發美國介入緬東事務的證據，美國才勸阻蔣中正的冒險行動。國民黨殘軍在 1953 年後從緬東撤至臺灣。然而蔣中正不甘就此罷手，仍暗中支持反共游擊隊在緬東活動，1961 年遭緬甸和中共聯手攻擊，才撤退一部分軍隊返回臺灣，一部分則撤入泰國北部。由於臺灣和泰國有邦交，泰國軍政權又是堅定的反共者，所以以後臺、泰發展出密切的軍事合作關係。

最為特別的是臺灣和新加坡的關係，兩國沒有邦交，但基於蔣經國和李光耀的個人情誼，臺灣對新加坡提供訓練場地以及協助訓練其空軍和海軍人員。李光耀所建立的華人政權，具有對周邊的馬來西亞和印尼的安全威脅感，所以積極發展武備，臺灣基於願意提供支援反共立場的新加坡政權的政策，所以發展出密切的軍事合作關係。

三、影響與效果

冷戰的反共氛圍，始得臺灣得以繼續維持和美國、菲律賓、泰國和南越的邦交關係，以及和馬來西亞的半官方的領事關係，與新加坡、高棉共和國、寮國和印尼革命軍密切的軍事合作關係。臺灣透過與上述諸國的軍事交流和軍售，建立了密切的合作關係，其基本軸線是反共，而不是針對友邦和回民。

然而，畢竟臺灣是一個小國，能發揮的作用有限，只能在美國建構的圍堵網下活動，稍一超過範圍都會遭到美國的勸阻，所以蔣中正無法在印

尼群島繼續推動反蘇卡諾活動、無法在緬東和寮北繼續推動反中共活動。隨著柬埔寨、南越和寮國的淪陷赤化,美國退出了印度支那半島事務,臺灣也跟著退出。同樣地,隨著馬來西亞在 1974 年、泰國和菲律賓在 1975 年與北京建交,臺灣與這三國中斷政治關係,惟與馬來西亞和泰國之軍事關係還存在,因為它們仍面對內部共黨分子之顛覆活動,需要臺灣提供軍品。

　　臺灣在 1975 年以前積極與東南亞國家發展軍事合作關係,固然是冷戰因素促成,亦與蔣中正的軍人性格有關,他自始至終以反共為志業,退據臺灣缺乏大腹地以實踐其反共事業,而以有限之軍事能力支援反共國家,稍能解其侷促小島之胸中抑鬱塊壘。隨著蔣中正總統之去世及美國與中國關係趨於緩解,臺灣不再像過去透過活躍的軍事關係施展其政治和經濟影響力,而趨於保守的對外軍事關係。

徵引書目

一、臺灣官方檔案

中央研究院近史所檔案館藏，外交部有關東南亞國家之檔案，臺北市，1949-1990 年。

中華民國外交部編，外交部公報，第 37 卷第 2 號，民國 61 年 6 月 30 日出版。

國史館藏，外交部、總統府、國民政府抗戰史料、蔣中正總統文物、蔣經國總統文物、有關東南亞國家之檔案，臺北市，1949-1990 年。

國防部史政編譯局藏，國軍檔案，支援泰國物資案，國防部民國 62 年 6 月 18 日簽呈行政院長蔣經國。檔號：0715.23/4040。

國防部史政編譯局藏，國軍檔案，支援泰國物資案，總長辦公室，民國 61 年 12 月至 63 年 3 月止，民國 61 年 12 月 21 日。檔號：0715.23/4040。按：段為段希文將軍，李為李彌將軍。

國防部史政編譯局藏，國軍檔案，檔名：雲南反共救國軍由緬回國案，「中美泰緬四國聯合軍事委員會緬境外軍撤離計畫初步協定」全文。檔號：542.5/1073，民國 42 年 7 月至 10 月。

國防部史政編譯局藏，總長辦公室檔案（民國 54 年 6 月至 55 年 7 月），檔名：軍援馬來西亞案（明駝計畫），檔號：0175.23/3750.3，民國 54 年 9 月 30 日，國安局函國防部後勤次長室，(54)伯猷 1452。民國 54 年 12 月 11 日，國安局函國防部後勤次長室，(54)伯猷 1979 號。

國防部史政編譯局藏，總統府檔案，檔名：「研究支援印尼革命軍作戰有關事項」，民國 47 年 2 月 26 日，「國防部聯戰計畫委員（前駐韓武官）楊學房報告呈參軍長」。檔號：47_0420/4040_1_1_00041382，總檔案號：00041382。

國防部史政編譯局藏，總統府檔案，檔名：「研究支援印尼革命軍作戰有關事項」，民國 47 年 6 月 7 日，「參謀總長王叔銘呈總統」。檔號：47_0420_4040_1_2_00041382。

國防部史政編譯局藏，總統府檔案，檔名：「研究支援印尼革命軍作戰有關事項」，民國 47 年 7 月 26 日，「參謀總長王叔銘呈總統」。檔號：47_0420_4040_1_3_00041382。

國防部史政編譯局藏，總統府檔案，檔名：「研究支援印尼革命軍作戰有關事項」，檔號：47_0420_4040_1_3_00041382，民國 47 年 7 月 26 日，「參謀總長王叔銘呈總統」。

國防部藏，國防部有關東南亞國家之檔案，臺北市，1949-1990 年。

二、聯合國文獻

Yearbook of the United Nations 1953, Department of Public Information, United Nations, New York, 1954.

Yearbook of the United Nations 1954, Department of Public Information, United Nations, New York, 1955.

三、美國官方檔案

"262. Report prepared by the Ad Hoc Committee on Interdepartmental on Indonesia for the National Security Council, Special report on Indonesia, Washington, September 3, 1957," John P. Glennon, ed., *Foreign Relations of the United States, 1955-57*, Vol.XXII, Southeast Asia, United States Government　Printing Office, Washington, 1989, pp.436-440.

"298.Telegram from the Department of State to the Embassy in Indonesia, Washington, November 25, 1957," John P. Glennon, ed., *Foreign Relations of the United States*, 1955-1957, South East Asia, Vol.XXII, United States Government Printing Office, Washington, 1989, pp.515-516.

Central Intelligence Agency, U.S.A., "Chinese Nationalist Irregulars Enter Laos," *Central Intelligence Bulletin*, Daily Brief, 21 May, 1959, pp.7-8.
https://www.cia.gov/readingroom/document/03156040
https://www.cia.gov/readingroom/docs/CENTRAL%20INTELLIGENCE%20BULL%5B1 5787630%5D.pdf　2021 年 2 月 23 日瀏覽。

Central Intelligence Agency, U.S.A., "Nationalist China Decides to Resupply Nationalist Irregulars In Burma," *Central Intelligence Bulletin*, Daily Brief, 1 December, 1959, p.3.
https://www.cia.gov/readingroom/document/03007350

Central Intelligence Agency, U.S.A., "Nationalist China Planning Additional Support for Irregulars in Burma Border Area," *Central Intelligence Bulletin*, Daily Brief, 11 February, 1960, p.3.
https://www.cia.gov/readingroom/document/03004634
https://www.cia.gov/readingroom/docs/CENTRAL%20INTELLIGENCE%20BULL%5B1 5798752%5D.pdf

Central Intelligence Agency, U.S.A., "Burmese Agreement Permits Chinese Communist military activities in Burma," *Central Intelligence Bulletin*, Daily Brief, 28 December, 1960, p.1.
https://www.cia.gov/readingroom/document/02993706

Office of the Historian, "108. Telegram From the Embassy in the Republic of China to the Department of State, Taipei, May 22, 1958," United States Department of State, *FRUS*, 1958-1960, Indonesia, Vol. XVII, https://history.state.gov/historicaldocuments/frus1958-60v17/d108　2020 年 5 月 11 日瀏覽。

Office of the Historian, "114. Telegram From the Commander in Chief, Pacific (Stump) to the Chief of Naval Operations (Burke), Honolulu, May 26, 1958," United States Department of State, *FRUS*, 1958-1960, Indonesia, Vol. XVII, https://history.state.gov/historical documents/frus1958-60v17/d114　2020 年 5 月 13 日瀏覽。

Office of the Historian, "152. Telegram From the Embassy in Indonesia to the Department of State, Djakarta, September 8, 1958," United States Department of State, *FRUS*, 1958-1960, Indonesia, Vol. XVII, https://history.state.gov/historicaldocuments/frus1958-60v17/

d152　2020 年 5 月 14 日瀏覽。

Office of the Historian, "78.*Telegram From the Embassy in Indonesia to the Department of State*, Djakarta, May 3, 1958," United States Department of State, *FRUS*, 1958-1960, Indonesia, Vol. XVII, https://history.state.gov/historicaldocuments/frus1958-60v17/d78　2020 年 5 月 10 日瀏覽。

Office of the Historian, "80. Telegram From the Embassy in Indonesia to the Department of State, Djakarta, May 6, 1958," United States Department of State, *FRUS*, 1958-1960, Indonesia, Vol. XVII, https://history.state.gov/historicaldocuments/frus1958-60v17/d80　2020 年 5 月 10 日瀏覽。

Office of the Historian, "101. Telegram From the Embassy in Indonesia to the Department of State, Djakarta, May 17, 1958," United States Department of State, *FRUS*, 1958-1960, Indonesia, Vol. XVII, https://history.state.gov/historicaldocuments/frus1958-60v17/d101　2020 年 5 月 11 日瀏覽。

Office of the Historian, "102. Telegram From the Department of State to the Embassy in Indonesia, Washington, May 17, 1958," United States Department of State, *FRUS*, 1958-1960, Indonesia, Vol. XVII, https://history.state.gov/historicaldocuments/frus1958-60v17/d102　2020 年 5 月 11 日瀏覽。

Office of the Historian, "106. Editorial Note," United States Department of State, *FRUS*, 1958-1960, Indonesia, Vol. XVII, pp.190-191. https://history.state.gov/historicaldocuments/frus1958-60v17/d106　2020 年 5 月 21 日瀏覽。

Office of the Historian, "107. Memorandum of Conversation, Washington, May 22, 1958," United States Department of State, *FRUS*, 1958-1960, Indonesia, Vol. XVII, https://history.state.gov/historicaldocuments/frus1958-60v17/d107　2020 年 5 月 11 日瀏覽。

Office of the Historian, "113. Telegram From the Embassy in the Republic of China to the Department of State, Taipei, May 26, 1958," United States Department of State, *FRUS*, 1958-1960, Indonesia, Vol. XVII, https://history.state.gov/historicaldocuments/frus1958-60v17/d113　2020 年 5 月 11 日瀏覽。

Office of the Historian, "116. Memorandum of Conversation, subject: Dutch protest lack of consultation concerning Indonesian developments, Washington, May 27, 1958," United States Department of State, *FRUS*, 1958-1960, Indonesia, Vol. XVII, https://history.state.gov/historicaldocuments/frus1958-60v17/d116　2020 年 5 月 13 日瀏覽。

Office of the Historian, "117. Telegram From the Embassy in Indonesia to the Department of State, Djakarta, June 3, 1958," United States Department of State, *FRUS*, 1958-1960, Indonesia, Vol. XVII, https://history.state.gov/historicaldocuments/frus1958-60v17/d117　2020 年 5 月 13 日瀏覽。

Office of the Historian, "118. Telegram From the Embassy in Indonesia to the Department of State, Djakarta, June 6, 1958," United States Department of State, *FRUS*, 1958-1960, Indonesia, Vol. XVII, https://history.state.gov/historicaldocuments/frus1958-60v17/d118　2020 年 5 月 13 日瀏覽。

Office of the Historian, "121. Memorandum of Conversation, Washington, June 11, 1958," United States Department of State, *FRUS*, 1958-1960, Indonesia, Vol. XVII, https://history.state.

gov/historicaldocuments/frus1958-60v17/d121　2020 年 5 月 13 日瀏覽。

Office of the Historian, "122. Telegram From the Embassy in Indonesia to the Department of State, Djakarta, June 17, 1958," United States Department of State, *FRUS*, 1958-1960, Indonesia, Vol. XVII, https://history.state.gov/historicaldocuments/frus1958-60v17/d122 2020 年 5 月 13 日瀏覽。

Office of the Historian, "124. Telegram From the Embassy in Indonesia to the Department of State, Djakarta, June 24, 1958," United States Department of State, *FRUS*, 1958-1960, Indonesia, Vol. XVII, https://history.state.gov/historicaldocuments/frus1958-60v17/d124 2020 年 5 月 13 日瀏覽。

Office of the Historian, "132. Telegram From the Embassy in Indonesia to the Department of State, Djakarta, July 7, 1958," United States Department of State, *FRUS*, 1958-1960, Indonesia, Vol. XVII, note 1, https://history.state.gov/historicaldocuments/frus1958-60v17/d132　2020 年 5 月 14 日瀏覽。

Office of the Historian, "132. Telegram From the Embassy in Indonesia to the Department of State, Djakarta, July 7, 1958," United States Department of State, *FRUS*, 1958-1960, Indonesia, Vol. XVII, note 2, https://history.state.gov/historicaldocuments/frus1958-60v17/d132　2020 年 5 月 14 日瀏覽。

Office of the Historian, "134. Telegram From the Embassy in Indonesia to the Department of State, Djakarta, July 15, 1958," United States Department of State, *FRUS*, 1958-1960, Indonesia, Vol. XVII, https://history.state.gov/historicaldocuments/frus1958-60v17/d134 2020 年 5 月 14 日瀏覽。

Office of the Historian, "136. Telegram From the Embassy in Indonesia to the Department of State, Djakarta, July 21, 1958," United States Department of State, *FRUS*, 1958-1960, Indonesia, Vol. XVII, https://history.state.gov/historicaldocuments/frus1958-60v17/d136 2020 年 5 月 14 日瀏覽。

Office of the Historian, "138. Memorandum From the Assistant Secretary for Far Eastern Affairs (Robertson) to Secretary of State Dulles, Washington, July 30, 1958," United States Department of State, *FRUS*, 1958-1960, Indonesia, Vol. XVII, https://history.state.gov/historicaldocuments/frus1958-60v17/d138　2020 年 5 月 11 日瀏覽。

Office of the Historian, "139. Memorandum of Conversation, Washington, August 1, 1958," United States Department of State, *FRUS*, 1958-1960, Indonesia, Vol. XVII, https://history.state.gov/historicaldocuments/frus1958-60v17/d139　2020 年 5 月 14 日瀏覽。

Office of the Historian, "158. Letter From the Assistant Secretary of Defense for International Security Affairs (Irwin) to the Under Secretary of State for Economic Affairs (Dillon), Washington, October 7, 1958," United States Department of State, *FRUS*, 1958-1960, Indonesia, Vol. XVII, https://history.state.gov/historicaldocuments/frus1958-60v17/d158 2020 年 5 月 14 日瀏覽。

Office of the Historian, "77. Telegram From the Embassy in Indonesia to the Department of State, Djakarta, May 2, 1958," United States Department of State, *FRUS*, 1958-1960, Indonesia, Vol. XVII, https://history.state.gov/historicaldocuments/frus1958-60v17/d77　2020 年 5 月 10 日瀏覽。

Office of the Historian, "81. Telegram From the Department of State to the Embassy in Indonesia, Washington, May 6, 1958," United States Department of State, *FRUS*, 1958-1960, Indonesia, Vol. XVII, https://history.state.gov/historicaldocuments/frus1958-60v17/d81 2020 年 5 月 10 日瀏覽。

Office of the Historian, "15. Memorandum from the Special Assistant to the Joint Chiefs of Staff for National Security Council Affairs (Triebel) to the President's Special Assistant for National Security Affairs (Cutler), Washington, February 10, 1958, SUBJECT: U.S. Policy on Indonesia (NSC 5518)," *Foreign Relations of the United States, 1958-1960*, Indonesia, Vol. XVII. https://history.state.gov/historicaldocuments/frus1958-60v17/d15　2020 年 5 月 11 日瀏覽。

Office of the Historian, "19. Telegram From the Department of State to the Embassy in Indonesia, Washington, February 19, 1958," *Foreign Relations of the United States, 1958-1960*, Indonesia, Vol. XVII. https://history.staté.gov/historicaldocuments/frus1958-60v17/d19 2020 年 5 月 11 日瀏覽。

Office of the Historian, "38. Telegram From Secretary of State Dulles to the Department of State, Taipei, March 14, 1958," *Foreign Relations of the United States, 1958-1960*, Indonesia, Vol. XVII. https://history.state.gov/historicaldocuments/frus1958-60v17/d38　2020 年 5 月 11 日瀏覽。

Office of the Historian, "40. Telegram From the Embassy in Indonesia to the Department of State, Djakarta, March 15, 1958," *Foreign Relations of the United States, 1958-1960*, Indonesia, Vol. XVII., https://history.state.gov/historicaldocuments/frus1958-60v17/d40　2020 年 5 月 11 日瀏覽。

Office of the Historian, "49. Memorandum of Information, Washington, March 28, 1958," *Foreign Relations of the United States, 1958-1960*, Indonesia, Vol. XVII. https://history.state.gov/historicaldocuments/frus1958-60v17/d49　2020 年 5 月 11 日瀏覽。

Office of the Historian, "57. Memorandum of Conversation, Washington, April 13, 1958," *Foreign Relations of the United States, 1958-1960*, Indonesia, Vol. XVII, https://history.state.gov/historicaldocuments/frus1958-60v17/d57　2020 年 5 月 11 日瀏覽。

Office of the Historian, "68. Memorandum From the Joint Chiefs of Staff to Secretary of Defense McElroy, Washington, April 18, 1958," *Foreign Relations of the United States, 1958-1960*, Indonesia, Vol. XVII. https://history.state.gov/historicaldocuments/frus1958-60v17/d68　2020 年 5 月 11 日瀏覽。

Office of the Historian, "69. Memorandum of Telephone Conversation Between Secretary of State Dulles and Director of Central Intelligence Dulles, Washington, April 23, 1958," *Foreign Relations of the United States, 1958-1960*, Indonesia, Vol. XVII. https://history.state.gov/historicaldocuments/frus1958-60v17/d69　2020 年 5 月 11 日瀏覽。

Office of the Historian, "74. Telegram From the Embassy in Indonesia to the Department of State, Djakarta, April 30, 1958," *Foreign Relations of the United States, 1958-1960*, Indonesia, Vol. XVII. https://history.state.gov/historicaldocuments/frus1958-60v17/d74　2020 年 5 月 11 日瀏覽。

Office of the Historian, "Memorandum by the Secretary of State (Dean Acheson) to the President,

[Washington,] March 9, 1950," *Foreign relations of the United States*, 1950, East Asia and the Pacific, Vol. VI, pp.41-42. https://history.state.gov/historicaldocuments/frus1950v06/d20　2021 年 10 月 2 日瀏覽。

Office of the Historian, "Policy Statement Prepared in the Department of State, Thailand, [Washington,] October 15, 1950," *Foreign relations of the United States*, 1950, East Asia and the Pacific, Vol. VI, p.1531.

Office of the Historian, U.S.A., "101. Memorandum From Secretary of State Rusk to President Johnson, Washington, September 3, 1966," *Foreign relations of the United States, 1964-1968*, Volume XXVII, Southeast Asia. https://history.state.gov/historicaldocuments/frus1964-68v27/d101　2021 年 1 月 27 日瀏覽。

Office of the Historian, U.S.A., "41. Telegram From the Embassy in Burma to the Department of State, Rangoon, January 12, 1961, 3 p.m.," *Foreign relations of the United States, 1961-1963*, Volume XXIII, Southeast Asia. https://history.state.gov/historicaldocuments/frus1961-63v23/d41　2021 年 1 月 26 日瀏覽。

Office of the Historian, U.S.A., "42. Telegram From the Department of State to the Embassy in the Republic of China, Washington, February 4, 1961, 9:31 p.m.," *Foreign relations of the United States, 1961-1963*, Volume XXIII, Southeast Asia. https://history.state.gov/historicaldocuments/frus1961-63v23/d42　2021 年 1 月 27 日瀏覽。

Office of the Historian, U.S.A., "44. Memorandum From Secretary of State Rusk to President Kennedy, Washington, February 20, 1961, Enclosure: United States Efforts to Effect Cessation of Government of Republic of China's Support of Chinese Irregulars in Burma-Laos Border Area," *Foreign relations of the United States, 1961-1963*, Volume XXII, Northeast Asia. https://history.state.gov/historicaldocuments/frus1961-63v23/d44　2021 年 1 月 27 日瀏覽。

Office of the Historian, U.S.A., "45. Telegram From the Department of State to the Embassy in Burma, Washington, February 21, 1961, 9:41 p.m.," *Foreign relations of the United States, 1961-1963*, Volume XXIII, Southeast Asia. https://history.state.gov/historicaldocuments/frus1961-63v23/d45　2021 年 1 月 27 日瀏覽。

Office of the Historian, U.S.A., "5. Telegram From the Department of State to the Embassy in the Republic of China, Washington, February 22, 1961, 8:07 p.m.," *Foreign relations of the United States, 1961-1963*, Volume XXII, Northeast Asia. https://history.state.gov/historicaldocuments/frus1961-63v22/d5　2021 年 1 月 23 日瀏覽。

Office of the Historian, U.S.A., "522. Letter From the Ambassador in Thailand (Johnson) to the Director of the Office of Southeast Asian Affairs (Kocher), Bangkok, June 29, 1959," *Foreign relations of the United States, 1958-1960*, Volume XV, South and Southeast Asia. https://history.state.gov/historicaldocuments/frus1958-60v15/d522　2021 年 1 月 27 日瀏覽。

Office of the Historian, "84. Telegram From the Embassy in Indonesia to the Department of State, Djakarta, May 7, 1958," United States Department of State, *FRUS*, 1958-1960, Indonesia, Vol. XVII, https://history.state.gov/historicaldocuments/frus1958-60v17/d84　2020 年 5 月 10 日瀏覽。

Office of the Historian, "163. Telegram From the Department of State to the Embassy in Indonesia, Washington, November 7, 1958," United States Department of State, *FRUS*, 1958-1960, Indonesia, Vol. XVII, https://history.state.gov/historicaldocuments/frus1958-60v17/d163　2020 年 5 月 14 日瀏覽。

United States, Department of State, Historical Office, *American Foreign Policy,1950-1955: Basic Documents*, *Department of State Publication 6446*, General Foreign Policy Series 117, Released December 1957, U.S. Government Printing Offices, Washington 25, D. C., pp.2539-2540.

四、中文書籍

「外交部三十九年七月份施政進度報告表」，載於周琇環編，戰後外交部工作報告（民國三十九年至四十二年），國史館出版，臺北縣，民國 90 年。

「外交部四十年一月份施政進度報告表」，載於周琇環編，戰後外交部工作報告（民國三十九年至四十二年），國史館出版，臺北縣，民國 90 年。

「外交部四十年二月份施政進度報告表」，載於周琇環編，前引書。

中華民國僑委會編，各國華人人口專輯，第三輯，中華民國僑委會編印，臺北市，民國 98 年 12 月。

史事紀要編輯委員編，中華民國史事紀要（初稿）─民國 50 年 1 至 6 月份，國史館，臺北縣，1980 年。

史事紀要編輯委員編，中華民國史事紀要（初稿）─民國 50 年 9 至 12 月份，國史館，臺北縣，1982 年。

史事紀要編輯委員編，中華民國史事紀要（初稿）─民國 60 年 10 至 12 月份，11 月 11 日，國史館，臺北縣，1974 年。

史事紀要編輯委員編，中華民國史事紀要（初稿）─民國 61 年 1 至 3 月份，國史館，臺北縣，1980 年。

史事紀要編輯委員編，中華民國史事紀要（初稿）─民國 61 年 4 至 6 月份，4 月 3 日，國史館，臺北縣，1980 年。

史事紀要編輯委員編，中華民國史事紀要（初稿）─民國 62 年 1 至 6 月份，3 月 13 日，國史館，臺北縣，1984 年。

史事紀要編輯委員編，中華民國史事紀要（初稿）─民國 62 年 7 至 12 月份，10 月 30 日，國史館，臺北縣，1986 年。

朱匯森主編，中華民國史事紀要（初稿）─民國 43 年 7 至 12 月份，國史館出版，臺北縣，1989 年 6 月。

衣復恩，我的回憶，「附錄三：一件鮮為人知的印尼革命故事」，立青文教基金會，臺北市，2000 年。

吳林衛，緬邊三年苦戰錄，亞洲出版社，香港，民國 43 年。

呂芳上主編，蔣中正先生年譜長編，國史館，中正文教基金會，臺北市，2015 年，第十一冊。

呂芳上主編，蔣中正先生年譜長編，國史館、國立中正紀念堂、中正文教基金會出版，臺北市，2014 年，第十冊。

李玉、袁蘊華、費祥鎬編，西南義舉──盧漢劉文輝起義紀實，四川人民出版社，成都，

1987 年。

李光耀，李光耀回憶錄（1965-2000），世界書局，臺北市，2000 年。

沈克勤，使泰二十年，臺灣學生書局，臺北市，2002 年。

俞寬賜和陳鴻瑜主編，外交部南海諸島檔案彙編（下冊），外交部研究設計委員會編印，臺北市，1995 年 5 月。

胡慶蓉，滇邊游擊史話，中國世紀雜誌社，臺北市，民國 56 年。

海軍巡弋南沙海疆經過，臺灣學生書局，臺北市，1975 年。

秦孝儀總編纂，總統蔣公大事長編初稿，卷九，中正文教基金會出版，臺北市，民國 91 年。

馬樹禮，印尼的變與亂，海外出版社，臺北，民國 54 年 1 月再版。

國史館編，臺灣主權與一個中國論述大事記，國史館印行，臺北縣，2002 年。

張傑民，烽火西南話戡亂，武陵出版公司，臺北市，1993 年。

郭鳳明、高明芳編，中華民國史事紀要（初稿）—民國 59 年 1 至 6 月份，國史館，臺北縣，2002 年。

陳祖耀，西貢往事知多少，揭櫫「中華民國駐越軍事顧問團」的密辛，黎明文化事業股份有限公司，臺北市，2000 年。

傅應川、陳存恭、溫池京訪問，滇緬邊區風雲錄——柳元麟將軍八十八回憶，國防部史政編譯局，臺北市，民國 85 年。

華僑志編纂委員會編纂，華僑志—寮國，華僑志編纂委員會印行，臺北市，民國 35-36 年。

黃翔瑜編，富國島留越國軍，史料彙編（一）入越交涉，國史館，臺北市，2006 年。

廖建裕，現階段的印尼華族研究，教育出版社出版，新加坡，1978 年 11 月。

蕭良章、葉忠鉅編，中華民國史事紀要，民國 39 年 4 至 6 月，國史館出版，臺北縣，1994 年 12 月。

蕭良章、謝雄玄編，中華民國史事紀要（初稿）—民國 47 年 7 至 9 月份，國史館，臺北縣，1993 年。

蕭良章、謝雄玄編，中華民國史事紀要（初稿）—民國 47 年 10 至 12 月份，國史館，臺北縣，1993 年。

蕭曦清，中菲外交關係史，正中書局，臺北市，1995 年。

賴暋、任念祖編，中華民國史事紀要（初稿）—民國 43 年 1 至 6 月份，國史館，臺北縣，1988 年。

賴暋、任念祖編，中華民國史事紀要（初稿）—民國 49 年 1 至 6 月份，國史館，臺北縣，1989 年。

賴暋、李曉編，中華民國史事紀要（初稿）—民國 44 年 7 至 12 月份，國史館，臺北縣，1990 年。

賴暋、高明芳、蕭良章編，中華民國史事紀要（初稿）—民國 63 年 1 至 6 月份，國史館，臺北縣，1988 年。

賴暋、謝雄玄編，中華民國史事紀要（初稿）—民國 47 年 4 至 6 月份，國史館，臺北縣，1991 年。

遲景德、林秋敏訪問，林秋敏記錄整理，孔令晟先生訪談錄，國史館印行，臺北市，2002 年。

簡笙簧、王正華編，中華民國史事紀要（初稿）─民國 51 年 7 至 9 月份，國史館出版，臺北市，2000 年。

蘇子編著，寮國誌略，憲政論壇社出版，臺北市，民國 50 年。

五、英文書籍

Burutphat, Kajudphai, *Ethnic Minority in Thailand and National Security*, Praepittaya, Bangkok, 1983.

Cady, John F., *A History of Modern Burma*, Cornell University Press, Ithaca, New York, 1958.

Colbert, Evelyn, *Southeast Asia in International Politics, 1941-1956*, Cornell University Press, Ithaca and London, 1977.

Conboy, Kenneth and James Morrison, *Feet to the Fire: CIA Covert Operations in Indonesia, 1957-1958*, Naval Institute Press, Annapolis, Maryland, 1999.

Dahm, Bernhard, *History of Indonesia in the Twentieth Century*, Praeger Publishers, London, New York, 1971.

Dommen, Arthur J., *Conflict in Laos, The Politics of Neutralization*, Praeger Publishers, New York, 1971, revised edition.

Donnison, F. S. V., *Burma*, Praeger Publishers, New York, 1970.

Evans, Grant, *A Short History of Laos, The Land in Between*, Allen & Unwin, Australia, 2002.

Feith, Herbert, "Indonesia," in George McTurnan Kahin, *Governments and Politics of Southeast Asia*, Cornell University Press, Ithaca, New York, Second Edition, 1964, pp.183-280.

Fifield, Russell H., *The Diplomacy of Southeast Asia:1945-1958*, Harper & Brothers, Publishers, New York, 1958.

Grant, Bruce *Indonesia*, Melbourne University Press, Australia; Cambridge University Press, New York, 1966.

Kahin, Audrey R. and George McT. Kahin, *Subversion as Foreign Policy The Secret Eisenhower and Dulles Debacle in Indonesia*, New Press, New York, 1995.

Keesing's Contemporary Archives, April 23-30, 1954.

Keesing's Contemporary Archives, Keesing's Publications Limited of London, March 28-April 4, 1953.

Kennedy, Douglas Blake, *Operation HAIK: The Eisenhower Administration and The Central Intelligence Agency in Indonesia, 1957-1958*, A thesis of the Graduate Faculty of the University of Georgia, 1996.

Lee Kuan Yew, *Memoirs of Lee Kuan Yew, From Third World to First: The Singapore Story: 1965-2000*, Singapore Press Holdings, Times Editions, 2000.

Muscat, Robert J., *Thailand and The United States Development, Security, and Foreign Aid*, Columbia University Press, New York, 1990.

Prakatwutthisan, Kanjana, *"Doi Mae Salong" Koumintang Yunnan Chinese Settlement*, Siamratana LP, Bangkok, 1995.

Prakatwutthisan, Kanjana, *The Left-behind Kuomintang Soldiers in Northern Thailand*, Siamratana LP, Bangkok, 2003.

Ramsompob, Suraset, *Kuomintang Refugees in Northern Thailand*, National Defence College of

Thailand, Bangkok, 1976.

Ricklefs, M. C., *A History of Modern Indonesia Since C. 1200*, Stanford University Press, Stanford, California, 2001.

Ricklefs, M. C., *A History of Modern Indonesia, C1300 to the Present*, Stanford University Press, Stanford, California, second edition, 1993.

Samuels, Marwyn S., *Contest for the South China Sea*, Methuen, New York and London Methuen & Co., 1982.

Staar, Richard F. (ed.), *Yearbook on International Communist Affairs 1976*, Hoover Institution Press, 1976.

Stone, Oliver and Peter Kuznick, *The Untold History of the United States*, Gallery Books, New York, 2012.

Wardaya, Baskara T, SJ, *Indonesia Melawan Amerika: Konflik Perang Dingin, 1953-1963*, Galangpress Publisher, Yogyakarta, 2008.

Weiner, Tim, *Legacy of Ashes: The History of the CIA*, Doubleday, New York, 2007.

Zhou, Taomo, *Migration in the Time of Revolution: China, Indonesia, and the Cold War*, Cornell University Press, Ithaca and London, 2019.

六、中文期刊論文

陳鴻瑜，「泰國的軍人與政治變遷」，東亞季刊，第 24 卷第 3 期，民國 82 年 1 月，頁 1-35。

七、英文期刊論文

Roseberg, David A., "Communism in the Philippines," *Problems of Communism*, Vol.XXXIII, No.5, September-October, 1984, pp.24-46.

Scott, Peter Dale, "The United States and the Overthrow of Sukarno, 1965-1967," *Pacific Affairs, Vol. 58*, No. 2, Summer 1985, pp.239-264.

八、中文報紙

「中星在戰術戰技上有限度交流，海軍指為例行訓練，強調不會舉行聯合演習」，聯合報，民國 84 年 5 月 14 日，版 2。

「中高技合協定，雙方今日簽署」，中央日報，1973 年 1 月 24 日，版 1。

「中菲政府發表聯合公報決心增強防衛實力，共同抵制共產侵略」，中央日報，1960 年 5 月 7 日，版 1。

「印尼革命領袖之一 潘道少校 由菲抵臺」，中央日報（臺北），1958 年 2 月 24 日，版 1。

「吳惠平昨飛高棉，為龍諾總理治病」，中央日報，1971 年 5 月 13 日，版 6。

「我十三艘漁船被菲律賓扣留，裕順一號沉沒船員獲救」，中央日報，1973 年 6 月 7 日，版 3。

「我政府發表聲明緬境游擊部隊撤離工作完成 拒絕勸導者顯非我所能左右我對彼等任何行為不再負責」，中央日報，1954 年 9 月 19 日，版 1。

「我國要求收回琉球，菲政府表示反對，對馬尼剌公報謠傳提出否認」，中華日報，1947

年 11 月 5 日,版 2。

「我與泰國商討 撤退難民事宜」,中央日報,1961 年 3 月 11 日,版 2。

「我駐馬代表機構升格」,中央日報,民國 77 年 9 月 23 日,頁 2。

「杭立武大使拜會泰當局 對泰協助義民撤退 杭氏向泰國致謝意」,中央日報,1961 年 4 月 8 日,版 1。

「杭立武大使拜會泰當局,對泰協助義民撤退向泰國致謝」,中央日報,1961 年 4 月 8 日,版 1。

「空投救濟大陸逃出難胞 我民用機一架 竟遭緬甸擊落」,中央日報,1961 年 2 月 17 日,版 1。

「金三角毒區湧現波浪國民黨殘部投緬共」,明報(香港),1984 年 8 月 14 日,版 4。

「保七三艘巡護船昨啟航赴南沙」、「若臺灣船隻進入南沙菲主權地區,菲海軍宣稱將與我對抗」,中央日報,1995 年 4 月 1 日,版 4。

「俞國華會見馬國總理就兩國問題交換意見」,中國時報,民國 73 年 10 月 17 日,版 3。

「南沙不去了,保七航向澎湖,盧毓鈞:置保警與隨船人員於險境是不負責作法」,中央日報,1995 年 4 月 4 日,版 1。

「美國妄想收買李總理,賴司課表歉意,國務院竟否認」,南洋商報(新加坡),1965 年 9 月 2 日。「妄想賄買星總理與官員事件,美終於承認李總理指責確實」,南洋商報(新加坡),1965 年 9 月 3 日。

「匪軍五萬入緬聲中 泰國逐我反共難民 美國政府表示關切 泰政府曾邀杭立武大使會談 傳美亦曾與我使館官員磋商」,中央日報,1961 年 3 月 4 日,版 2。

「泰政府嚴厲管制前中國國民黨殘餘分子」,南洋星洲聯合早報(新加坡),1984 年 6 月 14 日,版 29。

「泰軍事訪問團今啟程來臺,由察柴上校率領將在華觀光一週」,中央日報,1954 年 9 月 4 日,版 1。

「泰國心戰學校 校長譚龍 抵華訪問」,中央日報,1960 年 12 月 18 日,版 5。

「泰國拒絕緬甸 調查墜毀飛機」,中央日報,1961 年 2 月 21 日,版 1。

「泰國空軍副總司令 哈林中將率團訪華 將在華停留三天參觀我空軍」,中央日報,1960 年 9 月 14 日,版 1。

「泰國政府接洽遣返自緬流亡來泰華僑,緬甸代表團本週來泰進行甄別」,世界日報(泰國),1959 年 3 月 10 日。

「泰警取締毒販 7 名前國民黨軍人被捕」,南洋星洲聯合早報(新加坡),1984 年 6 月 18 日,版 2。

「海軍敦睦艦隊出航訪東南亞」,中央日報,1973 年 7 月 3 日,版 3。

「海軍敦睦艦隊定今載譽歸來」,中央日報,1974 年 8 月 4 日,版 3。

「琉球歸還我國問題,傳菲列賓竟擬表示異議,季里諾則拒絕發表意見」,中華日報,1947 年 11 月 4 日,版 2。

「高棉國防部長烏賽今將訪華」,中央日報,1973 年 10 月 4 日,版 1。

「陳嘉尚、徐煥昇明受泰國頒勳」,中央日報,1961 年 6 月 25 日,版 3。

「援助越南重大措施,我軍事顧問團正式宣告成立」,新生報,1964 年 10 月 7 日。

「越投票秩序良好,吳廷琰佔優勢,獲票達百分之九十五」,中華日報(臺灣),民國 44 年 10 月 24 日,版 2。

「董顯光博士公子董世良在寮國駕機失事身亡」，中央日報，1960 年 11 月 28 日，版 1。

「鼓勵我業者前往投資設廠 馬來西亞打州 將設臺灣工業區」，中央日報，國際版，民國 76 年 12 月 23 日，版 8。

「撤退緬邊反共義民 傳中泰獲原則協議 泰國將為中心地點」，中央日報，1961 年 3 月 13 日，版 2。

「臺星直透班機短期內可通航」，南洋商報（新加坡），1966 年 12 月 19 日。

「增進與馬來西亞經貿關係 中馬經委會廿八日成立」，聯合報，民國 75 年 3 月 9 日，版 2。

「緬境國民黨軍，泰國已准假道撤返臺灣」，星暹日報（泰國），1953 年 3 月 26 日。

「賴名湯拜訪泰國防部長」，中央日報，1961 年 4 月 13 日，版 2。

「總統昨款待泰軍訪問團，該團今將離臺返泰」，中央日報，1954 年 9 月 11 日，版 1。

「總統接見巴博上將 國防部蔣部長會見巴博 交換中泰有關問題意見」，中央日報，1968 年 3 月 10 日，版 1。

「總統款宴巴博上將 親自頒贈雲麾勳章 嚴副總統贈勳泰國訪華五官員」，中央日報，1968 年 3 月 12 日，版 1。

「羅勇自立村游擊隊員誓決送碧差汶開墾，啟程日期訂於本月 29 日」，星泰晚報（泰國），1957 年 6 月 22 日。

「嚴院長致電李光耀表示我承認星政府希望兩國關係友好密切」，華僑日報，1965 年 8 月 12 日。

「嚴副總統接見高棉國防部長」，中央日報，1974 年 8 月 23 日，版 3。

合眾社（東京），「革命軍建議和談 印尼政府已拒絕 將發動最後之進攻」，中央日報（臺北），1958 年 5 月 23 日，版 2。

江偉碩，「東姑拉曼有豐富反共經驗 主張中馬應維持緊密關係」，中央日報，民國 75 年 7 月 7 日，版 2。

南洋星洲聯合早報（新加坡），1988 年 9 月 10 日，版 1；9 月 22 日，版 8。

傅建中，「新雅爾達密約—美撤除在臺核武始末」，中國時報，民國 91 年 3 月 4 日。

九、英文報紙

"Govt makes pact with Taiwan," *Bangkok Post*, May 18, 1969.

Lieberman, Henry R., "Dien wins poll in South Vietnam ousting Bao Dai, premier's victory confronts big 4 at Geneva with task of implementing truce," *New York Times*, October 24, 1955, pp.1,7.

Mann, Jim, "CIA's Covert Indonesia Operation in the 1950s Acknowledged by U.S.: Cold War: State Department publishes unprecedented 600-page history documenting anti-Communist program," *Los Angeles Times*, OCT. 29, 1994, https://www.latimes.com/archives/la-xpm-1994-10-29-mn-56121-story.html 2020 年 5 月 6 日瀏覽。

The Straits Times, 8 August 1970.

Tillman, Durdin, "Formosa May Act on Burma Units; Some Also Reported in Thailand; Li, Field Chief of Nationalist Refugee Force, Off to Taipei to Confer on Evacuation," *The New York Times*, August 1, 1953, p.2.

十、網路資源

陳茂修自述，田景燦整理，九一話人生，陳茂修自傳，頁 82。電子版，https://github.com/lepture/book-chenmaoxiu　2021 年 3 月 20 日瀏覽。

「陳誠訪問越南」，典藏臺灣，國家電影及視聽文化中心，https://catalog.digitalarchives.tw/item/00/31/9d/84.html　2021 年 7 月 12 日瀏覽。

清境社區，「泰北孤軍──他們的故事」，https://community.cja.org.tw/index.php/2011-05-20-12-07-21/history/2-story-01.html　2021 年 4 月 8 日瀏覽。

國軍軍事顧問團，Republic of China Military Advisory Group, ROCMAG, March 19, 2021, https://www.facebook.com/permalink.php?story_fbid=284469466286817&id=110539283679837　2021 年 6 月 28 日瀏覽。

Baca Selengkapnya di Artikel, "The CIA's Role Behind the Sumatra and Sulawesi Rebellions," https://tirto.id/ck6Z　2020 年 5 月 6 日瀏覽。

Cooper, Tom and Marc Koelich, "Clandestine US Operations: Indonesia 1958, Operation 'Haik'," p.12. https://www.indopacificimages.com/wp-content/uploads/2010/12/Operation-Haik.pdf　2020 年 5 月 6 日瀏覽。

Doeppers, Daniel F., "An incident in the PRRI/PERMESTA rebellion of 1958," p.191. https://ecommons.cornell.edu/bitstream/handle/1813/53547/INDO_14_0_1107127730_183_195.pdf?sequence=1&isAllowed=y　2020 年 5 月 6 日瀏覽。

"Indochina War Timeline: 1954," *VietnamGear. com*, http://www.vietnamgear.com/Indochina1954.aspx　2021 年 6 月 15 日瀏覽。

Isnaeni, Hendri F., "CIA aircraft in PRRI / Permesta," *Historia*, https://historia.id/militer/articles/pesawat-cia-dalam-prri-permesta-P3Ndn　2020 年 5 月 6 日瀏覽。

Judylai,「足跡之一：越南蒙陽」，Judy Lai 的網誌，https://judylai99.blogspot.com/2014/01/blog-post.html　2021 年 3 月 31 日瀏覽。

Kurniawan, Hasan, "The failure of the CIA Operation in the PRRI / Permesta Rebellion," FOREIGN RELATIONS OF THE UNITED STATES, 1958-1960, INDONESIA, VOLUME XVII *International People's Tribunal*, 17 September 2016, https://www.tribunal1965.org/gagalnya-operasi-cia-dalam-pemberontakan-prripermesta/　2020 年 5 月 6 日瀏覽。

Lumintang, Aswin, ed., "Taiwan helps train Permesta troops," T*ribun Manado*, September 13 2013, https://manado.tribunnews.com/2013/09/13/taiwan-bantu-latih-pasukan-permesta　2020 年 5 月 6 日瀏覽。

Matanasi, Petrik, "Foreign Legion in Permesta's Body," March 20, 2017, https://tirto.id/legiun-asing-di-tubuh-permesta-ck64　2020 年 5 月 5 日瀏覽。

Matanasi, Petrik, "The CIA's Role Behind the Sumatra and Sulawesi Rebellions," March 20, 2017, https://tirto.id/peran-cia-di-balik-pemberontakan-sumatera-dan-sulawesi-ck6Z　2020 年 5 月 5 日瀏覽。

Omar, Marsita & Chan Fook Weng, "British withdrawal from Singapore," *Singaporeinfopedia*, https://eresources.nlb.gov.sg/infopedia/articles/SIP_1001_2009-02-10.html　2021 年 7 月 7 日瀏覽。

Rostow, W.W., "Memorandum of the discussion on Laos," Cabinet Room, *The White House*,

February 8, 1961.

https://www.cia.gov/readingroom/docs/CIA-RDP80B01676R000800050001-0.pdf

https://www.cia.gov/readingroom/document/cia-rdp80b01676r000800050001-0　2021 年 1 月 23 日瀏覽。

"Singapore-Military Relations with Other Countries," *Country-data*, http://www.country-data.com/cgi-bin/query/r-11921.html　2021 年 7 月 7 日瀏覽。

The Revenue Department, "Taxation during the reign of King Rama IV (1851-1868)," http://www.rd.go.th/publish/3457.0.html　2021 年 4 月 21 日瀏覽。

"The Singapore army is established," *HistorySG*, https://eresources.nlb.gov.sg/history/events/b 125c943-1be5-4f98-99e1-68586e83de29　2021 年 7 月 17 日瀏覽。

"William Beale (aviator)," *Military Wikia.org*, https://military.wikia.org/wiki/William_Beale_ (aviator)　2020 年 5 月 6 日瀏覽。

Wiesman, Hans, "CIA's Rent-A-Rebel Flying Circus of a PBY Catalina, A-24 Invaders and P-51 Mustangs, Attacking Indonesia, 1958," *War History Online*, https://www.warhistory online.com/military-vehicle-news/pby-catalina.html　2020 年 5 月 5 日瀏覽。

索 引

國家圖書館出版品預行編目資料

揭密：冷戰時期臺灣與東南亞國家之軍事關係

陳鴻瑜著. – 初版. – 臺北市：臺灣學生，2022.06
面；公分

ISBN 978-957-15-1884-8 (平裝)

1. 臺灣史 2. 外交史 3. 東南亞

733.292538   111006096

揭密：冷戰時期臺灣與東南亞國家之軍事關係

著 作 者 陳鴻瑜
出 版 者 臺灣學生書局有限公司
發 行 人 楊雲龍
發 行 所 臺灣學生書局有限公司
地 址 臺北市和平東路一段 75 巷 11 號
劃 撥 帳 號 00024668
電 話 (02)23928185
傳 真 (02)23928105
E - m a i l student.book@msa.hinet.net
網 址 www.studentbook.com.tw
登 記 證 字 號 行政院新聞局局版北市業字第玖捌壹號
定 價 新臺幣六五〇元
出 版 日 期 二〇二二年六月初版
I S B N 978-957-15-1884-8

73305
